四庫存目標注

柒

顧廷龍題

杜澤遜 撰 程遠芬 編索引

上海古籍出版社

目　次

編例 …………………………………………………… 1
四角號碼檢字法 ……………………………………… 1
索引字頭拼音檢字 …………………………………… 1
索引字頭筆畫檢字 …………………………………… 1
一、撰校評閱序跋者索引 …………………………… 1
二、書名索引 ……………………………………… 689
三、刻工寫工及刻鈔者名號索引 ………………… 1011
四、藏書家及藏書印鑒索引 ……………………… 1349

編　例

（一）撰校評閲序跋者索引

1. 凡撰著、編輯、校閲、序跋者之姓名、字號，均單立條目，每條後括注“撰”、“著”、“編”、“序”、“跋”等字樣。

2. 凡著者爲帝王，均兩立條目，其一冠以廟號，其一但舉名諱。

3. 凡著者爲僧人，均兩立條目，其一冠以“釋”字，其一但舉法號。

4. 凡撰校評閲序跋者以字、號行，或因更改姓名而導致著録歧異者，均分立條目。如：“寒玉屏集二卷碎金集二卷”題“石漁閔南仲湘人著”，“閔南仲”爲姓名，“湘人”爲其字，“石漁”爲其號，分立三條。

5. 序跋中所涉及撰校人，酌予立目。

6. 凡撰校評閲人僅題名、字、號而缺其姓氏者，今根據上下文或其他文獻考知其姓氏，則除立名、字、號條目外，填加姓氏另立一條。如：“問羲軒詩鈔二卷賸草一卷　莊綸渭撰 6244”條，《標注》正文：“前有梁同書撰《行狀》，乾隆二十三年戊寅楊述曾序。後有唐爲坤跋，復齋勇成《癸巳夏日題葦塘詩卷後》，男世駿跋。”其中“復齋勇成”不知其姓氏，今考知爲莊勇成，號復齋。則除立“梁同書 6244（行狀）”、“楊述曾 6244（序）”、“唐爲坤 6244（跋）”、“復齋 6244（書後）”、“勇成 6244（書後）”、“莊世駿 6244（跋）”諸條外，另立“莊勇成6244(書後)”一條。

(二) 書名索引

1. 本索引正文爲四角號碼索引。各條目後所注之數碼爲《標注》中各條之代碼。其餘三種索引同。

2. 凡《四庫存目》原有書名逐一立目。

3. 同書異名分別立目。

4. 書前書後之附録有獨立書名者單獨立目。

5. 有“殘本”、“重刊”、“增定”等冠詞者,除全名立目外,去掉冠詞再立一條。如“殘本湖陵江氏集”外,又立“湖陵江氏集”。

6. 叢書子目,或一書包含若干部分,其中有獨立書名者,分别立目。

7. 書名同而作者不同者,括注作者並前加朝代。如:

滕王閣集(清·蔡士英編) 6595

滕王閣集(明·李嗣京編) 6542

滕王閣集(明·董遵編) 6380

8. 書名有避諱字,作兩條處理。如:

元蓋副草 5612

玄蓋副草 5612

9.《四庫存目》書名原誤者,正誤各立條目。如:“石雲居士集”,《存目》書名衍“士”字,故《書名索引》别立正確條目:“石雲居集。”

10. 凡有缺字者,以□代替,四角號碼按“6000_0”處理。其餘三種索引同。

(三) 刻工寫工及刻鈔者名號索引

1. 凡《標注》中所見刻工、寫工、刻書人、刻書鋪號,均單獨立目。

2. 刻工、寫工後有“雕”、“刊”、“刻”、“書”、“寫”等字樣，均照録。

3. 刻工、寫工有冠以籍貫者，如“豫章”、“長洲”、“閩”等，除連籍貫立目外，去掉籍貫另立一目。

4. 刻工多有俗體字、簡筆字，或偏旁、同音替代字，均照録。

5. 刻書鋪號後帶有“藏板”、“繡梓”、“開雕”等字樣者照録。

6. 刻書鋪號有冠地名、姓氏或姓名者，除全文立目外，去掉地名、姓氏或姓名，另立一目。

7. “本衙藏板”爲藏板者通用標誌，不限一家，無從區别，今總立一條，注出所見各條代碼。

8. 近代出版企業以排印、影印、石印爲主業，不從事傳統刻書業者，不予立目。

(四) 藏書家及藏書印鑒索引

1. 凡《標注》中所涉及之藏書家，其姓名、字號、堂號均單獨立目。

2. 向四庫館進呈圖書之私人藏書家，其姓名、堂號均單獨立目。

3. 藏書印印文全文立一目。

4. 印文中所包含人名、字號、室名堂號，均另立條目。如“松江讀有用書齋金山守山閣兩後人韓德均錢潤文夫婦之印”，從中摘出“讀有用書齋”、“守山閣”、“韓德均”、“錢潤文”四條，分别立目。

5. 凡藏書家堂號相同者，則括注姓氏。如：萬卷樓（孫氏），萬卷樓（沈氏），萬卷樓（黄氏），萬卷樓（鄭氏）。

四角號碼檢字法

第一條　筆畫分爲十種，用 0 到 9 十個號碼來代表：

號碼	筆名	筆　形	舉　　例	説　　明	注　　意
0	頭	亠	**言主广疒**	獨立的點和橫相結合	1 2 3 都是單筆，0 4 5 6 7 8 9 都由二以上的單筆合爲一複筆。凡能成爲複筆的，切勿誤作單筆；如亠應作 0 不作 3，寸應作 4 不作 2，厂應作 7 不作 2，丷應作 8 不作 3、2，小應作 9 不作 3、3。
1	橫	一㇀乚乀	**天土地江元風**	包括橫、挑(趯)和右鉤	
2	垂	丨丿亅	**山月千則**	包括直、撇和左鉤	
3	點	丶　㇏	**宀礻冖厶之衣**	包括點和捺	
4	叉	十　乂	**草杏皮刈大對**	兩筆相交	
5	插	扌	**扌戈中史**	一筆通過兩筆以上	
6	方	口	**國鳴目四甲由**	四邊齊整的方形	
7	角	㇇厂亅乚㇈	**羽門灰陰雪衣學罕**	橫和垂的鋒頭相接處	
8	八	八丷人𠂉	**分頁羊余災汆足午**	八字形和它的變形	
9	小	小⺌⺍个忄	**尖糸舞 桌惟**	小字形和它的變形	

第二條　每字只取四角的筆形，順序如下：

（一）左上角　（二）右上角　（三）左下角　（四）右下角

（例）（一）左上角　端　（二）右上角
（三）左下角　（四）右下角

檢查時照四角的筆形和順序，每字得四碼：

（例）**顔**＝0128　**截**＝4325　**烙**＝9786

第三條　字的上部或下部，只有一筆或一複筆時，無論在何地位，都作左角，它的右角作 0。

（例）**宣**（3 0）　**直**（4 0）　**首**（8 0）　**冬**（3 0）　**軍**（5 0）　**宗**（9 0）　**母**（5 0）

每筆用過後，如再充他角，也作 0。

（例）**成**（3，0）　**持**（5，0）　**掛**（3，0）　**大**（4 0，0）　**十**（4 0，0 0）　**車**（5 0，0 0）　**時**（6，0）

第四條　由整個**囗門鬥行**所成的字，它們的下角改取內部的筆形，但上下左右有其他的筆形時，不在此例。

（例）**因**＝6043　**閑**＝7724　**鬭**＝7712　**衡**＝2143

菌＝4460　**瀾**＝3712　**荇**＝4422

附　則

Ⅰ. 字體寫法都照楷書如下表:

正	^{3}一 住^{0} 匕^{1} 反^{1} ^{3}礻 ^{3}户 ^{3}安 心$^{3}_{0}$ 卜^{3} 斥$_{3}$ $_{3}$刃 ^{3}业^{2} $_{3}$亦$_{3}$ ^{4}草^{4} 執^{4} $_{4}$禺 衣$_{3}$
誤	^{7}一 住^{5} 匕^{2} 反^{2} ^{1}礻 ^{1}户 ^{5}安 心$_{1}$ ^{4}卜 斥$_{4}$ 刃$_{5}$ ^{2}业^{3} $_{2}$亦$_{3}$ ^{1}草^{1} 執^{5} $_{2}$禺 衣$_{4}$

Ⅱ. 取筆形時應注意的幾點:

1. 宀户等字,凡點下的横,右方和他筆相連的,都作3,不作0。
2. 尸皿門等字,方形的筆頭延長在外的,都作7,不作6。
3. 角筆起落的兩頭,不作7,如^{1}乛$^{7}_{2}$。
4. 筆形"八"和他筆交叉時不作8,如美。
5. 业爿中有二筆,水小旁有二筆,都不作小形。

Ⅲ. 取角時應注意的幾點:

1. 獨立或平行的筆,不問高低,一律以最左或最右的筆形作角。

(例) 非 肯 疾 浦 帝

2. 最左或最右的筆形,有他筆蓋在上面或托在下面時,取蓋在上面的一筆作上角,托在下面的一筆作下角。

(例) 宗 幸 寧 共

3. 有兩複筆可取時,在上角應取較高的複筆,在下角應取較低的複筆。

(例) 功 盛 頗 鴨 奄

4. 撇爲下面他筆所托時,取他筆作下角。

(例) 春 奎 碎 衣 辟 石

5. 左上的撇作左角,它的右角取作右筆。

(例) 勾 鈎 侔 鳴

Ⅳ. 四角同碼字較多時,以右下角上方最貼近而露鋒芒的一筆作附角,如該筆已經用過,便將附角作0

(例) 芒=4471$_{0}$ 元^{1} 拼^{1} 是$_{1}$ 疝$_{2}$ 歆^{2} 畜^{3} 殘$_{3}$ 儀$_{3}$ 難$_{4}$ 達$_{4}$ 越$_{5}$
繕^{5} 蝰$_{6}$ 軍^{6} 覽$_{6}$ 功^{7} 郭^{7} 疫$_{7}$ 癥^{8} 愁^{8} 金$_{9}$ 速$_{9}$ 仁^{0} 見^{0}

附角仍有同碼字時,再照各該字所含横筆(一 ノ 乚 乀)的數目順序排列。例如"市""帝"二字的四角和附角都相同,但市字含有二横,帝字含有三横,所以市字在前,帝字在後。

索引字頭拼音檢字

A

a

阿　7122₀

ai

皚　2261₈
藹　4462₇
艾　4440₀
愛　2024₇
恶　7133₁

an

厂　7120₀
安　3040₄
闇　7760₁
晻　6804₆
岸　2224₁
峎　2174₁
按　5304₁

案　3090₄

ang

昂　6072₇

ao

敖　5824₀
鳌　5833₆
龞　5871₇
奧　2743₀
澳　3713₄

B

ba

八　8000₀
巴　7771₇
拔　5304₇
把　5701₇
霸　1052₇

bai

白　2600₀
百　1060₀
柏　4690₀
栢　4196₀
拜　2155₀
稗　2694₀

ban

班　1111₄
般　2744₇
瘢　0011₄
板　4194₇
版　2104₇
半　9050₀
伴　2925₀

bang

邦　5702₇
榜　4092₇

bao

包　2771₂
褒　0073₂
保　2629₄
琙　1817₂
葆　4429₄
寶　3080₆
實　3080₆
抱　5701₂
豹　2722₀
襃　0073₂
報　4744₇
暴　6013₂
鮑　2731₂

bei

碑　1664₀
北　1111₀
貝　6080₀
被　3424₇

備　2422_7

ben

本　5023_0

bi

比　2171_0
秕　2191_0
筆　8850_7
必　3300_0
陛　7121_4
畢　6050_4
敝　9824_0
弼　1722_7
皕　1166_0
辟　7064_1
碧　1660_1
壁　7010_4
避　3030_4
璧　7010_3

bian

砭　1263_7
編　2392_7
邊　3630_2
扁　3022_7
卞　0023_0
便　2124_6
辨　0044_1

biao

杓　4792_0
彪　2221_2
標　4199_1
表　5073_2

bie

別　6240_0

bin

賓　3080_6
賔　3080_6
濱　3318_6
豳　2277_0
蠙　5318_6

bing

氷　3223_0
冰　3213_0
兵　7280_1
丙　1022_7
秉　2090_7
併　2824_1
病　0012_7

bo

鉢　8513_0
撥　5204_7
伯　2620_0
泊　3610_0
亳　0071_4
浡　3414_7
博　4304_2
薄　4414_2
檗　7090_4

bu

卜　2300_0
補　3322_7
不　1090_0
布　4022_7
步　2120_1

C

cai

才　4020_0
裁　4375_0
采　2090_4
宷　3090_4
綵　2299_4
菜　4490_4
蔡　4490_1

can

參　2320_2
餐　2773_2
驂　7332_2
殘　1325_3
蠶　1113_6

cang

倉　8060_7
滄　3816_7
蒼　4460_7
藏　4425_3

cao

操　5609_4
曹　5560_6
漕　3516_6
艸　2244_7
草　4440_6

ce

測　3210_0
策　8890_2

cen

岑 2220_7

ceng

層 7726_6

cha

查 4010_6
茶 4490_4
槎 4891_1
察 3090_1

chai

柴 2190_4
茝 4471_6

chan

孱 7724_7
禪 3625_6
蟬 5615_6
蟾 5716_1
産 0021_4
懺 9305_0
羼 7725_1

chang

昌 6060_0
長 7173_2
常 9022_7
萇 4473_2
嘗 9060_1
場 4612_7
唱 6606_0
暢 5602_7

chao

抄 5902_0
超 4780_6
晁 6011_3
巢 2290_4
朝 4742_0
鼂 6071_7
潮 3712_0

che

車 5000_6
掣 2250_2
徹 2824_0

chen

郴 4792_7
臣 7171_7
辰 7123_2
宸 3023_2
陳 7529_6
晨 6023_2
塵 0021_4
讖 0365_0

cheng

檉 4691_4
丞 1710_3
成 5320_0
呈 6010_4
承 1723_2
城 4315_0
程 2691_4
誠 0365_0
澂 3814_0
澄 3211_8

chi

摛 5002_7
螭 5012_7
池 3411_2
持 5404_1
馳 7431_2
遲 3730_4
尺 7780_7
耻 1310_0
叱 6401_0
赤 4033_1
勅 5492_7
敕 5894_0

chong

充 0021_3
沖 3510_6
崇 2290_1
重 2010_4
蟲 5013_6
寵 3021_1

chou

仇 2421_7
愁 2933_8
酬 1260_0
疇 6404_1
籌 8864_1
丑 1710_5
醜 1661_3

chu

出 2277_2
初 3722_0
樗 4192_7
芻 2742_7
滁 3819_4

鉏　8711_0
鋤　8412_7
𣏟　4430_7
楮　4496_4
楚　4480_1
褚　3426_4
儲　2426_4
璴　1418_1
處　2124_1

chuan

川　2200_0
傳　2524_3

chuang

瘡　0016_7

chui

吹　6708_2
炊　9788_2
垂　2010_4

chun

春　5060_3
椿　4596_3
純　2591_7
淳　3014_7
蓴　4434_3
醇　1064_7

ci

茨　4418_2
詞　0762_0
慈　8033_3
磁　1863_2
辭　2024_1
此　2111_0
次　3718_2
刺　5290_0
賜　6682_7

cong

葱　4433_2
蔥　4433_6
聰　1613_0
从　8800_0
從　2828_1
[illegible]　4414_7
叢　3214_7
藂　4423_2

cu

粗　9791_0

cuan

攢　5508_6
爨　7780_9

cui

崔　2221_4
萃　4440_8
粹　9094_8
翠　1740_8

cun

邨　5772_7
村　4490_0
存　4024_7
寸　4030_0

cuo

鹺　2861_1
莝　4410_4

D

da

荅　4460_1
笪　8810_6
答　8860_1
達　3430_4
龖　0121_1
大　4003_0

dai

呆　6090_4
代　2324_0
岱　2377_2
待　2424_1
帶　4422_7
戴　4385_0

dan

丹　7744_0
單　6650_6
擔　5706_1
膽　7726_1
旦　6010_0
但　2621_0
啖　6908_9
淡　3918_9
誕　0264_1
噉　6804_0
彈　1625_6
憺　9706_1
澹　3716_1
甔　2121_7

dang

當 9060_6
瑲 1916_6
党 9021_6
蕩 4412_7

dao

刀 1722_0
倒 2220_0
島 2772_7
擣 5404_1
禱 3424_1
盜 3710_7
道 3830_6
衜 2160_1

de

得 2624_1
悳 4033_1
悳 4033_1
德 2423_1
惪 4033_1

deng

登 1210_8
燈 9281_8
等 8834_1
鄧 1712_7
卬 1722_0

di

滴 3012_7
狄 4928_0
迪 3530_6
荻 4428_9
笛 8860_3
滌 3719_4
篴 8830_3
鸐 1722_7
砥 1264_0
地 4411_2
弟 8022_7
杕 4493_0
帝 0022_7
第 8822_7
棣 4593_2
蒂 4422_7

dian

滇 3418_1
典 5580_1
點 6136_0
佃 2620_0
甸 2762_0
殿 7724_7

diao

刁 1712_0
彫 7222_2
貂 2726_2
雕 7021_4
釣 8712_0
調 0762_0

die

叠 7710_7
牒 2409_4
蝶 5419_4
疊 6010_7

ding

丁 1020_0
鼎 2222_1
定 3080_1
訂 0162_0
錠 8318_1

dong

冬 2730_3
東 5090_6
董 4410_4
侗 2722_0
峒 2772_0
峝 2222_7
洞 3712_0
棟 4599_6

dou

都 4762_7
斗 3400_0
豆 1010_8
痘 0011_8
竇 3080_6

du

督 2760_4
獨 4622_7
牘 2408_6
讀 0468_6
賭 6486_4
篤 8832_7
杜 4491_0
度 0024_7
蠹 4013_6

duan

端 0212_7

短 8141_8
段 7744_7
斷 2272_1

dui

兊 8021_3
對 3410_0

dun

惇 9004_7
敦 0844_0
遁 3230_6
鈍 8511_7
頓 5178_6
遯 3130_3
腞 7123_3

duo

多 2720_7
鈬 8718_7
鐸 8614_1
惰 9402_7

E

e

峨 2375_0
峩 2255_3
蛾 5315_0
額 3168_6
鵝 2752_7
鵞 2332_7
堊 1010_4
鄂 6722_7
萼 4420_7
諤 0662_7
鍔 8612_7
鶚 6722_7

en

恩 6033_0

er

而 1022_7
尔 2790_2
耳 1040_0
洱 3114_0
珥 1114_0
爾 1022_7
邇 3130_2
二 1010_0

F

fa

發 1224_7
法 3413_1
灋 3013_1

fan

番 2060_9
凡 7721_0
樊 4443_0
薠 4488_6
繁 8890_3
反 7124_7
返 3130_4
氾 3711_2
范 4411_2
飯 8174_7
範 8851_2

fang

方 0022_7
芳 4422_7
鈁 8012_7
防 7022_7
房 3022_7
舫 2042_7
放 0824_0

fei

非 1111_1
飛 1241_3
菲 4411_1
蜚 1113_6
霏 1011_1
肥 7721_7
匪 7171_1
斐 1140_0
棐 1190_4
費 5580_6

fen

分 8022_7
芬 4422_7
紛 2892_7
汾 3812_7
焚 4480_9
蕡 4480_6
粉 9892_7
弅 8044_2
憤 9408_6

feng

封 4410_0

風 7721_0
峯 2250_4
峰 2775_4
葑 4414_0
楓 4791_0
豐 2210_8
酆 2712_7
逢 3730_4
馮 3112_7
縫 2793_4
奉 5050_3
鳳 7721_0

fo

佛 2522_7

fou

缶 8077_2
否 1060_9

fu

夫 5003_0
敷 5824_0
膚 2122_7
伏 2323_4
孚 2040_7
扶 5503_0
芙 4453_0
拂 5502_7
服 7724_7
祓 3324_7
罘 6090_1
浮 3214_7
桴 4294_7
涪 3016_1
符 8824_3
姇 2440_4
福 3126_6
鳧 2721_7
髴 7255_2
甫 5322_7
拊 5400_0
斧 8022_1
釜 8010_9
輔 5302_7
撫 5803_1
黼 3322_7
付 2420_0
負 2780_6
副 1260_0
婦 4742_7
傅 2324_2
富 3060_6
復 2824_7
賦 6384_0
覆 1024_7
馥 2864_7

G

gai

陔 7028_2
峐 2078_2
荄 4480_2
改 1874_0
溉 3111_4
蓋 4410_7

gan

干 1040_0
甘 4477_0
感 5333_0
澉 3814_0
紺 2497_0
贛 0748_6

gang

岡 7722_0
剛 7220_0
綱 2792_0

gao

皋 2640_3
高 0022_7
臯 2640_3
杲 6090_4
郜 2762_7
誥 0466_1

ge

戈 5300_0
歌 1768_2
閣 7760_1
鴿 8762_7
革 4450_6
格 4796_4
鬲 1022_7
葛 4472_7
舸 2142_0
个 8020_0

gen

根 4793_2
亘 1010_6
艮 7773_2

geng

更 1050_6

庚 0023_7
畊 6500_0
浭 3114_6
耕 5590_0
賡 0028_6
賡 0028_6
羹 8043_0
耿 1918_0

gong

工 1010_0
弓 1720_7
公 8073_2
功 1412_7
攻 1814_0
肱 7423_2
宮 3060_6
恭 4433_8
躬 2722_7
龚 4380_1
龔 0180_1
拱 5408_1
珙 1418_1
鞏 1750_6
共 4480_1
玒 1111_0
貢 1080_6

gou

勾 2772_0
鈎 8712_0
緱 2793_4

gu

姑 4446_0
孤 1243_0
菰 4443_2
觚 2223_0
辜 4040_1
轂 4754_7
古 4060_0
谷 8060_8
鼓 4414_7
穀 4794_7
瀔 3714_7
鴣 2762_7
固 6060_4
故 4864_0
雇 3021_4
顧 3128_6

gua

瓜 7223_0
卦 4310_0

guai

怪 9701_4

guan

官 3077_7
冠 3721_4
關 7777_2
觀 4621_0
管 8877_7
館 8377_7
貫 7780_6
盥 7710_7
灌 3411_4

guang

光 9021_1
廣 0028_6

gui

圭 4010_4
皈 2164_7
閨 7710_4
龜 2711_7
歸 2712_7
癸 1243_0
鬼 2621_3
炅 6080_9
桂 4491_4
貴 5080_6

guo

郭 0742_7
崞 2074_7
国 6010_4
国 6010_3
國 6015_3
果 6090_4
過 3730_2

H

ha

哈 6806_1

hai

海 3815_7
亥 0080_2

han

酣 1467_0
憨 1833_4
含 8060_2
邯 4772_7

函 1077_{2}
涵 3117_{2}
寒 3030_{3}
韓 4445_{6}
汗 3114_{0}
菡 4477_{2}
罕 6040_{1}
漢 3413_{4}
撼 5303_{5}
翰 4842_{7}

hang

杭 4091_{7}

hao

蒿 4422_{7}
濠 3013_{2}
好 4744_{7}
郝 4732_{7}
昊 6043_{0}
浩 3416_{1}
號 6121_{7}
暤 6604_{3}
皞 2664_{3}

he

喝 6602_{7}
禾 2090_{4}
合 8060_{1}
何 2122_{0}
和 2690_{0}
河 3112_{0}
核 4098_{2}
盉 2010_{7}
盍 4010_{7}
荷 4422_{1}
龢 8229_{4}
寉 3021_{4}
賀 4680_{6}
赫 4433_{1}
鶴 4722_{7}

hei

黑 6033_{1}

hen

恨 9703_{2}

heng

亨 0020_{7}
恒 9101_{6}
横 4498_{6}
衡 2143_{0}

hong

哄 6408_{1}
烘 9488_{1}
弘 1223_{0}
宏 3043_{2}
洪 3418_{1}
竑 0413_{2}
紅 2191_{0}
虹 5111_{0}
葒 4491_{1}
閎 7743_{2}
鋐 8313_{2}
鴻 3712_{7}
黌 7780_{6}

hou

侯 2723_{4}
后 7226_{1}
厚 7124_{7}
後 2224_{7}

hu

忽 2733_{2}
滹 3114_{9}
胡 4762_{0}
斛 2420_{0}
壺 4010_{7}
湖 3712_{0}
虎 2121_{7}
琥 1111_{7}
滸 3814_{0}
笏 8822_{7}
瓠 4223_{0}
滬 3311_{7}

hua

花 4421_{4}
華 4450_{4}
滑 3712_{7}
化 2421_{0}
画 1077_{2}
畫 5010_{6}
話 0266_{4}

huai

淮 3011_{4}
槐 4691_{3}
褢 0073_{2}
懷 9003_{2}

huan

还 3130_{9}
洹 3111_{6}

桓 4191_6
寰 3073_2
還 3630_3
環 1613_2
緩 2294_7
幻 2772_0
奐 2743_0
浣 3311_1
渙 3713_4
煥 9783_4

huang

荒 4421_1
皇 2610_4
黃 4480_6
潢 3418_6
璜 1418_6
篁 8810_4

hui

揮 5705_6
輝 9725_6
徽 2824_0
回 6060_0
悔 9805_7
晦 6805_7
惠 5033_3
匯 7171_1
彙 2790_4
會 8060_6
誨 0865_7
慧 5533_7
蕙 4433_3
繪 2896_6

hun

昏 7760_4
婚 4246_4
渾 3715_6

huo

豁 3866_8
活 3216_4
火 9080_0
夥 6792_7
或 5310_0
霍 1021_4
穫 2494_7
蠖 5414_7

J

ji

机 4791_0
姬 4141_6
屐 7724_7
基 4410_4
嵇 2397_2
畸 6402_1
箕 8880_1
畿 2265_3
稽 2396_1
緝 2694_1
機 4295_3
激 3814_0
璣 1215_3
積 2598_6
擊 5750_2
績 2598_6
雞 2041_4
鷄 2742_7
譏 0265_3
饑 8275_3
齎 0022_3
躋 6012_3
及 1724_7
吉 4060_1
汲 3714_7
即 7772_0
急 2733_7
棘 5599_2
極 4191_4
集 2090_4
輯 5604_1
籍 8896_1
几 7721_0
己 1771_7
幾 2245_3
戟 4345_0
季 2040_7
既 7171_4
洎 3610_0
紀 2791_7
計 0460_0
継 2991_9
記 0761_7
偈 2622_7
寂 3094_7
寄 3062_1
祭 2790_1
際 7729_1
稷 2694_7
冀 1180_1
薊 4432_0
髻 7260_1
濟 3012_3
繫 5790_3
繼 2291_3

㡭　2271_3
霽　1022_3
驥　7138_1

jia

加　4600_0
佳　2421_4
迦　3630_0
家　3023_2
葭　4424_7
嘉　4046_5
郟　4702_7
甲　6050_0
叚　7724_7
賈　1080_6
价　2822_0
稼　2393_2

jian

肩　3022_7
兼　8023_7
堅　7710_4
菅　4477_7
間　7760_7
蒹　4423_7
箋　8850_3
絸　2691_0
緘　2395_0
籛　8815_3
剪　8022_7
儉　2828_6
翦　8012_7
檢　4898_6
謇　3060_1
蹇　3080_1
簡　8822_7
見　6021_0
建　1540_0
健　2524_0
徤　2524_0
劒　8752_0
劍　8280_0
閒　7722_7
漸　3212_1
箭　8822_1
薦　4422_7
諫　0569_6
鑑　8811_7
鑒　7810_9

jiang

江　3111_0
姜　8040_4
蔣　4424_7
講　0564_7
將　2724_0
絳　2795_4

jiao

交　0040_8
郊　0742_7
茮　4490_1
椒　4794_0
焦　2033_1
蛟　5014_8
膠　7722_2
蕉　4433_1
鷦　2732_7
鷦　2033_1
皎　2064_8
矯　8242_7
教　4844_0
嶠　2272_7

jie

皆　2160_1
接　5004_4
階　7126_1
揭　5602_7
卩　7722_0
劫　4472_7
結　2496_1
蛣　5416_1
睫　6508_1
節　8872_7
潔　3719_3
蠘　9313_6
解　2725_2
介　8022_0
戒　5340_0
芥　4422_8
岕　2872_0
界　6022_8
借　2426_1
誡　0365_0
藉　4496_1

jin

巾　4022_7
今　8020_7
金　8010_9
津　3510_7
襟　3429_1
堇　4410_4
僅　2421_4
廑　0021_4
漌　3411_4
錦　8612_7

盡 5010_7
近 3230_2
勁 1412_7
晉 1060_1
進 3030_1
搢 5106_1
靳 4252_1
縉 2196_1
藎 4410_7
覲 4611_0

jing

京 0090_6
荊 4240_0
涇 3111_1
旌 0821_4
菁 4422_7
經 2191_1
精 9592_7
鯨 2039_6
井 5500_0
景 6090_6
儆 2824_0
警 4860_1
徑 2121_1
逕 3130_1
淨 3215_7
竟 0021_6
敬 4864_0
靖 0512_7
靚 5621_0
靜 5225_7
鏡 8011_6
競 0021_6

jiong

冏 7722_0
炯 9782_0
褧 1973_2

jiu

九 4001_7
久 2780_0
玖 1718_0
韭 1110_1
酒 3116_0
救 4814_0
就 0391_4
僦 2321_4
舊 4477_7
鷲 0332_7

ju

居 7726_4
拘 5702_0
駒 7732_0
鞠 4752_0
菊 4492_7
橘 4792_7
矩 8141_7
舉 7750_3
句 2762_0
巨 7171_7
拒 5101_7
具 7780_1
秬 2191_7
聚 1723_2
劇 2220_0
據 5103_2

juan

涓 3612_7
鎸 8012_7
鐫 8012_7
卷 9071_2
菤 4471_2
倦 2921_2
眷 9060_3
雋 2022_7
餋 9073_2

jue

決 3513_0
絶 2791_7
爵 2074_6
譎 0762_7
覺 7721_6

jun

君 1760_7
均 4712_0
軍 3750_6
筠 8812_7
俊 2324_7
郡 1762_7
峻 2374_7
浚 3314_7
儁 2022_7
濬 3116_8
駿 7334_7

K

kai

開 7744_1
愷 9201_8

kan

刊 1240_0
堪 4411_8
戡 4375_0
坎 4718_2
侃 2621_0
看 2060_4
衎 2140_1

kang

康 0023_2
亢 0021_7
抗 5001_7

kao

考 4420_7

ke

柯 4192_0
珂 1112_0
科 2490_0
可 1062_0
克 4021_6
刻 0280_0
客 3060_4
峇 2260_1
恪 9706_4
課 0669_4

ken

肎 3722_7
肯 2122_7
肻 2122_7

keng

硜 1161_1

kong

空 3010_1
崆 2371_1
箜 8810_1
孔 1241_0

kou

寇 3021_4
鷇 4734_7

ku

哭 6643_0
苦 4460_4

kuai

蒯 4220_0
快 9503_0
獪 4823_1

kuan

寬 3021_3

kuang

匡 7171_1
狂 4121_4
況 3611_0
鄺 0722_7
曠 6008_6

kui

窺 3051_6
奎 4010_4
逵 3430_1
揆 5203_4
葵 4443_0
魁 2421_0
夔 8024_7
媿 4641_3
愧 9601_3
簣 8880_6

kun

坤 4510_6
昆 6071_1
崐 2671_1
崑 2271_1
困 6090_4

kuo

括 5206_4
栝 4296_4

L

lai

來 4090_8
淶 3419_8
萊 4490_8
賚 4080_6
賴 5798_6

lan

藍 4410_7
闌 7790_6
瀾 3712_0
蘭 4422_7
嬾 4748_6
懶 9708_6
覽 7821_6
攬 5801_6

爛　9782_0

lang

郎　3772_7
嫏　4742_7
琅　1313_2
瑯　1712_7
朗　3772_0
朖　7323_2
閬　7773_2
浪　3313_2

lao

勞　9942_7
老　4471_1

le

勒　4452_7
樂　2290_4

lei

雷　1060_3
纍　6090_3
罍　6077_2
耒　5090_0
磊　1066_1
壘　6010_4
類　9148_6

leng

棱　4494_7
楞　4692_7
冷　3813_7

li

梨　2290_4
黎　2713_2
藜　4413_2
釐　5821_4
離　0021_4
驪　7131_1
鸝　1722_7
礼　3221_0
李　4040_7
理　1611_4
禮　3521_8
醴　1561_8
力　4002_7
立　0010_8
利　2290_0
俪　2122_7
荔　4442_7
栗　1090_4
莅　4421_8
笠　8810_8
溧　3119_4
厲　7122_7
勵　7422_7
曆　7126_9
歷　7121_1
𡾊　2171_1
隸　4593_2
櫟　4299_4
礪　1162_7
麗　1121_1
儷　2121_1
酈　1722_7

lian

連　3530_0
廉　0023_7
漣　3513_0
蓮　4430_4
濂　3013_7
聯　1217_2
鐮　8813_7
璉　1513_0
楝　4599_6
練　2599_6
鍊　8519_6

liang

良　3073_2
凉　3019_6
梁　3390_4
兩　1022_7
亮　0021_7

liao

聊　1712_0
遼　3430_9
療　0019_6
蓼　4420_2
了　1720_7
廖　0022_2

lie

列　1220_0

lin

林　4499_0
琳　1419_0
粦　9025_9
鄰　9722_7
霖　1099_4
臨　7876_6
麐　0026_1

麟 0925$_9$
鱗 2935$_9$

ling

伶 2823$_7$
凌 3414$_7$
淩 3414$_7$
菱 4424$_7$
靈 1010$_8$
嶺 2238$_6$
令 8030$_7$

liu

刘 0240$_0$
流 3011$_3$
留 7760$_2$
琉 1011$_3$
榴 4796$_2$
劉 7210$_0$
嘐 6702$_2$
鎦 8716$_2$
柳 4792$_0$
六 0080$_0$
翏 1720$_2$

long

龙 4001$_4$
隆 7721$_4$
龍 0121$_1$
瀧 3111$_1$
瓏 1111$_1$
籠 8821$_1$
隴 7121$_1$
壟 0110$_4$

lou

婁 5040$_4$
楼 4994$_4$
樓 4594$_4$
陋 7121$_2$

lu

盧 2121$_7$
廬 0021$_7$
瀘 3111$_7$
蘆 4421$_7$
爐 9181$_7$
鑪 8111$_7$
鱸 2131$_7$
魯 2760$_3$
陸 7421$_4$
淥 3713$_2$
菉 4413$_2$
逯 3730$_3$
鹿 0021$_1$
琭 1713$_2$
路 6716$_4$
露 1016$_4$
輅 5706$_4$
箓 8813$_2$
潞 3716$_4$
録 8713$_2$
麓 4421$_1$
麓 4421$_1$
鷺 6732$_7$

lü

閭 7760$_6$
呂 6060$_0$
侶 2626$_0$
履 7724$_7$
律 2520$_7$
率 0040$_3$
綠 2793$_2$
慮 2123$_6$

luan

栾 0090$_4$
銮 0010$_9$
巒 2277$_2$
鸞 2232$_7$

lun

掄 5802$_7$
倫 2822$_7$
綸 2892$_7$
輪 5802$_7$
論 0862$_7$

luo

螺 5619$_3$
羅 6091$_4$
蘿 4491$_4$
羸 0021$_7$
洛 3716$_4$
落 4416$_4$
雒 2061$_4$
駱 7736$_4$
濼 3219$_4$

M

ma

麻 0029$_4$
馬 7132$_7$

mai

脉 7323$_2$

脈 7223_2
麥 4020_7
賣 4080_6
邁 3430_2

man

蠻 2213_6
滿 3412_7
曼 6040_7
幔 4624_7
漫 3614_7
蔄 4422_7
蔓 4440_7

mang

尨 4001_4
哤 6301_4
蘰 4424_7

mao

毛 2071_4
茅 4422_2
卯 7772_0
茂 4425_3
冒 6060_0
耄 4471_4
楙 4499_0
瑁 1616_0
懋 4433_9

mei

枚 4894_0
眉 7726_7
梅 4895_7
𡚁 4055_7
楳 4499_4
槑 6699_4
美 8043_0
渼 3813_4
寐 3029_4

men

門 7777_7
捫 5702_0

meng

盟 6710_7
蒙 4423_2
孟 1710_7
夢 4420_7
㝱 3022_7

mi

迷 3930_9
彌 1122_7
米 9090_4
弭 1124_0
沕 3712_0
宓 3033_2
泌 3310_0
峚 2210_4
祕 3320_0
密 3077_2
𡶶 3377_2
覓 2021_6
謐 0361_7

mian

眠 6704_7
棉 4692_7
綿 2692_7
緜 2229_3
澠 3711_7
免 2741_6
沔 3112_7
勉 2441_2
面 1060_0

miao

苗 4460_0
藐 4428_6
妙 4942_0
玅 0972_0
廟 0022_7
繆 2792_2

min

民 7774_7
旻 6040_0
珉 1714_7
敏 8854_0
閔 7740_0
黽 7771_7
閩 7713_6

ming

名 2760_0
明 6702_0
洺 3716_0
茗 4460_7
冥 3780_0
溟 3718_0
蓂 4480_0
銘 8716_0
鳴 6702_7

mo

模 4493_4

摩 0025_2
磨 0026_1
謨 0463_4
秣 2599_0
莫 4443_0
墨 6010_4
默 6333_4

mou

謀 0469_4

mu

某 4490_4
牡 2451_0
木 4090_0
目 6010_1
牟 2350_0
牧 2854_0
睦 6401_4
慕 4433_3
穆 2692_2

N

na

拏 4750_2
納 2492_7

nai

乃 1722_7
妳 4749_2
迺 3130_6
耐 1420_0

nan

男 6042_7
南 4022_7
難 4051_4

ne

訥 0462_7

nei

内 4022_7

nen

嫩 4844_0

neng

能 2121_1

ni

妮 4741_1
倪 2721_7
擬 5708_1
溺 3712_7

nian

年 8050_0
黏 2116_0
廿 4477_0
念 8033_2

niang

釀 1063_2

niao

鳥 2732_7

nie

聶 1014_1

ning

寧 3020_1
凝 3718_1
佞 2124_4
甯 3022_7
寗 3044_7

niu

牛 2500_0
鈕 8711_5

nong

農 5523_2
儂 2523_2
弄 1044_1

nü

女 4040_0
恧 1033_2

nuan

煖 9284_7

nue

虐 2121_4

O

ou

欧 7778_2
歐 7778_2
甌 7171_7
鷗 7772_7
偶 2622_7
耦 5692_7
藕 4492_7

P

pan

潘 3216_9
蟠 5216_9
沜 3212_1
泮 3915_0
頖 9158_6

pang

汸 3012_7
滂 3012_7
旁 0022_7
龎 7121_1
龐 0021_1

pao

匏 4721_2

pei

培 4016_1
裴 1173_2
佩 2721_0
珮 1711_0

peng

朋 7722_0
彭 4212_2
蓬 4430_4
鵬 7722_7

pi

丕 1010_9
批 5101_0
披 5404_7
皮 4024_7
枇 4191_0
毗 6101_0
毘 6071_1
埤 4614_0
琵 1171_1
脾 7624_0
媲 4741_1
甓 7071_7

pian

片 2202_1
篇 8822_7
駢 7834_1

piao

縹 2199_1

pin

貧 8080_6
頻 2128_6
品 6066_0
聘 1512_7

ping

平 1040_9
苹 4440_9
屏 7724_1
瓶 8141_7
評 0164_9
蘋 4428_6

po

坡 4414_7
鄱 2762_7
破 1464_7

pou

裒 0073_2

pu

莆 4422_7
蒲 4412_7
璞 1213_4
濮 3213_4
朴 4390_0
圃 6022_7
浦 3312_7
普 8060_1
溥 3314_2
樸 4293_4
曝 6603_2

Q

qi

七 4071_0
栖 4196_0
戚 5320_0
期 4782_0
棲 4594_4
漆 3413_2
祁 3722_7
齐 0022_4
岐 2474_7
其 4480_1
奇 4062_1
祈 3222_1
旂 0822_1
耆 4460_1
淇 3418_1
旗 0828_1
綦 4490_3
齊 0022_3

企 8010_1
屺 2771_7
启 3026_7
杞 4791_7
豈 2210_8
起 4780_1
啓 3860_4
啟 3864_0
綺 2492_1
契 5743_0
氣 8091_7
葺 4440_1
器 6666_3
磧 1568_6

qia

洽 3816_1

qian

千 2040_0
遷 3130_1
謙 0863_7
籤 8815_3
前 8022_1
虔 2124_0
乾 4841_7
鈐 8812_7
潜 3516_3
錢 8315_3
黔 6832_7
潛 3416_1
淺 3315_3
濳 3116_1
欠 2780_2
倩 2522_7

qiang

強 1323_6
强 1623_6
彊 1121_6
墻 4416_1
牆 2426_1

qiao

敲 0124_7
喬 2022_7
僑 2222_7
樵 4093_1
橋 4292_7

qie

切 4772_0
且 7710_0
妾 0040_4
鍥 8713_4
竊 3092_7

qin

欽 8718_2
芹 4422_1
秦 5090_4
菦 4430_2
琴 1120_7
禽 8042_7
勤 4412_7
溱 3519_4
鋟 8714_7
沁 3310_0

qing

青 5022_7
卿 7722_0
清 3512_7
情 9502_7
晴 6502_7
擎 4850_2
箐 8822_7
慶 0024_7
磬 4760_1

qiong

卭 1712_0
邛 1712_7
穹 3020_7
笻 8812_7
瓊 1714_7

qiu

丘 7210_1
邱 7712_7
秋 2998_0
求 4313_2
遒 3830_6
裘 4373_2

qu

曲 5560_0
屈 7727_2
區 7171_6
劬 2462_7
朐 7722_0
渠 3190_4
瞿 6621_4
璩 1113_2
遽 4430_3
臞 7621_4
癯 0011_4
衢 2121_4
取 1714_0

厺 4073_3
去 4073_1
趣 4780_4

quan

全 8010_4
佺 2821_4
泉 2623_2
荃 4410_4
拳 9050_2
痊 0011_4
詮 0861_4
銓 8811_4
權 4491_4
勸 4422_7

que

却 4772_0
確 1461_4
闕 7748_2

qun

羣 1750_1
群 1865_1

R

ran

然 2333_3
燃 9383_3
冉 5044_7
染 3490_4

rang

瀼 3013_2
讓 0063_2

rao

蕘 4421_1
饒 8471_1

ren

人 8000_0
仁 2121_0
壬 2010_4
忍 1733_2
任 2221_4
紉 2792_0
訒 0762_0
認 0763_2

ri

日 6010_0

rong

荣 4490_4
容 3060_8
溶 3316_8
蓉 4460_8
榕 4396_8
榮 9990_4

rou

柔 1790_4

ru

如 4640_0
茹 4446_0
儒 2122_7
孺 1142_7
汝 3414_0
入 8000_0

ruan

阮 7121_1

rui

蕊 4433_3
蘂 4490_4
芮 4422_7
瑞 1212_7
睿 2160_8
鋭 8811_6

run

潤 3712_0

ruo

若 4460_4
弱 1712_7
箬 8860_4
篛 8812_7

S

sai

塞 3010_4
賽 3080_6

san

三 1010_1

sang

桑 7790_4
喪 4073_2

sao

騷 7733_{6}
掃 5702_{7}
埽 4712_{7}

sen

森 4099_{4}

seng

僧 2826_{6}

sha

沙 3912_{0}
紗 2992_{0}

shan

山 2277_{0}
刪 7240_{0}
珊 1714_{0}
陝 7423_{8}
閃 7780_{7}
剡 9280_{0}
善 8060_{5}
贍 6786_{1}

shang

商 0022_{7}
傷 2822_{7}
觴 2822_{7}
賞 9080_{6}
上 2110_{0}
尚 9022_{7}

shao

勺 2732_{0}
苕 4460_{2}
韶 0766_{2}
少 9020_{0}
劭 1462_{7}
邵 1762_{7}
紹 2796_{2}

she

舌 2060_{4}
佘 8090_{1}
蛇 5311_{1}
舍 8060_{4}
射 2420_{0}
涉 3112_{1}
攝 5104_{1}

shen

申 5000_{6}
身 2740_{0}
呻 6500_{6}
深 3719_{4}
詵 0461_{1}
神 3520_{6}
沈 3411_{2}
審 3060_{9}
瀋 3316_{9}
椹 4491_{8}
蜃 7113_{6}
慎 9408_{1}
眘 4060_{3}

sheng

升 2440_{0}
生 2510_{0}
声 4020_{7}
昇 6044_{0}
湦 3611_{4}
聲 4740_{1}
澠 3711_{7}
繩 2791_{7}
省 9060_{2}
圣 7710_{4}
盛 5310_{7}
剩 2290_{0}
勝 7922_{7}
聖 1610_{4}
賸 7928_{6}

shi

尸 7720_{7}
施 0821_{2}
師 2172_{7}
獅 4122_{7}
詩 0464_{1}
十 4000_{0}
石 1060_{0}
实 3043_{0}
拾 5806_{1}
食 8073_{2}
時 6404_{1}
實 3080_{6}
識 0365_{0}
史 5000_{6}
使 2520_{6}
始 4346_{0}
士 4010_{0}
氏 7274_{0}
世 4471_{7}
仕 2421_{0}
市 0022_{7}
式 4310_{0}
事 5000_{7}
侍 2424_{1}

室 3010_4
是 6080_1
視 3621_0
勢 4442_7
嗜 6406_1
筮 8810_8
試 0364_0
適 3030_2
謚 0861_7
釋 2694_1

shou

收 2874_0
守 3034_2
首 8060_1
受 2040_7
狩 4324_2
授 5204_7
壽 4064_1
瘦 0014_7
綬 2294_7

shu

抒 5702_2
叔 2794_0
姝 4549_0
書 5060_1
淑 3714_0
菽 4494_7
疏 1011_3
舒 8762_2
樞 4191_6
蔬 4411_3
秫 2399_4
暑 6060_4
黍 2013_2
蜀 6012_7
曙 6606_4
术 4390_0
束 5090_6
述 3330_9
恕 4633_0
庶 0023_7
尌 4410_0
墅 6710_4
漱 3718_2
潄 3814_0
數 5844_0
樹 4490_0

shuai

帥 2472_7
率 0040_3

shuang

双 7744_0
霜 1096_3
雙 2040_7

shui

水 1223_0
税 2891_6
睡 6201_4

shun

舜 2025_2
順 2108_6

shuo

説 0861_6
朔 8742_0
碩 1168_6

si

司 1762_0
私 2390_0
思 6033_0
斯 4282_1
絲 2299_3
巳 7771_7
四 6021_0
似 2820_0
姒 4840_0
俟 2323_4
笥 8862_7
嗣 6722_0
肆 7570_7
駟 7630_0

song

松 4893_2
窠 3090_4
崧 2293_2
淞 3813_2
嵩 2222_7
宋 3090_4
訟 0863_2
頌 8178_6
誦 0762_7

sou

廋 0024_7
搜 5704_7

su

蘇 4439_4
俗 2826_8

涑 3519_6
素 5090_3
宿 3026_1
粟 1090_4
溯 3712_0
肅 5022_7
礵 1562_7

suan

算 8844_6

sui

雖 6011_4
綏 2294_4
隨 7423_2
遂 3830_3
歲 2125_3
碎 1064_8
穟 2893_3
邃 3330_3

sun

孙 1940_0
孫 1249_3
蓀 4449_3
筍 8862_7
損 5608_6

潠 3718_1

suo

娑 3940_4
梭 4394_7
所 7222_1
索 4090_3
惢 3333_0
瑣 1918_6

T

ta

他 2421_2

tai

胎 7326_0
台 2360_0
苔 4460_3
臺 4010_4
太 4003_0
泰 5013_2

tan

覃 1040_6
潭 3114_6
談 0968_9
壇 4011_6
檀 4091_6
譚 0164_6
坦 4611_0

tang

湯 3612_7
唐 0026_7
堂 9010_4
棠 9090_4
塘 4016_7
糖 9096_7
倘 2922_7

tao

弢 1224_7
韜 4257_7
匋 2772_0
洮 3211_3
逃 3230_1
桃 4291_3
陶 7722_0
匋 7722_0
萄 4472_7

teng

滕 7923_2
藤 4423_2
籐 8823_2

ti

剔 6220_0
梯 4892_7
提 5608_1
蹄 6012_7
題 6180_8
体 2523_0
體 7521_8
惕 9602_7

tian

天 1043_0
田 6040_0
恬 9206_4
甜 2467_0
填 4418_1

tiao

蜩 5712_0
眺 6201_3

tie

銕 8513_2
鐵 8315_0

帖　4126_0

ting

汀　3112_0
聽　1413_1
耓　1211_4
䋼　2211_4
廷　1240_1
亭　0020_1
庭　0024_1
停　2022_1
渟　3012_1
挺　5204_1
梃　4294_1

tong

通　3730_2
仝　8010_1
同　7722_0
佟　2723_3
彤　7242_2
桐　4792_0
童　0010_4
銅　8712_0

tou

鍮　8812_1

tu

突　3043_0
涂　3819_4
屠　7726_4
塗　3810_4
圖　6060_4
土　4010_0
兔　2741_3

tui

推　5001_4
退　3730_3

tun

屯　5071_7

tuo

託　0261_4
駝　7331_1
馳　7831_2
橐　5090_4
拓　5106_0
唾　6201_4

W

wa

瓦　1071_7
襪　3425_3

wai

外　2320_0

wan

丸　4001_7
完　3021_1
玩　1111_1
紈　2491_7
宛　3021_2
晚　6701_6
莞　4421_1
菀　4421_2
皖　2361_1
畹　6301_2
万　1022_7
萬　4442_7

wang

汪　3111_4
亡　0071_0
王　1010_4
忘　0033_1
旺　6101_4
望　0710_4

wei

危　2721_2
微　2824_0
薇　4424_8
为　3402_7
韦　5002_7
爲　3402_7
韋　4050_6
唯　6001_4
惟　9001_4
圍　6050_6
違　3430_4
維　2091_4
尾　7721_4
偉　2425_6
僞　2422_7
葦　4450_6
緯　2495_6
韡　4455_4
未　5090_0
位　2021_8
味　6509_0

畏 6073_2
渭 3612_7
蔚 4424_0
慰 7433_0
衛 2150_6
衞 2122_7
魏 2641_3

wen

溫 3611_7
文 0040_0
雯 1040_0
聞 7740_1
敚 2834_0
問 7760_7

weng

翁 8012_7
蓊 4412_7

wo

倭 2224_4
蝸 5712_7
我 2355_0
沃 3213_4
卧 7370_0
臥 7870_0
握 5701_4

wu

巫 1010_8
屋 7721_4
烏 2732_7
无 1041_0
毋 7755_0
吳 2643_0
吴 6043_0
吾 1060_1
梧 4196_1
浯 3116_1
無 8033_1
蕪 4433_1
潕 3815_1
五 1010_7
午 8040_0
伍 2121_7
武 1314_0
舞 8025_1
鉽 8314_0
兀 1021_0
勿 2722_0
戊 5320_0
物 2752_0
務 1722_7
悟 9106_1
晤 6106_1
婺 1840_4
寤 3026_1

X

xi

西 1060_0
希 4022_7
昔 4460_1
析 4292_1
奚 2043_0
息 2633_0
晞 6402_7
惜 9406_1
犀 7725_3
翕 8012_7
溪 3213_4
熙 7733_1
樨 4795_3
歙 8718_2
熹 4033_6
羲 8025_3
錫 8612_7
蟋 5213_9
谿 2846_8
醯 1061_7
曦 6805_3
郋 2762_7
席 0022_7
習 1760_2
襲 0173_2
洗 3411_1
喜 4060_5
璽 1010_3
氣 8031_7
细 2610_0
禊 3723_4
戲 2325_0

xia

狎 4625_0
俠 2423_8
峽 2473_8
遐 3730_4
轄 5306_4
霞 1024_7
下 1023_0
夏 1024_7

xian

仙 2227_0
先 2421_1

僊 2121$_2$
遷 3630$_1$
鮮 2835$_1$
纖 2395$_0$
伭 2023$_2$
弦 1023$_2$
咸 5320$_0$
閑 7790$_4$
賢 7780$_6$
冼 3411$_1$
顯 6138$_6$
峴 2671$_0$
現 1611$_0$
羨 8018$_2$
憲 3033$_6$
縣 2299$_3$
獻 2323$_4$

xiang

相 4690$_0$
香 2060$_9$
鄉 2722$_7$
湘 3610$_0$
襄 0073$_2$
祥 3825$_1$
翔 8752$_0$
詳 0865$_1$
響 2760$_1$
向 2722$_0$
象 2723$_2$
項 1118$_6$
橡 4793$_2$

xiao

宵 3022$_7$
消 3912$_7$
逍 3930$_2$
翛 2722$_7$
銷 8912$_7$
蟂 5719$_4$
蕭 4422$_7$
瀟 3412$_7$
簫 8822$_7$
嚻 6666$_8$
洨 3014$_8$
小 9000$_0$
筱 8824$_8$
曉 6401$_1$
篠 8829$_4$
謏 0764$_7$
孝 4440$_7$
肖 9022$_7$
效 0844$_0$
校 4094$_8$
笑 8843$_0$
嘯 6502$_7$

xie

些 2110$_1$
邪 7722$_7$
協 4402$_7$
偕 2126$_1$
斜 8490$_0$
諧 0166$_1$
寫 3032$_7$
燮 9940$_7$
謝 0460$_0$

xin

心 3300$_0$
辛 0040$_1$
欣 7728$_2$
莘 4440$_1$
新 0292$_1$
薪 4492$_1$
馨 4760$_9$
信 2026$_1$

xing

星 6010$_4$
惺 9601$_4$
興 7780$_1$
刑 1240$_0$
行 2122$_1$
邢 1742$_7$
型 1210$_4$
醒 1661$_4$
杏 4060$_9$
姓 4541$_0$
幸 4040$_1$
性 9501$_0$
㒷 7780$_1$

xiong

雄 4071$_4$
熊 2133$_1$

xiu

休 2429$_0$
修 2722$_2$
脩 2722$_7$
秀 2022$_7$
岫 2576$_0$
袖 3526$_0$
繡 2592$_7$

xu

盱 6104$_0$

盱 6104_{0}
胥 1722_{7}
虛 2121_{7}
須 2128_{6}
頊 1118_{6}
墟 4111_{7}
徐 2829_{4}
栩 4792_{0}
許 0864_{0}
鄦 8732_{7}
旭 4601_{0}
序 0022_{2}
敘 8794_{0}
恤 9701_{0}
畜 0060_{3}
勗 6012_{7}
敍 8894_{0}
煦 6733_{2}
緒 2496_{4}
續 2498_{6}

xuan

宣 3010_{6}
軒 5104_{0}
萱 4410_{6}
藼 4464_{7}
玄 0073_{2}
旋 0828_{1}
璇 1818_{1}
璿 1116_{8}
懸 2233_{9}
選 3730_{8}

xue

薛 4474_{1}
穴 3080_{2}
斈 0040_{7}
学 9040_{7}
學 7740_{7}
雪 1017_{7}
謔 0161_{4}

xun

勛 6482_{7}
塤 4618_{6}
勳 2432_{7}
巡 3230_{3}
恂 9702_{0}
荀 4462_{7}
尋 1734_{6}
循 2226_{4}
詢 0762_{0}
潯 3714_{6}
汛 3711_{0}
殉 1722_{0}
訓 0260_{0}
巽 7780_{1}
遜 3230_{9}
蕈 4440_{6}
𢍰 1144_{8}

Y

ya

丫 8020_{0}
押 5605_{0}
猒 6323_{4}
雅 7021_{4}
亞 1010_{7}

yan

烟 9680_{0}
崦 2471_{6}
淹 3411_{6}
煙 9181_{4}
鄢 1732_{7}
閹 7771_{6}
延 1240_{1}
言 0060_{1}
岩 2260_{1}
炎 9080_{9}
研 1164_{0}
閻 7777_{7}
顏 0128_{6}
嚴 6624_{8}
巖 2224_{8}
鹽 7810_{7}
兗 0021_{3}
弇 8044_{6}
衍 2110_{3}
偃 2121_{4}
演 3318_{6}
儼 2624_{8}
彥 0022_{2}
宴 3040_{4}
晏 6040_{4}
硯 1661_{0}
雁 7121_{4}
厭 7123_{4}
燕 4433_{1}
諺 0062_{2}
艷 5711_{7}
豔 2411_{7}
鷃 6742_{7}

yang

羊 8050_{1}
陽 7622_{7}

揚 5602$_7$
暘 6602$_7$
楊 4692$_7$
煬 9682$_7$
瑒 1612$_7$
印 7772$_0$
仰 2722$_0$
養 8073$_2$

yao

爻 4040$_0$
姚 4241$_3$
堯 4021$_1$
遙 3730$_7$
瑤 1717$_2$
嶢 2471$_1$
謠 0767$_2$
曜 6701$_4$
藥 4490$_4$
耀 9721$_4$

ye

耶 1712$_7$
也 4471$_2$
冶 3316$_0$
埜 4410$_4$
野 6712$_2$
叶 6400$_0$
夜 0024$_7$
掖 5004$_7$
葉 4490$_4$
業 3290$_4$
鄴 3792$_7$
饁 8471$_7$

yi

一 1000$_0$
伊 2725$_7$
衣 0073$_2$
依 2023$_2$
洢 3715$_7$
壹 4010$_8$
揖 5604$_1$
漪 3412$_1$
醫 7760$_1$
黟 6732$_7$
仪 2420$_0$
夷 5003$_2$
沂 3212$_1$
宜 3010$_7$
怡 9306$_0$
荑 4453$_2$
栘 4792$_7$
移 2792$_7$
詒 0366$_0$
貽 6386$_0$
飴 8376$_0$
疑 2748$_1$
儀 2825$_3$
遺 3530$_8$
頤 7178$_6$
嶷 2248$_1$
彝 2744$_9$
乙 1771$_0$
已 1771$_7$
以 2810$_0$
倚 2422$_1$
螘 5211$_8$
亦 0033$_0$
抑 5702$_0$
邑 6071$_7$
易 6022$_7$
奕 0043$_0$
弈 0044$_3$
挹 5601$_7$
益 8010$_7$
陭 7422$_1$
埶 4411$_7$
異 6080$_1$
翊 0712$_0$
翌 1710$_8$
逸 3730$_1$
軼 5503$_0$
意 0033$_6$
義 8055$_3$
蓺 4411$_7$
億 2023$_6$
毅 0724$_7$
瘞 0011$_4$
憶 9003$_6$
翼 1780$_1$
臆 7023$_6$
藝 4473$_1$
鎰 8811$_7$
繹 2694$_1$
譯 0664$_1$
議 0865$_3$
囈 6403$_1$
懿 4713$_8$

yin

因 6043$_0$
音 0060$_1$
殷 2724$_7$
陰 7823$_1$
蔭 4423$_1$
吟 6802$_7$
唫 6801$_9$

寅 3080_6
鄞 4712_7
銀 8713_2
蟫 5114_6
尹 1750_7
引 1220_0
蚓 5210_0
飲 8778_2
隱 7223_7
讔 0263_7
印 7772_0
胤 2201_0
憖 4833_4

ying

英 4453_0
瑛 1413_4
嬰 6640_4
應 0023_1
嚶 6604_4
鶯 9932_7
鷹 0022_7
迎 3730_2
瑩 9910_3
嬴 0021_7
螢 9913_6
瀛 3011_7
郢 6712_7
影 6292_2
潁 2128_6
穎 2198_6
映 6503_0

yong

邕 2271_7
庸 0022_7
傭 2022_7
雍 0021_4
墉 4012_7
鏞 8712_7
擁 5001_4
雝 2071_4
廱 0021_4
顒 6148_6
永 3023_2
甬 1722_7
咏 6303_2
泳 3313_2
湧 3712_7
詠 0363_2
用 7722_0

you

幽 2277_0
悠 2833_4
尤 4301_0
由 5060_0
斿 0824_7
柚 4596_0
疣 0011_4
逌 3130_6
游 3814_7
猶 4826_1
遊 3830_4
猷 8363_4
輶 5806_1
友 4004_7
有 4022_7
酉 1060_0
牖 2302_7
又 7740_0
右 4060_0
幼 2472_7
佑 2426_0
囿 6022_7
宥 3022_7
祐 3426_0

yu

迂 3130_4
渝 3812_1
于 1040_0
亏 1040_7
予 1720_2
余 8090_4
於 0823_3
盂 1010_7
俞 8022_1
禺 6042_7
娛 4643_4
隅 7622_7
魚 2733_6
腴 7723_7
愚 6033_2
榆 4892_1
瑜 1812_1
虞 2123_4
漁 3713_6
餘 8879_4
輿 7780_1
宇 3040_1
羽 1712_0
雨 1022_7
禹 2042_7
庾 0023_7
與 7780_1
語 0166_1
窳 3023_2

玉 1010$_3$
聿 5000$_7$
芋 4440$_1$
育 0022$_7$
郁 4722$_7$
昱 6010$_8$
欲 8768$_2$
喻 6802$_1$
寓 3042$_7$
御 2722$_0$
裕 3826$_8$
遇 3630$_2$
馭 7734$_0$
愈 8033$_2$
預 1128$_6$
毓 8051$_3$
豫 1723$_2$
遹 3730$_2$
澦 3118$_6$
諭 0862$_1$
禦 2790$_1$
譽 7760$_1$
鬻 1722$_7$
鬱 4472$_2$

yuan

囦 6023$_2$
渊 3210$_0$
淵 3210$_0$
鴛 2732$_7$
元 1021$_1$
沅 3111$_1$
垣 4111$_6$
爰 2044$_7$
原 7129$_6$
員 6080$_6$
袁 4073$_2$
援 5204$_7$
園 6073$_2$
圓 6080$_6$
源 3119$_6$
緣 2793$_2$
圜 6073$_2$
薗 4460$_0$
轅 5403$_2$
遠 3430$_3$
苑 4421$_2$
掾 5703$_2$
瑗 1214$_7$
願 7128$_6$

yue

曰 6010$_0$
約 2792$_0$
月 7722$_0$
岳 7277$_2$
悦 9801$_6$
粤 2620$_7$
越 4380$_5$
鉞 8315$_0$
閲 7721$_6$
樾 4398$_5$
嶽 2223$_4$
瀹 3812$_7$
躍 6711$_4$

yun

云 1073$_1$
芸 4473$_1$
耘 5193$_1$
鄖 6782$_7$
雲 1073$_1$
允 2321$_0$
鄆 3752$_7$
惲 9705$_6$
運 3730$_4$
韞 4651$_7$
藴 4491$_7$
韻 0668$_6$

Z

za

雜 0091$_4$

zai

宰 3040$_1$
載 4355$_0$
再 1044$_7$
在 4021$_4$

zan

簪 8860$_1$
攢 5408$_6$
贊 5580$_6$
讚 2480$_6$

zang

臧 2325$_0$
葬 4444$_1$

zao

棗 5090$_2$
璪 1219$_4$
澡 3619$_4$
藻 4419$_4$

皁 2640_0
造 3430_6

ze

則 6280_0
責 5080_6
擇 5604_1
澤 3614_1

zeng

曾 8060_6
增 4816_6
繒 2896_6
贈 6886_6

zha

查 4010_6
乍 8021_1
鮓 2831_1
霅 1060_1

zhai

齋 0022_3
翟 1721_4

zhan

詹 2726_1
薝 4426_1
瞻 6706_1
饘 8071_6
鱣 2031_6
展 7723_2
占 2160_0
湛 3411_8
戰 6355_0

zhang

張 1123_2
章 0040_6
彰 0242_2
漳 3014_6
掌 9050_2

zhao

昭 6706_2
炤 9786_2
召 1760_2
兆 3211_3
詔 0766_2
照 6733_6
肇 3850_7
趙 4980_2

zhe

折 5202_1
哲 5260_2
蟄 4413_6
謫 0062_7
赭 4436_4
褶 3726_2
蔗 4423_7
柘 4196_0
浙 3212_1
淛 3210_0

zhen

珍 1812_2
貞 2180_6
真 4080_1
斟 4470_0
甄 1111_7
禎 3128_6
箴 8825_3
鍼 8315_0
枕 4491_2
診 0862_2
陣 7520_6
振 5103_2
震 1023_2
鎮 8418_1

zheng

征 2121_1
崢 2275_7
徵 2824_0
拯 5701_3
正 1010_1
郑 8742_7
郑 8742_7
郑 8782_7
政 1814_0
鄭 8742_7
證 0261_8

zhi

之 3030_7
支 4040_7
卮 7221_2
芝 4430_7
巵 7221_7
枝 4494_7
知 8640_0
祗 3224_0
秖 2294_0
織 2395_0
直 4010_7
執 4441_7
植 4491_7
摭 5003_7
慹 4433_1

職 1315_0
止 2110_0
沚 3111_0
芷 4410_1
咫 7680_8
枳 4698_0
至 1010_4
志 4033_1
制 2220_0
治 3316_0
炙 2780_9
陟 7122_1
秩 2593_0
致 1814_0
窒 3010_4
智 8660_0
廌 0022_7
稚 2091_4
製 2273_2
質 7280_6
穉 2795_3

zhong

中 5000_6
忠 5033_6
衷 0073_2
終 2793_3
鍾 8211_4
鐘 8011_4
种 2590_6
冢 3723_2
種 2291_4
踵 6211_4
仲 2520_6
重 2010_4
衆 2723_2

zhou

州 3200_0
舟 2744_0
周 7722_0
洲 3210_0
粥 1722_7
肘 7420_0
宙 3060_5
籀 8856_2

zhu

朱 2590_0
洙 3519_0
珠 1519_0
猪 4426_4
硃 1569_0
袾 3529_0
誅 0569_0
諸 0466_4
竹 8822_0
竺 8810_1
逐 3130_3
主 0010_4
渚 3416_4
煮 4433_6
佇 2322_1
住 2021_4
助 7412_7
注 3011_4
苧 4420_1
柱 4091_4
柷 4691_0
祝 3621_0
祩 3529_0
著 4460_4
註 0061_4
鑄 8414_1

zhuan

專 5034_3
撰 5708_1
篆 8823_2
饌 8778_1

zhuang

莊 4421_4
壯 2421_0
戇 0133_8

zhui

贅 5880_6

zhuo

卓 2140_6
拙 5207_2
灼 9782_0
琢 1113_2
濯 3711_4

zi

仔 2724_7
孜 1844_0
咨 3760_8
滋 3813_2
資 3780_6
子 1740_7
紫 2190_3
字 3040_7
自 2600_0

zong

宗 3090_1
總 2693_0
縱 2898_1

zou

邹 2712_7
郰 8712_7
邹 8712_7
鄹 2742_7
奏 5043_0

zu

足 6080_1
祖 3721_0

zuan

纂 8890_3
纘 2498_6

zui

最 6014_7
醉 1064_8
檇 4092_7

zun

尊 8034_6
遵 3830_4
撙 5804_6

zuo

昨 6801_1
左 4001_1
佐 2421_1
作 2821_1
坐 8810_4
祚 3821_1

索引字頭筆畫檢字

一畫

一 1000_0
乙 1771_0

二畫

丁 1020_0
七 4071_0
乃 1722_7
九 4001_7
了 1720_7
二 1010_0
人 8000_0
入 8000_0
八 8000_0
几 7721_0
刀 1722_0
刁 1712_0
力 4002_7
十 4000_0
卜 2300_0
卩 7722_0
厂 7120_0
又 7740_0

三畫

万 1022_7
三 1010_1
上 2110_0
下 1023_0
个 8020_0
丫 8020_0
丸 4001_7
久 2780_0
也 4471_2
于 1040_0
亐 1040_7
亡 0071_0
兀 1021_0
凡 7721_0
勺 2732_0
千 2040_0
口 6000_0
囗 6000_0
土 4010_0
士 4010_0
大 4003_0
女 4040_0
子 1740_7
寸 4030_0
小 9000_0
尸 7720_7
山 2277_0
川 2200_0
工 1010_0
己 1771_7
已 1771_7
巳 7771_7
巾 4022_7
干 1040_0
弓 1720_7
才 4020_0

四畫

不 1090_0
丑 1710_5
中 5000_6
丹 7744_0
为 3402_7
之 3030_7
予 1720_2
云 1073_1
五 1010_7
井 5500_0
尢 4001_3
龙 4001_4
亢 0021_7
仁 2121_0
仇 2421_7
今 8020_7
介 8022_0
从 8800_0
允 2321_0

元 1021_1
内 4022_7
公 8073_2
六 0080_0
分 8022_7
切 4772_0
勾 2772_0
勿 2722_0
化 2421_0
升 2440_0
午 8040_0
卞 0023_0
卬 7772_0
及 1724_7
友 4004_7
双 7744_0
反 7124_7
壬 2010_4
天 1043_0
太 4003_0
夫 5003_0
孔 1241_0
少 9020_0
尤 4301_0
尹 1750_7
尺 7780_7
屯 5071_7
巴 7771_7
幻 2772_0
廿 4477_0
引 1220_0
心 3300_0
戈 5300_0
支 4040_7
文 0040_0
斗 3400_0
方 0022_7
无 1041_0
日 6010_0
曰 6010_0
月 7722_0
木 4090_0
欠 2780_2
止 2110_0
毋 7755_0
比 2171_0
毛 2071_4
氏 7274_0
水 1223_0
火 9080_0
爻 4040_0
片 2202_1
牛 2500_0
王 1010_4
瓦 1071_7
韦 5002_7
卪 1722_0

五畫

且 7710_0
丕 1010_9
世 4471_7
丘 7210_1
丙 1022_7
主 0010_4
乍 8021_1
仔 2724_7
仕 2421_0
他 2421_2
付 2420_0
仙 2227_0
仝 8010_1
代 2324_0
令 8030_7
以 2810_0
仪 2420_0
冉 5044_7
冬 2730_3
出 2277_2
刊 1240_0
功 1412_7
加 4600_0
包 2771_2
北 1111_0
半 9050_0
占 2160_0
卭 1712_0
卮 7221_2
印 7772_0
卯 7772_0
厺 4073_3
去 4073_1
古 4060_0
句 2762_0
召 1760_2
可 1062_0
台 2360_0
叱 6401_0
史 5000_6
右 4060_0
叶 6400_0
司 1762_0
四 6021_0
圣 7710_4
外 2320_0
尔 2790_2
左 4001_1
巨 7171_7

市 0022_7
布 4022_7
平 1040_9
幼 2472_7
弘 1223_0
必 3300_0
戊 5320_0
旦 6010_0
未 5090_0
本 5023_0
术 4390_0
正 1010_1
民 7774_7
氷 3223_0
永 3023_2
氾 3711_2
汀 3112_0
玄 0073_2
玉 1010_3
瓜 7223_0
甘 4477_0
生 2510_0
用 7722_0
田 6040_0
由 5060_0
甲 6050_0
申 5000_6
白 2600_0
皮 4024_7
目 6010_1
石 1060_0
礼 3221_0
禾 2090_4
穴 3080_2
立 0010_8
艾 4440_0
邛 1712_7
乇 2401_7
冄 1044_7
囙 6042_7

六畫

丞 1710_3
亘 1010_6
交 0040_8
亥 0080_2
亦 0033_0
仰 2722_0
仲 2520_6
价 2822_0
任 2221_4
企 8010_1
育 8022_7
伊 2725_7
伍 2121_7
伏 2323_4
休 2429_0
似 2820_0
充 0021_3
兆 3211_3
先 2421_1
光 9021_1
兊 8021_3
全 8010_4
共 4480_1
再 1044_7
冰 3213_0
刑 1240_0
列 1220_0
刘 0240_0
匡 7171_1
危 2721_2
合 8060_1
吉 4060_1
同 7722_0
名 2760_0
后 7226_1
向 2722_0
回 6060_0
因 6043_0
在 4021_4
圭 4010_4
地 4411_2
多 2720_7
夷 5003_2
好 4744_7
如 4640_0
字 3040_7
存 4024_7
孙 1940_0
宇 3040_1
守 3034_2
安 3040_4
屺 2771_7
州 3200_0
巡 3230_3
年 8050_0
延 1240_1
廷 1240_1
式 4310_0
成 5320_0
收 2874_0
旭 4601_0
曲 5560_0
有 4022_7
朱 2590_0
龙 4001_4
朴 4390_0

机 4791_0
次 3718_2
此 2111_0
汗 3114_0
汛 3711_0
汝 3414_0
江 3111_0
池 3411_2
汲 3714_7
牟 2350_0
百 1060_0
祁 3722_7
竹 8822_0
米 9090_4
缶 8077_2
羊 8050_1
羽 1712_0
老 4471_1
考 4420_7
而 1022_7
耒 5090_0
耳 1040_0
聿 5000_7
肎 3722_7
臣 7171_7
自 2600_0
至 1010_4
舌 2060_4
舟 2744_0
艮 7773_2
艸 2244_7
芋 4440_1
芝 4430_7
行 2122_1
衣 0073_2
西 1060_0
迁 3130_4
邢 1742_7
邦 5702_7
邨 5772_7
邪 7722_7
阮 7121_1
防 7022_7
[illegible] 7722_0
齐 0022_4

七畫

亖 1010_1
亨 0020_7
伭 2023_2
伯 2620_0
伴 2925_0
伶 2823_7
佃 2620_0
但 2621_0
佇 2322_1
位 2021_8
住 2021_4
佐 2421_1
佑 2426_0
体 2523_0
何 2122_0
佘 8090_1
余 8090_4
佛 2522_7
作 2821_1
佞 2124_4
佟 2723_3
克 4021_6
免 2741_6
兵 7280_1
冏 7722_0
冶 3316_0
冷 3813_7
初 3722_0
利 2290_0
删 7240_0
别 6240_0
助 7412_7
劫 4472_7
劬 2462_7
劭 1462_7
即 7772_0
却 4772_0
巫 1010_8
君 1760_7
吟 6802_7
否 1060_9
含 8060_2
启 3026_7
吳 2643_0
吴 6043_0
吹 6708_2
吾 1060_1
呂 6060_0
呆 6090_4
呈 6010_4
囦 6023_2
国 6010_4
困 6090_4
均 4712_0
坎 4718_2
坐 8810_4
壯 2421_0
声 4020_7
妙 4942_0
姒 4840_0
孚 2040_7

孜 1844_0
孝 4440_7
宋 3090_4
完 3021_1
宏 3043_2
尾 7721_4
岐 2474_7
岑 2220_7
巵 7221_7
希 4022_7
序 0022_2
弄 1044_1
弅 8044_2
弟 8022_7
彤 7242_2
忍 1733_2
志 4033_1
忘 0033_1
快 9503_0
我 2355_0
戒 5340_0
扶 5503_0
批 5101_0
抄 5902_0
把 5701_7
抑 5702_0
抒 5702_2
抗 5001_7
折 5202_1
拒 5101_7
改 1874_0
攻 1814_0
孛 0040_7
旰 6104_0
更 1050_6
李 4040_7
杏 4060_9
村 4490_0
杓 4792_0
杕 4493_0
杜 4491_0
杞 4791_7
束 5090_6
步 2120_1
求 4313_2
汪 3111_4
汸 3012_7
決 3513_0
汾 3812_7
沁 3310_0
沂 3212_1
沃 3213_4
沅 3111_1
沈 3411_2
沔 3112_7
沕 3712_0
沖 3510_6
沙 3912_0
沚 3111_0
沂 3212_1
灼 9782_0
牡 2451_0
狂 4121_4
狄 4928_0
玖 1718_0
甫 5322_7
甬 1722_7
男 6042_7
甸 2762_0
皁 2640_0
秀 2022_7
私 2390_0
肖 9022_7
肘 7420_0
良 3073_2
芙 4453_0
芥 4422_8
芬 4422_7
芮 4422_7
花 4421_4
芳 4422_7
芷 4410_1
芸 4473_1
芹 4422_1
見 6021_0
言 0060_1
谷 8060_8
豆 1010_8
貝 6080_0
赤 4033_1
足 6080_1
身 2740_0
車 5000_6
辛 0040_1
辰 7123_2
迎 3730_2
近 3230_2
返 3130_4
还 3130_9
邑 6071_7
邯 4772_7
邱 7712_7
邵 1762_7
邹 2712_7
阿 7122_0
酉 1060_0
岭 2872_0
宠 3741_4

⿵冂⿱一八 7780_1
⿰当阝 8712_7

八畫

事 5000_7
些 2110_1
亞 1010_7
京 0090_6
佩 2721_0
佳 2421_4
併 2824_1
佺 2821_4
使 2520_6
侃 2621_0
來 4090_8
侍 2424_1
侗 2722_0
依 2023_2
兔 2741_3
兖 0021_3
兩 1022_7
其 4480_1
具 7780_1
典 5580_1
冼 3411_1
函 1077_2
制 2220_0
刺 5290_0
刻 0280_0
匋 2772_0
卓 2140_6
協 4402_7
卦 4310_0
卧 7370_0
卷 9071_2
叔 2794_0
取 1714_0
受 2040_7
周 7722_0
味 6509_0
呻 6500_6
和 2690_0
咏 6303_2
固 6060_4
国 6010_3
坡 4414_7
坤 4510_6
坦 4611_0
垂 2010_4
夜 0024_7
奇 4062_1
奉 5050_3
妮 4741_1
妳 4749_2
妾 0040_4
始 4346_0
姑 4446_0
姓 4541_0
孟 1710_7
季 2040_7
孤 1243_0
学 9040_7
宓 3033_2
宗 3090_1
官 3077_7
宙 3060_5
定 3080_1
宛 3021_2
宜 3010_7
实 3043_0
尚 9022_7
居 7726_4
屈 7727_2
岡 7722_0
岩 2260_1
岫 2576_0
岍 2174_1
岱 2377_2
岳 7277_2
岸 2224_1
帖 4126_0
幸 4040_1
庚 0023_7
建 1540_0
弢 1224_7
弦 1023_2
征 2121_1
忠 5033_6
氛 8031_7
念 8033_2
忽 2733_2
怡 9306_0
性 9501_0
怪 9701_4
或 5310_0
房 3022_7
所 7222_1
承 1723_2
披 5404_7
抱 5701_2
押 5605_0
拂 5502_7
拊 5400_0
拏 4750_2
拓 5106_0
拔 5304_7
拘 5702_0
拙 5207_2

放	0824_0	欣	7728_2	秉	2090_7	表	5073_2
斧	8022_1	欧	7778_2	穹	3020_7	迦	3630_0
於	0823_3	武	1314_0	空	3010_1	迪	3530_6
旺	6101_4	河	3112_0	竺	8810_1	述	3330_9
旻	6040_0	治	3316_0	细	2610_0	郁	4722_7
昂	6072_7	況	3611_0	耶	1712_7	郊	0742_7
昆	6071_1	泊	3610_0	肥	7721_7	郇	2762_7
昇	6044_0	泌	3310_0	肩	3022_7	郎	3772_7
昊	6043_0	法	3413_1	肯	2122_7	郑	8742_7
昌	6060_0	注	3011_4	肱	7423_2	采	2090_4
明	6702_0	泮	3915_0	育	0022_7	金	8010_9
易	6022_7	泳	3313_2	肻	2122_7	長	7173_2
昔	4460_1	炅	6080_9	臥	7870_0	門	7777_7
朋	7722_0	炊	9788_2	舍	8060_4	陋	7121_2
服	7724_7	炎	9080_9	苑	4421_2	陔	7028_2
杭	4091_7	炙	2780_9	苔	4460_3	雨	1022_7
東	5090_6	版	2104_7	苕	4460_2	青	5022_7
杲	6090_4	牧	2854_0	苗	4460_0	非	1111_1
松	4893_2	物	2752_0	若	4460_4	恶	7133_1
板	4194_7	狎	4625_0	苦	4460_4	妥	2440_4
枇	4191_0	玩	1111_1	苧	4420_1	峃	3377_2
析	4292_1	画	1077_2	英	4453_0	罡	6040_1
枕	4491_2	盂	1010_7	苹	4440_9	郄	2722_7
林	4499_0	盱	6104_0	茂	4425_3	虱	2211_0
枚	4894_0	直	4010_7	范	4411_2	旼	6804_0
果	6090_4	知	8640_0	茅	4422_2	郏	8712_7
枝	4494_7	祈	3222_1	虎	2121_7	叀	5013_6

洊 3814_{7}
斉 0022_{4}

九畫

亭 0020_{1}
亮 0021_{7}
侯 2723_{4}
侶 2626_{0}
便 2124_{6}
俊 2324_{7}
俗 2826_{8}
保 2629_{4}
俞 8022_{1}
俟 2323_{4}
俠 2423_{8}
信 2026_{1}
俪 2122_{7}
修 2722_{2}
冒 6060_{0}
冠 3721_{4}
則 6280_{0}
前 8022_{1}
勁 1412_{7}
勅 5492_{7}
勉 2441_{2}
南 4022_{7}
厚 7124_{7}
叙 8794_{0}
叚 7724_{7}
咨 3760_{8}
咫 7680_{8}
咸 5320_{0}
品 6066_{0}
哄 6408_{1}
哈 6806_{1}
囿 6022_{7}
型 1210_{4}
垣 4111_{6}
城 4315_{0}
奎 4010_{4}
奏 5043_{0}
奐 2743_{0}
契 5743_{0}
奕 0043_{0}
弈 0044_{3}
姚 4241_{3}
姜 8040_{4}
姝 4549_{0}
客 3060_{4}
宣 3010_{6}
室 3010_{4}
宥 3022_{7}
宮 3060_{6}
封 4410_{0}
屋 7721_{4}
屏 7724_{1}
峇 2260_{1}
峐 2078_{2}
峒 2772_{0}
峚 2210_{4}
峝 2222_{7}
帝 0022_{7}
帥 2472_{7}
幽 2277_{0}
度 0024_{7}
庭 0024_{1}
弇 8044_{6}
弭 1124_{0}
彥 0022_{2}
彪 2221_{2}
待 2424_{1}
律 2520_{7}
後 2224_{7}
思 6033_{0}
急 2733_{7}
恂 9702_{0}
恒 9101_{6}
恤 9701_{0}
恨 9703_{2}
恪 9706_{4}
恬 9206_{4}
扁 3022_{7}
拜 2155_{0}
括 5206_{4}
拯 5701_{3}
拱 5408_{1}
拾 5806_{1}
持 5404_{1}
按 5304_{4}
挺 5204_{1}
政 1814_{0}
故 4864_{0}
施 0821_{2}
斿 0824_{7}
既 7171_{4}
星 6010_{4}
映 6503_{0}
春 5060_{3}
昨 6801_{1}
昬 7760_{4}
昭 6706_{2}
是 6080_{1}
昱 6010_{8}
朐 7722_{0}
枳 4698_{0}
柏 4690_{0}
某 4490_{4}
染 3490_{4}

柔 1790_4
柘 4196_0
柚 4596_0
查 4010_6
柯 4192_0
柱 4091_4
柳 4792_0
柷 4691_0
段 7744_7
毗 6101_0
昆 6071_1
泉 2623_2
洎 3610_0
洗 3411_1
洙 3519_0
洛 3716_4
洞 3712_0
洢 3715_7
津 3510_7
洨 3014_8
洪 3418_1
洮 3211_3
洱 3114_0
洲 3210_0
洹 3111_6
洺 3716_0
活 3216_4
洽 3816_1
炤 9786_2
炯 9782_0
爲 3402_7
爰 2044_7
狩 4324_2
猃 4823_1
玅 0972_0
珂 1112_0
珉 1714_7
珊 1714_0
珍 1812_2
畊 6500_0
界 6022_8
畏 6073_2
疣 0011_4
癸 1243_0
皆 2160_1
皇 2610_4
皈 2164_7
相 4690_0
省 9060_2
眉 7726_7
看 2060_4
矩 8141_7
研 1164_0
砭 1263_7
祐 3426_0
祓 3324_7
祕 3320_0
祖 3721_0
祇 3224_0
祚 3821_1
祝 3621_0
神 3520_6
禹 2042_7
禺 6042_7
秋 2998_0
种 2590_6
科 2490_0
秕 2191_0
秬 2191_7
突 3043_0
竑 0413_2
紀 2791_7
約 2792_0
紅 2191_0
紈 2491_7
紉 2792_0
罘 6090_1
美 8043_0
玨 1111_0
耐 1420_0
胎 7326_0
胡 4762_0
胤 2201_0
胥 1722_7
脉 7323_2
茗 4460_7
茨 4418_2
茱 4490_1
茶 4490_4
茹 4446_0
荀 4462_7
荃 4410_4
荄 4480_2
荅 4460_1
荆 4240_0
草 4440_6
荑 4453_2
荒 4421_1
荔 4442_7
荣 4490_4
虐 2121_4
虹 5111_0
衍 2110_3
衎 2140_1
訂 0162_0
計 0460_0
貞 2180_6
負 2780_6

軍 3750_6
迷 3930_9
迺 3130_6
退 3730_3
逃 3230_1
郜 2762_7
郝 4732_7
郟 4702_7
郡 1762_7
郢 6712_7
重 2010_4
陛 7121_4
陝 7423_8
陟 7122_1
陣 7520_6
面 1060_0
革 4450_6
韋 4050_6
韭 1110_1
音 0060_1
風 7721_0
飛 1241_3
食 8073_2
首 8060_1
香 2060_9
鬼 2621_3
[illegible] 1733_2
毐 4055_7
[illegible] 4033_3
厓 1021_4
[illegible] 8782_7
郑 8742_7
癸 1241_0

十畫

毫 0071_4
倉 8060_7
倒 2220_0
倘 2922_7
倚 2422_1
借 2426_1
倦 2921_2
倩 2522_7
倪 2721_7
倫 2822_7
倭 2224_4
健 2524_0
党 9021_6
兼 8023_7
冢 3723_2
冥 3780_0
凌 3414_7
剔 6220_0
剛 7220_0
剡 9280_0
務 1722_7
匪 7171_1
卿 7722_0
原 7129_6
員 6080_6
哤 6301_4
哭 6643_0
哲 5260_2
唐 0026_7
圃 6022_7
夏 1024_7
奚 2043_0
姬 4141_6
娑 3940_4
娛 4643_4
孫 1249_3
宰 3040_1
宴 3040_4
宵 3022_7
家 3023_2
宸 3023_2
容 3060_8
宿 3026_2
射 2420_0
將 2724_0
屐 7724_7
展 7723_2
峨 2375_0
峩 2255_3
峯 2250_4
峰 2775_4
峴 2671_0
島 2772_7
峻 2374_7
峽 2473_8
師 2172_7
席 0022_7
弱 1712_7
徐 2829_4
徑 2121_1
恕 4633_0
恥 1310_0
恧 1033_2
恩 6033_0
恭 4433_8
息 2633_0
悅 9801_6
悔 9805_7
悟 9106_1
拳 9050_2
振 5103_2
挹 5601_7

效 0844_0
敖 5824_0
旁 0022_7
旂 0822_1
晁 6011_3
時 6404_1
晉 1060_1
晏 6040_4
書 5060_1
朔 8742_0
朗 3772_0
柴 2190_4
栖 4196_0
栗 1090_4
栘 4792_7
栝 4296_4
校 4094_8
栢 4196_0
栩 4792_0
核 4098_2
根 4793_2
格 4796_4
栾 0090_4
桂 4491_4
桃 4291_3
案 3090_4
桐 4792_0
桑 7790_4
桓 4191_6
梃 4294_1
殉 1722_0
殷 2724_7
氣 8091_7
泰 5013_2
流 3011_3
浙 3212_1
浚 3314_7
浡 3414_7
浣 3311_1
浦 3312_7
浩 3416_1
浪 3313_2
浭 3114_6
浮 3214_7
浯 3116_1
海 3815_7
涂 3819_4
涇 3111_1
消 3912_7
涉 3112_1
涑 3519_6
涓 3612_7
烏 2732_7
烘 9488_1
烟 9680_0
珙 1418_1
珠 1519_0
琉 1817_2
珥 1114_0
班 1111_4
珮 1711_0
瓶 8141_7
留 7760_2
畜 0060_3
畢 6050_4
病 0012_7
皋 2640_3
盉 2010_7
益 8010_7
盍 4010_7
眘 4060_3
真 4080_1
眠 6704_7
砥 1264_0
破 1464_7
祥 3825_1
祩 3529_0
秣 2599_0
秦 5090_4
秩 2593_0
秖 2294_0
秝 2399_4
笏 8822_7
笑 8843_0
粉 9892_7
納 2492_7
純 2591_7
紗 2992_0
紛 2892_7
素 5090_3
索 4090_3
翁 8012_7
耄 4471_4
耆 4460_1
耕 5590_0
耘 5193_1
耿 1918_0
能 2121_1
脈 7223_2
脩 2722_7
致 1814_0
舫 2042_7
般 2744_7
芻 2742_7
茝 4471_6
荷 4422_1
荻 4428_9
莅 4421_8

莆　4422$_{7}$
莊　4421$_{4}$
莘　4440$_{1}$
莝　4410$_{4}$
莞　4421$_{1}$
莫　4443$_{0}$
莚　4430$_{2}$
華　4450$_{4}$
虔　2124$_{0}$
蚓　5210$_{0}$
衷　0073$_{2}$
袁　4073$_{2}$
袖　3526$_{0}$
被　3424$_{7}$
訒　0762$_{0}$
訓　0260$_{0}$
託　0261$_{4}$
記　0761$_{7}$
豈　2210$_{8}$
豹　2722$_{0}$
貢　1080$_{6}$
起　4780$_{1}$
躬　2722$_{7}$
軒　5104$_{0}$
逌　3130$_{6}$
逍　3930$_{2}$
逐　3130$_{3}$
逕　3130$_{1}$
通　3730$_{2}$
造　3430$_{6}$
逢　3730$_{4}$
連　3530$_{0}$
邕　2271$_{7}$
郭　0742$_{7}$
郴　4792$_{7}$
都　4762$_{7}$
酒　3116$_{0}$
釜　8010$_{9}$
閃　7780$_{7}$
陭　7422$_{1}$
陰　7823$_{1}$
陳　7529$_{6}$
陶　7722$_{0}$
陸　7421$_{4}$
馬　7132$_{7}$
高　0022$_{7}$
鬲　1022$_{7}$
涼　3019$_{6}$
昷　6010$_{2}$
唐　0026$_{1}$
⿰耳王　1211$_{4}$
将　3214$_{2}$
衮　0073$_{2}$

十一畫

䷗　1110$_{1}$
乾　4841$_{7}$
偃　2121$_{4}$
偈　2622$_{7}$
偉　2425$_{6}$
偕　2126$_{1}$
停　2022$_{1}$
偶　2622$_{7}$
僞　2422$_{7}$
剪　8022$_{7}$
副　1260$_{0}$
剣　8752$_{0}$
勒　4452$_{7}$
勗　6012$_{7}$
匏　4721$_{2}$
區　7171$_{6}$
參　2320$_{2}$
唫　6801$_{9}$
唯　6001$_{4}$
唱　6606$_{0}$
唾　6201$_{4}$
商　0022$_{7}$
問　7760$_{7}$
啓　3860$_{4}$
啖　6908$_{9}$
啟　3864$_{0}$
國　6015$_{3}$
埜　4410$_{4}$
埤　4614$_{0}$
埶　4411$_{7}$
執　4441$_{7}$
培　4016$_{1}$
基　4410$_{4}$
埽　4712$_{7}$
堂　9010$_{4}$
堅　7710$_{4}$
堇　4410$_{4}$
堊　1010$_{4}$
婁　5040$_{4}$
婚　4246$_{4}$
婦　4742$_{7}$
嫏　4742$_{7}$
宿　3026$_{1}$
寀　3090$_{4}$
寂　3094$_{7}$
寄　3062$_{1}$
寅　3080$_{6}$
密　3077$_{2}$
寇　3021$_{4}$
寉　3021$_{4}$
專　5034$_{3}$
屠　7726$_{4}$

崆 2371_1
崇 2290_1
崐 2671_1
崑 2271_1
崔 2221_4
崞 2074_7
崢 2275_7
崦 2471_6
崧 2293_2
巢 2290_4
帶 4422_7
常 9022_7
庶 0023_7
康 0023_2
庸 0022_7
庾 0023_7
張 1123_2
強 1323_6
彫 7222_2
得 2624_1
從 2828_1
健 2524_0
悠 2833_4
情 9502_7
惇 9004_7
惕 9602_7
惜 9406_1
惟 9001_4
戚 5320_0
掃 5702_7
掄 5802_7
授 5204_7
掖 5004_7
接 5004_4
推 5001_4
敏 8854_0
救 4814_0
敕 5894_0
敘 8894_0
教 4844_0
敝 9824_0
斛 2420_0
斜 8490_0
旋 0828_1
旌 0821_4
晤 6106_1
晦 6805_7
晚 6701_6
晞 6402_7
晨 6023_2
曹 5560_6
曼 6040_7
朖 7323_2
望 0710_4
桴 4294_7
梁 3390_4
梧 4196_1
梨 2290_4
梅 4895_7
梭 4394_7
梯 4892_7
⿱林之 4430_7
欲 8768_2
涪 3016_1
涵 3117_2
淇 3418_1
淑 3714_0
淛 3210_0
淞 3813_2
淡 3918_9
淨 3215_7
淩 3414_7
淮 3011_4
深 3719_4
淳 3014_7
淶 3419_8
淹 3411_6
淺 3315_3
清 3512_7
渊 3210_0
渌 3713_2
渚 3416_4
渠 3190_4
猪 4426_4
率 0040_3
現 1611_0
琅 1313_2
理 1611_4
琉 1011_3
瓠 4223_0
甜 2467_0
產 0021_4
異 6080_1
痓 0011_4
皎 2064_8
盛 5310_7
眷 9060_3
眺 6201_3
硃 1569_0
祭 2790_1
移 2792_7
窒 3010_4
竟 0021_6
章 0040_6
笛 8860_3
笠 8810_8
笥 8862_7
符 8824_3

笪	8810_6
第	8822_7
筇	8812_7
粗	9791_0
紹	2796_2
紺	2497_0
終	2793_3
翊	0712_0
翌	1710_8
翏	1720_2
習	1760_2
聊	1712_0
舸	2142_0
菀	4421_2
菁	4422_7
菅	4477_7
菉	4413_2
菊	4492_7
菜	4490_4
菡	4477_2
菤	4471_2
菰	4443_2
菱	4424_7
菲	4411_1
菽	4494_7
萃	4440_8
萄	4472_7
萇	4473_2
萊	4490_8
著	4460_4
處	2124_1
蛇	5311_1
袠	0073_2
袾	3529_0
覓	2021_6
視	3621_0
訟	0863_2
訥	0462_7
許	0864_0
象	2723_2
貧	8080_6
貫	7780_6
責	5080_6
逯	3730_3
進	3030_1
逵	3430_1
逸	3730_1
過	3730_2
鄂	6722_7
鄆	3752_7
鄉	2722_7
野	6712_2
釣	8712_0
陽	7622_7
隅	7622_7
隆	7721_4
階	7126_1
雪	1017_7
魚	2733_6
鳥	2732_7
鹿	0021_1
麥	4020_7
麻	0029_4
黄	4480_6
龚	4380_1
捫	5702_0
猒	6323_4
派	3114_7
郶	0762_7
済	3012_4

十二畫

傅	2324_2
備	2422_7
剩	2290_0
勛	6482_7
勝	7922_7
勞	9942_7
博	4304_2
[illegible]	6804_6
善	8060_5
喜	4060_5
喝	6602_7
喪	4073_2
喬	2022_7
單	6650_6
喻	6802_1
圍	6050_6
堪	4411_8
堯	4021_1
報	4744_7
場	4612_7
壹	4010_8
壺	4010_7
婺	1840_4
媿	4641_3
孱	7724_7
富	3060_6
寐	3029_4
寒	3030_3
寓	3042_7
尊	8034_6
尋	1734_6
尌	4410_0
就	0391_4
嵇	2397_2
巽	7780_1
幾	2245_3

廋 0024$_7$
强 1623$_6$
弼 1722$_7$
彭 4212$_2$
御 2722$_0$
復 2824$_7$
循 2226$_4$
悳 4033$_1$
惠 5033$_3$
惢 3333$_0$
惪 4033$_1$
惰 9402$_7$
惲 9705$_6$
惺 9601$_4$
愧 9601$_3$
戟 4345$_0$
戢 4375$_0$
掌 9050$_2$
掣 2250$_2$
掾 5703$_2$
揆 5203$_4$
提 5608$_1$
揖 5604$_1$
揚 5602$_7$
握 5701$_4$
揭 5602$_7$
揮 5705$_6$
援 5204$_7$
搜 5704$_7$
敦 0844$_0$
敬 4864$_0$
斐 1140$_0$
斯 4282$_1$
普 8060$_1$
景 6090$_6$
晴 6502$_7$
智 8660$_0$
暑 6060$_4$
曾 8060$_6$
最 6014$_7$
朝 4742$_0$
期 4782$_0$
棉 4692$_7$
棐 1190$_4$
棗 5090$_2$
棘 5599$_2$
棟 4599$_6$
棠 9090$_4$
棣 4593$_2$
森 4099$_4$
棱 4494$_7$
棲 4594$_4$
植 4491$_7$
椒 4794$_0$
楮 4496$_4$
極 4191$_4$
欽 8718$_2$
殘 1325$_3$
淵 3210$_0$
渙 3713$_4$
渝 3812$_1$
[illegible] 3216$_4$
渟 3012$_1$
測 3210$_0$
渭 3612$_7$
游 3814$_7$
渼 3813$_4$
渾 3715$_6$
湖 3712$_0$
湘 3610$_0$
湛 3411$_8$
湦 3611$_4$
湧 3712$_7$
湯 3612$_7$
溉 3111$_4$
滁 3819$_4$
滋 3813$_2$
滑 3712$_7$
焚 4480$_9$
無 8033$_1$
焦 2033$_1$
然 2333$_3$
煮 4433$_6$
犀 7725$_3$
猶 4826$_1$
琢 1113$_2$
琥 1111$_7$
琭 1713$_2$
琳 1419$_0$
琴 1120$_7$
琵 1171$_1$
瑛 1413$_4$
瑯 1712$_7$
甯 3022$_7$
番 2060$_9$
畫 5010$_6$
疏 1011$_3$
痘 0011$_8$
登 1210$_8$
發 1224$_7$
皕 1166$_0$
皖 2361$_1$
盜 3710$_7$
短 8141$_8$
硜 1161$_1$
硯 1661$_0$
禽 8042$_7$
稅 2891$_6$

程	2691_4
童	0010_4
筆	8850_7
等	8834_1
筍	8862_7
答	8860_1
策	8890_2
粟	1090_4
粵	2620_7
粥	1722_7
粦	9025_9
紫	2190_3
結	2496_1
絶	2791_7
絲	2299_3
絳	2795_4
羨	8018_2
翔	8752_0
翕	8012_7
翛	2722_7
脾	7624_0
腴	7723_7
臯	2640_3
舒	8762_2
舜	2025_2
萬	4442_7
萱	4410_6
萼	4420_7
落	4416_4
葆	4429_4
葉	4490_4
葑	4414_0
葒	4491_1
葛	4472_7
董	4410_4
葦	4450_6
葬	4444_1
葭	4424_7
葱	4433_2
葵	4443_0
葺	4440_1
蒂	4422_7
虚	2121_7
蛟	5014_8
蛣	5416_1
衆	2723_2
裁	4375_0
裒	0073_2
裕	3826_8
補	3322_7
覃	1040_6
觚	2223_0
診	0862_2
註	0061_4
詒	0366_0
詔	0766_2
評	0164_9
詞	0762_0
詠	0363_2
貂	2726_2
貴	5080_6
費	5580_6
貽	6386_0
賀	4680_6
超	4780_6
越	4380_5
軼	5503_0
辜	4040_1
遁	3230_6
遂	3830_3
遇	3630_2
遊	3830_4
運	3730_4
遐	3730_4
遒	3830_6
道	3830_6
達	3430_4
違	3430_4
鄒	2742_7
鄖	6782_7
酣	1467_0
鈁	8012_7
鈍	8511_7
鈎	8712_0
鈐	8812_7
鈕	8711_5
鉙	8718_7
開	7744_1
閎	7743_2
閑	7790_4
閒	7722_7
間	7760_7
閔	7740_0
雁	7121_4
雄	4071_4
雅	7021_4
集	2090_4
雇	3021_4
雋	2022_7
雯	1040_0
雲	1073_1
項	1118_6
順	2108_6
須	2128_6
飯	8174_7
飲	8778_2
馭	7734_0
馮	3112_7

黍　2013_{2}
黑　6033_{1}
鼎　2222_{1}
鄗　2732_{7}
勖　6012_{7}
戟　2345_{0}
[illegible]　2211_{4}
悳　4033_{1}

十三畫

傭　2022_{7}
傳　2524_{3}
傷　2822_{7}
僅　2421_{4}
勢　4442_{7}
勤　4412_{7}
匯　7171_{1}
叠　7710_{7}
嗜　6406_{1}
嗣　6722_{0}
園　6073_{2}
圓　6080_{6}
塗　3810_{4}
塘　4016_{7}
塞　3010_{4}
塤　4618_{6}
填　4418_{1}
夢　4420_{7}
媿　4741_{1}
甯　3044_{7}
嵩　2222_{7}
廉　0023_{7}
鷹　0022_{7}
彙　2790_{4}
微　2824_{0}
愁　2933_{8}
愈　8033_{2}
意　0033_{6}
愚　6033_{2}
愛　2024_{7}
感　5333_{0}
愷　9201_{8}
慈　8033_{3}
慎　9408_{1}
損　5608_{6}
搢　5106_{1}
摛　5002_{7}
斟　4470_{0}
新　0292_{1}
暘　6602_{7}
會　8060_{6}
椹　4491_{8}
椿　4596_{3}
楊　4692_{7}
楓　4791_{0}
楙　4499_{0}
楚　4480_{1}
楝　4599_{6}
楞　4692_{7}
業　3290_{4}
楳　4499_{4}
楼　4994_{4}
榆　4892_{1}
槎　4891_{1}
槐　4691_{3}
歌　1768_{2}
歲　2125_{3}
殿　7724_{7}
源　3119_{6}
溟　3718_{0}
溥　3314_{2}
溧　3119_{4}
溪　3213_{4}
溫　3611_{7}
溯　3712_{0}
溱　3519_{4}
溶　3316_{8}
溺　3712_{7}
滂　3012_{7}
滄　3816_{7}
滇　3418_{1}
滌　3719_{4}
漣　3513_{0}
潔　3715_{2}
煖　9284_{7}
煙　9181_{4}
煥　9783_{4}
煦　6733_{2}
照　6733_{6}
煬　9682_{7}
牒　2409_{4}
献　8363_{4}
獅　4122_{7}
瑁　1616_{0}
瑒　1612_{7}
瑗　1214_{7}
瑜　1812_{1}
瑞　1212_{7}
甄　1111_{7}
當　9060_{6}
畸　6402_{1}
畹　6301_{2}
盟　6710_{7}
睡　6201_{4}
督　2760_{4}
[illegible]　2722_{7}
睦　6401_{4}
睫　6508_{1}

碎　1064_8
碑　1664_0
禊　3723_4
禎　3128_6
福　3126_6
稗　2694_0
稚　2091_4
筠　8812_7
筮　8810_8
筱　8824_8
節　8872_7
粵　2620_7
絸　2691_0
綏　2294_4
經　2191_1
継　2991_9
羣　1750_1
群　1865_1
義　8055_3
聖　1610_4
聘　1512_7
肅　5022_7
肆　7570_7
與　7780_1
蒙　4423_2
蒯　4220_0
蒲　4412_7
蒹　4423_7
蒼　4460_7
蒿　4422_7
蓀　4449_3
蓂　4480_0
蓉　4460_8
蓊　4412_7
蓋　4410_7
蓬　4430_4
蓮　4430_4
蔭　4423_1
虞　2123_4
號　6121_7
蛾　5315_0
蜃　7113_6
裘　4373_2
褚　3426_4
解　2725_2
詢　0762_0
試　0364_0
詩　0464_1
詮　0861_4
話　0266_4
詳　0865_1
詵　0461_1
詹　2726_1
誅　0569_0
誕　0264_1
誠　0365_0
[illegible]　0862_7
資　3780_6
賈　1080_6
路　6716_4
輅　5706_4
載　4355_0
辟　7064_1
農　5523_2
遙　3730_7
遜　3230_9
遠　3430_3
鄞　4712_7
鄢　1732_7
酬　1260_0
鉏　8711_0
鉞　8315_0
鉢　8513_0
際　7729_1
雍　0021_4
雷　1060_3
靖　0512_7
靳　4252_1
項　1118_6
頌　8178_6
預　1128_6
頓　5178_6
飬　9073_2
飴　8376_0
馳　7431_2
魁　2421_0
鳧　2721_7
黽　7771_7
鼓　4414_7
厭　7123_4
箥　8814_7
[illegible]　1165_2
魁　6421_0

十四畫

僊　2121_2
僑　2222_7
僦　2321_4
僧　2826_6
儆　2824_0
厭　7123_4
厲　7122_7
嘉　4046_5
嘗　9060_1
嗷　6804_0
圖　6060_4
塵　0021_4
墅　6710_4

墉 4012_7
墙 4416_1
壽 4064_1
夥 6792_7
奧 2743_0
嫩 4844_0
察 3090_1
寤 3026_1
實 3080_6
寧 3020_1
寬 3021_3
對 3410_0
幔 4624_7
廑 0021_4
廖 0022_2
廣 0028_6
彰 0242_2
慕 4433_3
摭 5003_7
敲 0124_7
旗 0828_1
暢 5602_7
暤 6604_3
榕 4396_8
榜 4092_7
榮 9990_4
榴 4796_2
槑 6699_4
模 4493_4
毓 8051_3
滬 3311_7
滴 3012_7
滸 3814_0
滹 3114_9
滿 3412_7
漁 3713_6
漆 3413_2
漌 3411_4
演 3318_6
漕 3516_6
漢 3413_4
漪 3412_1
漫 3614_7
漱 3718_2
漳 3014_6
漸 3212_1
潄 3814_0
潢 3418_6
潡 3814_0
熊 2133_1
熙 7733_1
爾 1022_7
瑣 1918_6
瑤 1717_2
璉 1513_0
疑 2748_1
瘦 0014_7
盡 5010_7
睿 2160_8
碧 1660_1
碩 1168_6
磁 1863_2
種 2291_4
端 0212_7
箋 8850_3
箐 8822_7
箓 8813_2
箕 8880_1
算 8844_6
箜 8810_1
管 8877_7
箬 8860_4
粹 9094_8
精 9592_7
綠 2793_2
綦 4490_3
綬 2294_7
維 2091_4
綵 2299_4
綸 2892_7
綺 2492_1
綿 2692_7
緑 2793_2
緒 2496_4
綱 2792_0
翟 1721_4
翠 1740_8
聚 1723_2
聞 7740_1
肇 3850_7
臧 2325_0
臺 4010_4
舞 8025_1
蓴 4434_3
蓺 4411_7
蓼 4420_2
蕳 4422_7
蔓 4440_7
蔗 4423_7
蔚 4424_0
蔡 4490_1
蔣 4424_7
蔥 4433_6
蜀 6012_7
蜚 1113_6
蜩 5712_0
蝸 5712_7
裴 1173_2

製 2273_2
認 0763_2
語 0166_1
誠 0365_0
誥 0466_1
誦 0762_7
誨 0865_7
說 0861_6
賓 3080_6
賔 3080_6
赫 4433_1
趙 4980_2
輔 5302_7
適 3030_2
遯 3130_3
䐁 7123_3
鄦 8732_7
鄧 1712_7
鄭 8742_7
鄰 9722_7
鄱 2762_7
銀 8713_2
銅 8712_0
銓 8811_4
銕 8513_2
銘 8716_0
鋈 0010_9
閣 7760_1
閨 7710_4
閩 7713_6
閭 7760_6
隨 7423_2
雒 2061_4
韶 0766_2
鳳 7721_0
鳴 6702_7
齊 0022_3
窠 3090_4
頪 9158_6
⿰忄尌 9400_0
⿰龺令 4842_7
睿 2126_8
盬 2271_3
賓 3080_6

十五畫

儀 2825_3
儁 2022_7
儂 2523_2
億 2023_6
儉 2828_6
劇 2220_0
劉 7210_0
劍 8280_0
增 4816_6
墟 4111_7
墨 6010_4
審 3060_9
寫 3032_7
層 7726_6
履 7724_7
嶠 2272_7
嶢 2471_1
廟 0022_7
彈 1625_6
影 6292_2
徵 2824_0
德 2423_1
徹 2824_0
慧 5533_7
慮 2123_6
慰 7433_0
慶 0024_7
慹 4433_1
憒 9408_6
憨 1833_4
摩 0025_2
撙 5804_6
撥 5204_7
撫 5803_1
撰 5708_1
敷 5824_0
數 5844_0
暴 6013_2
遲 3630_1
樂 2290_4
樊 4443_0
樓 4594_4
樗 4192_7
標 4199_1
樞 4191_6
橡 4793_2
歐 7778_2
毅 0724_7
滕 7923_2
潁 2128_6
潔 3719_3
潘 3216_9
潛 3116_1
潜 3516_3
潠 3718_1
潤 3712_0
潭 3114_6
潮 3712_0
潯 3714_6
澂 3814_0
澄 3211_8
澳 3713_4

牖 2302_7
瑩 9910_3
璅 1219_4
璇 1818_1
璜 1418_6
甌 7171_7
畿 2265_3
瘞 0011_4
瘡 0016_7
皚 2261_8
確 1461_4
磊 1066_1
稷 2694_7
稼 2393_2
稽 2396_1
穀 4794_7
窳 3023_2
箭 8822_1
箴 8825_3
篁 8810_4
範 8851_2
篆 8823_2
篇 8822_7
緘 2395_0
緜 2229_3
緝 2694_1
緣 2793_2
編 2392_7
緩 2294_7
緯 2495_6
緱 2793_4
練 2599_6
翦 8012_7
耦 5692_7
膚 2122_7
膠 7722_2
蔬 4411_3
蕈 4440_6
蕉 4433_1
蕊 4433_3
蕘 4421_1
蕙 4433_3
蕡 4480_6
蕩 4412_7
蕪 4433_1
蝶 5419_4
衛 2150_6
衜 2160_1
褒 0073_2
課 0669_4
調 0762_0
談 0968_9
論 0862_7
諸 0466_4
豫 1723_2
賚 4080_6
賛 5580_6
賜 6682_7
賞 9080_6
賡 0028_6
賢 7780_6
賣 4080_6
賦 6384_0
質 7280_6
賭 6486_4
赭 4436_4
趣 4780_4
輝 9725_6
輪 5802_7
遲 3730_4
遵 3830_4
遷 3130_1
選 3730_8
遹 3730_2
遺 3530_8
遼 3430_9
邁 3430_2
鄰 3792_7
醇 1064_7
醉 1064_8
銳 8811_6
銷 8912_7
銿 8712_7
鋐 8313_2
鋟 8714_7
鋤 8412_7
鉽 8314_0
閬 7773_2
閱 7721_6
霄 1060_1
震 1023_2
靚 5621_0
鞏 1750_6
養 8073_2
餘 8879_4
駒 7732_0
駝 7331_1
駞 7831_2
駟 7630_0
髴 7255_2
魯 2760_3
魰 2834_0
黎 2713_2
濮 3213_4
賌 1180_6
輲 4849_4
獘 5822_7
𪓐 6023_4

十六畫

儒 2122_7
冀 1180_1
凝 3718_1
勳 2432_7
勵 7422_7
嘯 6502_7
器 6666_3
圜 6073_2
壁 7010_4
壇 4011_6
嬴 0021_7
學 7740_7
寰 3073_2
彊 1121_6
憖 4833_4
憲 3033_6
憶 9003_6
憺 9706_1
戰 6355_0
撼 5303_5
擁 5001_4
擇 5604_1
操 5609_4
擎 4850_2
擔 5706_1
據 5103_2
曆 7126_9
曉 6401_1
樨 4795_3
樵 4093_1
蕟 4414_7
樸 4293_4
樹 4490_0
樾 4398_5
橋 4292_7
橐 5090_4
橘 4792_7
機 4295_3
橫 4498_6
檇 4092_7
歙 8718_2
歷 7121_1
潞 3716_4
澡 3619_4
澠 3711_7
澤 3614_1
澒 3118_6
澹 3716_1
激 3814_0
濂 3013_7
熹 4033_6
燃 9383_3
燈 9281_8
燕 4433_1
獨 4622_7
璞 1213_4
璣 1215_3
瞜 6702_2
盥 7710_7
盧 2121_7
磧 1568_6
磨 0026_1
磬 4760_1
禪 3625_6
穆 2692_2
積 2598_6
穎 2198_6
窺 3051_6
篛 8812_7
篠 8829_4
篤 8832_7
篴 8830_3
糖 9096_7
縉 2196_1
縣 2299_3
縫 2793_4
羲 8025_3
翰 4842_7
興 7780_1
舉 7750_3
蕭 4422_7
薄 4414_2
薇 4424_8
薊 4432_0
薗 4460_0
薛 4474_1
薈 4426_1
薠 4488_6
薦 4422_7
薪 4492_1
螘 5211_8
螙 4013_6
螢 9913_6
螭 5012_7
衡 2143_0
褧 1973_2
徽 2824_0
褭 0073_2
褶 3726_2
諤 0662_7
諧 0166_1
諫 0569_6
諭 0862_1
諺 0062_2
謀 0469_4
謏 0764_7

謔 0161$_{4}$
賴 5798$_{6}$
踵 6211$_{4}$
蹄 6012$_{7}$
輯 5604$_{1}$
輶 5806$_{1}$
辨 0044$_{1}$
避 3030$_{4}$
還 3630$_{3}$
鄺 0722$_{7}$
醒 1661$_{4}$
醜 1661$_{3}$
錄 8713$_{2}$
錠 8318$_{1}$
錢 8315$_{3}$
錦 8612$_{7}$
錫 8612$_{7}$
閹 7771$_{6}$
閻 7777$_{7}$
隱 7223$_{7}$
雕 7021$_{4}$
霍 1021$_{4}$
霏 1011$_{1}$
霖 1099$_{4}$
靜 5225$_{7}$
頤 7178$_{6}$
頻 2128$_{6}$
餐 2773$_{2}$
館 8377$_{7}$
駢 7834$_{1}$
駱 7736$_{4}$
髻 7260$_{1}$
鮑 2731$_{2}$
鮓 2831$_{1}$
鴛 2732$_{7}$
黔 6832$_{7}$
默 6333$_{4}$
龍 0121$_{1}$
螅 5719$_{4}$

十七畫

儲 2426$_{4}$
嬰 6640$_{4}$
孺 1142$_{7}$
嶷 2248$_{1}$
嶺 2238$_{6}$
嶽 2223$_{4}$
彌 1122$_{7}$
徽 2824$_{0}$
應 0023$_{1}$
懋 4433$_{9}$
戲 2325$_{0}$
戴 4385$_{0}$
擊 5750$_{2}$
擣 5404$_{1}$
擬 5708$_{1}$
曙 6606$_{4}$
檀 4091$_{6}$
檉 4691$_{4}$
檗 7090$_{4}$
檢 4898$_{6}$
濟 3012$_{3}$
濠 3013$_{2}$
濬 3116$_{8}$
濮 3213$_{4}$
濯 3711$_{4}$
濱 3318$_{6}$
濲 3714$_{7}$
燮 9940$_{7}$
爵 2074$_{6}$
牆 2426$_{1}$
璩 1113$_{2}$
璫 1916$_{6}$
環 1613$_{2}$
璉 1418$_{1}$
甓 7071$_{7}$
甗 2121$_{7}$
療 0019$_{6}$
癡 0011$_{4}$
皞 2664$_{3}$
矯 8242$_{7}$
禦 2790$_{1}$
禮 3521$_{8}$
穉 2795$_{3}$
繸 2893$_{3}$
縱 2898$_{1}$
縹 2199$_{1}$
總 2693$_{0}$
績 2598$_{6}$
繁 8890$_{3}$
繆 2792$_{2}$
翼 1780$_{1}$
聯 1217$_{2}$
聰 1613$_{0}$
聲 4740$_{1}$
膽 7726$_{1}$
臆 7023$_{6}$
臨 7876$_{6}$
舊 4477$_{7}$
藉 4496$_{1}$
藍 4410$_{7}$
藎 4410$_{7}$
藏 4425$_{3}$
螺 5619$_{3}$
螫 4413$_{6}$
蟋 5213$_{9}$
襄 0073$_{2}$
謇 3060$_{1}$

謐 0361_7
謙 0863_7
諡 0861_7
講 0564_7
謝 0460_0
謠 0767_2
謨 0463_4
谿 2846_8
豁 3866_8
豳 2277_0
賽 3080_6
贅 5880_6
蹇 3080_1
輿 7780_1
轂 4754_7
轄 5306_4
轅 5403_2
邃 3330_3
邇 3130_2
錬 8519_6
鍔 8612_7
鍥 8713_4
鍮 8812_1
鍼 8315_0
鍾 8211_4
闇 7760_1
闌 7790_6
隸 4593_2
雖 6011_4
霜 1096_3
霞 1024_7
鞠 4752_0
韓 4445_6
駿 7334_7
魏 2641_3
鮮 2835_1
鴻 3712_7
鴿 8762_7
黏 2116_0
點 6136_0
齋 0022_3
龜 2711_7
藁 4423_2
[illegible] 3815_1
礪 1462_7
選 3630_4

十八畫

叢 3214_7
壘 6010_4
顒 6148_6
彝 2744_9
攢 5508_6
斷 2272_1
曜 6701_4
曠 6008_6
歸 2712_7
濼 3219_4
瀋 3316_9
璧 7010_3
璿 1116_8
瓊 1714_7
瞻 6706_1
瞿 6621_4
禱 3424_1
穫 2494_7
簡 8822_7
簣 8880_6
簪 8860_1
繒 2896_6
織 2395_0
聶 1014_1
職 1315_0
藕 4492_7
藜 4413_2
藝 4473_1
藤 4423_2
藥 4490_4
蟠 5216_9
蟫 5114_6
蟬 5615_6
蟲 5013_6
襟 3429_1
覆 1024_7
覲 4611_0
觴 2822_7
謫 0062_7
豐 2210_8
邊 3630_2
醫 7760_1
釐 5821_4
鎌 8813_7
鎦 8716_2
鎮 8418_1
鎰 8811_7
鐫 8012_7
闕 7748_2
隴 7121_1
雙 2040_7
雜 0091_4
雝 2071_4
雞 2041_4
離 0021_4
韞 4651_7
題 6180_8
額 3168_6
顏 0128_6
饁 8471_7

馥 2864_{7}
鵞 2752_{7}
鵞 2332_{7}
鵠 2762_{7}
麐 0026_{4}
黟 6732_{7}
鼂 6071_{7}
龎 7121_{1}
賡 0028_{6}
皞 2664_{3}
[illegible] 1562_{7}
蕛 4493_{4}

十九畫

勸 4422_{7}
嚴 6624_{8}
龔 0110_{4}
嬾 4748_{6}
寵 3021_{1}
廬 0021_{7}
懶 9708_{6}
懷 9003_{2}
曝 6603_{2}
櫟 4299_{4}
潛 3416_{1}
瀘 3111_{7}
瀛 3011_{7}
瀟 3412_{7}
瀧 3111_{1}
牘 2408_{6}
璽 1010_{3}
疇 6404_{1}
礪 1162_{7}
簫 8822_{7}
籀 8856_{2}
繡 2592_{7}
繩 2791_{7}
繪 2896_{6}
繫 5790_{3}
繹 2694_{1}
羅 6091_{4}
羹 8043_{0}
艶 5711_{7}
藹 4462_{7}
藻 4419_{4}
藥 4490_{4}
蘆 4421_{7}
蘇 4439_{4}
蕧 4424_{7}
蘊 4491_{7}
蘋 4428_{6}
蘐 4464_{7}
蘧 4430_{3}
蟾 5716_{1}
蠖 5414_{7}
襪 3425_{3}
證 0261_{8}
譎 0762_{7}
譏 0265_{3}
識 0365_{0}
譚 0164_{6}
警 4860_{1}
贈 6886_{6}
贊 2480_{6}
辭 2024_{1}
醯 1061_{7}
鏡 8011_{6}
關 7777_{2}
難 4051_{4}
韜 4257_{7}
韻 0668_{6}
願 7128_{6}
類 9148_{6}
騷 7733_{6}
鯨 2039_{6}
鵬 7722_{7}
麓 4421_{1}
麗 1121_{1}
黼 3322_{7}
龐 0021_{1}
[illegible] 2171_{1}
蘋 4428_{6}

二十畫

嚶 6604_{4}
寶 3080_{6}
懸 2233_{9}
懺 9305_{0}
曦 6805_{3}
瀹 3812_{7}
瀼 3013_{2}
瀾 3712_{0}
灌 3411_{4}
爐 9181_{7}
獻 2323_{4}
瓏 1111_{1}
竇 3080_{6}
競 0021_{6}
籌 8864_{1}
籍 8896_{1}
繼 2291_{3}
纂 8890_{3}
耀 9721_{4}
蘭 4422_{7}
蠙 5318_{6}
覺 7721_{6}
譯 0664_{1}
議 0865_{3}

譽 7760_1
賸 7928_6
贍 6786_1
酆 2712_7
醴 1561_8
釋 2694_1
鐘 8011_4
鐫 8012_7
響 2760_1
饌 8778_1
饑 8275_3
饒 8471_1
馨 4760_9
鶚 6722_7
鹺 2861_1
薇 4424_8
整 5810_1
韡 4455_4
寱 3022_7

二十一畫

儷 2121_1
儼 2624_8
囂 6666_8
囈 6403_1
夔 8024_7
廱 0021_4
攝 5104_1
權 4491_4
瀼 3013_1
灊 3512_7
爛 9782_0
籐 8823_2
續 2498_6
纍 6090_3
罍 6077_2
羼 7725_1
羸 0021_7
覽 7821_6
躋 6012_3
躍 6711_4
酈 1722_7
鐵 8315_0
鐸 8614_1
露 1016_4
霸 1052_7
顧 3128_6
顨 1144_8
饘 8071_6
驂 7332_2
鰲 5833_6
鶯 9932_7
蠽 9313_6
鶴 4722_7
鶡 6742_7
鷄 2742_7
鷗 7772_7
鷇 4734_7
齎 0022_3

二十二畫

巒 2277_2
巖 2224_8
懿 4713_8
攢 5408_6
疊 6010_7
竊 3092_7
籛 8815_3
籠 8821_1
聽 1413_1
臞 7621_4
蘿 4491_4
讀 0468_6
鑄 8414_1
鑑 8811_7
鑒 7810_9
龢 8229_4
霽 1022_3
體 7521_8
鬻 1722_7

二十三畫以上

麓 4421_1
鵻 2732_7
鷦 2033_1
鷲 0332_7
𩟔 8172_7
鼇 5871_7
攬 5801_6
蠶 1113_6
衢 2121_4
觀 4621_0
讓 0063_2
讖 0365_0
讔 0263_7
贛 0748_6
麟 0925_9
癯 0011_4
釀 1063_2
鑪 8111_7
籤 8815_3
顯 6138_6
靈 1010_8
鱣 2031_6
鱗 2935_9
鷹 0022_7

方中悳　110(編録)
方中德　3725(序)
4365(撰)
4365(自序)
方中通　110(編録)
2795(編録)
2795(序)
3725(序)
方中泰　110(編録)
方中履　110(編録)
3725(撰)
3725(自序)
54　方拱乾　1742(序)
4731(批注)
4731(跋)
5706(序)
5708(序)
5735(序)
5752(序)
56　方　揚　5476(撰)
57　方　絜　6802(題詩)
6802(訂正)
60　方日升　1042(撰)
方　回　3689(續)
3689(識語)
6307(序)
6329(撰)
方　昂　5729(跋)
61　方　旴　5480(撰)
方　顯　5261(跋)
63　方　貽　6590(校訂)
64　方時化　83(撰)
84(撰)
85(撰)
86(撰)
87(撰)
88(撰)
830(撰)
1141(書後)
4601(撰)
5476(識語)
71　方　匡　4998(定)
方頤孫　6702(編)
72　方岳貢　3021(敘)
3050(鑒)
3050(序)
3485(引)
6537(編)
6537(序)
77　方　鳳　1364(撰)
3964(撰)
4188(撰)
4804(撰)
5065(編)

6329(撰)
方　卿　799(校)
方　鵬　1364(跋)
1622(撰)
1622(序)
2599(撰)
2599(自引)
3963(撰)
4939(校刊)
4969(序)
4982(序)
5018(序)
5018(祭文)
5065(撰)
5107(序)
方殿元　5941(撰)
5941(自序)
方學龍　2041(跋)
方學御　1612(跋)
方學漸　1659(撰)
1659(自叙)
2795(撰)
2795(自序)
3697(後序)
4440(撰)
方問孝　5481(撰)
方民悦　1289(撰)
88　方　鎰　6702(校刊)
方　敏　6325(校正)
90　方光琛　5999(序)
方尚贇　5341(校)
98　方　恮　1214(校)

高

00　高　裔　1773(序)
高應乾　2761(校刊)
高應冕　5249(撰)
6390(校)
6430(著)
高　廩　1619(校正)
03　高　斌　6016(序)
10　高一麟　2057(參訂)
2057(跋)
2214(採輯)
2214(序)
高一福　2147(輯正)
高一志　3638(撰)
高元受　3723(校字)
高元標　4104(撰)
高元質　6263(梓)
6263(序)
高丙謀　5729(校)
高爾儼　5721(撰)
高爾達　4725(較閲)

高爾公　5747(序)
高可作　2046(題記)
高不騫　6162(序)
11　高　珩　3862(序)
5729(撰)
5730(撰)
5780(序)
5794(序)
5800(序)
5904(鑒定)
5904(序)
5940(序)
12　高弘圖　3856(序)
高廷謀　5729(校)
高廷珍　2269(撰)
2269(序)
13　高耻傳　4211(撰)
4211(序)
高　武　3118(撰)
3118(自引)
3119(撰)
14　高　瑾　5877(序)
15　高　翀　5085(跋)
17　高　玥　6107(序)
高乃聽　4866(敘)
高子車　5246(校刻)
18　高　珍　2062(序)
高　璇　1759(序)
20　高維岳　5639(序)
21　高　倬　852(序)
高熊徵　2704(撰)
高　衡　6120(序)
22　高胤先　4497(跋)
高　岑　6046(撰)
高　隆　2269(撰)
高　岸　3113(助刻)
高　出　81(序)
3113(序)
5376(序)
5572(序)
高　崔　2269(撰)
23　高　岱　1127(撰)
1127(自序)
5194(選)
5194(序)
24　高射斗　2103(序)
高佐謀　5729(校)
高　德　3952(書後)
高佑釲　3849(校)
高　緌　5729(跋)
高　緒　5729(跋)
高纘勳　4344(訂)
4344(凡例)
26　高自積　3354(序)

	高得暘	4881(撰)
	高得颺	4881(撰)
	高緝睿	1838(序)
27	高　阜	6586(撰)
	高名衡	5352(參)
		5673(撰)
28	高以儉	5310(跋)
	高似孫	3929(編)
		3929(自序)
		4788(撰)
		6282(撰)
		6282(自序)
	高從龍	2411(參校)
30	高　濂	5616(撰)
	高　宸	519(撰)
	高之騱	5929(撰)
	高之駰	5730(校閲)
	高之駒	5730(校閲)
	高　騫	5710(序)
	高　宇	5012(跋)
	高宴謀	5729(校)
	高宏(弘)圖	5593(撰)
31	高　江	6414(批點)
32	高　兆	1760(撰)
		2561(跋)
		4719(校)
	高　澄	1295(後序)
33	高心夔	5798(題款)
34	高斗樞	1319(撰)
	高爲表	4001(撰)
	高汝毅	1401(後序)
	高　遠	5101(叙)
37	高淑曾	796(序)
	高　瀫	1086(覆校)
		5443(撰)
38	高肇豐	5729(跋)
	高肇愋	5929(較梓)
	高啓愚	5253(序)
	高　啟	6320(撰)
		6320(序)
40	高大西	1763(跋)
	高　士	3102(撰)
	高士强	5757(跋)
	高士奇	717(撰)
		1842(撰)
		1901(序)
		2216(鑒定)
		3491(撰)
		3491(自序)
		3723(撰)
		3723(自序)
		4175(注)
		4227(補)
		5811(序)

5920(評)
5920(序)
6066(序)
6067(序)
6307(補注)
6631(編)
6631(自序)
6632(編)
6632(序)
高有聞　5521(序)
5521(編)
高賁亨　1600(跋)
42　高　榛　4902(撰)
6508(評)
43　高　越　4344(訂)
4344(序)
44　高夢説　1019(序)
高　薦　1027(重修)
高孝本　6065(撰)
高孝忠　5066(跋)
高攀龍　353(序)
1399(序)
1703(序)
2686(集註)
2693(編)
3517(序)
5614(序)
高世魁　1086(校)
高世泰　137(序)
354(序)
1736(鑒定)
1736(序)
2861(撰)
2887(序)
5724(序)
高世異　2543(跋)
6349(題識)
高其佩　190(序)
47　高　鶴　2014(撰)
2014(序)
高好問　2034(分閲)
48　高敬業　5593(纂)
高　梅　3139(序)
50　高中謀　5729(校)
51　高　軒　6632(校字)
高揝桓　2057(校正)
54　高　拱　821(撰)
1282(撰)
1283(撰)
1284(撰)
1285(撰)
1378(撰)
1378(自序)
1379(撰)

1379(自序)
1380(撰)
1380(自序)
1381(撰)
1381(自序)
4438(撰)
5288(撰)
5289(撰)
5290(撰)
5291(撰)
高拱京 4806(校)
60 高曰化 1820(撰)
1820(後序)
高思誠 1127(梓行)
高 旻 1463(序)
63 高貽樂 5729(校)
5729(識語)
高貽華 5729(校)
高貽榮 5729(校)
5729(識語)
64 高 時 5394(刊)
高時明 4654(訂正)
67 高鳴鳳 4136(編)
高墅侯 4824(題款)
71 高 陛 2269(撰)
2269(序)
高階英吉 1133(纂註)
74 高 陵 3675(參訂)
76 高 陽 2729(删補併註)
77 高鳳謀 5729(校)
高鳳岐 3279(像贊)
高鳳翰 6263(撰)
6263(序)
6263(自跋)
高層雲 3433(跋)
5999(墓表)
6013(引)
高 輿 6632(校字)
80 高金體 2185(小引)
高 愈 506(撰)
2706(撰)
2706(跋)
84 高 銑 6053(跋)
87 高 翔 6257(繪像)
6633(參訂)
88 高 銓 3037(序)
高 第 6367(編)
90 高光祉 2135(序)
高尚忠 3530(跋)
91 高恒懋 5721(跋)
93 高 怡 2232(序)
99 高 燮 5230(跋)

席

18 席　珍 5437(著)
27 席紹雯 6227(編輯)
席紹淦 6227(編輯)
30 席永恂 856(識語)
856(序)
857(參閲)
1170(較訂)
38 席啟圖 4093(撰)
43 席戴登 846(較録)
44 席世臣 1150(序)
席世榮 6227(校)
50 席　夫 3942(輯)
席　書 1863(校正)
2435(編)
2435(表)
58 席　鏊 6227(撰)
6227(自序)
60 席景溪 6227(自序)
80 席前席 1170(較訂)
90 席光河 6227(編輯)

商

20 商維濬 3839(撰)
5423(校)
25 商　桀 3265(序)
27 商　盤 6176(序)
6226(撰)
6226(自序)
30 商之巖 1521(校)
商之彜 1521(校)
4926(校)
商之甸 1521(校)
商之相 4926(校)
商之都 1521(校)
31 商　濬 1312(校)
1312(序)
4501(校)
5423(校)
34 商汝頤 1520(編)
1520(自跋)
40 商大節 2005(序)
2005(督修)
51 商振倫 1521(撰)
1521(書後)
商振禮 4926(跋)
57 商　輅 1964(序)
2588(撰)
4926(撰)
6337(序)
77 商用祚 4315(序)

帝

86　帝　錫　5634(增刻)

庯

00　庯　齋　5786(口授)
30　庯　之　5175(著)
44　庯　菴　2852(著)
　　　　　　6277(評)
53　庯　成　97(著)

鳫

50　鳫青山人　6261(著)

鷹

20　鷹　垂　4362(輯)

0023_0　卞

00　卞　衮　6444(撰)
30　卞　寶　3151(輯)
44　卞　蓑　6444(跋)
　　卞　蓘　976(撰)
　　　　　　6444(撰)
71　卞長卿　6444(撰)
88　卞管勾　3151(集註)
99　卞　榮　4835(跋)
　　　　　　4928(撰)

0023_1　應

00　應文芴　722(編輯)
04　應　麒　748(附記)
　　　　　　5951(編輯)
09　應　麟　464(撰)
　　　　　　722(撰)
　　　　　　748(附記)
　　　　　　5951(編輯)
10　應　霈　5951(編輯)
　　應　露　5951(編輯)
　　應　元　5262(梓)
　　應　需　5951(編輯)
　　應　震　5951(編輯)
　　應　雯　5951(編輯)
　　應　霖　5951(編輯)
12　應廷育　1637(撰)
　　　　　　1637(自序)
　　應　霦　5951(編輯)
21　應　占　4248(校)
24　應　德　2607(著)
　　　　　　5204(選次)
26　應自程　722(編輯)
　　應　臬　4293(序)
35　應禮琮　2899(較刻)
　　應禮壁　2899(較刻)
38　應肇魁　722(編輯)

40　應大訓　5951(編輯)
應大佐　5951(編輯)
應大猷　36(序)
6422(序)
41　應　櫍　1265(序)
44　應　藹　5951(編輯)
應　桂　3516(序)
51　應虹山人　1031(序)
52　應撝謙　199(撰)
601(撰)
601(自序)
697(述著)
697(述)
2899(撰)
4354(撰)
4354(自序)
5689(傳)
60　應　是　748(撰)
5951(撰)
77　應　賢　4273(勒)

0023_2　康

00　康　濟　1782(校)
04　康　誥　3975(跋)
09　康　驎　6341(編)
6341(自序)
10　康丕揚　4750(序)
5494(序)
12　康弘穉　1782(校)
康弘璧　1782(校)
17　康乃心　5961(題辭)
6627(跋)
康子勇　1782(校)
20　康千石　1782(校)
康千秋　1782(校)
康千春　1782(校)
康千里　1782(校)
6085(録)
22　康　崑　1782(校)
康山草堂　3421(序)
24　康偉然　1782(撰)
27　康　侯　1561(評次)
3829(次)
4736(校)
5701(編輯)
5826(著)
6558(參輯)
30　康　流　358(著)
525(略記)
康　宇　6446(較)
37　康　泂　1782(校)
康　潮　1782(校)
康　瀾　1782(校)
38　康　海　5015(序)

		5029(撰)
		5066(序)
		5080(序)
	康　洽	1782(校)
40	康大和	1137(跋)
		1877(序)
		5143(序)
		5217(閲)
		5217(序)
		5267(序)
	康有爲	1825(手跋)
	康　杰	1782(校)
44	康夢賚	1418(序)
53	康　成	826(注)
55	康　捷	1782(校)
60	康吕賜	892(撰)
		2959(撰)
64	康時可	1782(校)
67	康嗣榮	1782(校)
72	康　岳	1782(校)
77	康　熙	2470(贊)
	康譽之	4393(撰)
	康與之	4393(撰)
78	康　駢	6700(撰)
80	康人和	820(叙)
	康　公	5871(較)
97	康　煥	1782(校)

0023_7　庚

44	庚　老	5279(校)

庶

53	庶　咸	4973(較訂)

廉

50	廉　夫	6311(批評)

0024_1　庭

90	庭　懷	89(述)

0024_7　度

10	度　正	1491(撰)
71	度　辰	1669(較)

慶

28	慶　徵	6565(選)
37	慶　初	1075(校)

0025_2　摩

10	摩　西	2366(手跋)

0026_1　庴

90	庴　堂	4705(閲)

0026_4　麐

28　麐　徵　6155(著)

0026_7　唐

00　唐應徵　1969(重修)
唐應蓮　5194(校刊)
唐　庚　6693(撰)
唐賡堯　3023(序)
唐文燦　5287(序)
唐文獻　5272(序)
5532(撰)
唐文德　3881(序)
唐文治　5199(跋)
唐文華　2028(纂修)
唐文鳳　6343(著)
唐　交　1436(校刊)
唐玄宗　4653(序)
01　唐　龍　23(撰)
1621(撰)
2485(叙)
2501(序)
2521(序)
4747(序)
4982(序)
5030(序)
5039(序)
5073(序)
5080(撰)
05　唐　靖　6147(撰)
10　唐一麟　293(撰)
唐正位　6610(較輯)
唐正身　6610(較輯)
唐正學　6610(較輯)
唐兀觧　4657(序)
唐　元　6343(著)
唐　雯　4174(説)
唐元素　5655(序)
唐天麟　1983(序)
唐雲禎　6279(撰)
11　唐　甄　3673(撰)
4157(序)
12　唐廷仁　6458(校梓)
唐孫華　5622(序)
6107(序)
6608(序)
14　唐　琳　319(序)
2979(點校)
15　唐建中　6114(序)
6232(傳)
17　唐孟康　419(參)
436(參)
20　唐　禹　4126(序)
21　唐順之　640(序)

1092(删定)
1274(撰)
1435(編)
1435(序)
1868(撰)
1868(自序)
1869(撰)
2607(撰)
2608(撰)
2777(撰)
5033(序)
5203(撰)
5204(選次)
6412(輯)
唐仁壽 5798(題款)
唐虞佐 5080(著)
22 唐繼沖 4017(校刊)
唐繼祖 6041(序)
23 唐允甲 2190(題詞)
5831(選)
唐獻可 2801(閱)
24 唐 德 4826(選評)
5817(批註)
唐德遠 6279(撰)
25 唐仲實 6598(批校並跋)
唐仲冕 4764(跋)
唐仲賢 2041(纂修)
26 唐伯元 1535(撰)
唐鯉耀 3248(梓)
唐 臯 2484(序)
6383(撰)
27 唐紹祖 6108(撰)
30 唐 淳 4595(撰)
唐之鳳 6279(撰)
6279(跋)
唐之屏 5655(序)
唐守禮 1086(序)
唐守欽 6463(校)
6463(跋)
唐宇昭 5803(撰)
5803(自序)
唐良端 6305(序)
33 唐必登 555(校)
34 唐爲坤 6244(跋)
唐汝諤 419(輯)
436(撰)
5655(後序)
6539(參定)
6540(撰)
唐汝詢 2630(小引)
5655(撰)
6414(註)
6539(撰)
6539(參定)

唐汝迪　1492(序)
唐汝楫　5344(撰)
36　唐澤濂　6343(補輯)
37　唐凝菴　1669(編纂)
40　唐九經　2616(序)
4350(序)
唐大章　1155(撰)
1155(序)
唐大陶　3655(撰)
唐士元　836(跋)
唐堯臣　3038(跋)
6737(校)
41　唐　樞　39(撰)
489(撰)
643(撰)
1638(撰)
2000(撰)
3544(撰)
3545(撰)
3546(撰)
3547(撰)
3548(撰)
3549(撰)
3550(撰)
3551(撰)
3552(撰)
3553(撰)
3554(撰)
3555(撰)
4126(撰)
4126(自序)
4126(引)
44　唐夢賚　5783(序)
5807(撰)
5807(自序)
唐芳第　6049(序)
唐世濟　2316(序)
唐世柱　2090(彙謄)
唐桂芳　6343(著)
45　唐　棣　2698(編)
47　唐鶴徵　58(撰)
1669(撰)
2777(序)
2801(撰)
2801(序)
3114(序)
5293(選)
6453(訂)
6453(序)
48　唐翰題　1939(跋)
1996(跋)
2049(手跋)
2541(跋)
3817(跋)

3856(題記)
4314(手跋)
6713(題記)
50 唐　胄 1511(序)
2375(輯)
3954(序)
51 唐振吾 421(督刊)
唐振芳 1669(較)
53 唐成之 3109(題識)
3130(題記)
55 唐捷元 4039(參閱)
57 唐邦佐 6358(輯)
6358(校)
60 唐　□ 396(序)
唐國士 421(序)
唐　杲 4527(梓)
唐　晸 4527(梓)
唐景亮 2040(校正)
唐景南 2040(纂修)
64 唐　時 676(序)
5500(序)
唐時升 1027(校閱)
2040(纂修)
5572(序)
唐時宜 4062(序)
71 唐　臣 2005(提調)
77 唐　卿 4126(編刻)
唐際盛 6584(序)
80 唐　翁 721(註)
85 唐　鍊 2085(編)
5230(後序)
86 唐　錦 4852(選)
4852(序)
4991(序)
90 唐光燮 820(評閲)

0028_6 廣

00 廣　庵 605(考訂)
20 廣愛堂 421(梓)
25 廣　生 4222(訂)
30 廣寓居士 649(著)
廣　賓 2183(撰)
44 廣　菴 5798(較)
6013(著)
53 廣　成 4637(編)
67 廣　野 5497(著)
71 廣　厚 2910(訂)
2910(序)

賡

67 賡　明 5946(著)
5947(著)

廥

67 廥　明　3868(批)

0029_4 麻

00 麻衣道者　3181(撰)
10 麻一驥　6545(閱)
麻一鳳　6545(閱)
30 麻永吉　4212(校正)

0033_0 亦

00 亦　庵　4152(編)
26 亦　白　4160(著)
27 亦　郇　3189(校刊)
30 亦　房　5624(閱)
31 亦　潭　6646(選)
44 亦　韓　2411(鑒定)

0033_6 意

53 意　輔　4352(校)

0040_0 文

00 文立縉　2283(序)
文　康　4284(著)
文　豪　487(序)
文　度　6610(較輯)
文　慶　407(續音)
文　衣　1045(正字)
08 文　説　4352(校)
10 文三畏　4972(校)
文元發　3788(序)
文震孟　675(序)
1025(序)
1721(撰)
1721(自序)
2326(記)
3814(傳)
3979(參訂)
3979(序)
4276(序)
4466(題)
5509(序)
文天祥　4799(序)
6366(撰)
文　可　5777(著)
11 文　張　434(校)
12 文　瑞　1369(著)
6341(編)
文　水　1933(校)
17 文　子　419(校)
436(校)
4732(述)
20 文　秉　1327(撰)
1327(自序)

5319(訂)
21 文　止 4313(類)
5654(著)
文止羅 135(閱)
文行遠 2310(撰)
文　儒 957(校刊)
22 文　彪 4178(補)
文　鼎 3462(著)
文　弢 6572(鑒定)
文　峯 6465(録)
文　山 2217(纂脩)
24 文德翼 128(序)
1892(撰)
4325(撰)
5354(序)
5677(撰)
5677(自序)
5704(序)
5718(序)
25 文　紳 2487(續增)
26 文　白 5916(閱)
28 文徵明 3527(題詩)
4642(手記)
4817(跋)
4959(著)
5101(序)
5184(墓志)
6531(撰)
文　儀 248(著)
30 文　濟 5385(校)
文　寧 4448(校正)
文寵光 1025(序)
文安之 119(撰)
文安禮 1493(撰)
文字美 2090(正字)
31 文　江 1012(參)
文　源 3129(較字)
34 文湛特 5574(輯)
文　洪 4959(撰)
4959(序)
35 文　津 4233(校刊)
37 文　通 957(考訂)
38 文肇祉 4959(敘)
40 文士奇 2017(監理)
文　臺 5315(校)
文　來 196(參)
41 文　垣 3114(輯)
42 文　彭 971(校正)
3910(序)
44 文　萼 3027(較)
文　莊 4927(撰)
文　若 2185(輯)
2840(校)
6485(抄補)

文村居士　2238(手跋)
文　植　4247(參閱)
文　林　3752(撰)
4967(撰)
46 文如居士　2536(手跋)
47 文　懿　5460(著)
文　起　1721(序)
3979(參訂)
50 文　素　130(手跋)
文素松　212(手跋)
4372(手跋)
51 文　振　4979(校梓)
53 文　彧　6695(撰)
文　成　5842(較)
57 文　翰　5861(輯)
6094(著)
67 文　明　999(訂正)
文　昭　2579(著)
70 文　璧　6717(序)
71 文　長　5423(著)
77 文　輿　4093(纂輯)
文　賢　5382(著)
80 文　人　5842(較)
文　令　5354(編次)
84 文　鎮　6737(校)
87 文翔鳳　63(校評)
3200(撰)
5596(撰)
5597(撰)
88 文　範　4176(校刻)
92 文燈巖　4325(撰)
99 文　瑩　6687(撰)
6700(撰)

0040_1　辛

00 辛棄疾　1194(撰)
2991(撰)
3736(撰)
4778(撰)
23 辛稼軒　4778(輯)
80 辛　全　1761(輯)
2833(撰)
2834(撰)
97 辛耀文　4434(校並跋)

0040_3　率

95 率性居士　3647(序)

0040_6　章

00 章文先　5164(編次)
章文煒　3610(編)
章　衮　2761(序)
5164(撰)
07 章調鼎　433(撰)

08 章效才 4250(校正)
10 章一陽 835(編)
835(序)
1964(校)
章正宸 5674(撰)
章　玉 482(閱)
章　雲 5821(較評)
11 章冀良 5164(跋)
12 章登岸 2840(校)
20 章　重 4888(梓)
章秉法 1843(撰)
21 章　穎 1586(撰)
章穎生 2264(補)
22 章　綬 4769(跋)
5490(手跋)
章綬銜 4799(跋)
23 章允儒 4272(序)
24 章先德 5164(編次)
章佐聖 150(撰)
章　佶 4457(校訂)
28 章　綸 4918(序)
30 章之采 2185(撰)
章憲文 5272(校)
章安紳士 1566(輯)
32 章　适 5320(撰)
33 章　黼 1027(撰)
34 章　潢 58(序)
95(撰)
2795(序)
章　達 759(編輯)
759(序)
40 章大吉 1887(撰)
章大來 866(編)
章士玥 5774(傳)
章有成 171(引)
章志清 4888(梓)
章嘉禎 5520(撰)
章嘉顯 5164(序)
44 章藜照 6305(參閱)
章藻功 6003(序)
6043(序)
章　藹 6682(序)
章世德 2257(後序)
章世純 2839(撰)
2840(撰)
3640(序)
46 章如愚 424(撰)
47 章　楹 3890(撰)
3890(自序)
52 章靜宜 5905(撰)
53 章　成 4363(編輯)
章　甫 540(撰)
3780(撰)
5642(較)

58　章撫功　4484(編)
60　章　曠　5680(序)
5680(跋)
章國佐　136(序)
136(閱評)
章　恩　5198(撰)
77　章　陬　328(撰)
80　章　全　1601(手校)
1601(增補)
章金牧　5906(撰)
5906(自序)
章　鏡　2636(注)
章無逸　6737(校)
章　美　124(序)
81　章　鈺　1214(案語)
2140(跋)
2543(校證)
2543(跋)
2543(補輯)
3856(題記)
4503(跋)
83　章　鎔　1861(校正)
86　章錫龍　5164(校)
90　章　惇　3732(評論)
95　章　懐　4402(跋)
5154(跋)
97　章　焕　1377(著)
2380(序)
5277(撰)
6377(序)
98　章　敞　4888(撰)

0040_8　交

10　交　三　1055(校)

0043_0　奕

44　奕　藻　6614(編校)
奕　菴　2230(撰)
77　奕　開　492(訂)
1540(裒輯)

0060_1　言

17　言子里閑閑野老
4794(校)
56　言　揚　3178(著)
6042(著)

0063_2　讓

00　讓　庵　573(參閱)
30　讓　宗　1075(編次)
77　讓　卿　4457(序)

0073_2　玄

00　玄　應　1414(著)

	玄　度	5570(著)
		6733(著)
	玄　言	6451(選)
01	玄　龍	3838(著)
		5632(著)
10	玄　平	2251(裁定)
12	玄　弢	6440(參閲)
17	玄　羽	2626(著)
	玄　子	63(校評)
24	玄　升	1891(較)
		4192(較閲)
26	玄　白	4929(參閲)
	玄白堂	5639(自序)
30	玄　之	4006(評品)
	玄　宰	4320(訂)
		5538(著)
		6526(校)
32	玄　洲	1045(較)
40	玄臺子	3057(註證)
46	玄　觀	4611(校)
47	玄　超	4258(輯)
		6437(編)
		6439(纂輯)
		6440(纂輯)
48	玄　敬	2549(題詞)
53	玄　成	4317(校)
77	玄　同	4628(校定)
	玄同子	4691(著)
	玄　舉	3804(校)
94	玄　燁	1759(聖旨)
		2202(聖旨)
		2470(贊)
		3125(諭旨)
		3474(撰)
		4165(撰)
		5823(序)
		6213(詩)

衣

16	衣　聖	466(輯)
		466(序)

衷

25	衷仲孺	2143(訂修)

襄

10	襄　夏	4352(正字)
	襄平劬	1838(跋)
13	襄　武	721(參評)
40	襄　南	196(參)
71	襄　臣	171(輯)

裒

30	裒　良	891(校閲)

0080_0 六

00 六六道人 3319(編)
04 六　詁 4690(纂輯)
21 六虛堂主人 6445(著)
六　皆 3450(訂)
26 六　泉 5029(序)
30 六宜亭長 2643(題辭)
33 六　治 6737(校)
40 六　吉 81(校梓)
44 六夢居士 2240(序)
六　薌 6169(著)
60 六　圃 4344(訂)
6258(著)
70 六　雅 2062(參閲)
80 六　益 5752(著)

0090_6 京

90 京　少 705(撰輯)
5796(輯)

0121_1 龍

00 龍　膺 1931(序)
5394(跋)
5519(撰)
龍　應 5644(選)
10 龍　正 2995(撰)
龍正楷 5519(編輯)
龍雲翼 5519(校)
17 龍　羽 5521(著)
龍　弼 2652(著)
龍子昂 44(撰)
22 龍巖山人 4486(跋)
龍　仙 3680(著)
24 龍德孚 979(序)
5230(校)
龍德中 5230(校)
龍　儔 938(著)
2957(著)
龍科寶 1164(參訂)
30 龍濟藩 5519(校)
龍濟忠 5519(校)
龍之池 6136(序)
龍定濤 1164(校梓)
龍定瀾 1164(校梓)
31 龍渠山人 6296(跋)
32 龍洲外史 6337(删輯)
34 龍爲霖 243(校編)
474(校編)
1078(撰)
36 龍遇奇 2810(序)
2822(撰)
39 龍湫山人 1332(序)
5737(著)

5738(著)
40 龍大淵 3421(撰)
3421(序)
龍　友 1038(識語)
5756(校)
龍友居士 1038(較梓)
44 龍華民 3638(撰)
龍　菴 939(著)
45 龍　楝 553(定)
46 龍　如 4466(撰)
4522(撰)
龍如鏡 1164(参校)
53 龍　輔 3940(撰)
3940(小序)
60 龍圖鳳 1164(校梓)
67 龍鳴鏜 1164(校梓)
75 龍體廓 1164(校梓)
龍體正 1164(校梓)
龍體剛 1164(撰)
76 龍陽居士 4450(批評)
77 龍　門 2575(重校)
88 龍　篆 2545(編次)
90 龍光邦 5519(編輯)
龍光炯 5519(編輯)

龘

44 龘赫主人 4340(擣)

0128_6　顏

02 顏　端 1513(編)
10 顏正色 1086(序)
顏　元 2871(撰)
2872(撰)
2873(撰)
2874(撰)
顏元珏 1068(序)
顏元孫 954(撰)
12 顏廷榘 4724(撰)
4724(狀)
5666(撰)
20 顏　鯨 1875(撰)
1875(自序)
5263(序)
21 顏師古 4388(撰)
22 顏胤祚 1462(序)
1465(修)
顏胤肇 2646(序)
顏胤鐮 5666(輯)
23 顏允祚 1465(輯)
24 顏壯其 4058(編輯)
27 顏紹統 1465(訂閱)
30 顏宗儀 5238(批)
38 顏肇維 6156(撰)
40 顏堯揆 4724(梓)

　　　　4724(小識)
　　　　5666(輯)
　顏　木　1991(撰)
　　　　1991(跋)
44　顏茂猷　4058(撰)
　　　　4058(序)
　　　　4323(撰)
　　　　4323(自序)
　顏懋僑　6156(跋)
　顏懋份　6156(跋)
　顏若愚　2720(跋)
48　顏　檢　5786(序)
50　顏素和　5644(序)
87　顏欲章　1466(參考)
　　　　1918(序)
90　顏懷禮　6157(撰)
　顏光魯　1465(訂閱)
　顏光教　4104(著)
　顏光斆　4104(輯)
　顏光敏　5809(撰)
　　　　6278(序)

0133_8　戇

60　戇　思　6142(著)

0161_4　謔

44　謔菴居士　3403(定)

0164_6　譚

00　譚文隆　4886(校)
　譚文光　4120(撰)
　　　　4120(自序)
02　譚　訢　4752(評)
　譚新嘉　843(輯)
　　　　843(手跋)
10　譚正孫　6312(訂定)
　譚元聲　5651(小引)
　譚元春　4062(參)
　　　　5650(撰)
　　　　5650(自序)
　　　　5651(撰)
　　　　5651(自序)
　　　　5652(撰)
　　　　5652(自序)
　　　　6502(編)
　　　　6502(序)
　　　　6503(編)
　　　　6508(評)
12　譚弘憲　1838(序)
13　譚　瑄　3010(跋)
　　　　3043(撰)
21　譚貞默　665(序)
　　　　843(撰)
　　　　3849(撰)

28 譚以則 4802(輯)
譚作梅 5150(識語)
30 譚之綱 6633(參訂)
6633(題詞)
譚寶煥 5149(撰)
5150(撰)
5150(自序)
35 譚清嚴 5149(撰)
40 譚大禮 3615(跋)
譚大初 5143(序)
譚希思 1104(輯)
1117(撰)
2034(序)
2034(訂正)
2356(撰)
4856(序)
譚吉璁 2135(撰)
2135(自序)
2523(撰)
6318(校)
6318(跋)
46 譚　旭 2941(撰)
47 譚　埽 3849(撰)
譚好善 2034(閱)
60 譚昌言 1355(校)
5329(序)
譚景昇 3503(著)
77 譚用之 4742(撰)
譚巽中 6312(校正)
80 譚金孫 6312(編)
82 譚鍾麟 1117(跋)
87 譚欽瑗 5149(撰)
5150(編)
97 譚　耀 2496(參修)
4001(裁定)

0166_1 諧

17 諧　孟 1537(評)
1891(定)

0173_2 襲

80 襲　美 5358(校)

0180_1 龔

00 龔立本 4466(序)
龔　彥 4352(校)
龔應霖 1420(序)
龔文照 1194(校)
1194(跋)
4719(手批)
01 龔龍川 3502(校)
10 龔一柱 1891(序)
龔三益 4042(序)
龔五謨 1897(參訂)

	龔元成	3786(題辭)
	龔天申	2041(修)
	龔　雷	4236(後序)
	龔雲致	4264(參閲)
12	龔廷歷	781(撰)
		1568(序)
	龔廷賢	3112(編輯)
20	龔舜紹	1891(較)
	龔秉德	5195(序)
		5196(刊)
22	龔鼎孳	1416(撰)
		1470(序)
		4344(參)
		4731(序)
		5819(序)
		5904(序)
26	龔　纓	512(序)
29	龔　嶸	2219(序)
		2264(序)
30	龔永孚	1416(刊)
	龔之鑰	6790(題)
	龔　宏	6472(輯)
33	龔　梁	2008(督工)
40	龔士卨	4122(編)
		4122(序)
	龔堯惠	5577(梓)
	龔在新	4352(校)
	龔在升	4352(撰)
		4352(序)
42	龔　橙	2560(録)
44	龔夢賚	4352(校)
	龔世法	1700(校正)
	龔　黄	1049(撰)
	龔　植	6734(校次)
47	龔　桐	4260(序)
57	龔邦衡	4900(編次)
60	龔　昱	6427(輯)
77	龔用卿	5187(撰)
	龔學海	2369(序)
86	龔錫爵	2040(參閲)
87	龔　銘	1891(定)
	龔銘臯	4352(校)
	龔銘益	4352(正字)
	龔翔麟	1512(跋)
		5993(傳)
		6790(序)
		6806(輯)
88	龔　策	4079(序)
94	龔　爟	5187(編)
		5187(刊)
		5187(跋)
97	龔　輝	1995(撰)
		2531(撰)

0212_7 端

00 端　方 5845(跋)
07 端　調 6544(評輯)
26 端　伯 3712(校)
3857(纂)
4320(較)
5710(著)
40 端木緡 3131(撰)
端木賜 408(撰)
424(撰)
50 端　書 6189(校)
53 端　甫 3621(著)
77 端　卿 1595(輯)
80 端　人 2575(重校)

0261_8 證

12 證　孫 2411(參校)

0264_1 誕

00 誕　文 6150(較)
6151(較)
6152(較)
6181(較)
6182(較)
22 誕　仙 5893(著)
24 誕　先 3125(參訂)
3126(參訂)
3128(編次)
25 誕　生 4580(校)
4580(識語)

0292_1 新

21 新　仁 1043(刊)
53 新　甫 3139(較)
3139(序)
60 新　田 475(校)

0332_7 鶩

27 鶩　峰 2252(刊)

0361_7 謚

25 謚　生 1595(閱)

0364_0 試

10 試　可 3248(著)

0365_0 誠

00 誠　齋 2062(校訂)
4184(撰述)
30 誠　之 5724(閱)
40 誠　友 227(輯解)
44 誠　菴 4088(編次)
80 誠　合 476(校)

6224(校)

0366$_0$　詒

12　詒　孫　1170(較訂)
25　詒　仲　202(參訂)
47　詒　穀　6644(集)

0391$_4$　就

10　就正齋　1092(刊)

0413$_2$　竑

07　竑　調　6544(參)

0460$_0$　計

12　計　登　2105(序)
13　計　璸　5858(編)
5858(序)
30　計宗道　4196(校)
4958(校)
4958(序)
40　計士元　5431(跋)
50　計　東　203(參)
5853(序)
5858(撰)
5945(序)

謝

00　謝方石　4954(選定)
謝應徵　1359(校正)
謝應祥　69(校)
謝應奎　4679(校正)
謝應芳　1504(撰)
1970(序)
謝應陛　1150(撰)
謝應桂　4901(校)
4901(後題)
謝文洊　817(定)
850(撰)
5758(撰)
謝文炳　3009(跋)
謝章鋌　1709(校並跋)
2284(校並跋)
3822(跋)
謝　褒　956(跋)
07　謝　詔　2027(撰)
08　謝　旌　2970(手受)
謝　旆　2970(手受)
10　謝三賓　3689(定)
3689(序)
謝王寵　2970(撰)
2970(自序)
謝　丕　5188(序)

謝　元 5642(跋)
謝于教 4328(閱)
4328(叙)
謝天瑞 6812(撰)
12 謝　璠 5546(較)
謝廷諒 2091(撰)
5560(撰)
5561(撰)
謝廷讚 4301(序)
謝廷璋 558(梓)
17 謝乃實 6034(撰)
謝承舉 5226(撰)
18 謝　瑜 6413(輯)
20 謝重輝 5898(撰)
21 謝　卓 4820(序)
謝　頎 3930(校刊)
3930(序)
22 謝　豐 2970(手受)
23 謝允復 2217(纂脩)
2217(序)
24 謝　升 2970(手受)
25 謝朱勝 1213(撰)
謝　純 2501(撰)
2501(序)
26 謝伯美 5423(校)
27 謝脩擴 850(原本)
謝　翺 6366(撰)
謝叔孫 403(撰)
28 謝　復 4955(撰)
謝復芃 178(撰)
30 謝濟世 844(撰)
謝良琦 5946(序)
5947(序)
謝賓王 5781(撰)
謝　實 2970(正字)
謝寶樹 1850(跋)
31 謝　遷 2594(序)
4224(跋)
6385(撰)
32 謝兆熊 2926(校梓)
謝兆申 1147(序)
5642(撰)
34 謝爲雯 6037(閱)
37 謝　湖 2376(識語)
謝　逸 2697(序)
38 謝道承 6140(撰)
謝肇淛 1883(撰)
2244(撰)
2281(撰)
2615(序)
3822(撰)
4318(序)
5525(序)
5550(傳)

5553(撰)
40 謝士元 582(校刊)
謝　墉 6212(詩)
謝存仁 3220(序)
謝　杰 1304(撰)
2034(撰)
2034(序)
5187(序)
謝枋得 535(撰)
537(評點)
3743(撰)
4280(輯)
44 謝　蘭 6336(序)
謝蘭生 1504(校刊)
1504(序)
3746(題款)
45 謝　榛 6723(撰)
47 謝朝元 4656(跋)
謝起龍 473(撰)
50 謝本量 850(原本)
謝東山 2008(删正)
53 謝　輔 4898(校正)
謝成俠 3149(校勘)
60 謝　矗 5718(閱)
謝國楨 1271(跋)
2357(跋)
3804(手校)
3804(手跋)
5662(識語)
謝　思 2926(校梓)
謝昌賢 5758(跋)
5758(彙稿)
67 謝鳴謙 850(原本)
5758(輯)
謝鳴盛 850(原本)
謝鳴篁 850(原本)
71 謝　陛 1148(撰)
1148(自序)
74 謝　陞 2828(叙)
77 謝叠山 561(評點)
4280(編次)
謝鵬舉 1820(序)
謝履忠 2467(撰)
2467(序)
謝與棟 3818(校)
謝　賢 1759(後序)
86 謝錫位 4711(序)
謝　鐸 1433(編)
1433(題後)
1600(撰)
1600(序)
1600(後序)
1965(撰)
1965(跋)

4953(撰)
88　謝　鎰　3533(叙)
90　謝少南　22(序)
2003(撰)
5226(撰)

0463_4　謨

33　謨治堂　6728(題辭)
34　謨　遠　4709(參)

0466_0　諸

10　諸　夏　3354(評)
12　諸廷琯　5076(跋)
27　諸紹禹　2266(撰)
28　諸作楝　2101(輯)
30　諸宗元　5612(序)
40　諸九鼎　5930(序)
諸大綬　5122(校)
諸壽賢　1732(序)
44　諸茂卿　4063(撰)
諸葛亮　2984(撰)
2985(撰)
2986(撰)
4713(著)
諸葛元聲　1312(撰)
諸葛孔明　2986(著)
諸葛羲　2614(序)
諸葛含　5790(訂)
48　諸乾一　2266(續)
70　諸璧發　5774(識語)
71　諸匡鼎　5774(撰)
86　諸　錦　470(撰)
470(自序)
579(撰)
579(自序)
1750(序)
6065(贊)
6175(撰)
6240(序)

0512_7　靖

07　靖　調　6544(評輯)
10　靖　吾　6465(輯)
26　靖　伯　4796(選)
30　靖　之　4244(序)
4408(輯)
38　靖道謨　476(校)
6224(校)
53　靖　甫　2160(校定)
88　靖　節　6508(撰)

0662_7　諤

12　諤　廷　5622(校)

0668_6 韻

00 韻　文　378(校訂)
45 韻　樓　5870(手記)

0710_4 望

10 望雲樓　4019(序)
30 望　之　5322(著)
5562(著)
5707(校)
32 望　溪　511(解)
710(論次)
2411(鑒定)
40 望　九　175(著)
46 望　如　2655(較)
望槐庭　6821(序)
76 望　陽　5227(評點)

0712_0 翊

80 翊　兹　136(閱評)

0722_7 鄺

00 鄺立方　4248(校訂)
40 鄺　才　6472(編)

0724_7 毅

07 毅　調　6544(參)
30 毅　之　5401(著)
44 毅　菴　2362(校)

0742_7 郭

00 郭　雍　6119(撰)
郭應聘　1288(撰)
郭應寵　2615(序)
2615(編次)
3593(編次)
3593(跋)
5454(編)
郭應奎　5041(序)
郭庭梧　2604(序)
郭　麐　5714(跋)
郭賡武　5567(序)
郭文周　5307(撰)
02 郭端型　2116(校字)
郭端牧　2116(校字)
郭端湜　2116(校字)
郭端表　2116(校字)
郭端揆　2116(校字)
郭端岳　2116(校字)
03 郭　謚　3792(校正)
10 郭一鶚　73(序)
4452(序)
郭正域　493(撰)
1022(校)

1104(序)
2449(撰)
4310(序)
5396(序)
5415(序)
5644(序)
6468(編)
6468(序)
6507(批點)
郭正中 1727(輯)
1728(輯)
郭元亮 362(序)
5780(序)
郭元鴻 3408(撰)
郭元柱 2444(編)
郭元昭 3414(校鋟)
郭元釪 6108(序)
郭　丙 1165(校刊)
郭天禔 1156(校字)
郭可光 6119(手跋)
郭雲鵬 4489(校梓)
4748(編)
4748(跋)
11 郭　棐 2017(撰)
2017(序)
2019(裁正)
2019(序)
3572(序)
12 郭　琇 3128(序)
郭　璞 951(解)
4486(著傳)
郭弘業 1759(後序)
郭廷冕 5030(序)
5030(刊)
郭孔延 2572(評並釋)
2572(序)
5473(撰)
5473(識語)
14 郭　瑛 2214(序)
郭　礎 3374(撰)
17 郭子章 61(撰)
71(正訛)
408(著)
430(小引)
949(序)
1027(參閱)
1296(撰)
1670(撰)
1670(自序)
1671(撰)
1946(撰)
1946(識語)
2157(撰)
2157(序)

2791(校)
3413(撰)
3493(撰)
3493(序)
4133(題辭)
4268(撰)
4268(自叙)
4570(編)
4570(自序)
4894(序)
4921(序)
5341(序)
5403(閲)
5403(序)
5471(撰)
5472(撰)
5473(撰)
5473(自序)
5514(墓碑)
5523(序)
6729(撰)
20　郭喬泰　416(題辭)
549(序)
郭香圃　2615(點校)
郭秉聰　5242(墓志銘)
郭維藩　1100(後序)
5100(撰)
21　郭師古　3005(校正)
22　郭崇嗣　5009(編次)
5009(後序)
24　郭　化　1542(撰)
4577(參閲)
郭　偉　4071(編)
26　郭　儼　73(識語)
27　郭　磐　2386(序)
郭仰廉　3320(編)
郭象升　5986(跋)
郭紹虞　6700(説)
28　郭以隆　2253(撰)
2253(跋)
郭　倫　1165(撰)
1165(自序)
2669(撰)
30　郭之培　362(參閲)
郭之奇　1156(撰)
1156(序)
郭守敬　3214(編輯)
郭良翰　495(撰)
495(自序)
郭　實　2015(序)
郭宗皐　5213(叙)
郭宗磐　103(撰)
32　郭兆奎　393(撰)
393(識語)

795(撰)
33 郭必昌 1121(序)
34 郭　斗 5363(序)
郭　汝 4247(删校)
郭汝霖 1295(編)
5361(撰)
37 郭凝之 1727(撰)
1727(自序)
1728(撰)
38 郭祥鵬 4749(編)
40 郭九有 901(序)
郭大有 2631(撰)
郭士寧 1204(撰)
郭志仁 4278(閱)
44 郭世霖 1295(撰)
郭　棻 5829(撰)
5904(序)
6634(著)
郭　植 3729(撰)
6246(撰)
郭菽子 1156(編輯)
郭　林 2259(編)
46 郭　相 1782(校)
2180(修纂)
郭柏薌 5443(校)
郭柏蔚 1720(增訂)
1720(批注)
郭柏蒼 1720(校)
5443(編)
5443(序)
47 郭朝賓 2771(校)
郭起元 2116(撰)
49 郭趙璧 6241(撰)
50 郭中吉 4071(編次)
郭泰象 6737(校)
郭本洪 686(參訂)
郭本中 4668(編)
郭忠祐 1727(較)
1728(較)
51 郭振遐 6275(撰)
6275(自序)
郭振基 6041(序)
60 郭日休 4914(序)
郭曰燧 4160(序)
郭　畀 1798(撰)
郭昌賢 6448(效正)
郭景昌 1789(編)
1789(序)
64 郭　勛 1633(撰)
6821(編)
67 郭明龍 4610(評)
郭嗣齡 1075(序)
68 郭　晦 6655(序)
77 郭　鵬 3408(後序)

郭鵬舉　2116(編次)
80 郭金湯　2664(参校)
2664(序)
郭金城　2872(序)
郭　夔　731(校)
82 郭鍾奇　1034(校)
85 郭　鈇　6379(編)
87 郭欽華　4161(撰)
90 郭惟清　5467(編次)
郭惟卿　2040(校)
郭惟賢　1532(序)
1533(序)
3994(序)
6454(撰)
郭光文　227(参訂)
227(引)
郭光復　3005(撰)
3005(序)
郭尚先　2412(跋)
3819(跋)
郭尚友　2743(序)

0761_7　記

32 記　州　254(較)
3183(較字)

0762_0　調

10 調　元　5871(梓)
53 調　甫　5469(著)
5479(選)
71 調　臣　5784(参)
80 調　父　1861(校)
5479(選)

0762_7　誦

24 誦　先　6172(刊)

0766_2　韶

80 韶　父　4188(纂)

0821_2　施

00 施奕簪　1757(補編)
施文明　2535(校刊)
02 施端教　1893(編)
6560(編)
10 施王令　2135(序)
施爾忭　3837(閲録)
施于家　6325(校正)
施于朝　6560(校)
施于國　6560(校)
施天濟　677(校刻)
施天寵　677(校刻)

施天遇 677(撰)
677(序)
施天輝 677(校刻)
施　雲 6451(筆授)
11 施　璪 6153(撰)
14 施　璜 248(序)
1773(後序)
5014(序)
5687(撰)
17 施承珂 677(校刻)
施承緒 677(校刻)
20 施重光 6565(編)
施維翰 2106(序)
5807(序)
21 施　仁 4236(撰)
施何牧 1065(撰)
1065(自序)
22 施　山 4749(跋)
23 施　峻 4126(跋)
5256(撰)
24 施化遠 5603(撰)
施德操 805(撰)
施　綍 2654(校)
27 施紹莘 6785(撰)
6785(自序)
28 施從謙 145(校梓)
施　綸 2654(注)
30 施　沛 2400(撰)
4577(校)
施肩吾 4632(撰)
4632(序)
施　安 6197(序)
32 施　漸 1623(校刊)
33 施必準 4291(序)
施　梁 3120(跋)
34 施　達 677(序)
35 施清臣 3508(撰)
3508(自序)
36 施澤之 1445(校)
37 施　鴻 2654(撰)
2654(序)
39 施　泮 145(校梓)
41 施　樞 6298(撰)
施標芳 31(較訂)
44 施夢龍 4513(後敘)
施世瑚 31(較訂)
施世綸 6622(序)
施世驃 2216(序)
2216(鑒定)
46 施觀民 5191(輯)
48 施　敬 5742(較刻)
57 施邦曜 5567(序)
60 施　□ 6280(序)
施　男 4478(撰)

61　施顯卿　4513(撰)
4513(自序)
77　施閏章　1432(序)
2189(定)
2259(補輯)
2259(序)
3023(序)
3393(序)
4344(參)
4533(撰)
5719(選)
5719(序)
5752(序)
5794(序)
5809(序)
5815(序)
5833(序)
5844(序)
5847(序)
5854(序)
6050(選)
6547(編)
6613(參)
6753(撰)
施鳳來　820(校正)
901(序)
1463(序)
1881(序)
1884(序)
4577(序)
施闢錫　3126(較)
80　施企曾　4533(校)
6753(校)
施念曾　4533(校)
6547(編)
6753(校)
施養浩　6034(跋)
86　施　鍔　2933(序)
88　施　箕　5620(選校)
6325(校正)
施　策　4513(後序)
90　施惟中　833(録演)
99　施榮登　2831(校梓)

0822_1　旂

80　旂　公　1170(較訂)

0823_3　於

27　於　侗　4006(校)
於　修　4006(校)
28　於　倫　4006(補輯)
4006(序)
42　於斯立　4006(刊)
於斯行　4006(校)

於斯會 4006(校)

0824_0 放

00 放玄居 4050(序)

0828_1 旋

00 旋庵子 4050(論輯)

0844_0 敦

敦 4830(題詞)
10 敦 一 787(校)
37 敦 次 5352(評)

0861_6 説

22 説 巖 5862(著)

0863_7 謙

00 謙 齋 4618(註評)
6739(輯評)
22 謙 山 5903(箋)
30 謙 之 827(補)
50 謙 中 959(編輯)
53 謙 甫 6633(參訂)
54 謙 持 6265(著)

0864_0 許

00 許應元 5130(序)
5246(撰)
許慶宗 6767(覆審)
04 許 誥 1100(撰)
1100(序)
1254(撰)
1254(奏章)
許 讚 1100(序)
1249(傳)
08 許 論 2123(撰)
10 許三禮 617(撰)
869(序)
2871(校訂)
4165(撰)
6585(序)
許王猷 143(校正)
許丕顯 1717(閱)
許元基 879(訂)
3726(校)
許天琦 1640(叙)
許天賦 413(校)
許天賜 413(校)
許天贈 413(撰)
413(自序)
許西山 4165(著)
11 許 棐 3507(撰)
4792(撰)
4792(自序)

12　許廷誥　5892(校)
許廷鑅　6085(序)
許孫荃　869(校)
869(序)
13　許　琮　6384(撰)
17　許孟仁　4656(刊)
許乃齊　3746(題款)
許胥臣　360(撰)
360(自序)
820(訂補)
3169(撰)
許承家　6749(序)
許子尊　5966(序)
許召登　5482(校刻)
5482(序)
18　許　珍　915(撰)
915(序)
20　許重英　6274(著)
許重熙　1150(贊)
5651(序)
許重炎　5917(補録)
6273(編輯)
6273(跋)
6273(年譜)
6273(行略)
6274(撰)
許　豸　2625(評)
4051(序)
4055(序)
4057(序)
6659(撰)
許孚遠　2791(序)
3788(序)
4126(序)
5381(撰)
許維新　2554(序)
4254(書後)
5655(書)
21　許順義　519(輯)
772(撰)
許　顗　6715(撰)
許仁杰　2904(識語)
許行健　4942(批點並跋)
許　衡　2725(撰)
許占魁　2135(序)
22　許　鼎　6659(撰)
許鼎元　1717(閲)
許鼎臣　1716(校)
1717(閲)
許樂善　4027(序)
4461(校閲)
許繼登　6475(閲梓)
23　許允恭　1716(校)
1717(閲)

	許允中	1716(校)
		1717(閱)
	許允泰	1716(校)
		1717(閱)
	許　獻	2269(撰)
		2269(序)
	許然明	3449(著)
24	許　佐	6431(跋)
	許纘曾	1337(後序)
		1845(撰)
		5807(序)
		5811(撰)
		5811(自序)
26	許自俊	6013(題辭)
		6013(序)
	許自期	5818(跋)
	許自昌	6714(校)
		6714(序)
	許伯政	287(撰)
		287(自序)
		479(撰)
		479(自序)
		479(識語)
		730(撰)
	許伯衡	2282(撰)
		3795(題辭)
27	許佩蓀	6563(校)
		6563(跋)
	許　約	2067(跋)
	許紹武	413(校)
28	許作新	1404(題詞)
	許　徽	1827(編)
	許徐惪音	6232(序)
30	許　進	1254(撰)
	許進益	2254(參訂)
		2254(撰)
	許之漸	183(序)
	許之吉	4328(撰)
	許良臣	6659(撰)
	許宗魯	5025(序)
		5323(序)
32	許兆麟	2264(序)
	許兆金	558(撰)
33	許心扆	1480(跋)
34	許汝龍	4165(筆記)
	許汝霖	1753(序)
		5732(序)
		5975(序)
		5985(序)
		6011(撰)
		6588(編)
		6661(序)
	許淩雯	1034(校)
	許　浩	2594(撰)

2595(撰)
2595(跋)
4415(撰)
35 許清雲 6684(撰)
36 許　遇 6659(撰)
37 許鴻徵 1716(校)
許次紓 3449(撰)
3449(自跋)
許　初 4817(跋)
38 許道基 269(序)
許道隆 1717(閱)
許道際 1717(閱)
許啓洪 1716(校)
40 許　友 6659(撰)
許培榮 6223(録)
許有穀 1716(撰)
1717(撰)
許有節 1716(攷正)
1717(攷正)
許志陛 2594(跋)
42 許　彬 4941(序)
44 許藎臣 6659(撰)
許　蓤 4719(批點)
許世昌 1143(序)
2151(修輯)
2151(序)
許　權 974(校)
46 許相卿 1087(編)
1260(撰)
1260(自序)
5094(序)
47 許　均 6659(撰)
許　獬 152(訂)
4287(撰)
5573(撰)
許　穀 1109(序)
2491(序)
5087(選)
5087(序)
5267(撰)
5267(序)
50 許中麗 6318(編)
許　惠 5544(校閱)
5544(跋)
51 許　振 6189(校)
52 許　虬 5819(撰)
53 許成名 5083(序)
許成志 4296(序)
許成器 3318(校)
55 許　捷 3249(參定)
3249(序)
57 許邦才 5298(序)
60 許星箕 5849(跋)
許　國 2160(序)

4273(序)
5341(序)
6475(校)
許國誠　2147(增修)
2147(序)
許國維　4267(序)
許　田　5950(序)
許昌期　2594(跋)
許昌國　6273(撰)
許昌年　413(校)
許　昂　915(繙繹)
許昂霄　2543(校)
61 許顯森　2470(序)
67 許明臯　1717(閱)
許明鉉　1717(閱)
許明夔　1717(閱)
許鳴遠　6563(編)
6563(自序)
許嗣隆　6014(撰)
72 許　岳　1827(彙録)
75 許體元　270(撰)
77 許用宗　1716(校)
1717(閱)
許用卿　1716(校)
1717(閱)
許用光　4165(筆記)
許履道　1717(閱)
許際可　5213(校正)
許際昌　1716(校)
1717(閱)
許際熙　1716(校)
1717(閱)
許熙載　3935(撰)
5930(序)
許聞造　1087(引)
5235(校正)
5235(序)
許學士　2993(撰)
許印芳　4716(增訂)
4716(序)
許與穀　6026(校)
80 許令典　2049(引)
5497(序)
6455(序)
6488(序)
許善勝　6306(序)
許　公　6560(校)
82 許劍道人　4603(刊)
86 許錫宫　6273(跋)
87 許　鏘　2594(跋)
3152(序)
90 許光祚　3363(輯)
5601(撰)
許尚質　6049(撰)

許　焞　2949(編)
94 許　慎　955(序)
1011(著)
97 許　炯　5399(撰)
許　焕　1789(序)
1789(校閲)
2259(序)

0925_9　麟

12 麟　發　5871(編輯)
13 麟　武　5329(編)
30 麟　客　465(校)
32 麟　洲　6092(著)
3484(撰)

0968_9　談

04 談　訥　243(校)
474(校)
23 談允謙　6802(校閲)
26 談自省　4006(訂正)
27 談　修　2178(撰)
2178(輯)
4460(撰)
談　脩　2178(輯)
談象蕙　482(校)
28 談　倫　1517(編)
31 談　遷　2049(撰)
2049(序)
3856(撰)
3856(自序)
6755(撰)
40 談九乾　4165(筆記)
92 談　愷　2378(修)
6435(輯)

1000_0　一

11 一　琴　1162(訂定)
21 一　上　1593(訂梓)
27 一　鄉　421(序)
30 一　之　136(閲評)
3048(校)
4026(纂輯)
一　富　4859(訂鐫)
35 一　清　6273(著)
40 一　奎　4890(跋)
41 一　樞　6657(校)
44 一　菴　4126(序)
一枝園　6545(閲)
60 一　是　289(學)
77 一　舟　1561(參訂)
99 一　榮　3027(閲)

1010_0　二

27 二鄉亭主人　5798(編)

46　二　如　2616(較)
60　二　田　4734(撰)
80　二谷山人　5236(序)
87　二　銘　5993(較輯)
　　　　　　4344(訂)

1010_1　三

10　三一齋老人　4613(正)
　　三雲義正新四郎
　　　　　　4302(跋)
22　三山主人　3867(義例)
25　三儂外史　2299(撰述)
26　三　泉　4523(繡梓)
27　三島毅　1133(校閲)
55　三　農　3123(述)
60　三畏堂　3112(序)
77　三　開　553(較)
88　三竺道人　3627(校)

正

03　正誼齋　2642(編集)
　　正誼堂　2913(序)
　　　　　　4956(序)
10　正　元　5637(著)
20　正　位　2252(刊)
　　正　信　2158(校)
21　正　止　109(序)
25　正　仲　319(序)
26　正　伯　1889(參)
27　正　叔　5767(序)
30　正　之　5001(撰)
44　正　其　1008(序)
50　正　夫　3756(著)
　　　　　　5319(著)
53　正　甫　2791(撰)
80　正　父　3505(著)
　　正　公　3705(校)

1010_3　玉

00　玉　立　5734(著)
10　玉　耳　3236(纂定)
　　玉　吾　644(校)
　　　　　　4597(解)
　　　　　　4652(著)
　　　　　　4808(撰)
　　玉　霖　1779(纂)
　　　　　　1847(著)
　　　　　　2952(編)
11　玉　孺　5702(著)
17　玉　瑠　5678(著)
20　玉　停　933(述)
　　　　　　1069(著)
　　玉　受　5591(撰)
21　玉　衡　6067(著)

22　玉　峯　384(纂輯)
2899(鑑定)
5027(批點)
玉峯道人　2762(輯)
玉　山　6359(跋)
25　玉　傳　2015(跋)
26　玉泉山人　2676(跋)
27　玉　峰　5939(著)
玉　叔　5394(著)
31　玉　涵　677(校刻)
34　玉　汝　2508(輯)
40　玉　友　4344(校)
玉　樵　4538(輯)
4538(序)
5961(著)
43　玉　裁　6203(著)
44　玉茗堂主人　3445(閲)
50　玉　書　1537(較)
53　玉　成　4440(校)
玉　甫　585(著)
5167(撰)
60　玉　圃　1846(撰)
2411(輯)
玉　田　6807(纂)
80　玉　鉉　433(撰)
玉　斧　4055(序)
玉　谷　5275(序)
88　玉笥山人　4450(輯)

1010_4　王

00　王　亹　132(序)
王立道　6408(撰)
王　雍　2773(録)
王　亮　3029(增註)
3399(序)
王彦文　6319(跋)
王　齊　1998(校)
4719(校)
4719(序)
王方岐　2061(校)
王方穀　5715(校刊)
王育德　2103(督梓)
王　裔　1376(跋)
王應龍　4398(撰)
王庭譔　5516(撰)
王應麟　424(撰)
809(撰)
2441(參閲)
4192(輯)
王應元　3048(校)
王應電　972(撰)
972(序)
王應登　1034(校)
王應俊　340(梓)

王應斗 5354(序)
王應遴 1311(校)
5366(督梓)
王應奎 4042(跋)
5801(評校)
6094(序)
王應吉 2246(閱)
王應槐 1994(序)
王應昌 1677(撰)
2838(編)
4759(校)
王應時 2376(輯)
王應辰 2154(撰)
王應鍾 5297(校)
王廉夫 6071(書)
王　庭 206(序)
1828(序)
2888(撰)
5739(序)
5739(傳)
5812(撰)
王庭諫 5516(跋)
王庭蘭 1992(校)
王　度 6560(序)
王慶麟 4809(評)
6598(批)
6649(批)
王　廣 3952(跋)
王廣謀 2726(編)
王廣心 1337(序)
1845(總序)
6591(序)
王文震 243(校編)
474(校編)
王文浚 3183(較字)
王文清 515(撰)
4372(撰)
4373(編)
4373(序)
6173(撰)
王文禄 2779(撰)
3542(撰)
3542(自序)
3543(撰)
4127(編)
5157(後序)
6725(撰)
6727(後序)
王文燾 6292(録)
王文楚 1939(校點)
王文昭 5886(彙編)
5886(序)
王文光 2347(增補)
王　言 953(撰)

1835(序)
6821(序)
王　衣　2773(録)
王　玄　6695(編)
王玄樞　5646(紀略)
王　交　640(後序)
2802(序)
02　王端履　4860(題記)
王　訓　1995(纂輯)
2051(撰)
2051(序)
4349(撰)
4349(序)
王　諍　2721(編)
王新命　1773(序)
2061(總裁)
04　王　謨　2023(校閲)
王　勍　388(録)
476(録)
575(録)
6223(録)
6224(録)
6224(凡例)
06　王　諤　6344(編)
08　王　旍　4324(校正)
王　謙　6307(釋)
09　王麟標　676(序)
10　王一言　541(閲)
586(校刻)
3807(序)
王一化　2030(撰)
王一清　3503(注)
3503(序)
王一楨　1410(序)
王一槐　3708(撰)
3708(自叙)
王三聘　4324(輯)
4324(自序)
王三德　1455(序)
王三才　1681(序)
王三極　2139(較)
2728(撰)
王三陽　5512(閲)
王三錫　1438(校刊)
3785(跋)
王三省　6364(跋)
王正蒙　4936(撰)
王玉璋　3746(題款)
王　璽　3112(校)
王丕烈　6202(傳)
王丕顯　1995(纂輯)
王元麟　6085(注)
王元登　5181(校刊)
王元貞　3846(序)

4002(校)
4002(序)
王元鼎 1553(編)
2774(補輯)
5444(編輯)
王元佐 6337(輯)
王元復 3896(撰)
王元祉 4770(較集)
王元恭 1133(序)
王元懋 3486(序)
王元敬 3057(序)
王元善 811(通考)
812(通考)
王元烜 5980(序)
王雨謙 2208(評定)
2208(序)
王爾綱 2257(序)
王爾賓 4255(重較)
王爾達 6271(序)
王爾畯 6167(校)
王　震 661(撰)
6560(緣起)
王干城 344(校刊)
王天春 5788(撰)
王　晉 5624(閱)
王晉徵 6006(撰)
王可立 1436(校刊)
5207(後序)
王可大 4251(撰)
4251(自序)
王　雲 4762(序)
王雲鷺 474(校)
6416(輯)
王　霖 4842(序)
5840(校梓)
6208(序)
11 王　珂 6408(撰)
王項齡 5983(撰)
6006(序)
王彌大 1175(編)
1175(跋)
12 王瑞國 2105(序)
王　璞 1932(補撰)
王　璣 3027(較)
王　弘 4978(後序)
王弘誨 5391(撰)
5539(序)
王弘祖 2446(序)
王弘祚 4095(序)
王　烈 5058(撰)
王烈光 3651(梓)
王　廷 813(序)
908(校)
908(序)

		3537(序)
		5105(刊)
		5105(序)
	王廷望	1610(彙輯)
	王廷詔	5488(編閲)
	王廷瑞	1998(校)
	王廷琬	6167(家傳)
	王廷珪	4860(著)
	王廷弼	2135(序)
	王廷瑜	6021(題詩)
	王廷儁	5806(批點)
	王廷著	5044(序)
	王廷相	2744(序)
		2746(撰)
		2746(自序)
		3533(撰)
		4961(序)
		5030(撰)
		5031(撰)
		5039(序)
		6363(序)
	王廷幹	4998(集)
		4998(序)
		5328(校)
	王廷揚	5858(序)
	王廷瞻	2019(序)
	王廷陳	1249(後序)
	王廷舉	5331(序)
	王廷燦	1754(跋)
		4359(撰)
	王延慶	5757(緣起)
	王延祀	2485(修)
	王延年	472(序)
	王孫裔	6059(繪像)
	王孫熙	2172(序)
13	王　琬	301(撰)
	王　戩	5718(校)
		5896(撰)
		5896(自序)
		5896(自跋)
		5949(序)
14	王　珪	3078(撰)
	王　琦	4740(撰)
		4740(序)
	王　功	388(録)
		476(録)
		575(録)
		893(述)
		6223(録)
		6224(録)
	王　瑛	5240(撰)
	王　珙	4860(撰)
15	王聘賓	3163(序)
	王建衡	2658(撰)

2932(撰)
3885(撰)
王建中 3002(梓)
王建常 932(撰)
932(序)
2707(撰)
2707(序)
16 王　琨 6623(跋)
王理之 6427(輯)
17 王孟申 3020(參閲)
王　珣 1969(撰)
王予望 1759(序)
王　鼒 4163(較)
王乃甸 887(校)
王乃昀 6167(校)
王　弼 1602(撰)
4014(註)
王承烈 231(跋)
467(撰)
1783(參閲)
王承之 5262(跋)
王承禧 3602(校刊)
王承裕 1514(撰)
1514(序)
1971(序)
1971(跋)
4931(序)
6710(序)
王承時 676(訂)
王　豫 661(跋)
王豫立 2543(序)
王　瓊 1360(撰)
1607(撰)
2071(撰)
2071(自序)
2996(撰)
2997(撰)
4412(撰)
王子言 1520(跋)
王子幻 5412(著)
王子逸 1661(校)
王　尹 2851(撰)
18 王政岐 1947(較)
王　珻 2271(序)
6098(撰)
6098(自序)
19 王　琰 301(撰)
20 王重民 4799(校)
王秀梅 6695(編)
王億年 4760(題記)
王　愛 4126(引)
王　孚 4871(跋)
王禹聲 3977(跋)
王禹書 5718(編)

5719(編)
王禹疇　613(跋)
王　皜　788(編録)
788(凡例)
王秉彝　6728(校)
王秉宣　1861(題識)
王秉寧　4109(校字)
王秉清　4109(校字)
王秉鉞　344(校刊)
王秉鈞　4109(校字)
王秉銓　344(校刊)
王秉鑑　600(序)
王　維　3334(撰)
4735(著)
王維德　2218(撰)
2218(自序)
王維甸　887(校)
6167(校)
王維儉　2573(撰)
2573(自序)
2828(叙)
王維墉　2556(校)
王維楨　5039(序)
5229(墓碑)
5262(撰)
21　王步青　604(序)
887(撰)
887(序)
1160(序)
4374(序)
王仁俊　1641(手跋)
王仁民　714(校)
王　何　5973(編輯)
王　行　6321(序)
王肯堂　344(校刊)
345(著)
829(輯)
3109(校)
3109(序)
3819(撰)
5355(序)
王儒旦　6636(較訂)
王儒曾　6636(較訂)
王虞書　5718(校)
王處一　4653(撰)
王　偕　4845(撰)
王偕春　5584(校)
5584(跋)
王顓菴　231(鑒定)
王　衡　1386(輯)
1719(序)
1904(序)
2325(撰)
3702(跋)

4681(跋)
5379(彙輯)
5572(撰)
6526(序)
王貞吉　3908(跋)
王貞善　3628(撰)
王　槩　6003(序)
王　頫　6440(參閱)
22 王　胤　5498(序)
王胤昌　4752(評)
王　虬　136(閱評)
王任用　2781(序)
王　鼎　1211(撰)
1211(自序)
王鼎臣　3044(訂)
3044(序)
王　侹　2490(撰)
王　偁　1851(撰)
1906(撰)
王　巖　738(序)
5831(序)
王巖楨　901(紀事)
王巖叟　1479(撰)
王岩叟　1479(撰)
王　畿　584(序)
1868(凡例)
1868(引)
3571(序)
4126(序)
5134(行狀)
5162(選校)
5162(序)
5238(撰)
5239(撰)
5567(撰)
王　山　1542(序)
王崇慶　24(撰)
762(撰)
907(序)
1984(撰)
1986(校)
2484(釋斷)
2484(跋)
2758(撰)
4486(撰)
4486(序)
4972(序)
王崇文　1986(序)
王崇古　5185(墓表)
王崇簡　780(訂正)
1745(序)
3860(撰)
4079(序)
5732(撰)

5735(序)
5748(序)
5752(序)
5792(序)
5819(序)
5889(序)
5947(序)
6013(題辭)
王崇炳　1750(撰)
6305(參閱)
6305(序)
6610(編)
6610(序)
王　梨　3569(跋)
王繼文　2215(序)
王繼晃　1679(參閱)
5507(校梓)
王繼明　2791(校刻)
王繼炳　1679(參閱)
王繼牒　1679(參閱)
王　崧　1920(校訂)
王　稱　1851(撰)
1906(撰)
王　綬　5315(集)
23 王　卜　2819(詮)
王　佖　2709(撰)
王允孚　2106(校刊)
王允嘉　4256(注)
王狀元　4195(撰)
王　獻　1520(行實)
2077(撰)
5015(跋)
王獻唐　1194(批校)
1194(録)
2662(手跋)
3865(跋)
4799(跋)
5385(手跋)
5594(跋)
5809(跋)
5846(跋)
5989(跋)
6022(跋)
6263(手校)
王　俊　3532(撰)
3532(自序)
王俊臣　6304(註)
6304(引)
王　峻　1360(著)
1579(序)
6172(撰)
王　岱　5718(撰)
5718(自序)
5719(撰)

24 王　化 2043(輯)
6421(校正)
6421(序)
王化醇 6442(撰)
6442(序)
王化貞 3113(撰)
3113(自序)
王化遠 3651(梓)
王化振 2827(撰)
王化隆 3651(撰)
王　佐 787(校)
928(序)
928(詩)
1946(校)
1946(序)
2018(編)
2162(撰)
3981(纂評)
6435(撰)
6551(撰)
王德瑛 755(刊)
王德修 4625(參訂)
4625(跋)
王德森 273(手跋)
王德明 1434(書後)
王　偉 4893(序)
4919(撰)
王　佑 3032(輯注)
王　勳 1932(撰)
王　升 1717(引)
5293(選)
5293(後敘)
王特選 1471(撰)
王納言 2023(訂正)
王納諫 63(校評)
152(閱)
1299(跋)
1478(序)
王　紘 2227(序)
2227(參訂)
王續之 4247(參閱)
25 王　甡 2870(撰)
2938(序)
王仲懿 3248(閱)
王　健 2490(撰)
5254(校刊)
王　俸 5363(梓)
王　績 3932(編)
26 王伯稠 5411(撰)
王伯敏 3333(標點注釋)
王得一 1338(撰)
王　稷 1514(識語)
王皞如 1458(校閱)
1458(後序)

27 王　御　3722(序)
王御政　750(跋)
王　修　1655(題記)
4769(校)
4769(跋)
王修齋　5182(刊)
王修玉　6636(編)
6636(自序)
王象晉　2774(参閲)
3485(撰)
3485(序)
3485(跋)
4016(撰)
4016(題詞)
4321(序)
4456(撰)
4456(自序)
6446(校)
6798(編)
6812(序)
王象有　2774(参閲)
王象乾　1303(校)
6369(序)
王象恒　2774(参閲)
王　俶　269(撰)
269(自序)
王　倎　1962(撰)
1970(序)
1970(題後)
1971(校正)
1971(序)
1973(序)
4934(撰)
王　奐　3838(著)
王奐曾　5973(撰)
王　舟　6728(校)
王　磐　3048(撰)
3048(自序)
王　叡　6695(撰)
王　粲　1581(撰)
王彙征　3407(引)
王　紀　1403(撰)
王繩曾　1846(序)
4374(撰)
4374(自序)
王　綗　6598(題款)
王緣督　4577(纂)
4577(小引)
5552(閲)
王叔平　1335(跋)
王叔承　3465(撰)
5412(撰)
王叔和　3067(譔)
王叔掖　4521(題記)

王叔杲 1436(重校)
4998(跋)
王穉登 826(序)
1399(序)
1539(序)
1720(序)
2277(序)
2315(序)
2328(序)
2627(序)
3355(撰)
3355(自序)
3398(序)
3402(撰)
3788(題辭)
3835(序)
4238(校)
4439(校)
4443(撰)
4504(序)
4835(序)
5270(校)
5270(序)
5317(序)
5409(墓志銘)
5414(序)
5553(選)
5553(序)
6414(評)
6424(序)
6445(序)
6455(序)
王紹雍 4936(撰)
王紹徽 1691(撰)
王紹沂 2244(續撰)
王紹思 4936(輯)
4936(跋)
28 王以旂 1367(撰)
2631(校正)
5095(撰)
王以悟 5517(編)
王　徵 1044(校梓)
1044(序)
王　徹 6346(注)
6439(補訂)
6439(傳)
王復之 4036(撰)
王復禮 619(撰)
619(序)
1163(撰)
1163(自序)
2226(撰)
2226(自序)
2911(撰)

2911(自序)
3474(序)
王　儀　5073(序)
王從善　5174(撰)
王　儉　4915(序)
王　綸　6380(序)
6427(輯)
王　繪　1189(撰)
30 王　宣　113(撰)
127(訂)
127(序)
926(跋)
王潼録　4609(校刊)
王　濟　1249(後序)
王寖大　671(撰)
王　完　4127(輯)
4127(序)
王　寵　5154(撰)
6375(撰)
王永積　2187(撰)
5679(撰)
王永祺　510(參閱)
6138(序)
王永啓　6548(評選)
王永壽　5095(後序)
王永年　2319(校)
王永光　2400(序)
王家俊　2774(梓)
王家啓　4088(撰)
4088(自序)
王家植　3633(引)
王家屏　1391(撰)
5461(撰)
王　進　4860(序)
王之度　52(彙)
王之京　4126(校刻)
王之詮　2773(録)
5444(存遺)
王之麟　4232(訂正)
王之正　6669(序)
王之珩　6676(編)
王之瑞　5174(輯)
王之績　6765(撰)
6765(自序)
王之保　1034(校)
王之稷　3982(後序)
王之垣　1815(撰)
2773(録)
王之機　5625(跋)
王之輔　1438(校刊)
王之屏　1458(校閱)
王之鈇　4118(撰)
王宓艸　2561(考)
王　守　5154(序)

王守仁 1364(題詞)
2482(撰)
2483(撰)
4783(序)
4978(序)
5020(撰)
5021(撰)
5022(撰)
5023(撰)
王守安 2774(存遺)
王　宇 3706(編)
4457(校訂)
4577(序)
6548(增删)
6548(序)
王宇春 4466(跋)
王　凖 2606(序)
王安石 6700(撰)
王安舜 4929(定)
4929(序)
王安仁 5374(序)
王安國 2676(後序)
王安節 2561(賦)
王宏(弘)誨 5391(撰)
王宏撰 932(較訂)
3875(撰)
王　宫 3055(輯録)
王寰洽 5646(撰)
王定祥 5327(跋)
6077(校)
6077(跋)
6077(訂)
王　寅 5157(撰)
5157(自序)
5486(校)
王　賓 4878(撰)
6275(序)
6323(編)
王宗亮 4457(校訂)
王宗彦 5194(校刊)
王宗誠 2676(手跋)
王宗聖 917(附言)
王宗予 5194(校刊)
王宗稷 1484(撰)
王宗沐 1376(序)
2489(撰)
4783(序)
4993(序)
5161(序)
5208(序)
5238(序)
5279(序)
5300(撰)
5303(序)

王宗啓　4457(校訂)
王宗載　4247(序)
王宗熙　4690(校正)
王宗敏　5567(刊)
　5567(序)
王宗炎　4402(校並跋)
　4850(手跋)
王宋廷　922(跋)
31 王濬初　2174(撰)
王　灝　1402(跋)
王　源　708(撰)
　2871(校)
　4482(序)
　5909(序)
　6654(跋)
32 王兆雲　1032(序)
　1713(撰)
　4523(撰)
王兆鄴　1830(較)
　2198(較字)
　2463(較)
　4481(較)
　4482(較)
王兆鰲　2015(序)
王兆郢　2463(較)
王兆鄭　2198(較字)
　2463(較)
　4481(較)
王兆符　511(參訂)
　710(編録)
　2545(編次)
　2545(序)
王漸逵　5013(序)
　5124(撰)
　5219(序)
王　冰　3054(次詮)
　3054(詮)
　3215(撰)
　3215(自序)
王祈阜　4097(校閲)
王　業　5692(撰)
王業浩　1679(校刻)
王業興　2202(序)
33 王　心　4564(序)
　5028(序)
　6406(編)
王心湛　3042(較字)
王心敬　388(撰)
　388(自序)
　476(撰)
　476(自序)
　575(撰)
　575(自序)
　620(撰)

729(撰)
869(録)
869(識語)
893(論)
1783(撰)
5747(序)
6202(傳)
6223(撰)
6224(撰)
王　泌　3702(著)
王　溥　3092(增補)
王　補　2773(録)
王　逋　4532(撰)
34 王　澍　378(撰)
378(序)
517(序)
568(序)
874(撰)
874(序)
875(序)
2938(撰)
2938(序)
2939(撰)
3501(校)
3888(序)
王　湛　2277(校)
4445(校訂)
5113(校)
王汝訓　1436(刊)
王汝霖　5283(序)
王汝鯤　5391(編)
王汝源　2000(校)
4126(序)
王汝南　6503(校刊)
6503(補綴)
6503(序)
6503(凡例)
王汝楫　2005(序)
王汝驤　6144(撰)
王汝夔　3502(刻)
王汝鄰　4962(刊)
王　洪　1977(修)
王　潢　5720(序)
王　禕　3519(撰)
3520(撰)
3702(集)
4059(撰)
6316(序)
王　邁　4361(序)
4791(撰)
王　遠　227(参訂)
227(引)
王遠宜　1547(序)
王遠游　4660(撰)

王　達　3702(著)
3522(撰)
3953(撰)
4871(撰)
王達善　3522(著)
35　王澧楚　140(較)
王　沛　1834(校)
王沛思　2298(校)
2710(校)
5873(校)
王沛憻　2298(校)
2545(較字)
2710(校)
5873(校)
王沛惼　2298(校)
2710(校)
5873(校)
王沛恂　2298(校)
2710(校)
5873(校)
6024(撰)
王　清　5806(序)
王清一　3503(撰)
王清源　1322(説)
王清原　3009(説)
4071(説)
王清臣　6304(箋)
6304(引)
王　洙　1136(撰)
1136(自序)
王　溱　2751(後序)
王禮培　212(手跋)
1159(跋)
1685(題簽)
1685(識)
36　王　渭　184(序)
692(参校)
2892(参証)
王澤弘　208(序)
3279(序)
5745(序)
5841(撰)
5987(序)
王澤宏(弘)　5841(撰)
王　昶　1010(序)
2994(跋)
王　禔　2773(録)
37　王　潤　3198(校正)
王　鴻　1519(撰)
1541(著)
2734(著)
王鴻儒　1607(撰)
1607(自序)
3085(跋)

3757(撰)
5060(序)
王鴻緒　2216(序)
5814(序)
5986(序)
王　渙　1864(撰)
1864(引)
王　淑　269(撰)
269(跋)
王淑高　2187(校)
5679(校)
王淑民　3477(校)
王凝齋　1607(序)
王深源　3927(序)
王祖嫡　3971(序)
王胄堂　345(撰)
829(撰)
3819(撰)
王　逢　811(通義)
812(通義)
1092(輯義)
1092(訂正)
1133(點校)
6311(校正)
王逢年　2384(跋)
38 王　澈　2178(序)
王祚禎　1081(撰)
1081(自序)
王　道　3191(後序)
4870(跋)
6201(撰)
王道新　4577(校閱)
王道行　1108(校正)
1518(編)
1827(撰)
5501(序)
王道增　43(閱)
1927(閱)
1927(序)
王道成　1931(序)
王道顯　71(閱)
2799(校)
2799(序)
王道明　4661(序)
王道隆　1658(撰)
2000(校)
王道炷　6038(序)
王道焜　1461(序)
1560(叙)
王　啟　1975(撰)
王啟疆　344(校刊)
王啟汸　1830(較)
2198(較字)
2463(較)

4481(較)
5846(書)
王啟汧　1830(較)
2198(較字)
2463(較)
4481(較)
5846(書)
王啟泓　3485(詮次)
王啟涑　1830(較)
2198(較字)
2463(較)
4481(較)
5899(後記)
王啟泰　96(序)
40 王十朋　4176(跋)
王九齡　6010(撰)
王九成　386(寫稿)
王九思　2606(序)
2997(序)
5015(撰)
5015(自序)
5029(序)
6818(撰)
王大韶　2245(題辭)
2245(重校)
2245(書後)
王大經　5064(校正)
王大隆　3005(跋)
6304(跋)
王大用　332(撰)
王太初　2320(著)
王　奭　5814(跋)
王士正　2462(紀)
3744(序)
5807(序)
5991(序)
5991(評)
王士正(禎)　5991(序)
王士貞　4533(輯録)
王士俊　2935(校)
2935(序)
2936(校)
4109(撰)
4109(自序)
王士和　3485(詮次)
王士魯　4349(參校)
王士禎　452(手柬)
1212(眉批)
1212(手跋)
1758(撰)
1758(序)
1815(較)
1815(後序)
1815(跋)

1830(撰)
1831(撰)
1832(撰)
1833(撰)
2053(序)
2197(撰)
2197(序)
2198(撰)
2198(跋)
2329(撰)
2462(撰)
2463(撰)
2463(序)
3880(序)
4061(序)
4370(輯)
4481(撰)
4482(撰)
4730(批校)
4731(批校)
4734(批校)
4760(批並跋)
5019(删定)
5019(序)
5158(選)
5158(序)
5326(輯)
5668(選)
5669(校)
5733(校閲)
5794(序)
5798(批點並跋)
5831(撰)
5831(序)
5831(評)
5836(序)
5845(題詩)
5845(批點)
5846(撰)
5847(撰)
5848(撰)
5849(撰)
5849(自序)
5850(撰)
5851(撰)
5852(批點)
5852(序)
5854(評閲)
5877(序)
5880(選)
5880(序)
5892(評點)
5893(序)
5896(序)

5898(評)
5898(序)
5899(批點)
5899(序)
5900(鑒定)
5920(序)
5940(評)
5945(傳)
5957(書)
5959(批點)
5959(序)
5963(批點)
5963(序)
5980(序)
5981(序)
5984(序)
5986(序)
5991(序)
5991(評)
6003(序)
6006(序)
6008(序)
6008(批點)
6022(評點)
6023(序)
6047(評)
6050(選)
6066(序)
6067(序)
6071(評)
6077(跋)
6160(評)
6160(題詞)
6160(序)
6161(評)
6161(序)
6318(序)
6598(編)
6599(編)
6600(編)
6601(編)
6615(序)
6723(序)
6757(撰)

王士祜　5963(撰)

王士禧　5831(輯評)
5852(撰)

王士禄　1900(編)
3417(圖釋)
4734(批校)
5831(撰)
5831(自序)
6758(撰)
6788(撰)

王士楨　6655(序)
王士鼇　887(編)
　6167(録)
王士顯　5973(跋)
王士顒　5973(參訂)
王士驪　1830(較)
王士駿　5934(序)
王士陵　232(撰)
　878(撰)
　2940(撰)
王士騏　1306(撰)
　1306(自序)
　1537(撰)
　1686(撰)
王士熙　4828(撰)
王士敏　5973(參訂)
　5973(跋)
王士性　2319(撰)
　2319(叙)
　2320(撰)
　2320(自叙)
　2321(撰)
　2322(撰)
王　直　2484(序)
　4219(序)
　4866(序)
王　堉　6755(跋)
王才鼎　5784(參)
王在晉　2243(撰)
　2243(自序)
　2504(撰)
　2504(序)
　2821(撰)
　6743(序)
王在公　1177(序)
王克寬　2029(續修)
王有恒　2024(校)
王南珍　734(序)
王希烈　2604(後序)
王希明　3217(註)
王希賢　2926(校梓)
王　存　1939(撰)
王志堅　2624(撰)
　2624(自序)
　6498(撰)
　6498(序)
王　杰　1010(序)
王嘉弼　3807(校)
王嘉賓　1438(校刊)
　3807(校)
　4324(跋)
王　韋　5049(撰)
王吉人　5842(校)
　5842(跋)

	王　樵	45(撰)
		344(撰)
		344(自序)
		5375(序)
	王　梓	2556(校)
		2972(編)
		4365(較)
		4365(序)
		6627(較)
		6627(序)
	王森然	3334(標點注釋)
	王森槐	234(較閲)
41	王　垣	4710(校)
	王　概	2228(撰)
		2228(自序)
	王　樞	4324(校正)
	王　楨	4821(撰)
42	王　圻	985(校正)
		985(跋)
		2086(撰)
		2441(撰)
		2500(撰)
		3471(序)
		3689(校刊)
		3689(跋)
		4017(撰)
		4017(序)
		4254(撰)
		4254(引)
		4255(撰)
		4461(序)
		5176(校)
		5176(序)
		5260(序)
		5396(撰)
	王荊公	6700(撰)
43	王式丹	6053(序)
		6088(撰)
	王　越	4935(撰)
		4936(撰)
	王　樑	3382(撰)
		6217(撰)
44	王基磐	1324(手跋)
	王　翥	1640(序)
	王　藻	4128(手跋)
		4841(搜集)
	王夢麟	4700(批校)
	王夢尹	6384(撰)
	王夢白	466(撰)
		466(序)
	王夢良	5128(督刊)
	王夢簡	6695(撰)
	王　萼	407(跋)
	王芝藻	182(撰)

505(撰)
691(撰)
4366(撰)
王芝蘭 308(撰)
王　燕 5732(附識)
王　薰 3789(撰)
王懋竑 6130(撰)
王懋訥 6088(校字)
王懋德 1964(修)
王懋曾 5391(編)
王　蘇 5718(閱)
王孝詠 3886(撰)
3887(撰)
3887(識語)
6219(撰)
王　苹 6096(撰)
6113(序)
王執禮 5393(校)
王萬澍 1345(撰)
1345(題辭)
王　荔 4256(撰)
王　葵 5416(序)
王　華 4943(序)
王　革 1868(校正)
王　蓍 2561(考)
4578(撰)
王喆生 3677(撰)
6012(撰)
王世瑛 2831(校梓)
王世玢 2831(校梓)
王世仁 677(校刻)
4275(校)
王世貞 674(序)
1030(序)
1167(著)
1168(序)
1300(訂訛)
1364(序)
1388(序)
1484(編次)
1560(編)
1654(序)
1714(著)
1827(撰)
1964(序)
2029(序)
2315(序)
2328(序)
2489(序)
2611(撰)
2791(序)
2979(序)
2982(序)
3350(編)

3350(小序)
3351(編)
3351(小序)
3352(撰)
3527(校)
3527(序)
4059(撰)
4238(選)
4245(撰)
4246(撰)
4262(序)
4445(删定)
4445(序)
4523(訂閲)
4628(題識)
5075(序)
5163(行狀)
5222(序)
5225(序)
5225(像)
5225(贊)
5275(選)
5294(序)
5298(序)
5314(删定)
5314(序)
5315(撰)
5316(撰)
5323(序)
5331(序)
5333(傳)
5336(序)
5338(序)
5341(序)
5341(評)
5386(序)
5390(序)
5394(序)
5400(序)
5400(贊)
5403(序)
5408(序)
5409(序)
5425(序)
5427(序)
5428(序)
5464(誄)
5464(序)
5473(書)
5485(序)
5486(序)
5558(序)
5609(序)
6372(題辭)

6415(編)
6415(自序)
6566(序)
6722(撰)
王世睿　6125(撰)
王世寵　3130(參訂)
王世濬　5567(序)
王世茂　6572(編)
王世懋　1811(撰)
2016(撰)
2179(序)
2277(撰)
2277(自序)
2317(撰)
3484(撰)
3579(撰)
3580(撰)
3581(撰)
3700(撰)
3784(撰)
3785(撰)
4245(校閱)
4247(删校)
4302(校正)
4445(跋)
4445(批釋)
4514(撰)
5355(序)
5376(撰)
5377(撰)
5411(序)
5464(序)
5486(序)
6415(序)
王世相　3089(撰)
王世隆　2130(董工)
王芑孫　1121(手校)
1121(手跋)
1182(識語)
2510(校)
2510(跋)
4759(題識)
6238(校)
6238(跋)
6283(批校)
6638(評點)
6638(跋)
王　芸　6181(較)
6181(跋)
王　蕢　1597(撰)
1597(序)
2759(撰)
2760(撰)
2761(撰)

2761(序)
2761(書後)
4814(選)
4814(序)
王其玉　52(閱)
1143(校)
王楚書　5718(校)
王　贄　6645(選)
王　材　2386(撰)
5366(序)
6411(編)
王材振　5841(附注)
王　棻　1433(校)
1600(校並跋)
王葉滋　602(序)
王　桂　1757(序)
王　植　175(序)
883(撰)
883(自序)
1072(撰)
1073(撰)
1073(序)
1126(撰)
1780(撰)
2691(撰)
2691(序)
4112(撰)
4112(序)
6142(撰)
6142(自序)
6143(撰)
王　楠　5896(跋)
45 王　楝　2774(撰)
46 王觀光　5567(序)
王　恕　17(撰)
17(自序)
247(序)
761(撰)
761(自序)
1359(撰)
4932(撰)
6337(撰)
6337(序)
王如錫　4755(編)
4755(自序)
王　相　321(撰)
5137(撰)
5831(識語)
5873(閱)
6647(編)
王相説　2043(修)
王相業　3400(序)
王　柏　399(著)
401(撰)

2723(撰)
2723(序)
6296(序)
王　樫 5873(閲)
47 王懿德 6551(序)
6673(序)
王懿榮 5428(叙)
王翹楚 5444(參閲)
王翹林 5444(參閲)
王鶴心 5858(手記)
王朝瓛 6041(序)
王朝佐 1610(撰)
王朝選 4932(録)
王朝恩 2222(序)
王朝嗑 1929(撰)
王朝用 4800(刊)
王好古 3072(撰)
王　翃 5739(撰)
王　格 5184(序)
5194(撰)
48 王乾章 6423(校)
6423(序)
王　教 5175(撰)
5255(跋)
6696(序)
王敬臣 3814(撰)
3814(自序)
王松年 4349(參校)
4633(撰)
4633(序)
50 王中渠 5030(梓)
王中陽 3078(撰)
3078(自序)
王夫之 367(撰)
683(撰)
王泰亨 4445(跋)
王泰際 5708(序)
王步青 6167(撰)
王　本 325(刊行)
王　惠 3954(叙録)
王　表 6408(撰)
王表正 3555(輯)
王貴學 3472(撰)
3472(自序)
王　素 1477(撰)
王東泉 5030(梓)
51 王批發 4796(校刊)
王振祖 5718(録)
王振奇 5209(輯)
王振聲 2238(手跋)
5329(跋)
5748(校)
5748(跋)
6205(批注)

6205(跋)
王　軒　2077(輯)
52 王　揆　5993(序)
王　靜　2581(序)
4502(訂正)
4502(序)
王靜宜　3816(跋)
4338(手跋)
53 王　輔　4498(撰)
王輔銘　6607(編)
6607(引)
6607(序)
6608(編)
6608(序)
王　軾　1241(撰)
王或菴　708(評訂)
王　咸　5685(跋)
54 王　勣　388(録)
476(録)
575(録)
6223(録)
6224(録)
57 王邦俊　5495(撰)
王邦直　922(撰)
922(叙)
58 王　鏊　628(序)
2144(重修)
3502(校)
3502(跋)
4921(序)
4947(神道碑)
4959(序)
4961(序)
4965(序)
5002(墓表)
6346(撰)
6346(序)
59 王　掞　231(序)
517(序)
1161(序)
4093(序)
4099(序)
4363(序)
4730(序)
5856(序)
6107(序)
60 王日藻　4732(閱)
5811(序)
王曰高　5867(撰)
5867(自記)
王星聚　4071(校訂)
王星伯　982(跋)
王星賢　2873(標點)
2874(標點)

王國瑚　901(撰)
王國維　320(校)
320(跋)
1145(手跋)
1194(跋)
1214(校)
1214(跋)
1214(校注)
2420(跋)
4181(迻録)
4799(校補)
4799(跋)
4823(跋)
6779(跋)
王國賓　3989(編)
王國楨　2032(撰)
2090(督刻)
2090(跋)
2092(督刻)
2092(跋)
王國楝　6676(訂)
王國器　4817(撰)
王國陛　6610(誌後)
王國光　3108(序)
王　思　1834(校)
3866(校閱)
王思訓　750(序)
2219(序)
2264(序)
4347(鑒定)
王思謙　4740(校)
王思任　132(序)
3403(撰)
4269(序)
5401(序)
5422(選)
5460(序)
5540(序)
6483(編)
6549(定)
6549(序)
王思宗　39(跋)
4126(序)
王思義　1879(撰)
2086(校)
3471(編)
3471(自序)
4255(校正)
4305(撰)
5396(校刻)
5396(引)
王罜皆　844(增輯)
王　昇　1849(跋)
4934(編)

王　圖　1148(序)
5262(序)
王昌纘　5567(跋)
王昌齡　6695(撰)
王昌祖　5718(録)
王昌會　2086(校)
6744(撰)
王　昂　1977(修)
王　景　1510(序)
王景元　6177(校刊)
61 王　晫　4092(撰)
4163(撰)
4164(編)
4479(撰)
4479(自序)
5864(序)
5944(題辭)
王　顒　3123(閱)
王　㬚　6058(序)
王　顥　6013(引)
63 王貽樂　5021(編)
64 王時憲　6107(撰)
6107(自序)
王時薰　269(跋)
王時槐　3970(撰)
5313(撰)
5316(序)
王時翔　6177(撰)
王時敏　1386(校梓)
5379(校梓)
5572(校)
王　暐　1370(序)
66 王賜紱　3274(編)
3274(序)
67 王明弼　217(撰)
2690(撰)
王明德　3042(撰)
3042(自序)
3042(自跋)
王明清　1792(撰)
1793(撰)
王明嶅　4214(校選)
4214(序)
6460(編)
王鳴玉　673(參訂)
王鳴盛　738(序)
4861(批點並跋)
6033(序)
6142(序)
6649(批校)
6649(跋)
王昭服　5175(刊)
王　路　3487(撰)
3487(自序)

王嗣經 4527(校)
王嗣奭 6796(評點並跋)
王嗣槐 2681(撰)
2681(自序)
5794(序)
5794(較)
5987(序)
68 王　瞰 2980(撰)
70 王　璧 2773(録)
王　襞 5444(撰)
71 王　辰 3671(序)
4930(序)
王辰熙 4690(重訂)
王　原 5725(序)
5968(序)
6032(序)
6637(編)
6637(序)
王原相 1383(序)
5368(序)
王　臣 2230(序)
3037(序)
王　檗 3037(撰)
3198(跋)
72 王所用 924(序)
924(閲)
王岳陞 344(校刊)
王　質 4716(撰)
4768(撰)
75 王體元 3691(校)
4404(校)
王體國 4404(校)
77 王鳳靈 5127(撰)
5131(序)
王鳳翼 6636(參閲)
王鳳洲 4246(鑒定)
王鳳九 6276(撰)
王鳳竹 4936(校)
王　屋 3808(序)
王　覺 539(撰)
王用楨 4260(閲)
4260(跋)
王用中 2791(校)
王　周 5156(撰)
王同讃 5244(梓)
王同寅 3989(參校)
王同軌 3762(校)
3762(序)
4527(撰)
4527(自序)
王同策 904(説)
4127(説)
王　鵬 243(校)
474(校)

王欣夫　6283(跋)
王　翳　2043(修)
王　熙　1337(序)
5793(撰)
5798(序)
5811(序)
5986(序)
王又樸　395(序)
王又華　6810(撰)
6814(輯)
6815(補)
王聞遠　2549(手跋)
3673(編)
4836(校)
4836(跋)
4861(校)
5925(序)
王學謨　2015(撰)
2015(自序)
王學詩　985(序)
王學烈　243(校)
王學曾　2017(撰)
5360(序)
王開運　5578(跋)
王開道　136(閱評)
王　問　5430(輯評)
王　留　5624(序)
王　艮　189(撰)
189(自序)
2773(撰)
5354(序)
5888(撰)
王民順　65(發刊)
王　與　3032(撰)
3032(序)
王與胤　3485(詮次)
5669(撰)
王與允(胤)　3485(詮次)
5669(撰)
王　巽　3312(撰)
79　王　嶲　1010(序)
80　王企埥　6634(編)
6634(序)
王　鏞　2771(校)
王前席　856(序)
857(參閱)
王　俞　4861(跋)
王義民　69(校)
王　令　5023(序)
6269(撰)
6269(自序)
6270(撰)
6270(自序)
6277(序)

王令衿 4586(序)
王念祖 5867(跋)
王愈融 6623(撰)
王愈擴 2259(編)
6623(撰)
王毓瑚 3052(校注)
王 普 3157(撰)
王曾祥 6155(撰)
王會汾 6112(序)
王會苾 2504(較閱)
王命爵 977(序)
5465(序)
王命濬 4867(校梓)
王命祐 5842(較)
王命岳 5842(撰)
5666(校)
王公弼 2186(序)
3027(較)
王養端 5365(撰)
81 王 鋌 1493(撰)
4180(撰)
王頌文 1952(跋)
82 王鍾毅 454(撰)
83 王 鎔 5011(後序)
王 鉞 1834(撰)
2298(撰)
2298(自序)
2545(撰)
2546(撰)
2710(撰)
2989(識語)
3866(撰)
3866(自序)
5873(撰)
84 王 錡 4414(撰)
王 鑄 6123(書後)
85 王 鈍 1589(序)
4851(撰)
6316(序)
6341(校正)
6341(序)
王 鍵 5355(校)
86 王錫袞 438(序)
4326(序)
王錫度 5842(較)
5842(述)
王錫爵 1306(序)
1386(撰)
2040(序)
2793(序)
4006(題辭)
5079(序)
5169(序)
5233(序)

5270(校正)
5270(序)
5294(序)
5322(序)
5379(撰)
5420(序)
5458(序)
6443(輯)
6443(序)
6568(序)
王錫卣　5842(較)
5842(跋)
王錫齡　2214(校梓)
王錫福　4430(校)
王錫命　6214(序)
王　錦　2771(校)
王　鐸　144(序)
827(序)
4439(批校)
5594(批點)
5647(序)
5703(序)
5708(序)
5732(序)
5904(鑒定)
5904(序)
87　王　録　5962(序)
王欽若　3925(撰)
4643(撰)
王　朔　4260(校)
王　翔　4895(撰)
88　王　鑑　341(撰)
王　筠　2020(跋)
5880(批校)
王　籥　5095(跋)
5095(刊)
王　篆　2128(增補)
2385(續修)
王箴聽　6130(行狀)
王箴傳　5890(行狀)
王箴輿　2832(校訂)
2832(序)
6088(校字)
王餘佑　5746(撰)
王餘祐　5746(撰)
89　王　錟　1677(續撰)
2838(續)
2884(撰)
2885(撰)
90　王惟賢　6130(跋)
王惟善　4941(刊)
王　儁　1834(校)
2556(校正)
3866(校閲)

王　懥　1834(校)
3866(校閲)
王光承　1470(序)
5058(撰)
5695(序)
王光魯　1152(撰)
1152(序)
2405(撰)
王光濟　5031(校)
王光蘊　1042(題辭)
2045(撰)
王尚文　5248(撰)
王尚諧　5567(跋)
王尚諏　5567(跋)
王尚珍　4031(校閲)
王尚修　969(校閲)
969(序)
王尚哲　6523(參閲)
王尚畲　6167(校)
王　常　3398(編)
王　炎　4769(撰)
王　棠　3727(撰)
3727(自序)
91 王炳燮　5216(識語)
92 王炘濟　6634(撰)
94 王　忱　5033(校編)
王慎中　1550(訂正)
1550(序)
2740(正)
5067(序)
5112(序)
5116(序)
5191(撰)
王　煒　189(撰)
5888(撰)
5940(序)
97 王　恂　1834(校)
3866(校閲)
王　惲　2582(撰)
4487(撰)
王　灼　3465(撰)
王煥如　2251(參訂)
2251(圖説)
5509(識)
王　燦　5488(刊)
98 王　敞　6383(撰)
王　爚　2719(編)
99 王　燮　2616(較)
2616(序)
2664(序)
王榮誥　1876(閲)
王榮年　5798(題款)

至

17　至　柔　5701(編)

1010_6　亘

77　亘　輿　372(校訂)

1010_7　五

10　五　玉　551(參較)
五雲堂　5728(序)
20　五　采　6061(校字)
30　五　宗　788(編録)
36　五　遇　3675(參訂)
37　五　湖　6556(鑒定)
40　五十川左武郎
2676(增註)
五　培　6026(校)
87　五欲軒　4449(序)
五　叙　551(參閲)

1010_8　靈

26　靈　臯　6079(較)
73　靈　胎　3061(釋)

1011_3　疏

10　疏雨軒　3403(引)
3403(跋)

1014_1　聶

00　聶文麟　6572(序)
10　聶　雯　6672(較)
6672(跋)
20　聶位中　4838(校閲)
4838(序)
22　聶鼎元　2311(叙)
24　聶　先　6804(編)
6804(序)
27　聶　豹　2739(序)
2766(撰)
2766(自序)
3530(序)
5119(撰)
30　聶　瀛　1998(刊)
33　聶心湯　766(校)
6561(序)
40　聶　校　2773(校)
42　聶　杆　2773(校)
44　聶芳聲　6672(編)
6672(引)
48　聶　枌　2773(校)
52　聶　靜　2773(編校)
5119(編輯)
77　聶學文　2232(跋)
80　聶　鉉　4857(序)

4857(墓誌銘)
聶　欽　2232(撰)
2232(序)
2232(識語)

1017_7 雪

00 雪癡生　3403(校)
雪　亭　6814(參訂)
6814(編次)
17 雪　子　6190(著)
21 雪　崕　4542(著)
5987(著)
30 雪　灘　1722(著)
雪　客　2561(著)
6443(例言)
37 雪　鴻　1753(輯)
44 雪　蒼　6603(選)
雪　菴　2958(著)
64 雪疇子　6748(輯)
77 雪　凡　4279(録)
雪　鷗　1002(述)

1020_0 丁

00 丁立誠　2287(手跋)
3864(跋)
丁立中　1960(手跋)
4402(跋)
6316(跋)
丁應詔　4126(序)
丁應賓　5230(校)
丁應泰　5403(序)
5577(序)
03 丁詠淇　6211(撰)
丁　誠　5353(序)
06 丁　謂　4392(編)
10 丁元佐　304(參)
丁元吉　1512(編)
丁元薦　763(序)
4451(撰)
5535(撰)
丁　丙　27(手跋)
290(跋)
324(跋)
333(跋)
341(手跋)
533(跋)
674(跋)
838(跋)
947(跋)
1027(跋)
1091(跋)
1093(跋)
1136(跋)
1194(跋)

1480(跋)
1512(跋)
1960(跋)
1965(跋)
2010(跋)
2158(手跋)
2189(簽跋)
2254(手跋)
2281(手跋)
2300(題記)
2308(跋)
2315(跋)
2341(跋)
2374(跋)
2380(跋)
2491(跋)
2543(跋)
2574(跋)
2581(跋)
2591(跋)
2636(批)
2994(跋)
3032(跋)
3048(跋)
3072(跋)
3399(跋)
3467(跋)
3643(跋)
3710(手跋)
3771(跋)
4276(跋)
4416(跋)
4582(跋)
4748(跋)
4772(手跋)
4791(跋)
4799(跋)
4978(跋)
5088(手跋)
5091(跋)
5095(手跋)
5105(手跋)
5260(跋)
5486(跋)
5676(跋)
5700(跋)
6282(手跋)
6317(跋)
6325(跋)
6329(跋)
6346(跋)
6361(手跋)
6423(跋)
6778(跋)

6779(跋)
6818(跋)
6819(跋)
6823(跋)
丁天植 196(参)
11 丁 瑠 5535(編輯)
丁孺端 5079(小序)
12 丁 瑀 5535(彙藏)
丁延嵩 800(跋)
13 丁 琬 5535(彙藏)
14 丁 瓚 3055(編)
3055(序)
3055(補正)
17 丁 琛 5535(編輯)
18 丁 瑜 2543(點校)
20 丁維曜 2177(著)
21 丁此吕 1146(跋)
22 丁 山 955(題籤)
955(手跋)
23 丁允和 5579(輯)
6559(序)
24 丁仕俊 5604(序)
丁特起 1177(撰)
1179(輯)
25 丁 律 6364(跋)
26 丁自强 759(校)
28 丁復丁 2374(跋)
30 丁之喬 4996(梓)
丁 賓 1464(序)
1555(校)
5238(編)
丁宗洛 6070(撰)
31 丁 灝 3675(参訂)
6103(序)
6627(序)
32 丁 澎 4479(序)
6278(序)
34 丁 澍 1762(較)
丁汝端 5079(小叙)
丁汝寬 5079(跋)
丁汝憲 5079(訂)
丁汝驤 551(参閲)
37 丁祖蔭 1194(跋)
4794(觀)
5079(跋)
5662(校語)
38 丁啟運 4089(校正)
丁啟光 4089(校正)
40 丁大任 4326(参閲)
丁士美 767(序)
丁 坊 4609(重梓)
丁有庚 686(参訂)
丁有周 5230(校)
44 丁蓮侶 4019(輯)

	丁世濬	5535(跋)
		5535(校梓)
	丁世鴻	5535(校)
	丁其譽	4089(撰)
		4089(自序)
	丁桂芳	5934(跋)
	丁菊甦	2574(手跋)
47	丁　鶴	5079(訂)
50	丁　申	27(手跋)
		2770(跋)
		3467(手跋)
		6306(手跋)
		6817(手跋)
	丁　奉	5079(撰)
51	丁振華	304(參)
60	丁日昌	2543(批注並跋)
	丁國鈞	1982(校並跋)
		3527(跋)
	丁易東	8(撰)
	丁　晟	3675(參訂)
	丁思孔	2212(序)
	丁　晏	1168(批)
	丁昌遂	4367(撰)
	丁景衡	5535(挍)
	丁景旦	5535(挍)
63	丁　默	354(識語)
67	丁明登	4019(輯)
		4019(序)
	丁鳴時	2040(校正)
	丁野鶴	5521(編)
	丁嗣徵	5934(撰)
	丁嗣澂	5934(撰)
71	丁　驥	5079(訂)
	丁長孺	1300(批點)
	丁長發	4089(正字)
	丁長仁	4089(正字)
80	丁益高	1542(序)
	丁　夔	1977(修)
	丁善慶	2212(撰)
	丁養浩	4996(撰)
		4996(自序)
90	丁惟暄	2160(校定)
		4450(校)
	丁惟曜	2177(撰)
91	丁　恒	196(較)
92	丁愷曾	175(跋)
		800(撰)
94	丁愼行	5904(小引)
		5904(序)
	丁　煒	6050(撰)
97	丁　恂	5079(跋)
		5079(輯刻)
	丁耀亢	5521(序)
		5798(批校)

5798(跋)
5904(撰)
5904(自序)
5904(題辭)

1021_0 兀

87 兀欽仄 3238(註)

1021_1 元

00 元　立 5614(著)
元　亮 388(校)
575(校)
4346(著)
5973(著)
元應會 4820(跋)
10 元　一 3502(參評)
12 元　瑞 6737(著)
元　弢 3529(校)
16 元　璟 5776(撰)
5776(自序)
17 元　珮 2258(補輯)
20 元　重 419(校)
436(校)
元　孚 1754(輯)
元　禹 4414(著)
21 元　衡 1700(參閱)
元　穎 1533(纂修)
22 元　鼎 2165(撰)
元　嶽 2456(輯)
3020(參閱)
24 元　化 432(輯)
元　佐 6670(校閱)
元　結 4717(著)
25 元　生 4230(校正)
元　仗 203(參訂)
元　仲 5551(著)
元　倩 3126(較)
26 元　伯 1019(攷輯)
4731(評)
27 元　凱 721(原本)
1337(著)
元　修 4719(校)
元　御 4607(解)
5653(著)
28 元　徵 1723(評閱)
5532(著)
元　復 4584(撰)
30 元　淮 4820(撰)
元　宰 4783(梓)
31 元　禎 1713(輯著)
4523(輯著)
34 元　達 5234(著)
35 元　冲 3502(輯訂)
37 元　朗 721(音釋)

5404(著)

38 元　啟　139(較訂)

40 元　直　4765(輯)

元　奇　2261(撰)

元　木　296(著)

44 元　芳　2613(校)

元　薦　3570(撰)

3571(著)

元　懋　3397(著)

元　革　3409(註)

46 元　旭　5701(塔銘)

47 元好問　1094(序)

3693(撰)

4500(撰)

4809(撰)

6304(編)

元　起　3113(編輯)

4006(訂正)

48 元　翰　2086(纂)

4255(編輯)

5396(著)

元　敬　3014(著)

4584(撰)

50 元　夫　5481(校)

元　素　3114(序)

4656(撰)

5952(閱評)

6071(著)

51 元　振　3002(梓)

53 元　甫　5607(著)

元　成　139(著)

140(著)

3106(著)

4040(纂輯)

4041(纂輯)

57 元　抑　1911(識語)

67 元　明　96(訂)

6499(删輯)

元明善　2139(撰)

68 元　晦　4771(編)

71 元　厚　4055(後序)

77 元　卿　351(訂)

元　展　3200(訂)

元　馭　6443(增定)

元　賢　2199(撰)

2199(自序)

80 元　介　2805(參)

元　美　1167(著)

3527(校)

4238(選)

4269(纂輯)

4523(訂閱)

5314(選)

元　善　6697(撰)

元　公 5670(著)
88 元　簡 4251(集著)
元　符 2805(閱梓)
4223(閱梓)
元　敏 648(著)
90 元　常 5582(著)
97 元　輝 5552(參訂)
99 元　榮 5995(校)

1021_4 霍

20 霍秉衷 6278(較)
42 霍　韜 1259(編)
1259(題後)
1349(編)
5104(撰)
6472(序)
44 霍　林 63(校評)
65(批評)
77 霍與琦 5104(編)
霍與瑕 5104(編)
5207(叙)
90 霍尚守 2225(序)
91 霍　炳 366(序)

1022_3 霽

44 霽　埜 4571(校)
76 霽　陽 2598(著)
90 霽　堂 6272(較)

1022_7 丙

25 丙　仲 558(譔)

万

23 万俟卨 1192(撰)
1210(撰)

而

10 而　晉 4297(梓)
44 而菴居士 2255(重修)
90 而　光 677(校刻)

兩

27 兩峰山人 3408(輯)

雨

00 雨　亭 2602(訂正)
22 雨　嵐 1124(訂)
雨　山 905(著)
27 雨　侯 6559(評)
40 雨森謙 1133(標註)
44 雨　莘 6280(校訂)
雨　若 149(撰)
244(參閱)
4475(纂)

	雨　蒼	1078(撰)
60	雨　田	4358(校訂)
80	雨　公	3020(撰)
		3837(閲録)

爾

00	爾　立	3376(校)
	爾　賡	434(校)
	爾　音	5731(評)
02	爾　新	669(著)
07	爾　調	5652(閲)
12	爾　弢	434(校)
20	爾　千	1789(校正)
21	爾　行	5701(校閲)
24	爾　先	6475(閲梓)
	爾先甫	4028(輯)
	爾　德	3109(訂)
26	爾　緝	388(手編)
		476(著)
		575(手編)
		1783(重訂)
		6223(著)
		6224(著)
36	爾　還	107(著)
38	爾　瀚	507(撮訂)
42	爾　韜	1700(纂集)
43	爾　博	5567(刊)
47	爾　超	196(參)
50	爾　泰	684(撰)
53	爾　成	1062(補註)
56	爾　揚	3793(閲)
	爾　操	3002(梓)
62	爾　則	3712(訂)
63	爾　晙	887(校)
67	爾　瞻	552(訂)
		5475(序)
		5631(著)
76	爾　陽	3920(廣)
79	爾　騰	6737(校)
80	爾　公	997(輯)
86	爾　錫	2105(輯)

1023_2　震

20	震　維	4390(叙)
26	震　伯	3405(訂)
37	震　初	3793(閲)
50	震　青	147(增補)
		1045(較)
	震青子	130(著)
51	震　軒	244(記)
53	震　甫	5401(參)
60	震旦醉民	3457(輯)
77	震　卿	1687(著)
80	震　父	4790(著)

1024_7 夏

00 夏　賚 1067(校)
夏　言 1370(撰)
5128(撰)
03 夏詒鈺 5922(編録)
05 夏　竦 1022(集古)
08 夏　施 6451(序)
夏敦仁 2665(撰)
10 夏元鼎 4630(編)
夏元彬 675(撰)
675(自序)
675(跋)
夏元開 1467(輯)
夏　貢 5088(校)
12 夏孫桐 5393(跋)
15 夏　珠 5689(較)
17 夏　子 788(梓)
夏子羽 5354(編)
22 夏　彪 675(纂)
夏崇文 1523(撰)
23 夏允彝 357(撰)
357(自序)
4057(序)
24 夏　休 520(撰)
27 夏名賢 4998(梓)
4998(跋)
28 夏　儀 1723(評閲)
30 夏永清 5680(序)
夏之蓉 6173(序)
6633(序)
夏之翰 6106(參訂)
夏之時 2211(校正)
夏之臣 4678(跋)
夏之符 2301(撰)
夏守成 4527(校)
夏　宏 988(撰)
夏　寅 2589(撰)
2589(序)
夏　賓 1558(撰)
夏　宗 5953(著)
夏宗瀾 243(撰)
243(記)
244(撰)
474(撰)
474(記)
31 夏馮詠 750(序)
33 夏　溥 3392(校)
夏　浚 1917(跋)
2004(序)
4770(叙)
夏治源 2059(序)
34 夏洪基 1467(撰)
1467(弁言)

		1468(撰)
		1468(自序)
40	夏九州	4770(較集)
	夏力恕	884(撰)
		884(自序)
		2933(序)
	夏大襄	4709(参)
	夏大霖	4709(撰)
		4709(自述)
	夏大贊	4709(参)
	夏嘉玉	4278(删正)
	夏嘉瑞	5725(評)
41	夏　楨	1467(較録)
44	夏　基	2234(撰)
		2234(序)
	夏樹芳	1683(撰)
		1683(自序)
		1703(序)
		3446(撰)
		3446(序)
		4000(序)
		4276(撰)
		4276(自序)
		4588(撰)
		4588(自序)
		6797(序)
	夏枝芳	845(校讎)
46	夏塤宗	6333(序)
51	夏振翼	2988(撰)
53	夏　甫	6437(校梓)
60	夏景頤	4709(閲梓)
		4709(跋)
64	夏時正	582(後序)
		1960(撰)
		1960(序)
		4928(序)
		4938(序)
66	夏　器	901(著)
71	夏原基	1227(輯)
		3702(撰)
76	夏　駰	1336(撰)
77	夏熙臣	6149(撰)
80	夏益萬	4371(序)
87	夏　鏃	4998(撰)
90	夏惟寧	4284(序)
	夏尚樸	5088(撰)
94	夏　爋	4448(傳)
96	夏　煜	5703(編輯)
		6277(序)
99	夏　燮	1077(校正)

霞

10	霞　雪	6488(選)
22	霞　山	1933(輯)

30 霞　房 2572(題記)

覆

46 覆　如 6115(譔)

1040_0 干

15 干建邦 850(序)
28 干從淳 3172(校)

于

00 于奕正 2557(撰)
2557(自序)
2288(撰)
2288(略例)
09 于　麟 4239(編輯)
4240(編輯)
6704(校)
10 于　正 1998(刊)
于王棖 6749(校)
11 于北溟 934(鑒定)
12 于　弢 3578(校)
于孔兼 5375(序)
14 于　琳 205(撰)
21 于　止 2630(撰)
于　行 5254(校)
22 于　岸 817(訂)
1009(編注)
于　邕 3422(校)
于　巢 6148(著)
24 于仕廉 4039(序)
于德昌 5064(梓)
于　升 3838(訂)
5632(訂)
于　緯 2615(校梓)
3593(校梓)
29 于　鱗 3527(閱)
5299(撰)
30 于　準 2912(撰)
2912(自序)
34 于斗聯 5355(次)
于漢翔 5821(較評)
于　逵 5634(録)
于　達 5634(録)
37 于　澗 3392(校)
于　選 5634(録)
38 于　綸 1438(校刊)
于道南 1697(校訂)
40 于大鯤 6235(評點)
于　木 3828(跋)
44 于　藻 2259(較)
2259(序)
于　蕘 378(考定)
于懋榮 5689(像贊)
于若瀛 2096(序)

5260(序)
5481(序)
5644(序)
46 于　恕 3504(編)
3504(序)
53 于成龍 1427(撰)
5829(序)
71 于　辰 247(序)
77 于　周 3132(參閱)
6611(參訂)
88 于敏中 175(序)
94 于慎行 1465(序)
1678(序)
2572(論)
2615(撰)
3593(撰)
5319(編)
5454(撰)
5455(敘)
5456(選)
于慎思 5455(撰)

耳

26 耳　伯 5642(著)
80 耳　鉉 4152(定)

雯

34 雯　濤 6645(選)

1040_6　覃

40 覃　九 6087(著)

1040_9　平

00 平　庵 99(註解)
17 平　子 546(撰述)
1724(鈔)
4050(序)
20 平　重 6040(編校)
22 平　山 4344(評)
6192(著)
25 平　仲 1040(輯)
5352(參)
6737(校)
27 平　叔 4765(撰)
5256(著)
34 平漢英 1763(跋)
44 平　林 5552(緣起)
53 平　甫 6817(校)
55 平慧善 5742(整理)
60 平田宗城 1133(補訂)
平田野老 4259(纂集)
4259(叙)

79 平 勝 6605(選訂)

1043_0 天

00 天 序 5796(輯)
天 度 3884(著)
天 章 203(參訂)
5991(著)
08 天放閣主 6085(録)
10 天 三 6805(挍)
天 石 2410(手輯)
11 天 廼 1562(彙纂)
12 天 瑞 3200(著)
天 孫 768(較)
17 天 羽 844(采輯)
1778(校)
22 天山道人 167(撰)
23 天 外 5935(著)
天台老人 175(著)
25 天 生 844(參閲)
3584(校)
3591(校)
3691(校)
3957(校)
4048(校)
4049(校)
4408(校)
6807(校)
34 天池山人 4511(記)
天 沐 506(增訂)
38 天海山堂 3475(序)
40 天 士 3139(著)
5550(編次)
44 天 懋 4238(註)
46 天 如 1896(監定)
47 天都逸史 4257(輯)
53 天 成 4330(纂述)
60 天界覺杖人 4613(評)
64 天畸人 680(跋)
72 天 隱 6307(註)
天 岳 5740(著)
5742(批點)
77 天 民 202(編輯)
3092(編集)
天 與 5842(較)
天 閑 721(增訂)
721(評輯)
80 天 益 6105(著)
86 天 錦 6602(訂)
88 天 範 551(參較)

1044_1 弄

40 弄丸山人 4679(撰)

1044_7　再

00　再　亭　4087(校訂)
40　再　來　1334(著)
2319(重輯)

1050_6　更

25　更　生　3626(著)
5718(閲)
5831(著)

1060_0　石

00　石　龐　5935(撰)
石　齋　3017(註斷)
6533(著)
石應魁　5168(輯)
5168(行狀)
石廣沅　3372(手跋)
石文焯　2219(序)
2264(序)
10　石雲根　6618(參閲)
12　石延年　1905(撰)
13　石　球　6271(撰)
14　石　璜　5953(撰)
石　琳　3123(序)
6271(跋)
石　碓　600(序)
18　石　瑤　4994(撰)
21　石　虹　5861(評)
22　石崖居士　6333(編)
25　石　生　2879(著)
4079(選)
6111(刊)
6164(刊)
6590(選評)
26　石　泉　6362(編)
28　石　牧　6138(著)
30　石室道人　4689(撰)
石室老人　4325(輯)
石之鵬　2556(校)
石之屏　2556(校)
石　守　4055(序)
石　宗　1897(摘次)
2287(較閲)
34　石爲崧　6058(序)
石洪運　5602(説)
37　石　漁　6272(著)
石　泇　5953(輯)
石　通　3057(識語)
38　石道人　1882(跋)
40　石九奏　5556(撰)
石　臺　5830(著)
石　來　5959(著)
41　石　桓　6312(撰)

44 石鼓聾者 4842(學)
石　藻 6271(校)
石茂良 1176(撰)
石　芝 196(鑒定)
732(纂輯)
石孝友 6772(撰)
石　葵 6446(彙集)
石英中 5168(撰)
石　芑 6271(校)
石　村 3376(著)
石蘊玉 5329(跋)
石林居士 4257(校)
47 石帆山人 6790(題詩)
50 石　夫 6419(箋)
51 石　虹 2652(評)
55 石　農 1212(手記)
57 石邦政 2023(撰)
2023(跋)
60 石　星 1876(引)
4132(校)
5385(批)
5385(序)
石　疊 6469(撰)
71 石原居士 4042(撰)
72 石　岳 6336(校)
76 石陽山人 3792(撰)
77 石　屋 5701(撰)
石屋禪師 5701(撰)
石　民 1327(叙)
80 石美中 541(校正)
石　公 2652(訂)
6479(選)
88 石　簣 65(批評)
4610(解)
99 石榮暲 5742(手記)

西

00 西　亭 2011(編纂)
2330(較訂)
6637(選)
西　文 5817(批註)
07 西　望 4619(参訂)
10 西　平 3130(録次)
22 西峯子 4956(序)
西　山 5800(著)
25 西　仲 4702(論述)
5838(選)
5860(評)
5861(評)
5863(著)
5864(著)
27 西峰山人 3385(撰)
西　紹 5391(訂)
28 西　牧 1067(述)

30　西　安　6195(評並跋)
37　西湖老人　2274(撰)
西湖書院　6627(序)
西湖居易主人　3492(撰)
40　西　樵　3417(圖釋)
5831(譔)
6788(撰)
55　西　農　163(撰)
57　西　郇　2330(選)
60　西　園　4019(校刻)
5886(彙編)
6093(著)
6263(撰)
西園歸老　1211(跋)
63　西　畯　4357(抄撮)
4370(撰)
67　西　野　5877(較)
87　西　銘　670(著)
2269(鑒定)
90　西　堂　6094(校)

百

04　百　詩　468(著)
10　百　可　5973(編輯)
17　百　子　997(輯)
22　百川子　3934(校正)
44　百花主人　3487(輯)
45　百　樓　4260(校閱)
47　百　穀　4238(校)
60　百　昌　4296(校閱)
80　百　含　1028(校)
85　百鍊真隱　3510(編)

酉

77　酉　卿　5552(閱)

面

37　面湖居士　5101(序)

1060_1　吾

00　吾　廬　3310(校)
21　吾　衍　3702(跋)
77　吾邱衍　1904(撰)

1060_1　晉

00　晉應斗　3841(序)
27　晉　叔　5522(著)
30　晉家仁　2833(梓)
2834(梓)
晉家銓　2833(梓)
2834(跋)
2834(梓)
37　晉淑健　2833(梓)

2834(梓)
67　晉　明　3608(著)
77　晉　卿　145(校梓)
4790(校正)
5842(輯定)
80　晉　人　6804(纂定)

1060_3　雷

00　雷文烱　1642(補次)
10　雷一龍　5815(序)
22　雷　樂　34(編)
27　雷　條　1642(補次)
35　雷　禮　1104(撰)
1105(撰)
1138(序)
1300(撰)
1642(撰)
1642(序)
1643(撰)
2005(撰)
2380(撰)
5139(序)
37　雷次宗　2273(撰)
38　雷　祥　957(書真)
40　雷士俊　5831(序)
雷士楨　2015(序)
47　雷　穀　1642(補次)
60　雷思霈　5310(校)
5552(序)
雷思佩　5552(序)
64　雷　暵　1642(補次)
71　雷　臣　2616(較)
83　雷　鋐　247(序)
530(序)
605(序)
1165(序)
2230(詩)
4158(序)
4981(序)
5133(序)
5902(序)
5902(傳)
5902(墓志)
5902(像)
6104(序)
6106(參較)
6130(序)
6167(删定)
6167(序)
6172(序)
6238(序)
6256(序)
86　雷　鐸　6074(撰)

1062$_0$　可

00　可　亭　227(裁定)
709(輯)
5791(序)
6680(選)
10　可　一　4033(序)
26　可　泉　6336(撰)
34　可　遠　435(挍閲)
5319(編)
40　可　真　4589(撰)
44　可　菴　2418(手輯)

1064$_7$　醇

36　醇　還　203(參訂)
44　醇　菴　2269(鑒定)

1064$_8$　醉

16　醉醒逸叟　4073(閲)
21　醉經樓　3343(識語)

1071$_6$　電

12　電　發　6150(較)
6152(較)

1073$_1$　雲

00　雲　章　6802(序)
12　雲　孫　4089(序)
17　雲　翼　4711(訂)
21　雲　步　4352(校)
22　雲　仙　4679(撰)
雲峯散人　4630(編)
25　雲　生　3130(録次)
27　雲　將　803(較閲)
雲　稺　2411(參校)
28　雲　從　2686(集註)
30　雲　濟　1933(校)
雲　客　3254(參)
雲　賓　3249(參定)
雲　實　4222(訂)
40　雲　士　136(閲評)
2300(著)
2362(著)
2364(著)
5919(著)
5920(著)
6787(著)
44　雲　麓　5748(選)
雲　林　65(編著)
48　雲　槎　4344(訂)
50　雲　表　6268(著)
73　雲卧道人　6802(序)
76　雲陽子　3942(餘記)
77　雲　岡　5187(著)

雲　門 2411(參校)
雲門山樵 3344(編)
雲　卿 839(訂)
3013(校)
3362(著)
4247(删校)
5622(著)
80 雲　翁 4178(節録)
雲　谷 1027(刊)

1080_6 貢

21 貢師泰 323(序)
30 貢良儒 5790(訂)
34 貢汝成 585(撰)
36 貢渭濱 304(撰)
304(自序)
40 貢　九 6617(校輯)
貢大化 6712(題字)
53 貢　彧 6682(序)
80 貢　父 4176(類編)

賈

03 賈　詠 3104(序)
4970(序)
5110(序)
賈　誠 3149(校勘)
10 賈三近 6446(編)
20 賈締芳 869(參訂)
21 賈步緯 3177(校記)
賈仁緒 254(較)
3183(較字)
23 賈允修 3405(訂)
24 賈待問 2167(叙)
27 賈　島 6686(撰)
6695(撰)
賈　緣 4856(輯梓)
30 賈　安 957(刊)
33 賈必選 100(撰)
37 賈鴻洙 3200(序)
3568(選)
3568(序)
38 賈　啟 2521(跋)
40 賈　爽 4831(校正)
42 賈　樸 4973(編定)
46 賈如愚 2162(撰)
48 賈　枚 4973(編定)
67 賈鳴璽 6618(序)
80 賈毓祥 3027(閲)
87 賈　銘 3462(撰)
90 賈　棠 4973(編定)
4973(序)
6645(選)

1090_0　不

17　不　瑕　6590(校訂)
30　不　害　3807(校)
34　不　違　3399(著)
44　不　菴　189(撰)
87　不欲子　3260(撰)

1090_4　栗

00　栗應宏　5030(序)
　　　　　　5398(撰)
30　栗永禄　1452(後序)
　　　　　　1858(序)
37　栗　祁　2000(修)
44　栗　菴　610(輯)
　　　　　　610(自序)

1096_3　霜

22　霜　巖　5149(編)
　　　　　　5150(編)

1099_4　霖

07　霖　調　101(訂)
　　　　　　438(編著)
　　　　　　672(編著)
25　霖　生　5731(編次)
44　霖　蒼　4725(輯定)
　　　　　　5731(編次)

1110_1　韭

32　韭　溪　3381(校)

1111_0　北

22　北　山　5867(著)
37　北　溟　1052(校)
　　　　　　6064(著)
38　北　海　2616(較)
54　北　拱　1787(輯著)
　　　　　　1787(自序)

1111_1　非

10　非磊落氏　3499(譔)
21　非　熊　6601(撰)
40　非　臺　2657(纂集)
44　非　蒙　5814(校)

瓏

23　瓏台精舍主人
　　　　　　4402(手識)

1111_4　班

60　班　固　3702(撰)

1112_0 珂

10 珂　雪 4309(纂)

1113_2 琢

22 琢　崖 4740(彙解)
53 琢　成 3236(閲)

璩

30 璩之璞 1484(校定)

1113_6 蜚

80 蜚　公 4089(纂輯)

1116_8 璿

10 璿　玉 943(集校)

1118_6 項

00 項亮臣 1555(續撰)
1555(序)
10 項玉筍 1749(撰)
1749(序)
項元汴 3910(撰)
5418(校)
5418(後叙)
項元濂 5366(閲)
項元淇 5418(撰)
12 項廷吉 2005(序)
2005(監修)
16 項聖謨 3361(編)
項　璁 4829(校正)
20 項維楨 1116(序)
21 項　伾 3517(跋)
22 項鼎鉉 1288(訂)
1294(訂)
項繼甲 5933(序)
24 項德楨 1116(序)
25 項仲連 5157(校刻)
26 項皐謨 1530(跋)
4144(撰)
5447(校)
項　穆 5657(撰)
38 項道民 3363(著)
40 項大德 6216(撰)
項　真 4075(撰)
4459(序)
項　樟 251(序)
44 項夢原 1089(撰)
1089(自序)
1462(序)
1464(序)
項藥師 1850(校録)
60 項　昂 2655(較)
88 項篤壽 1387(撰)

1387(自序)
1877(編)
1877(序)
5418(序)
項篤周　4127(助梓)
90 項惟貞　2307(撰)
96 項　煜　6536(參)

1120_7 琴

22 琴山逸叟　4295(校閲)
26 琴　伯　4365(較)

1121_1 麗

00 麗　京　4534(編)
67 麗　明　3968(編述)

1123_2 張

00 張瀛暹　1412(跋)
張雍焥　657(校)
張競光　146(校)
5933(撰)
5933(自序)
張彦士　2652(撰)
張商英　3702(撰)
張應文　3598(傳)
4142(撰)
張應誥　4311(序)
張應武　2040(纂修)
張應遴　6568(編)
張應世　4512(校)
張應槐　1410(序)
張應泰　4894(題辭)
張　庚　1034(校)
1096(撰)
2803(校)
3381(撰)
6256(撰)
6256(自序)
張　庭　1526(校)
1526(序)
張慶臻　987(校)
張慶徵　1568(參較)
1568(書後)
張慶榮　5801(批)
張　廣　4772(跋)
張　文　2803(校)
張文瑞　2114(編)
2114(序)
4084(跋)
6268(撰)
張文虎　5798(跋)
張文綬　6190(校刊)
張文纘　6190(校刊)
張文憲　1809(跋)

張文嘉 622(撰)
張文柱 1641(後序)
4445(校注)
5237(校)
5400(後語)
5411(序)
5427(校)
5537(撰)
6402(序)
張文黿 879(撰)
3726(撰)
張文炅 6635(序)
張文光 4527(序)
張文炎 6518(編)
6519(編)
張文炳 226(撰)
3679(撰)
張文燿 1168(撰)
4132(校)
張　玄 145(序)
3640(序)
張　袞 40(序)
2238(序)
5102(編輯)
5140(撰)
5151(序)
張　京 2190(跋)
01 張龍袞 5459(梓)
張龍翼 3016(撰)
02 張端木 2520(撰)
張新詔 4244(序)
張新標 5962(序)
03 張　誠 2590(校證)
張　誠 2904(序)
04 張　訥 3125(參訂)
3398(跋)
05 張靖之 4938(著)
07 張　詡 2742(編)
4989(撰)
4990(撰)
4990(自序)
4990(自識)
08 張旅桂 2214(校梓)
張　謙 1092(釐正)
2652(跋)
5826(撰)
張謙德 3477(撰)
張謙宜 5783(序)
5783(傳)
6095(撰)
10 張一紳 1542(序)
張一鯤 5639(雕)
張一鵠 5752(序)
6013(序)

張一如 2190(序)
張一厚 2746(后語)
張一卿 6564(編)
張三錫 3109(撰)
張　正 869(校梓)
張正岳 6570(序)
張玉叔 4099(序)
張玉孃 4844(撰)
張玉書 168(序)
1337(序)
3669(序)
5793(序)
5879(撰)
5957(序)
6765(序)
張玉輔 115(刊)
張玉範 1022(説)
4178(説)
張至發 2446(序)
張　瑋 4794(校注)
張　丁 4864(撰)
張　元 6225(撰)
張元電 3963(校刊)
張元徵 146(序)
張元濟 1425(題識)
1501(跋)
1952(跋)
1988(跋)
3504(跋)
4794(跋)
4794(觀)
4806(校跋)
5180(跋)
張元禎 4759(引)
4923(校正)
4947(撰)
張元楨 1491(訂)
張元旭 5215(撰)
張元聲 4072(序)
張元幹 4772(撰)
張元春 3048(序)
張元素 3072(撰)
張元昇 5215(刊)
張元善 987(校刊)
987(序)
張元忭 1944(校)
2158(撰)
2158(序)
2022(撰)
2022(序)
2089(序)
2390(著)
4267(撰)
5470(撰)

張元憬 5507(校梓)
張　霽 6189(校)
張　雨 4663(撰)
張爾岐 177(撰)
177(自序)
577(輯)
577(序)
687(撰)
3865(撰)
3865(自序)
5749(撰)
張爾保 1684(校)
張　弦 1140(序)
張　夏 248(序)
1568(編)
1568(自序)
1744(參補)
1744(題詞)
1761(輯)
1765(撰)
1765(序)
1766(撰)
張天龍 2556(校)
張天雨 4663(集)
4663(序)
張天石 305(批閲)
張天衢 1640(叙)
張天復 1944(撰)
1944(自序)
張天柱 3676(撰)
張天機 438(序)
張石虹 686(鑒定)
張石民 5989(評點)
張吾瑾 820(訂)
張　晉 5826(撰)
張晉烷 657(校)
張可久 3592(刊)
6817(撰)
張雲章 231(序)
5983(序)
6032(序)
6120(序)
6123(序)
6128(序)
6152(序)
6162(序)
6608(序)
張雲龍 3920(撰)
3920(自序)
張雲鸞 4319(撰)
張雲程 759(校閲)
張雲漢 1456(撰)
張雲錦 6137(校)
11 張　玭 1452(撰)

1452(引)
1452(自序)
張　琿　738(序)
張　珩　5242(序)
張　璿　1786(撰)
張　預　2994(撰)
2994(表)
12 張　登　3125(參訂)
3126(參訂)
3128(編次)
張登雲　4133(參補)
4133(序)
張　璀　6714(訂)
6714(序)
張弘至　4965(序)
張弘道　2456(撰)
張　烈　2906(撰)
2906(自序)
5944(序)
5960(撰)
張　弢　1519(校)
3529(校)
張孔時　3830(校正)
張孫振　354(鑒定)
354(序)
張廷玉　3387(撰)
3387(自序)
3450(序)
6043(序)
6084(撰)
6084(自序)
張廷瑞　622(較閱)
張廷璐　210(序)
5958(序)
張廷儆　4216(訂正)
張廷濟　2001(跋)
5714(跋)
張廷寀　2043(輯)
6225(識語)
張廷遴　2556(序)
張廷樞　3673(序)
6009(序)
張廷相　1527(序)
4445(序)
張廷枚　6627(跋)
張廷臣　411(撰)
張廷鈞　6225(校對)
張廷銘　6225(校對)
張廷叙　6225(校對)
張延亮　196(較)
張延登　954(小引)
2849(叙)
3954(續)
張延熙　2022(梓)

13	張　瑄	1236(撰)
14	張　琦	3063(後序)
		5027(撰)
		5027(序)
		5027(自跋)
	張　瑋	1697(批閱)
		1697(序)
		1704(序)
		1704(校訂)
	張　瓚	1238(撰)
		2999(跋)
		4669(序)
	張　琳	6086(撰)
15	張　翀	3578(撰)
		3697(序)
		5278(序)
	張建範	4619(參訂)
16	張聖誥	2057(撰)
		2057(序)
		2214(監修)
		2214(序)
	張聖佐	2657(叙)
	張　璁	1372(著)
		2437(撰)
		6385(撰)
	張　環	2124(序)
	張　碧	5083(撰)
17	張孟祥	3264(校)
	張孟兼	4864(撰)
	張　羽	4865(撰)
	張　璐	3125(撰)
		3125(自序)
		3126(撰)
		3126(自序)
		3127(撰)
		3127(自引)
		3128(撰)
	張瑤芝	4351(序)
	張　璨	396(序)
		6114(序)
	張　弓	2167(校)
	張　鼐	1311(撰)
		2452(撰)
		5583(序)
		5588(閱)
		5646(墓表)
	張　弼	4961(撰)
	張承烈	2906(著)
	張豫章	5793(校訂)
		5983(序)
	張　弨	954(校)
		2562(撰)
		2563(撰)
	張子功	3572(序)

張子遠 3641(撰)
張　習 4830(跋)
張習孔 3864(撰)
3864(自序)
5815(撰)
張　翼 4021(撰)
18 張致和 4555(撰)
張　璥 115(刊)
張　璇 4729(序)
6728(参閱)
張　敔 904(撰)
904(自序)
20 張　重 1027(序)
張重啟 5798(序)
張重華 3057(校正)
5434(撰)
張重熙 4861(題款)
張重光 146(校)
6421(編次)
張　位 978(撰)
978(自叙)
2388(撰)
2388(序)
2791(序)
3983(撰)
3983(序)
4622(撰)
4676(註)
5300(選)
5300(序)
5434(序)
5452(著)
5465(撰)
張喬松 3002(梓)
張　信 1971(跋)
4860(校正)
張信民 2832(撰)
張孚敬 1348(撰)
1372(撰)
5141(撰)
張　采 499(撰)
499(序)
670(序)
3640(序)
5020(序)
張　集 4345(序)
張秉亮 598(序)
張秉文 2819(詮)
張　維 4744(撰)
張維新 2167(輯)
2167(序)
5139(挍字)
5517(序)
5517(校)

張維樞　1410(序)
　3026(序)
張維機　5637(序)
張維城　5424(較輯)
張維藩　3109(訂)
　3109(叙)
張維翰　3109(訂)
　3109(叙)
張維昫　1170(較訂)
張維屛　2090(對讀)
張維銘　5139(校字)
張維鋭　5139(校字)
張穉通　2182(自序)
21 張步瀛　214(撰)
　214(序)
　5966(序)
張仁浹　292(撰)
　292(自序)
張仁熙　3431(撰)
　5755(撰)
張能鱗　451(撰)
　451(自序)
　2196(撰)
　2887(編)
　2887(自序)
　5800(撰)
　5800(自序)
張行言　2469(撰)
張行成　2849(述)
　3182(撰)
張　儒　1642(分校)
張　倬　3125(参訂)
　3125(跋)
　3126(参訂)
　3128(編次)
張　衡　1469(序)
張　鹵　1437(編)
　5030(傳)
　5374(撰)
張睿卿　2182(撰)
張師顔　1212(撰)
張師正　4494(撰)
張師聖　196(較)
張師禹　3300(授)
　3300(識語)
張師繹　2173(序)
張師實　6123(後序)
張師栻　146(校正)
　146(跋)
　6016(正字)
張師載　2269(鑒定)
張師曾　1492(撰)
　1492(自序)
張　貞　2051(序)

2053(撰)
2053(自序)
5775(評)
5775(序)
5873(序)
5987(序)
5989(序)
6025(序)
6160(序)
6160(跋)
張貞生　2334(撰)
3671(撰)
5720(序)
5859(撰)
5867(書後)
張貞觀　1401(撰)
張紫琳　2572(題記)
張紫芝　941(撰)
張　經　5131(撰)
張經世　955(序)
張縉彦　2328(補編)
2461(彙訂)
4725(輯定)
4725(序)
5725(評)
張穎荀　4344(訂)
22 張　鑾　5752(輯)
張　鼎　5176(序)
6479(校閲)
張鼎延　5603(撰)
5603(序)
張鼎梅　2556(校)
張鼎思　1944(重校)
3002(序)
3704(撰)
3992(撰)
3992(跋)
6522(序)
6729(校)
6729(序)
張後覺　3619(撰)
張　循　4971(跋)
張崇烈　1931(閲)
張崇德　2200(撰)
2200(序)
張　繼　2299(手跋)
張繼祖　5997(校字)
張繼超　5997(校字)
5997(跋)
張繼曾　5997(校字)
張緟芳　1044(序)
張彩編　69(編)
張　綖　3048(批)
3048(跋)

4721(註)
4721(引)
5101(序)
5102(撰)
6798(撰)
6812(撰)
23 張 允 2721(校正)
張允醇 1849(跋)
張允芳 2034(彙編)
張允掄 5354(序)
張允隨 877(鑒定)
877(序)
2722(序)
張獻廷 1455(序)
張獻翼 1030(撰)
1030(自序)
1539(引)
1668(論贊)
1978(跋)
3788(序)
5167(校選)
5167(序)
5323(序)
5387(撰)
5388(撰)
5414(跋)
5553(序)
5610(序)
張我城 662(參)
669(序)
張 岱 2208(撰)
2208(自序)
5424(跋)
5800(輯)
張 綰 6723(校)
24 張仕遇 143(校正)
張先嶽 1787(撰)
張先生 31(較訂)
張先蹟 1787(跋)
張佳胤 4281(序)
5255(後序)
5255(序)
5333(序)
5335(撰)
5336(序)
6451(書)
張佳允(胤) 5335(撰)
張佳昮 5755(輯)
張佳昷 5755(輯)
張德純 221(撰)
張德夫 5270(梓)
張 俠 3711(校訂)
張 佑 5922(校)
張岐然 679(編)

679(序)
張　紞　1223(編)
1223(序)
1589(序)
4870(撰)
6316(序)
張納陛　79(撰)
張　緒　2377(纂)
張纘曾　5215(撰)
25　張仲誠　563(著)
張仲謙　985(序)
張仲頤　3786(跋)
張　紳　3344(撰)
張　純　2085(編)
3556(撰)
張純修　6616(序)
26　張自烈　849(撰)
849(序)
997(撰)
張自勳　2641(撰)
2854(撰)
2854(自序)
2854(自跋)
張自超　6091(序)
張自熙　849(定)
張伯珩　5594(搜録)
張伯行　850(較)
1774(撰)
1774(自序)
1775(編)
1775(序)
1776(撰)
1776(序)
2213(序)
2695(編)
2695(序)
2702(撰)
2702(序)
2904(訂)
2904(序)
2913(編)
2913(序)
2914(撰)
2915(撰)
2916(撰)
2917(編)
2917(序)
2918(撰)
2922(訂)
2933(序)
4771(著)
4956(訂)
4956(序)
6016(撰)

6635(編)
6635(序)
6684(説)
6685(説)
6695(説)
張　鯉　3101(序)
張魏焢　657(校)
張吳曼　6055(撰)
張　臬　2246(校)
張　穆　3716(手跋)
27 張　侗　5904(序)
5947(序)
6266(撰)
張象恩　6228(序)
張象賢　1944(跋)
張　惚　2204(編)
2204(序)
6066(序)
6067(序)
張魚藻　5569(校刻)
張奐文　1954(叙)
張名立　5562(校閲)
張　魯　5070(校刊)
5070(序)
張魯文　726(校刊)
張郇焢　657(校)
張　嵋　5800(輯)
張約齋　293(鑒定)
張　絅　798(撰)
張綱孫　5765(撰)
5933(跋)
張紹仁　4171(跋)
張紹堂　6084(跋)
28 張以誠　419(撰)
5006(序)
5458(序)
張以謙　1931(序)
張以瑶　4864(鑒定)
4864(序)
張以柔　3125(參訂)
3125(疏)
3128(編次)
張徽音　1876(閲)
張　復　2424(參閲)
3641(撰)
4210(序)
張作賓　6225(校對)
張從正　3115(撰)
張　儉　6400(序)
張　收　4858(序)
4858(跋)
張　綸　3386(跋)
張　繪　4721(跋)
30 張宣猷　934(纂集)

934(序)
張宜夏　987(檢閱)
張宜年　202(較)
張淳事　5755(識語)
張　寧　2025(序)
2025(删訂)
4408(撰)
4938(撰)
5512(跋)
張完臣　183(撰)
張　永　5707(序)
張永祺　5840(序)
張永明　5256(跋)
張永鑑　1849(跋)
張家喻　541(督刊)
張　進　6649(批校並跋)
張　適　4858(撰)
張之采　2185(撰)
2185(述)
張之象　1022(輯)
1022(序)
2610(撰)
2610(自序)
3773(序)
4258(編)
5129(跋)
5448(序)
6437(編)
6438(編)
6439(編)
6439(校)
6440(編)
6450(序)
6735(撰)
張之原　1931(序)
張守癡　1954(叙)
張守約　6190(編次)
6190(跋)
張守中　4721(校刊)
4721(跋)
5102(校刊)
5102(跋)
張守星　2214(校梓)
張守愚　6190(編次)
6190(跋)
張守節　1858(正義)
張宇初　2236(序)
張安絃　6158(撰)
張安淳　3795(跋)
張安茂　2461(撰)
2461(自序)
張寓初　4871(序)
張　宏　3983(編)
3983(跋)

張宏代 2042(撰)
張宏道 2456(撰)
張　寰 3397(識語)
4800(序)
張　定 3702(述)
張定徵 5481(選)
張　寅 1994(序)
張寅彭 6763(説)
張實泰 6198(撰)
張實居 2053(序)
5899(撰)
6047(序)
張賓宇 4039(梓)
張寶樹 840(序)
張宗孟 5015(序)
張宗祥 2066(校定)
2986(校定)
3459(校)
3510(校定)
3511(校定)
3512(校定)
3513(校定)
6077(跋)
張宗橚 2543(校)
31 張　潛 115(編校)
115(跋)
366(序)
4729(撰)
張潛夫 99(較)
張　涵 1003(小敌)
1003(序)
32 張　淵 1969(重編)
張淵懿 6591(参評)
張兆鉉 248(序)
3727(校)
張兆炎 1168(跋)
張　漸 4162(輯)
張　泓 2063(序)
張　業 868(題辭)
33 張　心 483(校正)
張必剛 599(撰)
3207(撰)
3207(自序)
6091(序)
張　泌 5933(跋)
張　溥 124(序)
439(撰)
439(序)
600(序)
670(撰)
1896(監定)
1896(序)
2576(評閲)
2576(序)

		2636(撰)
		3050(序)
		3485(序)
		3640(序)
		4313(序)
		5651(序)
	張　治	5039(序)
		5139(撰)
	張治道	5015(序)
		5029(序)
	張治具	5356(編次)
34	張斗寅	1849(跋)
	張斗樞	4006(訂正)
	張爲仁	6269(閲)
		6269(序)
		6277(序)
	張　漢	6071(序)
		6072(序)
		6105(序)
		6813(序)
	張汝元	5633(撰)
	張汝霖	92(撰)
		92(自序)
		1684(校)
		1944(訂)
		1944(凡例)
		1944(小叙)
		2065(撰)
		2065(序)
		4527(序)
		5238(校)
		5238(紀事)
		5424(評選)
		5424(序)
		5470(校刻)
		6547(編)
		6547(序)
	張汝瑚	3125(序)
		5324(輯)
	張汝翼	6055(刊)
	張汝紀	5141(跋)
	張汝濟	5347(序)
	張汝才	4900(校正)
	張汝懋	1684(校)
		1944(訂)
		1944(識語)
		5470(校刻)
	張汝樊	1684(校)
	張汝蘊	345(序)
	張汝賢	3758(刻)
	張　澍	16(補釋)
		2984(編輯)
		3865(批校)
	張凌雲	4097(校閲)

張　洪　2342(撰)
3952(撰)
3952(自序)
4219(序)
4860(序)
張　潢　3183(較字)
張　沐　184(撰)
184(自序)
369(撰)
453(撰)
453(序)
563(撰)
563(自序)
692(撰)
692(序)
2892(撰)
3672(撰)
張　遠　4730(撰)
4730(自叙)
5987(序)
5996(撰)
5996(自序)
5997(撰)
35 張　沖　115(編校)
張　津　1030(跋)
張　禮　2208(凡例)
張　迪　870(跋)
2433(撰)
36 張　淏　1937(撰)
張　澤　5651(評)
5651(序)
5651(著)
37 張　潮　468(題辭)
468(跋)
532(題辭)
532(跋)
719(題辭)
719(跋)
1055(題辭)
1055(跋)
1763(序)
4162(編)
4164(編)
5099(記)
6824(題辭)
6824(跋)
張鴻烈　2660(序)
張　渙　6728(序)
張　湄　6189(撰)
6227(序)
張凝道　2456(撰)
張次仲　2855(序)
張祖武　284(撰)
284(增删)

284(序)
張祖翼　2553(校並跋)
張祖年　3881(撰)
3881(自序)
6057(撰)
張運泰　6556(編)
6556(序)
張　選　5215(撰)
38 張海鵬　737(校梓)
2069(校梓)
張　瀚　1376(撰)
1436(編)
2385(撰)
2385(序)
4332(序)
5255(撰)
5255(自序)
5800(輯)
張　祥　4126(序)
張祥鳶　5355(校)
5375(撰)
張裕釗　4824(題款)
張遂辰　163(撰)
張　道　2008(撰)
張道登　1385(刻)
張道宗　2338(撰)
2338(識語)
張道濬　1120(訂)
張啓睿　4519(跋)
張啟焯　1663(訂)
1666(訂)
40 張九韶　1862(撰)
1862(自序)
4217(撰)
張九一　1308(序)
4212(校正)
5358(撰)
5453(選録)
5453(序)
5453(叙)
張九德　4017(序)
張九齡　2678(撰)
張九逵　4971(跋)
張九成　3504(撰)
張力臣　954(正字)
張大受　231(跋)
517(序)
568(序)
2330(序)
3125(序)
4105(序)
4361(序)
6128(序)
張大純　2210(編)

	2210(序)
張大復	1662(撰)
	3795(撰)
	3796(撰)
	3796(自跋)
張大齡	2626(撰)
張大心	6581(序)
張大治	4038(參閱)
張大孝	611(序)
張大鶴	1568(參較)
張大忠	2489(跋)
張大器	4260(閱)
	4260(序)
張大猷	3414(校錄)
張士弘	1133(序)
	1133(校刊)
張士和	1133(序)
張士佩	975(撰)
	975(自序)
	2019(序)
張士伋	5744(序)
張士寧	3077(校正)
張士遇	5830(序)
張士奎	975(小引)
張士隆	1478(刊)
	1480(刊)
張士鵬	2613(校)
張士榮	3274(編)
	3274(跋)
張　墉	1897(撰)
	2287(較閱)
張培道	6822(較)
張堯文	1862(校閱)
	4218(校閱)
張在辛	2053(排類)
張在乙	2053(鈔撮)
張在戊	2053(鈔撮)
張克文	4218(重刊)
張　寉	5691(訂)
張　有	959(編輯)
張有譽	1455(序)
張有常	4017(校刊)
張南湖	4721(註)
張希傑	6228(跋)
張希良	686(序)
	700(撰)
	705(序)
	1773(跋)
	2652(評)
	2660(序)
	4544(序)
	5860(序)
	5861(評)
	5866(序)

5949(序)
5966(序)
5996(序)
6019(撰)
6071(序)
6128(序)
張希斗 3711(跋)
張希載 5465(選録)
張希哲 3711(跋)
張希舉 4989(序)
張希曽 5655(校)
張存紳 3711(撰)
3711(自序)
張志聰 3132(訂正)
張志淳 3476(撰)
張志選 5033(跋)
張　嘉 6325(校正)
張嘉謀 3783(序)
張嘉玲 503(輯)
張嘉胤 4870(輯)
張嘉和 340(贅言)
962(纂輯)
張右民 622(序)
張吉士 6818(跋)
張奇齢 844(参閲)
張　壽 726(序)
張壽朋 3219(序)
4577(序)
張壽鏞 94(手跋)
1481(校記)
2543(校記)
張　雄 957(刊)
張　真 5160(叙)
張　榜 4577(選)
41 張　垣 5446(序)
張　楷 2556(校)
張　櫺 1998(校)
張　櫃 1385(撰)
42 張　塏 5800(輯)
張　圻 4097(編)
張斯侗 3711(校訂)
張橋恒 4729(校訂)
張　機 3137(著)
43 張載正 6016(正字)
張載華 1512(跋)
張　栻 2692(編)
張榕端 206(序)
1838(撰)
4729(校訂)
4729(撰)
5969(撰)
5970(撰)
5971(撰)
44 張　萱 949(撰)

949(題辭)
949(識語)
3810(訂梓)
5570(選)
張　塽　1473(校)
張夢龍　4272(校)
張夢錫　4495(校)
張　芃　2958(序)
張　芹　1613(撰)
1619(引)
1620(序)
張　芳　4094(編)
5765(序)
6583(序)
張　菁　2211(編次)
張蘭臯　289(撰)
289(自序)
張蔚然　91(閱)
146(序)
1684(校)
張茂生　5594(較梓)
張茂華　2615(點校)
張燕翼　1668(校刻)
張燕昌　2493(跋)
張懋謙　672(序)
張懋倫　4691(敘)
張懋忠　146(校正)
146(增補)
張懋辰　4445(攷訂)
張孝時　2204(跋)
張萬選　2190(編)
2190(自叙)
3954(較正)
張萬壽　2061(撰)
張萬里　5755(識語)
張　華　3899(撰)
張華年　6023(序)
張　革　2676(跋)
張革之　1202(撰)
張　英　3725(序)
張若麒　305(序)
張若震　2227(序)
2227(參訂)
張若巹　5973(序)
張若良　72(校)
張若駒　6046(序)
張蓉鏡　2580(手跋)
3856(題記)
4183(跋)
6817(手跋)
張世霖　5424(選)
張世瑞　4564(跋)
張世維　5814(校)
張世經　5688(選評)

			5688(序)
	張世偉		1025(序)
			1825(序)
	張世澤		4971(繕寫)
	張世坊		3671(鈔)
			5859(鈔)
	張世坤		3671(鈔)
			5859(鈔)
	張世則		1678(撰)
			1678(奏疏)
			1678(後序)
	張世明		4971(對讀)
	張世賢		3060(撰)
			3067(撰)
	張世美		5129(跋)
			5234(序)
	張世犖		4620(撰)
	張其琛		3358(校)
			3359(校)
	張其孝		5583(校)
	張 萊		2147(撰)
	張桂芬		5569(校刻)
	張桂芳		5569(校刻)
	張桂卿		797(校)
			797(序)
	張 楠		1971(編輯)
	張 楧		4332(校正)
	張枝蕃		1568(參較)
45	張 棣		1197(撰)
			2657(書後)
	張 楝		4247(註解)
			5509(撰)
46	張 旭		4971(撰)
			4971(自序)
			5035(序)
	張 坦		4615(撰)
47	張鶴鳴		43(序)
			1931(序)
	張鶴翔		4222(訂)
	張聲修		1568(參較)
	張朝瑞		1667(撰)
			2444(編)
			6358(重編)
			6358(叙)
	張朝琮		2052(重修)
			2052(序)
	張朝璘		1143(序)
	張朝雄		6325(校正)
	張朝煌		4864(彙輯)
	張好古		4662(後序)
	張起孝		2040(參閱)
	張起鵬		4039(閱)
	張 杞		657(撰)
			657(小引)

張楖璟 4729(校訂)
48 張翰勛 5749(整理)
49 張趙烷 657(校)
張 桄 4858(輯)
50 張 泰 1449(校正)
4954(撰)
張泰交 3023(撰)
張泰階 3364(撰)
3364(自序)
張泰開 278(序)
張青樵 3876(鑒定)
張本淵 3466(跋)
張忠綱 6700(説)
張表臣 6715(撰)
張 耒 399(撰)
張東暘 4856(閱校)
51 張振先 6448(輯)
6448(序)
張振淵 146(撰)
張振義 6163(序)
張振光 2987(跋)
53 張 拭 183(跋)
張威如 2090(對讀)
54 張拱端 3226(較閱)
張拱宸 2846(輯)
2846(小引)
55 張 慧 4371(序)
張 典 3125(訂)
3128(訂)
57 張擢士 4416(跋)
張邦彦 1996(序)
張邦翼 6487(編)
6487(序)
張邦幾 4187(撰)
張邦紀 1681(序)
張邦奇 2597(撰)
4995(跋)
張邦教 4781(校正)
張鄤烷 657(校)
58 張 掄 3416(撰)
張敷漸 3048(校)
3048(跋)
60 張 曠 214(習業)
張 星 2848(撰)
張星徽 754(撰)
1787(輯著)
1787(自序)
張星耀 6803(撰)
張 昺 214(習業)
張國彦 4247(參閱)
張國維 145(校梓)
3050(鑒定)
3050(序)
4806(序)

張國仁　4864(校梓)
張國祥　26(校梓)
1817(編)
2139(續修)
張四維　3034(敘)
張四科　6203(跋)
張四知　2458(序)
張見其　3711(著)
張　泉　1668(撰)
張思忠　3982(序)
張　曼　6055(撰)
張曼倩　1882(後序)
張　冕　3252(集註)
張　昇　4912(跋)
4963(撰)
張甲徵　2487(序)
張昂之　665(序)
張　杲　2556(校)
張　果　2771(校)
張景星　1075(校)
4344(訂)
6075(校)
61　張　昞　2633(引)
3844(校)
3845(校)
4044(校)
4464(校)
4464(序)
張　晫　214(習業)
張顯庸　2139(修)
63　張　默　4947(纂輯)
64　張　時　4221(序)
張時震　5254(跋)
張時俊　657(校)
張時化　657(校)
張時徹　1644(編)
3095(編)
3096(編)
3096(自序)
3982(序)
5110(序)
5126(選)
5126(序)
5163(序)
5165(撰)
5204(刊)
5204(傳)
5210(序)
6388(編)
6388(序)
6389(增删)
張時宜　2543(跋)
張時爲　2868(撰)
張時泰　2593(撰)

張時敏　3381(覆校)
　6256(校)
65 張映斗　6190(撰)
66 張　暘　2268(撰)
67 張明璽　3619(録)
張明弼　35(校)
　1729(序)
　4009(閲)
　4009(序)
　4010(閲)
張明俊　3619(録)
張明化　4247(註解)
張明俁　3619(録)
張明傑　3619(録)
張明昌　6285(参閲)
張鳴珂　233(弁言)
　6649(批校)
張鳴鸞　4721(跋)
張鳴鶚　1682(跋)
張鳴鳳　1814(撰)
　1814(自序)
　2153(序)
　2492(撰)
　5341(校)
　5341(序)
　5351(撰)
張　暉　4971(校正)
張嗣益　733(序)
張　鷺　4127(梓)
張　照　6108(序)
　6185(題詞)
張鷄菴　6469(撰)
70 張　璧　2006(序)
　3072(撰)
　5083(撰)
71 張　陛　2511(撰)
張　驃　3726(序)
72 張所望　3828(撰)
　4861(序)
　6390(校)
　6539(校閲)
張所敬　4237(補)
　4237(序)
　4861(跋)
　6440(校正)
張　岳　5011(叙)
　5123(選稿)
74 張　隨　2161(梓)
75 張體誠　1124(序)
張體乾　1849(撰)
　1849(序)
　5991(校)
　5991(序)
77 張　鳳　6640(序)

張鳳孫 221(撰)
2574(訂)
張鳳翼 1668(校刻)
3328(撰)
3328(自序)
3329(序)
3357(撰)
5184(誄)
5323(序)
5386(撰)
6283(撰)
6283(序)
張鳳祥 5363(編次)
張鳳臺 2299(序)
2299(跋)
張鳳翔 524(撰)
927(撰)
927(序)
3619(校)
3620(序)
5024(撰)
6584(序)
張用天 6248(撰)
張用徵 1568(参較)
張 岡 5800(輯)
張卿雲 1075(校)
6075(校)
張 鵬 5031(序)
5807(序)
張鵬翀 6033(序)
6608(序)
張鵬翮 1569(撰)
1569(自序)
2905(撰)
2905(自序)
4096(撰)
張鵬翼 2666(撰)
6200(撰)
張鵬程 5672(跋)
張履端 559(序)
張履祥 3051(補)
4158(撰)
4159(撰)
張居正 338(撰)
2604(撰)
2604(圖疏)
3781(撰)
5310(撰)
張熙紳 6182(校)
張聞詩 6465(録)
張學顔 2391(序)
3980(序)
張學禮 1835(撰)
張學懋 2114(編)

6268(謄寫)
張　丹 5765(撰)
5765(自序)
張問之 2530(撰)
張問達 202(撰)
202(序)
1044(序)
3974(校閱)
3974(後序)
5022(編)
5022(序)
張民表 5644(序)
80 張人崧 6105(選)
張企之 5507(校梓)
張金吾 6779(跋)
張金樹 115(校)
張金奏 115(校)
張金界奴 3460(校正)
張金管 115(校)
張鏡心 115(撰)
張　鏞 2208(編輯)
張　翕 5867(跋)
張　鐄 2208(編輯)
張介山 6021(著)
張介祥 1849(跋)
張毓睿 1895(撰)
2614(序)
張美和 1862(編集)
1862(序)
張　含 537(序)
5063(撰)
5208(序)
6373(輯)
張含性 214(命意)
張曾禧 4165(筆記)
張曾裕 5775(評)
張養正 2626(訂)
2626(序)
5614(序)
張養浩 2412(撰)
81 張　矩 2491(撰)
張　榘 6780(撰)
82 張　鉌 669(參閱)
83 張　鉞 2139(較閱)
84 張　銑 1504(校刊)
1504(序)
85 張　鈇 3775(撰)
張　錬 3568(撰)
5305(撰)
6818(撰)
86 張錫琨 6625(校讀)
6625(序)
張錫爵 6162(撰)
張錫蘭 2185(畫)

張　鐸　2208(編輯)
4126(序)
87 張鈞衡　4441(跋)
張　鏐　2953(編)
張　欽　1986(撰)
1986(序)
張　翔　1177(跋)
張　叙　260(撰)
260(自序)
472(撰)
472(自叙)
88 張　銓　1120(撰)
1120(自序)
1541(校梓)
5551(校)
5551(序)
6737(校)
張　籛　4729(序)
張　竹　6205(序)
張篤慶　2263(撰)
2263(自序)
2662(撰)
5929(序)
6022(撰)
張敏德　3198(校正)
3198(序)
張　範　4864(校梓)
張　節　1996(校)
張餘光　146(校)
90 張惟一　5102(刊)
張惟任　3572(序)
5468(序)
6312(序)
張惟植　1568(參較)
張光祖　4781(會集)
張光啟　1133(序)
張光大　2484(增)
張光孝　1995(纂輯)
2090(撰)
5068(評)
張尚瑗　465(序)
5861(序)
6604(序)
6608(序)
6681(序)
張尚乘　196(參)
張尚淳　3619(録)
3619(叙言)
張　炎　6807(撰)
張　棠　1075(序)
6075(撰)
91 張　恒　1764(撰)
3600(撰)
張恒易　231(跋)

張　慄 2707(校閱)
張炳忠 5184(校)
5184(序)
92 張　愷 1970(續編)
1973(撰)
1973(序)
張　煓 692(校訂)
93 張　怡 589(撰)
張　烺 5917(序)
張　烒 692(校訂)
94 張慎言 5594(撰)
張慎動 2832(校)
張慎修 2832(校)
張慎思 2832(校)
張慎餘 2832(校)
張　煒 5087(輯)
6515(序)
張煒芳 1684(校)
張煒如 2839(序)
95 張　性 4719(撰)
張　情 1027(序)
張　愫 6136(跋)
96 張　燭 1944(跋)
97 張　恂 6214(編閱)
張耀芳 1684(校)
張　煥 1377(撰)
98 張　悦 3957(後序)
4948(撰)
張愉曾 1922(撰)
張　悌 1297(序)
張　燧 692(校訂)
3842(撰)
5552(閱)
張　敉 919(撰)
5414(跋)
張　熷 2270(輯)
99 張　鎣 1958(序)
張　燮 2518(跋)
4695(序)
5567(序)
張　燊 6123(撰)
6123(自序)
6124(序)

1124_0 弭

17 弭子方 5211(後序)

1140_0 斐

00 斐　庚 6307(增註)
53 斐　成 5654(校閱)
60 斐　男 5861(參)

1142_7 孺

17 孺　翼 677(校刻)

40 孺　木　2049(著)
　　　　　3856(著)
50 孺　夫　3573(編次)
　　　　　5363(編)

1161_1 硜

00 硜　齋　5593(著)

1162_7 礪

22 礪　山　4260(閱)

1164_0 研

10 研　雲　3375(參論)
55 研　農　4607(解)
72 研隱老人　4799(跋)

1168_6 碩

27 碩　色　2063(監修)
50 碩　夫　6061(編次)
　　　　　6207(著)
80 碩　父　4430(輯)

1173_2 裴

25 裴　紳　5099(叙)
30 裴良甫　4191(編)
40 裴希度　3654(撰)
　　　　　3654(自序)
60 裴國楨　2261(序)
76 裴　駰　1858(集解)

1180_1 冀

10 冀　霖　2202(輯)
24 冀　綺　4497(序)
30 冀守謙　6492(校讎)
37 冀淑英　1764(說)
　　　　　1993(說)
　　　　　2679(說)
44 冀　勤　4794(輯校)
　 冀　植　5922(校)
46 冀如錫　202(序)
　　　　　5748(序)

1210_4 型

30 型　之　4790(編)

1210_8 登

10 登　天　2164(校刻)
　 登　雲　2156(梓)
17 登　子　2511(著)
30 登　濟　6333(編)
　 登　之　3594(輯)
31 登　源　1880(編輯)
53 登　甫　4936(選)

1212_7 瑞

10 瑞 石 4859(訂鐫)
24 瑞 先 4504(校閲)
5423(引)
30 瑞 寰 2461(鑒定)
37 瑞凝堂 6813(序)
47 瑞 穀 5403(著)
67 瑞 明 551(參閲)
77 瑞 卿 5090(著)
瑞 屏 6513(評選)
80 瑞 人 3858(著)
瑞 谷 1027(刊)

1213_4 璞

40 璞 存 6208(著)
44 璞 莊 6676(徵輯)

1214_7 瑗

00 瑗 度 5930(删定)

1215_3 璣

24 璣 先 3123(校)

1220_0 引

28 引 徐 3678(著)

1223_0 水

10 水 雲 4799(撰)
20 水香閣 6737(叙)
50 水中龍 3297(編集)
88 水竹邨人 4835(題詩並跋)
水竹居士 5459(著)

弘

00 弘 齋 5142(著)
弘 讓 5755(輯)
08 弘 誨 413(序)
10 弘 可 1009(校)
24 弘 化 4843(序)
30 弘 宣 5689(較)
弘 濟 2193(閲定)
43 弘 載 6800(參訂)
67 弘 瞻 4735(批校)
86 弘 智 5719(序)
5772(序)
弘 智 4613(集)

1224_7 弢

27 弢 叔 1540(編次)
44 弢菴居士 4492(引)

1240_1 廷

12 廷　瑞 5004(集稿)
17 廷　珎 2170(著)
26 廷　伯 4352(参訂)
27 廷　彝 3099(訂梓)
30 廷　實 4990(著)
42 廷　機 4280(增補)
43 廷　裁 3172(編輯)
44 廷　韓 5622(著)
50 廷　貴 1971(校正)
56 廷　輯 1595(較)
5128(彙編)
67 廷　暉 3130(録次)
廷　吹 1886(鈔)
77 廷　用 4311(編纂)
87 廷　欽 2985(纂輯)

延

26 延伯生 59(述)
27 延　穉 6556(彙評)
67 延　昭 5718(閲)
80 延　年 2572(評釋)
3398(編)

1241_0 孔

00 孔　齊 4402(撰)
孔廣栻 5809(批點)
5809(補録)
02 孔　彰 3361(輯)
3598(校)
10 孔元祚 1445(撰)
孔天胤 2758(序)
5222(撰)
5223(撰)
5223(自叙)
5223(紀言)
5224(撰)
5397(序)
孔天允(胤) 5222(撰)
5223(撰)
5223(自叙)
5223(紀言)
5224(撰)
12 孔弘毅 1463(訂)
孔弘幹 1448(續撰)
孔弘鐸 2672(校刊)
17 孔承慶 4941(撰)
孔承倜 2796(撰)
21 孔衍治 1466(輯)
孔衍栻 3376(撰)
孔貞瑄 930(撰)
2331(撰)
2331(引)

		5877(撰)
	孔貞叢	1448(撰)
		1463(參考)
	孔貞運	1464(參考)
	孔貞來	1432(引言)
	孔穎達	439(序)
		826(疏)
		4014(疏)
22	孔胤植	1448(重修)
		1448(後序)
		1462(序)
		1463(參考)
		1463(序)
		1464(輯)
		1464(序)
		1470(序)
	孔繼涵	1093(跋)
		1487(校)
		1487(跋)
		1794(校)
		1794(跋)
		2108(題記)
		4844(校)
		4844(跋)
	孔繼煊	6263(輯)
23	孔允植	1448(纂)
		1464(輯)
24	孔　鮒	947(著)
25	孔傳商	1471(較訂)
26	孔自洙	200(敘)
27	孔久植	1464(輯)
30	孔憲庚	3716(跋)
	孔憲彝	3716(跋)
	孔安國	324(序)
34	孔對寰	1459(注)
40	孔克齊	4402(撰)
43	孔　式	2397(補訂)
		4282(補訂)
		4283(補訂)
		4313(纂註)
64	孔　時	1750(編梓)
		6069(鈔)
67	孔　昭	2676(校刊)
		4053(著)
		5018(著)
	孔昭仁	4702(校並跋)
	孔昭薰	3716(較刊)
		4844(跋)
	孔昭煥	1474(序)
70	孔　壁	842(著)
		2416(著)
77	孔凡禮	4799(輯校)
	孔聞韶	815(序)
	孔興訓	4771(序)

孔興耀　1473(訂正)
孔興燮　4771(序)
80 孔毓功　5912(撰)
孔毓瓊　5911(撰)
孔毓彬　1473(校)
孔公璜　1449(輯録)
90 孔尚鋆　5877(較)
孔尚任　1778(撰)
1924(撰)
2920(題辭)
3877(自序)
4106(撰)
5877(訂)
5877(序)
5900(序)
6044(撰)
孔尚先　930(序)
孔尚基　5877(較)
孔尚典　5908(撰)
孔尚質　1924(撰)

1241_3　飛

25 飛　仲　134(閲)
40 飛來山人　3986(編)
3987(編)
64 飛　疇　3125(參訂)
3126(參訂)
3128(編次)
77 飛　卿　1867(識)

1249_3　孫

00 孫立山　6469(撰)
孫應龍　179(撰)
孫應崑　4272(引)
孫應奎　5205(撰)
5205(自序)
孫應鰲　1099(序)
1373(序)
張應鼇　50(撰)
918(撰)
4236(批點)
4236(序)
5359(撰)
孫應舉　5219(跋)
孫康侯　4736(校)
孫庭蘭　4457(校訂)
孫文川　4455(跋)
孫衣言　3488(跋)
03 孫詒讓　1610(手校)
4869(校)
04 孫　勷　2213(序)
3433(序)
4361(序)
6018(撰)

		6023(題詩)
		6064(序)
		6110(序)
07	孫調元	5004(跋)
10	孫一科	1492(跋)
	孫一奎	3114(輯)
	孫一觀	3984(校)
		3984(序)
	孫　璽	5076(撰)
	孫丕揚	2788(撰)
		2789(撰)
	孫丕顯	4329(撰)
	孫元衡	5899(序)
		6047(撰)
	孫元復	5898(手跋)
	孫　需	4968(撰)
	孫平仲	1861(跋)
11	孫琴西	3488(跋)
12	孫　瑀	4893(撰)
	孫弘祖	4833(序)
	孫弘範	4561(校梓)
		4561(跋)
	孫廷根	2926(校梓)
	孫廷翰	2543(跋)
	孫廷銓	1828(撰)
		2646(撰)
		2646(自序)
		5723(撰)
		5734(序)
		5904(序)
	孫副樞	4495(序)
13	孫　琮	5998(撰)
		6069(序)
14	孫　瑋	2384(序)
16	孫　璟	4042(批)
17	孫承宗	4161(撰)
		4278(序)
		5532(序)
	孫承澤	169(序)
		364(撰)
		364(序)
		365(撰)
		365(跋)
		448(撰)
		448(自序)
		681(撰)
		681(自序)
		780(撰)
		780(自敘)
		1745(撰)
		1745(序)
		1746(撰)
		1747(撰)
		1747(自序)

2101(撰)
2101(自跋)
2294(撰)
2459(撰)
2560(撰)
2616(較)
2857(撰)
2858(撰)
2859(撰)
2860(撰)
2934(增删)
2934(序)
3371(撰)
3371(小引)
3378(撰)
4079(序)
4342(撰)
4796(批校)
4796(跋)
4815(選)
5705(較正)
5711(撰)
孫承恩 4961(序)
孫承榮 4921(跋)
孫子旭 2682(撰)
18 孫致彌 6033(撰)
19 孫 琰 2857(跋)
20 孫季可 2453(題辭)
孫秉道 2186(閱)
孫維明 122(撰)
21 孫 仁 2237(編)
孫能正 2453(校刊)
2453(小引)
4026(校刊)
4026(小引)
孫能傳 2453(撰)
2453(自叙)
4026(撰)
4026(題辭)
22 孫胤伽 6819(校並跋)
孫胤奇 1889(參)
1889(小引)
孫崚左 2314(手跋)
孫繼芳 4861(刊)
23 孫允中 1268(撰)
孫允賢 3079(撰)
孫 代 4247(删校)
孫 峻 2274(跋)
4736(校)
孫織錦 5655(校)
24 孫 佐 6361(校刊)
孫 偉 5033(批評)
5039(序)
6436(撰)

孫　緒　4972(序)
4972(評)
25　孫傳庭　1826(撰)
1826(自序)
1826(自跋)
26　孫自强　2724(撰)
孫自務　590(撰)
27　孫叔謙　1328(跋)
28　孫從添　734(編)
30　孫　宜　3762(撰)
孫　濂　1473(校)
孫之騄　398(編)
794(撰)
1090(撰)
1344(撰)
2314(撰)
2314(序)
3496(撰)
3889(撰)
4736(撰)
4736(自序)
4738(撰)
6179(撰)
孫之益　2774(序)
4951(校梓)
4951(序)
5209(校)
孫良貴　6633(參訂)
孫定遂　2208(校注)
孫寶侗　2646(跋)
孫宗吾　6369(校)
孫宗彝　208(撰)
2112(撰)
31　孫汧如　451(校)
4161(撰)
32　孫　兆　3054(改誤)
33　孫　治　2255(撰)
2255(序)
6278(序)
34　孫漪渚　5757(跋)
孫汝聽　1483(撰)
孫汝澄　3219(校)
3219(題辭)
孫　濤　6696(輯)
孫濩孫　573(撰)
孫　沐　904(後序)
36　孫　遇　6339(序)
37　孫通海　399(校點)
孫　郎　202(參訂)
38　孫道橒　448(較)
孫道林　448(較)
孫道甫　1601(鋟梓)
1601(跋)
孫道易　4405(撰)

孫道明　4558(跋)
39 孫　泮　792(校)
40 孫大綬　4611(校)
4611(跋)
孫　爽　5818(撰)
5818(自序)
孫士毅　6733(校)
孫士元　1697(凡例)
孫士傑　2892(序)
孫　奎　5663(撰)
孫在豐　1062(序)
6622(序)
孫克宏(弘)　2554(撰)
2554(小引)
孫志宏　3120(撰)
3120(自序)
孫　杰　1438(校刊)
4571(跋)
孫嘉淦　278(序)
714(撰)
714(自序)
728(原著)
728(原序)
876(撰)
939(序)
4617(撰)
孫奇逢　115(序)
366(撰)
366(自序)
617(序)
839(序)
853(撰)
1754(序)
1761(輯)
2865(撰)
2866(撰)
5743(序)
5748(序)
5792(序)
6584(序)
孫七政　5308(選次)
5410(撰)
孫　柱　1249(輯)
孫　榜　31(編次)
41 孫　梗　6472(跋)
6477(編)
43 孫載黄　4346(序)
44 孫　堪　1529(編)
孫夢逵　286(撰)
孫芳桂　6802(撰)
孫蘭芬　1431(跋)
孫蔚先　5706(跋)
孫　蕙　1741(撰)
5880(撰)

孫　攀 501(撰)
501(自序)
孫若澂 939(校録)
孫　喆 2831(序)
孫世昌 2156(梓)
孫世賢 2008(編)
孫　蕡 6435(撰)
6551(撰)
孫　植 5076(跋)
孫枝蔚 2061(校)
5745(撰)
5809(序)
5816(序)
5826(序)
5826(評)
5831(序)
45 孫　樓 5308(撰)
5329(輯)
46 孫如蘭 2453(校)
4026(校)
孫如芝 2453(校)
4026(校)
孫如游 1555(訂正)
孫如茝 2453(校)
孫如葯 2453(校)
4026(校)
孫如林 2052(修補)
47 孫　轂 3711(序)
孫　墀 1529(編)
孫　郁 5792(序)
孫　慤 1154(撰)
1154(自叙)
孫朝肅 5308(校閲)
孫起都 4577(参訂)
孫超宗 5746(校)
孫　穀 3711(序)
50 孫中彔 6595(序)
孫泰來 3114(編)
53 孫成名 4561(訂)
孫成泰 2441(参閲)
58 孫　鏊 5446(撰)
60 孫星衍 2140(手跋)
2441(跋)
4385(序)
6030(批)
6030(跋)
孫國敉 2557(校補)
孫見龍 877(撰)
877(序)
孫昌裔 2185(序)
3816(序)
5553(校)
孫昌齡 2616(較)
2664(序)

63　孫　默　5798(較)
64　孫時偉　2183(序)
67　孫明孝　5648(閲)
孫　昭　1436(校刊)
6368(序)
71　孫原湘　2676(觀款)
6817(手跋)
孫　匡　5745(序)
72　孫岳頒　5775(跋)
74　孫　陞　1529(編)
5251(撰)
5254(墓志)
5262(編)
5262(序)
77　孫鳳翼　3718(批校)
孫用之　5701(校閲)
孫朋來　3114(編)
孫居相　1439(編)
1439(序)
孫際昌　1759(参閲)
孫學古　912(識語)
80　孫人龍　2722(序)
6070(序)
6093(序)
6132(序)
孫　鑛　628(批點)
768(撰)
768(序)
2022(撰)
3788(序)
6283(評)
6371(輯)
6371(評)
6371(序)
6371(凡例)
6414(評點)
6453(撰)
6501(評選)
孫毓修　1590(跋)
2274(跋)
4064(跋)
4451(跋)
4861(手跋)
6779(校)
6779(跋)
孫　畬　1880(序)
81　孫　鏕　3522(序)
82　孫鍾元　617(鑒定)
孫鍾瑞　206(序)
3663(編)
孫鍾豫　3677(記)
83　孫　鋐　2418(撰)
6614(編)
6614(刻略)

孫　錝 5319(訂)
86 孫錫蕃 200(序)
5796(序)
87 孫　翔 6675(編)
88 孫　笵 1889(撰)
1889(自序)
孫　範 1889(著)
90 孫光宗 4257(校)
孫光祖 4443(校)
孫光祀 5807(序)
5843(撰)
孫光裕 5353(刊梓)
孫光㷇 3252(撰)
94 孫慎行 114(序)
831(撰)
1697(撰)
1697(自序)
5630(傳)
孫　燁 3114(序)
孫　熺 448(較)
97 孫　炯 3922(撰)
孫　焕 448(較)
99 孫榮壽 5386(跋)

1264_0 砥

22 砥　崖 4445(補訂重刊)
30 砥　之 96(輯)
50 砥　中 6803(定)

1310_0 恥

40 恥　古 5842(著)

1313_2 琅

46 琅　槐 4725(梓)

1314_0 武

00 武　亢 3218(著)
武文達 4278(删正)
12 武廷适 2222(序)
14 武　功 6048(著)
22 武　山 5436(校梓)
5441(校梓)
30 武之望 3132(撰)
武　安 605(校正)
32 武　沂 4374(自序)
34 武　祺 2477(撰)
56 武　揚 1067(校)
60 武　園 1837(著)
80 武全文 5718(序)
武　令 4346(補)
90 武光宸 2040(校正)

1323_6 強

21 強行父 6693(撰)

6693(序)
60 強 晟 6696(後序)

1412_7 功

12 功 硎 4344(校)
40 功 大 4959(撰)
44 功 菴 4973(編定)
53 功 甫 5426(校)

勁

10 勁 弦 4221(編輯)

1413_1 聽

22 聽 巖 6639(編次)

1418_1 璂

21 璂 貞 5774(識語)

1420_0 耐

00 耐 庵 1933(校)
80 耐 公 5216(手跋)

1461_4 確

00 確 齋 324(校正)
1849(手著)
5991(校)
確 庵 99(較)
22 確 山 3189(校刊)

1462_7 劭

00 劭 齋 4350(著)

礪

22 礪 峯 820(叙)

1467_0 酣

50 酣中客 3854(撰)

1512_7 聘

17 聘 君 4247(註解)

1519_0 珠

10 珠 玉 3393(校)

1540_0 建

24 建 先 3942(校)
26 建 白 6505(閱)
50 建 中 5922(校)
80 建 父 3807(校)

1610_4 聖

02 聖 端 3802(校)
12 聖 水 145(校梓)
14 聖 功 6549(選)

22 聖 任 2844(著)
37 聖 初 676(較閲)
40 聖 友 5170(輯)
44 聖 蘗 6213(編)
63 聖 踐 5395(輯)
64 聖 跂 3880(撰)
71 聖 階 3016(較)
聖 臣 3433(序)
77 聖 開 6558(增定)
80 聖 俞 4022(較正)
86 聖 錫 2625(較)

1611_4 理

00 理 齋 214(命意)

1616_0 瑁

37 瑁 湖 5983(著)

1623_6 强

10 强 至 1480(撰)
51 强振猷 2893(校)

1660_1 碧

26 碧 泉 788(挍閲)
37 碧澗主人 186(撰)
41 碧梧亭 3060(校梓)

1661_0 硯

18 硯 珍 2319(校)
22 硯 崖 787(著)
87 硯 銘 6591(參評)

1661_3 醜

00 醜 齋 6770(著)

1661_4 醒

00 醒 齋 6622(鑒定)
80 醒 翁 5257(著)

1710_7 孟

01 孟 諧 4013(輯)
03 孟 誠 3002(著)
04 孟 謀 6627(閲)
07 孟 韶 4247(註解)
11 孟 頊 6333(校)
孟 孺 5314(校)
12 孟弘譽 1463(訂閲)
21 孟 衍 4690(校正)
孟衍泰 1471(撰)
1471(跋)
孟衍岳 1471(編次)
孟衍鐸 1471(編次)
孟 仁 5488(銓次)

	孟　處	2154(糾譌)
	孟綽然	4595(序)
22	孟稱舜	132(序)
		145(序)
		2639(撰)
23	孟　紱	4260(撰)
24	孟化鯉	2772(輯録)
		2772(序)
		5517(撰)
	孟　升	4881(著)
25	孟　純	4864(校梓)
	孟　績	5784(輯)
27	孟　侯	6499(參訂)
	孟紹曾	6402(校刊)
		6402(跋)
		6427(校正)
		6427(跋)
28	孟以恂	2059(序)
29	孟　秋	3619(序)
		3619(跋)
30	孟家棟	1759(序)
	孟　安	3651(校)
34	孟　淩	3804(輯)
37	孟　渾	5045(撰)
38	孟　洋	5045(撰)
40	孟　奎	3029(解)
		3029(序)
	孟　南	5743(訂)
	孟　奇	3810(訂梓)
44	孟　勤	4913(著)
	孟　恭	3226(較閲)
		5488(蒐輯)
47	孟　起	3846(校)
		4002(校)
	孟　超	844(采輯)
		844(參閲)
	孟　穀	5718(校)
60	孟思誼	470(校)
		6175(跋)
	孟思光	4844(較)
67	孟　鳴	487(簒述)
		549(簒述)
		3809(簒述)
		4718(纂述)
		4723(纂述)
71	孟　長	2326(著)
76	孟　陽	6601(撰)
77	孟　同	6318(校正)
	孟　熙	4625(校刊)
	孟聞玉	1463(訂閲)
	孟　舉	5926(著)
	孟　闇	2803(校)
	孟興錞	1471(補輯)
	孟興銑	1471(補輯)

80 孟　兼 4864(著)
孟　公 1050(著)
孟養志 2240(校梓)
90 孟尚嶷 1471(參考)
孟尚桂 1471(鑒定)
孟　常 2619(著)
5688(選評)

1710_8 翌

60 翌　思 6607(補)
6608(采)

1712_0 刁

10 刁再雍 6584(校正)
刁再濂 852(校)
17 刁承祖 852(校)
2269(鑒定)
2269(序)
2867(序)
22 刁繼祖 852(校)
27 刁　包 852(撰)
2867(撰)
6584(編)
6584(序)
44 刁　苞 5705(撰)
61 刁顯祖 852(校)
2269(鑒定)
77 刁興祖 852(校)
82 刁　鎧 852(校)
83 刁　鎔 852(校)
87 刁　鈞 852(校)
刁　録 852(校)
88 刁　銓 852(校)
刁　鑑 852(校)
刁　錀 852(校)
90 刁懷瑾 852(梓)

羽

10 羽　王 5566(校)
25 羽　健 1122(編次)
26 羽　皇 3832(著)
40 羽　南 224(著)
67 羽　明 425(雜識)
1947(輯)
3016(輯)

1712_7 弱

27 弱　侯 112(訂)
3793(校)
3818(輯)
4002(輯)
4273(訂)
4600(註)
5444(校正)

5571(校)

耶

25 耶律有尚　1501(撰)
耶律楚材　3214(編輯)

鄧

00 鄧應魁　4723(序)
鄧廉甫　1369(輯)
1369(跋)
鄧慶寀　3478(撰)
5550(編次)
5550(跋)
鄧　庠　4970(撰)
鄧文憲　926(撰)
926(自序)
03 鄧　誠　2590(校録)
10 鄧元錫　586(撰)
586(序)
766(撰)
766(自序)
1143(撰)
1143(自序)
1144(撰)
鄧元燈　14(梓)
鄧爾纘　5550(刻)
5550(編次)
鄧天錫　1369(輯)
鄧可行　14(梓)
鄧雲霄　5569(撰)
5570(撰)
6733(撰)
鄧雲臺　3563(梓)
12 鄧弘文　6257(録寫)
鄧廷羅　3022(撰)
3022(自序)
13 鄧　球　3563(撰)
3563(小引)
3563(自跋)
14 鄧　瑛　748(纂次)
鄧　珙　4902(編集)
15 鄧珠光　14(梓)
鄧珠耀　14(梓)
17 鄧承藩　5262(較)
5262(跋)
鄧子晉　6819(序)
21 鄧仁聲　6733(跋)
鄧穎蒙　2220(序)
25 鄧　繡　1369(重訂)
1369(凡例)
26 鄧伯羔　64(撰)
27 鄧名揚　632(輯註)
28 鄧以誥　1663(叙)
1665(跋)

5475(訂)
鄧以讚　5475(撰)
鄧　牧　2236(撰)
6199(序)
鄧牧心　2236(撰)
30 鄧　淮　1604(撰)
6357(序)
6357(輯)
鄧寬甫　1369(輯)
1369(跋)
鄧家訓　14(梓)
鄧家謨　14(梓)
鄧之誠　1194(跋)
2536(跋)
3835(跋)
4545(題記)
4809(跋)
5703(跋)
5713(跋)
5742(跋)
5761(題記)
5779(題記)
5801(跋)
5806(跋)
5838(手跋)
5846(跋)
5857(跋)
5858(跋)
5860(跋)
5864(跋)
5878(跋)
5904(題記)
5981(跋)
6013(跋)
6044(跋)
6052(跋)
6059(跋)
6088(跋)
6091(跋)
6190(跋)
6581(跋)
6601(跋)
6613(跋)
6786(跋)
鄧　實　1194(跋)
2551(手跋)
3360(輯)
31 鄧福裕　759(校閱)
32 鄧　澄　766(序)
1143(序)
33 鄧　治　231(跋)
34 鄧漢儀　2061(校)
4192(較閱)
4192(序)

6759(手跋)
60　鄧景福　14(梓)
61　鄧顯麒　1369(撰)
71　鄧原岳　1689(序)
5341(序)
5550(撰)
5553(選)
77　鄧履吉　1663(訂)
1665(校)
1666(訂)
80　鄧　鏜　2131(撰)
2131(題後)
82　鄧　鍾　2131(撰)
鄧鍾岳　2943(撰)
6040(序)
6133(撰)
85　鄧　錸　2792(序)
5317(序)
86　鄧錫璿　6661(編)
6661(序)
89　鄧　鏜　3191(序)
鄧　鏻　5746(校)
90　鄧光薦　4802(序)
4830(序)

1714_0　珊

00　珊　亭　934(參訂)

1714_7　珉

50　珉　青　5792(校)

1717_2　瑤

10　瑤　石　5182(編次)
22　瑤　岑　6630(集録)
30　瑤　賓　797(輯)
44　瑤華帝君　4631(撰)

1720_2　予

37　予　淑　6473(閱梓)

1720_7　了

10　了　元　555(訂)
23　了　我　6523(參閱)

弓

44　弓　菴　186(撰)
53　弓　甫　4297(梓)

1721_4　翟

00　翟文選　6307(手跋)
翟文炳　1034(校)
3596(序)
10　翟元肅　2007(修)
15　翟建書　6225(編次)

21　翟　貞　5780(彙稿)
22　翟　鑾　6385(撰)
30　翟安道　2994(註)
40　翟　校　6607(輯)
44　翟世琪　136(序)
47　翟均廉　2548(撰)
71　翟　厚　4871(編集)
　　　　　　4871(書後)
77　翟鳳翥　136(序)
　　　　　　2052(修補)
　　　　　　5780(撰)
　　　　　　5780(自序)
80　翟公厚　2580(續)

1722_0　刀

40　刀圭子　4654(序)

1722_7　胥

00　胥文相　6362(編)
22　胥　山　200(述)
　　　　　　1052(校)
　　　　　　4344(校)
　　　　　　5764(編)
36　胥　遇　4247(註解)
40　胥臺山人　5184(著)
53　胥　成　5481(著)
77　胥　屏　3977(撰)
90　胥尚節　5353(刊梓)
91　胥　焯　6362(跋)

甬

22　甬　川　4995(黄點)

弼

23　弼　我　4256(較)

鸖

22　鸖　山　6419(箋)

1723_2　承

00　承　玄　3596(輯)
02　承訓書院　6728(序)
13　承　武　482(閲)
30　承　之　5552(閲)
44　承　菴　343(著)
　　　　　　547(著)
　　　　　　652(校補)
　　　　　　744(著)
　　　　　　824(著)
67　承　曜　3130(録次)

豫

10　豫　石　1038(著)
71　豫　原　4368(著)

聚

26 聚 伯 2410(校正)
27 聚 緱 465(著)

1724_7 及

30 及 宣 891(編輯)
53 及 甫 72(著)
60 及見太平之盛者 3416(著)

1733_2 忝

60 忝 易 1971(纂輯)

1740_7 子

00 子 高 6296(跋)
子 應 3793(著)
子 庶 714(校)
子 度 5818(著)
子 底 1900(纂)
5831(著)
子 文 5129(撰)
6110(著)
6646(論次)
子 章 4517(訂)
子 玄 2572(撰)
4511(記)
子 六 3171(輯著)
子 京 3910(著)
4036(輯)
5418(校)
5772(訂)
03 子 詒 3236(閱)
07 子 翊 2211(編次)
08 子 謙 1042(編輯)
6469(校)
10 子 正 2840(評閱)
子 玉 622(較閱)
子 夏 408(撰)
429(撰)
子 西 6693(撰)
子 晉 3485(較)
4794(跋)
4835(訂)
5778(編閱)
子 雲 3485(詮次)
子 貢 408(撰)
12 子 登 2365(著)
15 子 翀 2613(校)
子 建 247(輯著)
2209(編輯)
2635(論著)
2635(自序)
4334(纂)

4430(校)
6449(校編)
16 子　强　3640(著)
17 子　羽　43(著)
1927(纂)
子　豫　3081(校正)
3082(校正)
子　翼　444(著)
3650(著)
5753(著)
子　柔　2640(閲)
20 子　重　847(較閲)
2333(著)
子　喬　1022(集古)
子　受　3358(校)
子　孚　4729(校訂)
子　乘　5654(手録)
21 子　仁　1716(著)
1717(著)
3125(訂)
3125(序)
3128(訂)
4210(編輯)
4573(批點)
子　能　2255(重修)
子　虚　4830(著)
5308(著)
子　行　2319(閲)
5618(校)
子　衡　5227(譔)
子　睿　1620(刻)
22 子　任　2562(校)
子　山　380(校)
570(校)
24 子　先　421(輯)
6440(校正)
子　德　869(校)
2805(閲梓)
4223(校)
5982(著)
6627(評)
25 子　健　6680(選)
子　純　5145(著)
26 子　白　2846(纂)
子　和　1716(攷正)
1717(攷正)
3246(參閲)
4611(校)
27 子　佩　5170(輯)
子　殷　5321(著)
子　魚　922(著)
子　久　4729(校訂)
30 子　宣　3172(著)
子　瀛　3053(參閲)

子寧 847(較閱)
子永 3129(參攷)
子濂 4725(梓)
子守 3125(訂)
3128(訂)
子良 5272(著)
子實 5546(著)
6460(編)
31 子禎 5886(著)
32 子淵 1867(識)
子遜 551(參閱)
5573(著)
34 子遠 2555(校)
35 子清 6041(譔)
36 子湘 5980(纂)
6589(訂)
37 子禄 4247(删校)
子遐 4376(授梓)
38 子遵 4703(校字)
子道 5478(著)
40 子九 6446(訂梓)
6812(訂正)
子大 974(編)
3836(著)
子有 5539(著)
子布 2654(校)
子嗇甫 3711(序)
子壽 6458(參閱)
6458(序)
子木 764(著)
2151(自序)
2151(纂著)
3859(著)
4691(著)
4691(後序)
5236(著)
5254(評)
6395(撰)
41 子極 4223(閱梓)
42 子彬 5344(校)
5368(著)
44 子藎 5470(著)
子芹 5444(梓)
子蘧 5763(著)
子華 1081(校)
子著 6739(較訂)
子蒼 2899(較刻)
子蕃 4611(校)
子藝 3804(撰)
46 子如 6440(補訂)
47 子期 5473(校)
48 子翰 4566(撰)
子警 5238(校閱)
子敬 6150(較)

		6151(較)
		6152(較)
		6181(較)
		6182(校)
50	子　中	89(校)
	子　夫	5011(後序)
	子　青	6160(著)
	子　由	2532(著)
	子　未	6018(著)
52	子　靜	1732(編次)
		2602(輯著)
		4232(輯著)
		4783(著)
53	子　威	1649(撰)
		4250(著)
		5331(撰)
60	子　田	3783(著)
	子固子	3808(纂)
61	子　顯	1069(校)
67	子　明	3625(彙編)
	子　瞻	3902(著)
		5418(撰)
	子　昭	3130(録次)
		6440(參閲)
	子　野	1133(編次)
		1139(編次)
		6785(著)
70	子　璧	5718(題簽)
71	子　厎	6758(撰輯)
	子　厚	3053(較)
		5715(校刊)
		6278(較)
	子　愿	5499(著)
	子　長	2185(輯)
76	子　驄	6161(著)
77	子　堅	2664(參校)
	子　風	4072(參)
	子　展	5707(著)
	子　熙	1620(校正)
	子　聞	1762(較)
	子　學	3778(校梓)
	子　礐	3975(校)
	子　與	2160(編輯)
		4450(校)
		5336(著)
		5584(校)
	子　興	5385(選)
		5488(訂正)
80	子　益	5735(著)
	子　美	2614(序)
		4303(譔)
		4303(註)
	子　含	551(參較)
	子　善	5423(校訂)

88　子　鑑　1008(閱)
90　子　懷　3711(序)
　　子　常　6506(參閱)
95　子　性　3323(著)

1740_8　翠

00　翠　庭　1758(校)
　　　　　　6106(參訂)
22　翠巖家塾　4208(識)
46　翠娱閣主人　6559(序)

1742_7　邢

10　邢雲路　1876(閱)
　　　　　　3163(撰)
14　邢　琦　6723(校刊)
20　邢維信　6061(編)
27　邢　侗　5454(校)
　　　　　　5454(序)
　　　　　　5499(撰)
　　　　　　5553(序)
41　邢　址　2004(訂刊)
　　　　　　2004(跋)
　　　　　　3098(序)
44　邢懋顒　4589(跋)
50　邢　表　1513(序)
77　邢居實　4558(撰)
87　邢　鍛　4056(序)

勇

53　勇　成　6244(書後)

1750_6　鞏

15　鞏建豐　6116(撰)
18　鞏　珍　2343(撰)

1750_7　尹

00　尹席珍　293(校録)
　　尹應中　4868(梓)
　　尹　廉　2800(校刻)
　　尹　襄　5085(撰)
10　尹正鼎　788(挍閱)
12　尹延英　6069(序)
21　尹　仁　1478(校正)
　　尹拜恩　4880(校正)
22　尹繼美　5085(識語)
34　尹　達　4409(跋)
35　尹　洙　1091(撰)
37　尹祖懋　5085(跋)
40　尹　臺　5119(序)
　　　　　　5244(序)
　　尹　直　1520(墓志銘)
　　　　　　1598(撰)
　　　　　　1598(引)
　　　　　　1599(撰)

2736(撰)
4409(撰)
42　尹桃珠　5085(刻)
52　尹蟠珠　5085(刻)
55　尹　耕　1277(撰)
2999(撰)
60　尹　思　1473(鑒定)
尹思道　293(校録)
尹昌隆　4868(撰)
65　尹　畊　2999(撰)
77　尹學清　4880(對閲)
80　尹會一　244(序)
244(題辭)
244(批點)
474(序)
1754(輯)
1754(序)
2415(序)
2706(序)
2857(識語)
2934(序)
90　尹　焞　804(撰)

1760_2　召

26　召　和　5374(著)

習

12　習孔教　5300(編次)
21　習　經　4899(撰)

1760_7　君

00　君　麻　4006(訂正)
10　君　一　3445(閲)
4006(訂正)
君　玉　1588(撰)
5027(著)
君　雨　4725(輯)
6492(輯)
6493(評輯)
6494(輯)
20　君　禹　70(著)
君　采　3537(著)
21　君　衡　3997(纂)
24　君　壯　5790(録)
君　贊　5642(較)
28　君　徵　6549(參)
6822(著)
30　君　實　1548(識)
2397(纂輯)
3248(校)
3820(著)
3959(校)

4282(輯著)
4283(輯著)
4589(校)
5538(較)
37 君　渥 5735(較)
38 君　遂 3992(校)
君　啟 101(著)
43 君　求 4431(述)
55 君　典 5505(著)
5639(序)
56 君　揚 2835(校正)
60 君　異 5743(著)
67 君　照 3457(校)
77 君　用 4347(參)
君　卿 6530(輯)
君　舉 4785(著述)
80 君　公 5655(序)
86 君　錫 4785(批點)
90 君　常 4296(參訂)

1762_0　司

25 司　秩 1067(校)
28 司　綸 2158(校)
40 司　直 5872(著)
60 司昌齡 2295(摘鈔)
71 司馬露 1536(跋)
1547(校梓)
1547(跋)
司馬貞 1858(索隱)
司馬祉 1536(校梓)
司馬遷 1877(撰)
1884(撰)
1901(撰)
司馬泰 5130(跋)
司馬晰 1536(編)
1536(引)
司馬光 3926(編)
6715(撰)

1762_7　邵

00 邵　雍 3271(撰)
3329(纂輯)
邵齊然 6212(序)
邵齊燾 3730(序)
6247(撰)
邵　廉 5082(續編)
邵　章 3299(題記)
4824(題詞)
02 邵新甫 3139(序)
03 邵　誠 644(跋)
10 邵一儒 6514(編)
6514(引)
邵正魁 1718(撰)
邵元龍 1957(編)

	邵元禎	6549(参)
	邵天私	4566(序)
	邵晉之	297(撰)
	邵晉涵	789(撰)
		1091(校)
		1091(跋)
11	邵　璿	368(参)
12	邵瑞彭	5861(跋)
	邵弘仁	5047(跋)
	邵廷烈	1069(校)
	邵廷采	5993(撰)
	邵延齡	5859(序)
		5859(像)
13	邵　瓖	6790(撰)
14	邵　璜	363(撰)
17	邵承明	5993(較輯)
	邵　子	2679(撰)
		3285(撰)
18	邵　鍪	2602(訂)
		4232(訂正)
		5329(校)
21	邵師濂	5993(較輯)
	邵經邦	5142(撰)
22	邵繼雲	5993(較輯)
23	邵　弁	415(撰)
24	邵　儲	929(撰)
27	邵向榮	789(撰)

30	邵　濂	5329(序)
	邵之驊	438(序)
	邵　寶	636(撰)
		636(自序)
		1434(編)
		1434(序)
		1624(序)
		1807(序)
		2148(撰)
		2148(自序)
		2479(撰)
		4963(序)
		4979(序)
31	邵　潛	1552(編)
32	邵淵耀	2676(觀款)
		3929(跋)
		5152(手跋)
		6817(手跋)
34	邵遠平	2899(序)
		5142(校)
		5142(輯)
		5942(撰)
		5942(自序)
40	邵大爵	1998(刊)
	邵圭潔	5329(撰)
	邵　培	407(續考)
	邵　南	5008(過録)

43	邵　城	407(續考)
44	邵　基	2216(序)
	邵夢麟	5207(後序)
	邵桂子	6641(撰)
47	邵懿辰	4445(批校)
48	邵松年	5849(跋)
50	邵泰衢	2418(鑒定)
		2418(序)
		3323(序)
	邵東昇	544(校)
53	邵輔忠	2161(校)
		2161(序)
	邵輔明	4275(校)
55	邵捷春	6511(序)
60	邵日新	1473(跋)
	邵國麟	5047(傳)
	邵恩多	2543(校並跋)
		3501(跋)
		4799(跋)
	邵昂霄	3175(撰)
		6234(撰)
	邵景堯	65(批評)
67	邵嗣堯	194(撰)
		858(撰)
		5829(序)
71	邵　陛	544(後序)
		5319(校正)
		5319(後叙)
	邵長蘅	5845(跋)
		5845(批點)
		5980(撰)
		5980(自序)
		6128(序)
		6589(訂)
		6650(編)
		6650(序)
77	邵履嘉	6790(序)
	邵居敬	3326(撰)
	邵闇生	4152(編)
		4152(序)
	邵與游	5329(録)
86	邵　錫	1365(撰)
	邵錫蔭	4098(序)
		6278(較)
87	邵　銘	3139(較)
88	邵　鋭	6685(序)
90	邵惟中	5063(校)
92	邵　燈	1756(撰)
96	邵　熉	2831(序)

1768_2 歌

47	歌　起	1331(校字)

1771_0　乙

18　乙　群　2043(手跋)

1780_1　翼

17　翼　承　272(輯)
21　翼　虚　135(閱)
22　翼　後　3675(参訂)
30　翼　之　3651(閱)
6319(編選)
71　翼　厂　4958(跋)
77　翼　卿　1946(校)

1790_4　柔

77　柔　卿　799(校)

1814_0　政

27　政　叔　6530(訂)
51　政　虹　5148(撰)

致

26　致　和　4885(編)
44　致　菴　5101(叙)
90　致　堂　6269(閱)

1865_1　群

16　群碧樓　2140(題記)
群碧居士　3783(跋)

1918_0　耿

23　耿允謙　3460(校正)
30　耿定向　1652(撰)
1652(自序)
2790(撰)
5363(編)
5363(評)
5363(序)
5363(跋)
5367(撰)
耿定力　1141(序)
1672(輯)
5354(墓表)
5368(序)
40　耿志煒　5604(撰)
5604(自叙)
44　耿世際　3433(跋)
46　耿如瑾　4244(附言)
耿如琦　4244(書後)
47　耿　橘　89(撰)
89(自序)
74　耿隨朝　4244(撰)
80　耿人龍　1018(序)
1058(撰)
耿　介　214(序)

1757(編)
1757(自序)
2890(編)
2919(序)
2922(訂)
5966(序)
耿毓孝 574(識語)
94 耿慎動 3817(校正)

1973_2 聚

44 聚　菴 136(閱評)

2010_4 垂

50 垂　素 2655(較)

重

30 重　客 4301(校)

2010_7 盉

22 盉　山 6320(手跋)

2021_8 位

22 位　山 3189(輯)

2022_7 秀

37 秀　初 679(手輯)
77 秀　卿 3776(撰)

喬

01 喬　龍 6151(序)
10 喬可聘 1705(序)
2844(撰)
2844(自序)
喬雲將 2175(校正)
12 喬廷謨 1653(序)
喬廷棟 1653(序)
17 喬已百 144(閱)
21 喬　縉 2420(督刊)
22 喬　胤 1400(序)
5498(序)
24 喬　偉 1034(校)
喬　佑 5108(校)
26 喬　伯 2625(較)
2625(序)
3246(删定)
30 喬　宇 1519(序)
1541(序)
5146(序)
34 喬　澍 1045(正字)
喬　邁 2844(校)
37 喬　溯 1045(正字)
喬　澥 1045(正字)
40 喬大凱 298(撰)
298(自序)

		3683(序)
	喬木榮	987(裁訂)
44	喬　藎	2844(校)
	喬　薇	2844(校)
	喬懋敬	1655(撰)
		1655(序)
		1707(題辭)
		4247(删校)
	喬　英	2844(校)
	喬若雯	144(弁言)
	喬世寧	1352(序)
		3770(序)
		4932(叙)
	喬世埴	6013(引)
	喬　萊	2844(校)
		6052(序)
48	喬警韋	1034(校)
		2803(校)
50	喬中方	144(訂)
	喬中和	144(撰)
		144(自序)
		848(撰)
		1045(撰)
		1045(自序)
		3201(撰)
		3277(撰)
54	喬拱璧	5395(序)
60	喬國楨	3141(校梓)
	喬因羽	5359(序)
64	喬時敏	2175(跋)
67	喬明文	1964(重修)
84	喬　鋏	1045(正字)
85	喬　鉢	144(紀)
		1045(正字)

2023_2　佐

23	佐　允	6452(編)

2023_6　億

80	億　翁	4806(著)

2025_2　舜

02	舜　端	6069(鈔)
22	舜山子	3012(撰)
24	舜　升	4296(編輯)
25	舜　仲	5588(著)
71	舜　臣	5210(著)
77	舜　民	4731(參)

2026_1　信

10	信天緣生	1258(跋)
88	信　符	5263(跋)

2033_1 焦

04 焦竑 73(序)
76(撰)
76(序)
112(訂)
112(序)
661(序)
766(序)
769(序)
820(註)
1032(序)
1141(序)
1142(序)
1307(序)
1435(序)
1667(序)
1667(跋)
1684(撰)
1685(撰)
1685(序)
1713(序)
2456(序)
2541(撰)
2541(序)
3470(序)
3606(撰)
3607(撰)
3762(序)
3791(傳)
3793(校)
3793(序)
3807(序)
3818(撰)
3818(自序)
3831(序)
4002(撰)
4002(自序)
4003(校正)
4021(序)
4032(序)
4228(校)
4229(校)
4273(訂)
4299(序)
4306(序)
4307(序)
4445(序)
4452(撰)
4452(序)
4577(序)
4600(撰)
4610(序)
4696(序)

4750(序)
5134(墓志銘)
5354(墓志銘)
5378(序)
5391(序)
5444(校正)
5543(校)
5543(序)
5571(校)
6475(編)
6475(自序)
6508(序)
6517(校)
6523(序)
6743(序)
20　焦維章　2746(校)
2746(書後)
21　焦　穎　2057(校正)
22　焦　循　6485(跋)
28　焦以敬　6182(序)
37　焦潤生　3848(序)
40　焦希程　1291(編)
5049(校刻)
焦袁熹　786(撰)
871(撰)
1125(撰)
6181(序)
44　焦范溪　5099(刊)
65　焦映漢　6645(選)
77　焦　周　3807(校)
3848(撰)
80　焦尊生　3807(校)
3818(校)
87　焦欽寵　1757(序)
2057(參訂)
2214(採輯)
焦欽若　2925(跋)
96　焦　煜　1526(刊)
1526(跋)
99　焦　榮　4930(序)

2040_0　千

10　千　一　6802(題詩)
6802(評閲)
17　千　子　356(輯)
60　千　里　2175(校正)
5755(閲)
5756(著)

2040_7　受

24　受　先　499(訂定)
30　受　之　2225(編梓)
48　受　教　2173(增補)
2173(序)

50 受　夫 5441(著)

季

00 季　立 112(著)
5571(著)
季　亭 1068(手次)
季　雍 6503(凡例)
季　方 3524(著)
4544(著)
4703(校字)
季　高 4031(校閱)
季　膺 5363(序)
季　文 4237(校)
季　章 5830(輯)
04 季麒光 2302(著)
10 季　云 4307(校)
季　元 2269(增輯)
季　平 5540(著)
11 季　瑮 5689(較)
季　孺 2803(閲)
12 季　弢 4019(訂)
15 季　翀 6493(刪訂)
17 季　丑 29(跋)
19 季　琰 485(録)
1809(輯)
2685(録)
20 季　重 6044(著)
6549(定)
24 季德甫 5087(序)
26 季　和 977(校正)
27 季　豹 5079(選)
5639(題辭)
季　角 5880(選)
季　侯 2453(序)
季　魯 4783(編次)
29 季　鱗 3248(梓)
30 季　寧 4863(著)
季　之 5424(評選)
季　良 6167(校)
35 季　迪 6320(著)
37 季　通 5910(編次)
40 季士俊 4131(檢校)
季　奎 4583(刊)
42 季　機 2713(編)
47 季　嫻 6678(編)
季　媢 6678(評選)
6678(序)
50 季　本 29(撰)
29(自序)
486(撰)
486(自序)
584(撰)
640(撰)
640(自序)

908(撰)
908(自序)
1550(撰)
2765(撰)
2765(序)
季東魯　5524(序)
51　季振宜　2513(序)
5916(校)
53　季　甫　6129(著)
60　季圖南　6612(序)
67　季　野　2107(輯)
2408(輯)
3373(輯)
71　季　斅　1610(序)
73　季　駿　6123(序)
77　季　卿　6570(編輯)
80　季　曾　4006(訂正)
86　季錫疇　8(校)
3398(跋)
3716(跋)
4402(跋)
5798(跋)
5892(跋)
6797(校)
6797(跋)
90　季光濳　6552(校)
97　季　輝　6110(校)

孚

00　孚　齋　5293(選)
44　孚　若　2832(著)
5973(参訂)

雙

10　雙　玉　3711(序)
22　雙　山　3053(編輯)
40　雙　南　6802(訂)
44　雙桂草堂　2543(序)

2042_7　禹

25　禹　績　4825(序)
27　禹　修　6537(評選)
禹　峰　5725(著)
48　禹　梅　5976(選)
80　禹　金　497(校閲)
556(校閲)
4531(輯)
4580(纂輯)
4580(序)
5639(撰)
6545(編校)
86　禹　錫　5631(訂)

2043_0　奚

31　奚　源　598(序)
2933(跋)
44　奚世榮　6391(跋)

2044_7　爰

10　爰　平　3364(評訂)

2060_9　香

10　香雪林主人　3471(集)
22　香　山　2320(較)
30　香　窗　6181(較)

2061_4　雒

38　雒　遵　5106(序)

2064_8　皎

23　皎　然　6684(撰)
6695(撰)

2071_4　毛

00　毛方平　1203(撰)
毛應銓　1700(參閱)
毛　賡　1331(校字)
毛文强　2853(校刻)
2853(序)
2853(傳)
毛文蔚　5439(校)
5486(校)
毛文燁　4416(序)
毛　褒　2558(訂正)
4352(參訂)
毛　衮　2558(訂正)
02　毛端士　5794(跋)
毛　訢　5089(小引)
10　毛一鷺　1687(序)
4017(序)
4291(叙)
毛一公　1687(撰)
1687(自序)
毛元淳　3647(撰)
3647(序)
毛　晉　1211(跋)
1549(撰)
1549(跋)
3437(撰)
3437(自序)
3941(跋)
4147(編)
4153(訂)
4386(訂)
4628(校)
4629(訂)

4809(跋)
4818(跋)
4830(跋)
4835(訂)
4835(跋)
4848(跋)
5685(跋)
5778(編閲)
6557(編)
6557(跋)
6684(校)
6776(跋)
6797(編)
毛雲孫　4709(參)
4709(序)
毛　貢　1331(校字)
毛　霦　1331(撰)
1331(自序)
17　毛羽宸　3895(撰)
毛　琛　6759(校)
18　毛　政　478(校)
24　毛先舒　1052(序)
1055(撰)
1056(撰)
1057(撰)
1057(自序)
1921(撰)
1921(自序)
1921(跋)
3657(撰)
3658(撰)
3659(撰)
3659(自序)
3868(撰)
3868(自序)
5689(序)
5689(墓志)
5766(撰)
5767(撰)
5767(自序)
5768(撰)
5768(自序)
5769(撰)
5769(自序)
5770(撰)
5770(自序)
5819(序)
5831(序)
5861(評)
5864(序)
5933(序)
5944(序)
6278(序)
6756(撰)

6811(撰)
6814(参訂)
6815(括略)
6815(注)
6824(撰)
毛德琦 2219(撰)
2219(序)
2264(撰)
2264(序)
25 毛　甡 1762(撰)
5768(序)
毛仲愈 5072(梓)
5072(跋)
26 毛　伯 63(校評)
6479(参補)
毛伯温 1363(撰)
5072(撰)
5073(撰)
27 毛　紀 1361(撰)
1361(序)
1362(撰)
1803(撰)
4997(撰)
6351(編)
6351(引)
30 毛　扆 2558(訂正)
3338(跋)
4352(正字)
4497(識語)
4799(識語)
6797(校)
6797(跋)
6817(校)
毛　憲 1368(撰)
1625(續撰)
1626(撰)
1703(初編)
5089(撰)
31 毛　禎 4131(督刊)
32 毛兆儒 6015(撰)
毛　澄 5008(撰)
毛　漸 319(序)
34 毛　湛 928(較閲)
毛汝麒 1363(校刊)
5273(校刻)
40 毛九苞 4750(後序)
毛士儲 5860(校)
毛士儀 5860(校)
毛直方 4183(序)
毛　在 5008(跋)
5233(序)
毛希秉 972(序)
毛奇齡 207(撰)
374(撰)

456(撰)
457(撰)
509(撰)
527(撰)
566(撰)
592(撰)
593(撰)
594(撰)
595(撰)
596(撰)
699(撰)
862(撰)
863(撰)
864(撰)
865(撰)
866(論)
952(撰)
1064(撰)
1334(序)
1572(撰)
1762(撰)
1839(撰)
2054(撰)
2055(撰)
2110(撰)
2136(撰)
2464(撰)
2465(撰)
2907(撰)
3441(撰)
3723(序)
3889(序)
4040(序)
4041(論定)
4041(序)
4701(撰)
4701(自序)
5047(序)
5725(序)
5774(贊)
5794(序)
5794(較)
5794(跋)
5921(序)
5989(序)
5994(序)
6003(序)
6027(序)
6049(序)
6079(鑒定)
6079(序)
6107(序)
6610(序)
6654(審定)

6654(論正)
6654(跋)
6754(撰)
41 毛 標 478(校)
43 毛 朴 1363(編次)
毛 术 1965(引)
44 毛懋宗 1363(編次)
毛 蕃 4352(增著)
6587(選)
毛 贄 1331(校字)
6236(序)
毛 楠 1363(編次)
45 毛 楝 1167(批)
1363(編次)
5072(撰)
46 毛 賀 1331(校字)
47 毛超倫 5860(校)
48 毛乾乾 378(序)
50 毛 表 2558(訂正)
4352(正字)
6706(跋)
60 毛國望 1687(較)
毛國衡 1687(較)
毛國幹 1687(較)
毛國榮 1687(較)
毛 昇 478(校)
733(增修)
733(例言)
72 毛 騤 1057(著)
3868(著)
5766(著)
5767(著)
5768(著)
5769(著)
6811(著)
6811(注)
77 毛鳳詔 1992(撰)
1992(後叙)
6316(墓志)
毛鳳苞 3485(較)
3485(序)
4456(訂梓)
6446(訂梓)
6812(訂正)
毛際可 1771(參閲)
4163(序)
4479(序)
5047(序)
5517(序)
5740(序)
5784(訂)
5784(序)
5860(撰)
5861(撰)

5921(序)
5944(序)
5996(序)
6041(序)
6761(序)
80 毛斧季 4799(手校)
毛　曾 1033(删定)
82 毛　鎧 2180(修纂)
89 毛　鐙 2180(修纂)
90 毛尚忠 834(撰)
99 毛　瑩 5703(跋)

雔

40 雔　來 6267(著)

2090_4　采

10 采　于 1704(編輯)
4000(論賛)
26 采　伯 2471(編輯)
40 采　南 1088(閱)
44 采　苻 6221(著)
采　蘩 6181(著)

集

21 集　虚 5688(編輯)
25 集　生 4294(纂)

2090_7　秉

21 秉　衡 1982(校並跋)
47 秉　懿 3248(閱)
50 秉　夫 6225(校對)
66 秉　器 3797(箸)
3798(箸)
3799(著)
3800(著)
6730(著)

2091_4　維

00 維　立 2185(核)
維　高 5952(校梓)
維　庚 5952(校梓)
維　章 435(輯著)
4699(著)
21 維　行 4783(校閱)
26 維　緝 6643(序)
30 維　寧 81(述輯)
34 維　斗 3226(鑒定)
41 維　楨 2572(評)
52 維　哲 937(録)
53 維　盛 820(註釋)
維　成 91(閱)
60 維　四 1162(參)
71 維　臣 2925(訂)

84 維 饒 5955(著)
5956(著)
88 維 第 5952(校梓)

稚

00 稚 文 6494(删訂)
22 稚 川 5805(著)
37 稚 通 2182(葺)
44 稚 黄 1921(撰)
3657(撰)
3658(著)
3659(著)
3868(著)
5766(著)
5767(著)
5768(著)
5769(著)
6756(著)
6811(著)
6811(注)
6814(参訂)
6815(括略)
6815(注)
6824(著)
48 稚 松 6095(著)
52 稚 哲 6424(選)

2108_6 順

30 順 之 5238(編輯)
44 順 也 1931(閲)
53 順 甫 3994(輯)
5279(著)
5298(序)
5333(著)
77 順 卿 4524(校)

2110_0 上

30 上官章 258(撰)
上官謨 4880(序)
上官源 5731(編次)
上官汝恢 2707(校閲)
上官澍 5731(編次)
上官澤 5731(編次)
上官鉝 5731(撰)
5731(序)
上 賓 273(訂)
38 上海通社 1311(識語)
44 上 莘 5227(譔)
上 若 4729(評註)
上村幸次 4555(解説)
76 上陽真人 4659(撰)
80 上 年 954(正字)

止

00　止　立　6560(校)
25　止　生　1039(註)
1323(校)
1324(輯評)
2634(著)
6459(品次)
26　止　泉　2881(輯)
30　止　宜　119(較)

2111_0　此

10　此　一　2141(編集)
52　此靜齋　4017(序)
77　此　民　2581(校勘)

2116_0　黏

50　黏本盛　1466(序)

2120_1　步

50　步　青　4344(訂)
30　步　瀛　4174(批校)
77　步履常　4668(編)

2121_0　仁

17　仁　子　5646(著)
22　仁　山　6305(選輯)
25　仁　生　1947(較)
30　仁　寶　3773(著述)
32　仁　近　6329(撰)
50　仁　本　6339(集)
53　仁　甫　3438(輯)
3816(著)
4027(纂輯)
4936(編)
77　仁　卿　839(訂)
1637(自序)
80　仁　公　2994(訂)

2121_1　能

43　能　始　90(譔)
91(撰)
2166(著)
4055(引)
6525(訂定)
44　能　蓄　1781(校)
90　能　尚　5631(編)

儷

88　儷　笙　2111(手跋)

2121_2　僊

40　僊　李　4351(校)

2121$_7$ 伍

00 伍　讓 2026(撰)
3009(閲)
10 伍元薇 1630(跋)
6030(跋)
17 伍承載 4038(序)
21 伍衡文 6645(編)
22 伍崇曜 4479(跋)
31 伍涵芬 4101(撰)
4101(自序)
6761(撰)
6761(序)
35 伍　禮 6337(校正)
36 伍澤粱 4160(跋)
40 伍袁萃 1399(序)
4449(撰)
4449(自序)
4449(自跋)
88 伍餘福 1967(撰)
2074(撰)
4431(撰)
5067(序)
91 伍炳宸 4101(校)
6761(校)
伍炳日 4101(校)
6761(校)

虎

00 虎　文 1750(撰録)
6610(撰録)
20 虎　紋 5925(著)
71 虎　臣 1052(撰)
4344(纂)
5764(著)
6815(著)

虛

27 虛　舟 4262(纂輯)
44 虛　菴 1237(撰)
50 虛　中 6695(撰)
77 虛　間 5700(著)

盧

00 盧　高 2328(補編)
5756(序)
盧文韶 6233(校字)
盧文弨 235(手校)
870(跋)
947(校)
1180(校)
1188(校)
2574(校注)
2672(校)

		3756(校並跋)
		3756(序)
		4102(序)
		4796(校)
		6233(校字)
		6684(手跋)
		6759(校)
	盧　襄	1791(撰)
		2238(撰)
08	盧　謙	759(輯)
		788(著)
09	盧麟昭	2410(参訂)
10	盧正夫	3756(著)
	盧元昌	1903(撰)
		4362(序)
		4732(撰)
		4732(自序)
	盧　晉	43(訂)
		1927(訂)
	盧雲英	788(編)
		788(梓)
14	盧　琦	2410(序)
		5515(校閲)
15	盧　璉	4732(訂)
17	盧孟陽	5104(編)
18	盧　致	1111(跋)
20	盧舜治	6424(序)
	盧維禎	5459(撰)
21	盧上銘	2458(撰)
		2458(序)
	盧師陳	2238(輯)
22	盧崇興	1836(撰)
23	盧　紘	5755(序)
		5756(序)
24	盧化鰲	5459(校)
		6737(校)
25	盧　傳	2879(校)
		5871(序)
		6590(序)
	盧　純	5589(後序)
30	盧　宜	1755(彙輯)
	盧　宁	912(序)
		5302(撰)
	盧　寧	912(序)
		5302(撰)
	盧之麟	5459(梓)
	盧之頤	537(校正)
	盧守慎	6384(序)
	盧宗泰	2803(校)
31	盧　濬	6352(編)
40	盧　奎	5459(校)
	盧存心	6233(撰)
	盧　雄	5128(校)
44	盧　茔	5459(梓)

盧夢陽 5104(編)
5182(校正)
5182(序)
盧蔭溥 4760(跋)
盧世漼 3854(撰)
3854(跋)
5382(跋)
45 盧　柟 1827(述)
1827(撰)
47 盧　格 3756(撰)
48 盧　翰 43(撰)
43(自序)
1927(撰)
1927(自序)
3275(撰)
3275(序)
50 盧春蕙 5459(校)
51 盧　軒 711(撰)
6092(序)
57 盧抱經 3756(訂)
60 盧國煐 5459(梓)
盧見曾 6263(序)
6263(詩)
61 盧顯文 5459(梓)
71 盧辰告 788(梓)
77 盧　璺 5459(梓)
盧欣松 5902(跋)
盧丹亭 4650(撰)
盧　賢 1995(纂輯)
80 盧　仝 4738(撰)
盧　鎬 2138(識語)
2138(手跋)
86 盧錦堂 1137(説)
87 盧欽文 5459(梓)
91 盧　炳 6770(撰)
94 盧慎言 419(校閱)
97 盧　烱 1602(斠刊)
盧　燠 5459(梓)

2122_0 何

00 何應元 1105(校)
何應璿 2819(詮)
何慶先 5753(説)
何慶涵 3716(題款)
何　言 3014(後序)
何玄之 4861(跋)
01 何龍圖 2025(序)
07 何　譔 5059(校)
5059(序)
08 何　謙 5059(校)
10 何三臺 4222(較)
何三畏 826(序)
4272(撰)
5363(校)

5363(跋)
5366(校)
何三省 4222(較)
何　瑭 1100(序)
3086(撰)
4124(撰)
何元英 3393(跋)
5871(序)
何元錫 6797(校)
6819(校)
何爾復 4017(校刊)
何天爵 1998(校)
2164(撰)
12 何廷模 6675(序)
何廷璧 2795(跋)
17 何孟春 2672(撰)
2672(序)
3522(序)
3758(撰)
3758(自序)
5009(撰)
何予方 929(引)
20 何喬新 484(撰)
484(序)
1523(序)
2994(撰)
4222(撰)
何喬遠 1386(序)
2031(撰)
4724(跋)
5505(校)
5505(序)
6470(編)
6470(序)
何秉禮 5263(詩)
何維柏 5263(撰)
何紘度 1334(序)
22 何繼高 2503(撰)
5239(跋)
24 何偉然 4149(序)
4149(訂)
4150(編)
4150(序)
4326(撰)
4577(校)
5552(閲)
5552(紀事)
6559(序)
25 何仲方 3758(編輯)
26 何　儼 4254(跋)
27 何紹基 2560(題識)
5578(跋)
28 何復漢 4222(較)
29 何秋濤 1214(校正)

1214(序)
30 何良俊 3786(撰)
3786(自序)
4445(撰補)
5129(跋)
5404(撰)
6438(序)
6727(序)
何良臣 3004(撰)
何宗彦 5379(序)
何宗理 2071(跋)
31 何　源 5373(撰)
何源濬 1010(序)
2202(序)
何　遷 4126(序)
32 何兆聖 4050(序)
4313(輯)
33 何補之 6457(訂正)
34 何湛之 980(序)
何汝敷 5228(校刊)
5228(序)
何汝學 3608(序)
何　濤 5330(撰)
37 何　鴻 5041(校)
何　凝 6270(校)
6270(序)
何　通 3399(撰)
何逢僖 181(序)
38 何　祥 2782(撰)
何道堅 2140(梓)
40 何九娘 5994(撰)
何士瓚 6645(編)
何士傑 492(校)
1478(校訂)
何士泰 3313(曆法)
何士鐵 3512(閱)
何希之 4801(撰)
何　犴 3028(校)
3028(表)
何志達 4222(較)
41 何　楷 63(校評)
42 何彬然 3444(撰)
何　棅 2854(序)
4771(序)
44 何夢瑤 936(撰)
936(自序)
6764(序)
何夢春 6716(撰)
何夢篆 714(校)
何懋永 4378(撰)
何萬化 3439(序)
何若愚 3076(撰)
何世堪 6226(序)
何世程 2846(訂刻)

何其謙 5552(閱)
何其賢 820(序)
何　桂 5482(序)
45 何楝如 1299(輯)
3329(重輯)
3329(序)
46 何　坦 3512(撰)
何如召 4272(校)
何如寵 820(序)
何如中 5254(跋)
50 何　中 1095(撰)
2684(撰)
何本澄 4893(序)
何東序 5353(撰)
57 何　絜 5913(序)
5947(序)
6653(輯)
60 何國材 2945(撰)
何　思 1623(跋)
何思登 2601(撰)
何　昆 407(續考)
何景福 6641(撰)
何景春 1133(刊)
何景明 1978(撰)
3534(撰)
4861(序)
67 何躍龍 3703(校証)
77 何且純 1566(後序)
何屬乾 1769(撰)
4222(較)
80 何　全 1861(訂)
1861(序)
何　鈁 2602(訂正)
何無適 6296(撰)
82 何　鏷 1821(編)
86 何　錦 3592(訂録)
88 何　鑑 1983(校正)
1983(跋)
89 何　鏜 1861(校)
1861(序)
2010(撰)
2010(序)
2123(編)
2123(序)
2315(撰)
2315(後序)
2328(原編)
5143(序)
5252(校訂)
5252(序)
5365(删定)
90 何　堂 2570(序)
6329(跋)
何光道 5363(後序)

91 何　焯 37(跋)
632(批校)
2140(校)
2543(題識)
2560(校)
2574(批校)
3691(批校並跋)
3716(序)
4391(批校並跋)
4493(跋)
4734(批)
4809(校並跋)
4816(識語)
4958(跋)
6283(批校並跋)
6304(批校)
6307(批校)
6307(評)
6447(批校)
6447(題識)
6485(校)
6631(批校)
94 何　愷 4222(較)
何煒然 1542(序)
96 何　煌 4703(校字)
6304(箋注並跋)
6307(批校並跋)
6797(校)
97 何　炯 6486(編)
99 何榮孫 3511(序)

2122_1 行

25 行　健 35(著)
28 行　儉 4219(序)
30 行　之 3803(撰)
4218(閱)
44 行　菴 5266(校正)
50 行　素 4402(著)
行素居士 4402(著)
53 行　甫 3702(撰)
4527(撰)
77 行　屋 5708(著)
80 行　父 54(校)
3762(校)
4223(閱梓)

2122_7 儒

18 儒　珍 234(參述)
30 儒　宗 293(校録)

肯

71 肯　厓 934(纂集)

2123_4　虞

12　虞弘進　3002(校)
3002(序)
虞廷陛　1463(序)
20　虞　集　1215(撰)
3460(表)
4197(序)
4719(撰)
4784(序)
4822(撰)
4823(撰)
4824(撰)
4829(題辭)
6308(序)
6794(序)
虞　紘　4097(校閲)
24　虞德升　1062(撰)
虞德華　1027(刊)
虞德隆　4006(訂正)
26　虞伯生　4719(註)
6557(撰)
27　虞　俣　5434(著)
30　虞淳貞　6467(撰)
虞淳熙　989(叙)
1861(序)
2172(序)
2240(序)
4518(撰)
5414(序)
5423(序)
5552(序)
6467(撰)
虞守愚　3092(校正)
虞　良　4097(校閲)
32　虞兆隆　3720(撰)
虞兆漋　3720(撰)
虞兆湰　3720(撰)
41　虞　楷　277(撰)
43　虞　求　2404(輯)
44　虞　荔　4153(纂)
53　虞咸熙　1062(草創)
55　虞　摶　3092(撰)
60　虞景璜　4669(校語)
虞景星　3375(參論)
67　虞嗣集　1062(補註)
2911(跋)
71　虞　臣　5794(較)
79　虞　隣　5844(著)
6288(評定)
90　虞懷忠　2019(序)
虞光祚　2105(輯)
97　虞　鄰　5844(著)
6288(評定)

2124_1　處

26　處和子　4691(叙)
52　處　靜　169(述)

2125_3　歲

30　歲寒老人　366(纂)

2126_1　偕

17　偕　孟　6552(批評)
47　偕　柳　2258(原輯)

2126_8　㡉

88　㡉　符　2410(參訂)

2128_6　須

30　須之彦　2040(序)
　　2040(參閲)
　　4448(序)
40　須大進　2040(參閲)

頴

27　頴　侯　4348(撰)

2131_7　鱸

20　鱸　香　510(重訂)

2133_1　熊

00　熊　膏　1700(校正)
　熊應雄　3020(輯著)
　熊文登　1009(撰)
　　1009(序)
　熊文舉　6595(序)
　熊文燦　2031(序)
08　熊敦朴　5209(跋)
10　熊一瀟　5956(序)
　熊元文　1067(校)
12　熊　璠　748(纂次)
　熊　飛　4347(編次)
　　5482(序)
17　熊子臣　2010(序)
　　2098(纂輯)
　　2098(序)
20　熊　位　4678(删訂)
　熊　禾　4183(序)
　熊秉鑑　96(訂)
　熊維熊　1152(較)
　　1152(序)
22　熊胤衡　5209(梓)
　熊任棻　4347(較)
　熊　鼎　3950(撰)
23　熊　儐　3573(編次)
　　3573(序)

		5363(編)
	熊峻運	4347(撰)
		4347(自序)
24	熊　化	2047(序)
25	熊仲龍	5705(梓)
26	熊伯龍	5806(撰)
	熊伯飛	5799(序)
	熊繹祖	6551(序)
		6673(序)
28	熊儀彬	3172(校)
30	熊　宇	908(跋)
	熊宗立	3054(撰)
		3060(解)
		3190(撰)
		3190(序)
		3313(類編)
32	熊　兆	745(集講)
34	熊汝達	2487(增補)
		2487(序)
	熊　澍	1067(校)
	熊　逵	4825(校)
		4825(跋)
		6436(編)
37	熊　過	5083(序)
		5209(撰)
40	熊士倬	1067(訂)
	熊士伯	1066(撰)
		1067(撰)
		1067(自序)
	熊太古	4403(撰)
	熊　直	4905(撰)
	熊有道	5817(輯)
	熊壽試	3141(校閱)
41	熊　概	4905(編)
44	熊茂林	2011(採集)
	熊桂芳	4969(序)
51	熊振濬	1067(校)
	熊振澄	1067(校)
66	熊賜履	1761(輯)
		1773(撰)
		1773(自序)
		2893(撰)
		2894(撰)
		2894(自序)
		5786(序)
		5865(撰)
		5866(撰)
		5867(序)
67	熊明遇	3011(撰)
		3635(引)
77	熊開元	2251(裁定)
		2251(序)
80	熊人霖	766(序)
		1143(序)

5680(序)
5772(選)
5772(序)
5772(傳)
82 熊鍾弘 1456(序)
熊劍化 4017(序)
4255(序)
5176(編輯)
5176(序)
90 熊　光 5806(跋)
熊尚文 492(訂)
1299(序)
2620(撰)
2620(自序)
94 熊　煒 2245(序)

2140_1 衎

30 衎　之 6199(撰)

2140_6 卓

10 卓爾康 105(撰)
586(校)
5485(凡例)
卓爾堪 2562(校)
卓爾昌 5485(校刻)
卓　吾 5239(批選)
5253(批選)
40 卓有見 4331(撰)
44 卓　菴 2854(著)
46 卓觀主人 3867(識語)
67 卓明卿 4302(撰)
4302(序)
5267(校)
5267(跋)
5485(撰)
5486(撰)
5486(自序)
6439(編輯)
71 卓長齡 5742(較刻)

2143_0 衡

10 衡王樂善子 4213(序)
衡　平 4717(題籤)
11 衡　北 3726(校)
22 衡　山 170(述)
36 衡湘野人 1345(述)

2150_6 衛

00 衛　廉 5353(校)
17 衛承芳 3788(序)
22 衛　川 3183(較字)
30 衛　宏 2427(撰)
31 衛　涇 4787(撰)
33 衛　泳 4070(編)

41 衛楨固 1415(撰)
44 衛執蒲 1415(跋)
衛執瑴 1020(撰)
50 衛東楚 5174(刊)
5174(後序)

2155_0 拜

20 拜　住 3460(校正)

2160_0 占

10 占　一 5797(著)
37 占　初 5910(校)

2160_1 皆

50 皆春居士 3959(撰)

2160_8 睿

80 睿　父 3992(輯)
6729(校)

2172_7 師

00 師　文 6308(編)
12 師　孔 5394(刊)
16 師　聖 4191(序)
17 師　孟 5830(梓)
37 師　退 2258(補輯)
40 師　古 6521(編輯)
48 師　敬 4597(序)
74 師　陸 1331(校字)
80 師　會 4360(參定)
88 師簡主人 6042(序)

2180_6 貞

00 貞　庵 1045(訂)
2602(訂)
05 貞　靖 3569(著輯)
10 貞一隱士 4223(篹輯)
21 貞　儒 372(纂)
22 貞　山 4091(著)
26 貞　白 4628(纂)
40 貞　九 3713(編輯)
貞　吉 252(學)
44 貞　若 3113(彙集)
貞　菴 1751(著)
2649(纂)
2878(纂述)
3592(著)
3861(述)
4082(著)
4265(纂)
4949(撰)
50 貞忠居士 6446(序)
53 貞　甫 1664(參閱)
80 貞　父 1441(評選)

88 貞節堂 3796(自跋)

2190_3 紫

00 紫　庭 6633(參訂)
10 紫霄真人 3503(著)
紫霞山人 4674(編輯)
21 紫虚真人 3071(撰)
紫　衡 2460(著)
28 紫微堂 3647(序)
紫　綸 6644(集)
38 紫　滄 5821(較評)
5952(參校)
41 紫栢憨頭陀 4589(著)
44 紫　封 4618(參校)
紫芝子 4654(序)
紫芝軒 3439(輯)
47 紫　超 506(撰)
60 紫　羅 6136(著)
77 紫　殿 1163(校梓)
78 紫　臨 482(校)

2190_4 柴

00 柴應槐 1142(訂)
1685(訂)
07 柴　望 3301(撰)
6603(序)
22 柴胤璧 5084(跋)
24 柴　升 6603(編)
6603(序)
27 柴紹炳 1052(撰)
1052(自序)
4344(撰)
4344(自序)
5764(撰)
6815(著)
柴紹煌 97(序)
37 柴週嶽 846(較録)
40 柴南屏 4344(校)
柴　杰 5764(箋)
柴　奇 5084(撰)
5084(自記)
41 柴　墟 4979(撰)
44 柴世溟 5764(編)
柴世臺 1052(校)
柴世雄 3657(題詞)
柴世埏 833(録測)
柴世基 145(序)
柴世堂 1052(校)
4344(校)
5764(編)
5861(參)
50 柴　夫 692(校訂)
80 柴　羔 3123(校)
84 柴　銑 4344(校)

86 柴　錕　4344(校)
90 柴惟道　5665(撰)

2191_0 紅

40 紅　友　5928(著)

2191_1 經

10 經　三　224(較)
經　五　4981(校梓)
25 經　倩　4577(纂)
5552(閱)
53 經　甫　3834(著)
60 經國堂　4071(識)

2196_1 緡

44 緡　英　4377(纂輯)

2198_6 穎

27 穎　侯　2319(校)

2200_0 川

80 川　父　3090(序)
5110(撰)

2201_0 胤

25 胤　倩　5889(著)
34 胤　禎　2216(碑文)
60 胤　昌　4278(輯)

2210_8 豈

77 豈　凡　2209(鑒定)
5703(著)

豐

00 豐　慶　337(續音)
407(續音)
1481(輯)
1481(跋)
15 豐　建　5637(彙校)
5637(跋)
26 豐　稷　337(正音)
407(正音)
641(案斷)
38 豐道生　337(纂補)
407(考補)
641(擇義)
971(撰)
5165(後序)
5235(序)
40 豐　坊　37(撰)
38(撰)
337(撰)
407(撰)
641(撰)

43　豐越人　5637(撰)
44　豐植椿　5637(彙校)
51　豐　耘　407(補音)
77　豐　熙　337(集説)
407(正説)
1369(贊)
1369(傳)

2220_7　岑

71　岑原道　1703(序)

2221_2　彪

10　彪　西　6618(選)

2221_4　任

00　任　庵　3866(纂)
5873(著)
任彦清　1971(跋)
任彦棻　1931(序)
任彦常　1971(後序)
任慶雲　1987(撰)
任亦鍪　5984(序)
任文燁　2416(序)
12　任　瑗　6259(序)
16　任　環　1436(校刊)
17　任　鼐　5790(訂)
任柔節　1456(序)
1456(跋)
20　任重任　6618(録)
任　秀　1980(謄録)
21　任仁發　2067(撰)
2067(序)
任經邦　1759(序)
24　任　德　1991(跋)
任德成　2977(撰)
27　任繩隗　5796(序)
5946(序)
30　任家相　3803(序)
任良榦　5070(序)
6795(序)
32　任　淵　4760(編)
4760(序)
34　任　遠　3878(著)
38　任　瀚　5453(叙)
任道南　6127(序)
任啟運　210(序)
264(序)
574(撰)
574(自叙)
755(撰)
755(序)
890(撰)
890(序)
890(識語)

2954(撰)
40 任大任 885(撰)
任有齡 40(序)
任有鑑 2096(序)
43 任　栻 2371(撰)
44 任懋忠 2008(編)
任　菴 1834(纂)
2298(纂)
2545(著)
2710(纂修)
46 任觀瀛 6004(撰)
47 任　楓 6618(序)
任欄枝 2269(序)
58 任　轍 2584(校)
77 任周鼎 2051(序)
任　賢 6336(題志)
80 任養心 4236(校閱)
4236(序)
87 任釣臺 293(鑒定)
任　翔 890(校)
94 任　慥 1940(序)

崔

08 崔謙光 2034(閱)
10 崔一鳳 2025(校正)
崔爾進 3414(校録)
5532(校梓)
12 崔廷鍵 5217(序)
17 崔子璲 1511(編)
18 崔致雲 3032(音釋)
3032(序)
20 崔秉鏡 4592(序)
崔維雅 2104(撰)
5030(序)
21 崔師訓 5217(序)
25 崔　縺 2485(修)
27 崔　紀 239(撰)
239(序)
880(撰)
880(自序)
881(撰)
881(識語)
882(撰)
882(序)
2942(撰)
31 崔　涯 5217(撰)
34 崔斗寅 1458(采輯)
40 崔士元 5676(校)
崔嘉彦 3071(撰)
44 崔蔚林 5743(序)
崔　華 1753(序)
2061(纂修)
崔世召 4796(校)
4796(叙)

46 崔如岱 5790(訂)
47 崔　桐 1981(序)
5120(撰)
50 崔春華 2353(校注)
57 崔邦亮 5385(校)
5385(序)
58 崔數仞 1045(較)
1045(序)
60 崔　旦 2495(撰)
2495(序)
崔　冕 4353(撰)
4353(自序)
4353(識語)
77 崔凡芝 5786(點校)
崔與之 1511(著)
84 崔　銑 948(撰)
1980(撰)
1980(序)
2079(序)
2538(撰)
2747(撰)
2750(序)
4020(著)
4781(編)
5039(序)
5040(撰)
5067(序)
5195(序)
5240(跋)
6364(編)
6364(自序)
6364(跋)
90 崔光玉 4281(序)

2222_1 鼎

10 鼎　玉 1725(訂)
28 鼎　儀 4433(撰)
32 鼎　溪 4233(重刊)
46 鼎　如 352(輯)
71 鼎　臣 2147(增修)
77 鼎　卿 3697(著)
5306(著)

2222_7 嵩

10 嵩雲山人 5157(校刊)
34 嵩　渚 4995(硃點)
50 嵩　貴 2064(總裁)

2223_4 嶽

28 嶽　徵 5995(校)
44 嶽　蒼 2556(校正)

2224_1 岸

12 岸　登 35(校)

25　岸　生　139(較訂)

2224_8　巖

25　巖　仲　5935(訂)
43　巖　求　4352(校)

2226_4　循

00　循　齋　6091(校梓)
11　循　蜚　4163(較)

2227_0　仙

37　仙　郎　4577(校閱)
6559(選)
38　仙游山道士彭致中
6794(編)
44　仙　蓓　4383(參)
76　仙　臞　4150(纂)
90　仙　裳　2462(校)
6044(閱)

2229_3　緜

00　緜　亭　6119(著)

2233_9　懸

44　懸　著　3722(輯)

2244_7　艸

90　艸　堂　619(譔述)
1163(譔述)
2226(編輯)

2250_4　峯

37　峯泖浪仙　6785(著)

2260_1　岩

41　岩垣彦明　1133(校訂)
岩垣松苗　1133(增補)

2261_8　皚

26　皚　伯　4050(小引)

2271_1　崑

27　崑　繩　708(評訂)
31　崑　源　220(訂)
32　崑　澎　5731(編次)
44　崑　林　3668(删訂)
60　崑　圃　2574(補註)
4102(輯)
6757(校訂)

2271_3　巙

40　巙志堂　3397(梓)

2277_0 山

00 山 麇 768(較)
山 言 6589(校)
17 山 子 3529(校)
3802(校)
20 山 舫 2259(編)
21 山 止 6661(編)
24 山崎宗運 3134(識語)
26 山 泉 2316(增選校梓)
34 山 濤 1328(梓)
50 山 抃 6167(録)
53 山 甫 4708(著)
57 山 郁 6329(撰)
71 山 長 5718(著)
5719(著)
80 山 谷 6700(撰)
90 山 堂 6079(著)

2277_2 巒

27 巒 稺 133(著)

2290_0 利

11 利瑪竇 3630(撰)
3631(撰)
3632(撰)
3632(引)
3633(撰)
3634(撰)
4138(著)
22 利鑾孫 627(撰)
77 利民瞻 4719(跋)
91 利類思 2360(撰)

2290_1 崇

10 崇 一 6669(輯)
60 崇 恩 1798(題)

2290_4 梨

32 梨 洲 4816(點)

樂

10 樂 天 4737(著)
25 樂 純 3840(撰)
3840(自序)
26 樂和聲 5353(序)
50 樂 史 1582(撰)
1582(自序)
60 樂 園 2224(編輯)
樂 只 2234(修纂)
80 樂善子 4213(序)

巢

10 巢震林 5780(跋)

5946(序)
5947(序)
巢　雲　2931(定)
6040(著)
40　巢　南　5622(輯)
6152(著)
巢　來　1170(較訂)
79　巢　勝　3398(跋)

2291_3　繼

00　繼　文　3625(參校)
10　繼　元　2807(選)
22　繼　山　2279(著)
2280(著)
30　繼　之　3535(著)
40　繼　大　6040(編校)
繼　堯　6214(校訂)

2291_4　種

24　種德堂　3054(牌記)

2294_0　秖

00　秖　襄　788(梓)

2294_7　緩

44　緩　菴　6001(譔)

2299_3　縣

60　縣　圃　5830(編次)

2300_0　卜

00　卜　商　408(撰)
424(撰)
40　卜大同　3000(撰)
44　卜萬祺　1115(序)
卜世昌　1115(校訂)
1115(識語)

2302_7　牗

25　牗　生　2324(校)
46　牗　如　1781(校)

2320_2　参

30　参　寥　551(訂正)

2321_0　允

00　允　文　1781(校)
允　章　4747(校勘刊謬)
21　允　仁　983(校)
24　允　德　4247(删校)
27　允　叔　5779(手跋)
30　允　良　5583(著)
32　允　兆　5686(著)

35 允 清 692(參校)
2829(參証)
40 允 在 4936(校)
允 吉 982(校)
44 允 執 5718(校)
50 允 中 5817(輯)
允 惠 2158(校)
67 允 明 3471(集)

2323_4 伏

25 伏 生 398(口授)
79 伏 勝 398(著)

俟

16 俟 聖 136(閱評)

獻

10 獻 可 54(著)
96(訂)
1046(著)
3248(閱)
26 獻 和 492(著)
30 獻 之 429(訂)
5079(著)
53 獻 甫 485(輯)
6645(選)

2324_2 傅

00 傅應奎 1010(識語)
傅文兆 65(撰)
4783(校閱)
4783(叙)
5475(校)
02 傅新德 1391(校)
2816(撰)
2816(自序)
5461(校)
5644(序)
10 傅王露 2227(撰)
2227(後序)
6163(序)
傅 霽 1183(撰)
傅 霖 3029(撰)
17 傅予潤 5867(跋)
傅子雲 1575(初稿)
4783(編)
20 傅 禹 3023(撰)
傅維橒 5791(撰)
5791(自引)
傅維鱗 1159(撰)
3165(傳)
5790(撰)
22 傅 川 2011(編纂)

傅　巖 4324(撰)
傅鸞祥 1010(命書)
傅　山 4611(批點)
5779(序)
23 傅參之 4785(序)
26 傅伯成 624(序)
28 傅以漸 2103(序)
傅以禮 2543(跋)
4764(跋)
4770(録)
5993(校)
5993(跋)
6779(跋)
傅作楫 2202(序)
傅作興 4311(撰)
4311(自序)
30 傅宗龍 4037(叙)
6499(較閲)
傅宗善 3165(校字)
3165(跋)
32 傅　遜 647(撰)
647(自序)
33 傅　浚 2481(撰)
34 傅汝霖 5426(序)
傅汝舟 1642(分校)
4328(題辭)
5091(編)
5432(撰)
傅汝州 5432(著)
傅汝楫 1451(校正)
35 傅冲之 2040(校正)
37 傅汎際 3639(譯義)
傅淑訓 4320(序)
40 傅　爽 5791(正字)
傅士遜 5791(正字)
傅士忠 5791(正字)
傅士釗 5791(正字)
傅來譽 3002(跋)
44 傅夢龍 4071(凡例)
傅世磊 1010(参訂)
傅世垚 1010(撰)
46 傅旭元 1593(跋)
48 傅　梅 2165(撰)
2165(自序)
傅增湘 319(校)
319(跋)
1188(題款)
1188(跋)
1188(校補)
1195(校)
1195(跋)
1212(校)
1212(跋)
1212(録)

1258(跋)
1324(校)
1511(校)
1582(校並跋)
1591(校並跋)
1912(校)
1948(跋)
1952(跋)
2171(手録)
2366(跋)
2372(跋)
2412(校跋)
2544(籤記)
2560(跋)
2575(校跋)
3299(跋)
3338(校並跋)
3504(跋)
3510(校並跋)
3686(校並跋)
3702(批校)
3716(校並跋)
3718(校並跋)
3739(校)
3744(跋)
4434(手録)
4487(題記)
4489(校並跋)
4490(校跋)
4524(跋)
4544(跋)
4635(校)
4747(跋)
4789(跋)
4836(跋)
4861(跋)
4871(序)
4877(手跋)
5798(跋)
6320(校並跋)
6321(校並跋)
6447(跋)
6649(校並跋)
6683(校並跋)
50　傅擴塾　5791(正字)
傅擴䂍　5790(對字)
傅擴垹　5790(對字)
傅擴田　5791(正字)
傅擴黨　5791(正字)
傅貴久　4538(點校)
51　傅振商　4725(撰)
4725(叙)
6492(編)
6492(序)

6493(撰)
6493(自序)
6494(編)
6494(序)
6495(編)
60 傅國珍 4247(註解)
64 傅時望 3572(序)
77 傅履禮 4001(撰)
傅閬林 2225(鑒定)
80 傅公他 5779(鑒定)
88 傅節子 2086(語)
90 傅光宅 4264(序)
傅米石 6118(撰)
99 傅燮曆 5790(録)
傅燮誠 5791(校訂)
傅燮詷 1159(序)
4536(撰)
4537(撰)
5790(録)
5790(跋)
傅燮雝 5790(録)
傅燮良 5791(校訂)
傅燮鈞 5790(録)

2324_7　俊

24 俊　升 6655(訂定)
30 俊　之 551(較)
77 俊　民 3522(識語)

2325_0　臧

00 臧　亭 2069(校刊)
10 臧爾勸 2446(序)
臧爾炳 5522(識語)
40 臧　梓 1795(撰)
44 臧懋循 1148(訂)
5522(撰)
5553(選)
5612(序)
6461(編)
6461(自序)
6462(編)
6462(自序)
53 臧威爾 3113(助刻)

2333_3　然

67 然　明 3449(著)

2350_0　牟

23 牟允中 4099(撰)
4099(自序)
30 牟永澄 4618(訂)

2355_0　我

44 我　英 482(彙輯)

2360_0 台

10 台　三 1170(較訂)
25 台　仲 1087(撰輯)
71 台　臣 5927(著)

2374_7 峻

26 峻　伯 5278(著)

2377_2 岱

77 岱　輿 5721(著)

2393_2 稼

24 稼　先 6167(校)
44 稼　莊 5991(參訂)
50 稼　書 852(鑒定)
857(纂輯)
1170(評定)
4344(參)
51 稼　軒 4778(輯)
稼軒居士 3736(撰)
53 稼　甫 6531(輯)

2395_0 緘

17 緘　子 6280(編輯)
25 緘　仲 5059(校)

纖

00 纖　庵 3952(手跋)

2397_2 嵇

00 嵇　立 6681(輯)
嵇　亮 5962(正字)
嵇　襄 5962(正字)
14 嵇　璜 3139(序)
30 嵇宗孟 4163(閱)
5962(撰)
34 嵇汝沐 983(序)
44 嵇　菴 5158(選)
77 嵇留山樵 6684(輯)
6694(編)
6712(編)
6717(編)
80 嵇曾筠 1431(序)

2420_0 射

74 射　陂 5296(撰)

斛

22 斛　山 6469(撰)

2421_1 先

44 先　著 5882(序)

67 先　鳴 3236(閲)

2421_7 仇

12 仇廷謨 1068(撰)
仇廷樑 1068(輯)
23 仇俊卿 1623(校正)
2094(撰)
32 仇兆鰲 196(参)
214(序)
856(序)
2664(序)
4165(筆記)
5863(選)
5863(序)
5966(序)
6629(序)
34 仇　遠 6329(撰)
38 仇滄柱 4730(選)

2422_7 備

21 備　皆 6111(箸)
40 備　九 2574(参訂)

2423_1 德

00 德　充 4268(閲)
07 德　望 2156(纂輯)
08 德　謙 3804(録)
10 德　元 2158(校)
12 德　水 3854(跋)
17 德　尹 4105(輯)
22 德　胤 3605(校)
26 德　保 895(序)
27 德　修 3897(較)
德　紹 1474(校)
28 德　徵 4486(釋義)
30 德　淳 530(輯)
德　容 4896(著)
32 德　淨 4821(撰)
34 德　遠 3586(較)
35 德　清 2157(記)
4621(撰)
4621(序)
38 德　祥 4874(撰)
德　裕 4598(序)
44 德　基 2204(撰)
2204(自序)
德　藩 2655(著)
德　萬 5467(著)
47 德　馨 943(較)
50 德　夫 2686(發明)
53 德　甫 3386(選輯)
3419(選輯)
4239(校刪)
58 德　敷 5113(譔)

66 德 嚴 5385(校)
67 德 明 5242(撰)
80 德 父 4240(校删)
88 德 鑑 2217(分校)
97 德 輝 5590(著)

2423_8 俠

17 俠 君 2545(編次)
4807(手跋)

2424_1 侍

44 侍其良器 956(撰)

待

08 待 旃 5860(校)

2425_6 偉

40 偉 士 6765(參訂)
偉 南 6591(參訂)
50 偉 夫 1012(編)
60 偉 男 1152(較)

2426_0 佑

21 佑 上 3675(參訂)

2426_1 借

22 借 山 5776(著)

2426_4 儲

10 儲元基 4979(跋)
20 儲季則 3250(著)
24 儲 巏 1247(校)
4979(撰)
27 儲 粲 817(編校)
850(挍)
40 儲大文 264(序)
517(序)
2062(參閲)
2062(序)
6039(序)
6181(序)
儲大泓 4740(標點)
儲在文 6035(序)
儲 樵 6127(識語)
44 儲 芝 6061(校字)
46 儲 垍 4979(校梓)
47 儲 均 4979(校梓)
50 儲中子 5806(評點)
60 儲昌祚 1717(引)
4979(序)
77 儲 欣 705(撰)
6061(撰)
6638(編)
6638(序)

6789(題辭)
90 儲掌文 6040(序)
6061(識語)
6127(撰)
6127(自序)
94 儲 煐 2043(輯)
3457(校)
97 儲 燿 4979(校梓)
4979(序)

2429_0 休

00 休 文 1022(撰類)
28 休 徵 6525(輯録)
6541(選)

2432_7 勳

53 勳 成 5654(参訂)

2440_0 升

24 升 岐 4327(較閲)
30 升 之 4006(校閲)
37 升 初 214(習業)
44 升 也 1931(編輯)
升 菴 1920(編輯)
4345(編)
5237(評選)
71 升 階 5940(著)

2440_4 妥

17 妥 尹 5128(訂閲)

2441_2 勉

00 勉 齋 2922(訂)
38 勉 道 3509(編)

2462_7 劬

44 劬 菴 5881(著)

2472_7 帥

12 帥廷謨 4516(序)
17 帥承發 3052(序)
23 帥 我 6111(撰)
27 帥仍祖 6122(撰)
30 帥家相 6242(撰)
帥逵男 6111(校字)
帥之憲 6111(刊)
6111(跋)
6164(刊)
42 帥 機 5579(輯)
80 帥念祖 3053(序)
5951(序)
6164(撰)
97 帥 煥 6242(跋)

幼

00 幼 度 4784(著)
幼 辛 4273(訂)
10 幼 于 5387(撰)
11 幼 孺 5557(著)
17 幼 鞏 5666(輯)
30 幼 安 6693(序)
34 幼 淩 3804(校)
35 幼 清 582(撰)
80 幼 公 5871(較)
88 幼 範 5860(校)

2474_7 岐

76 岐 陽 6734(彙選)

2480_6 贊

10 贊 元 1791(撰)
26 贊 皇 3123(閱)
6824(校)
30 贊 寧 3900(編次)

2492_7 納

44 納蘭成德 401(序)
4175(題辭)
5974(撰)
納蘭常安 6135(序)
62 納喇性德 5974(撰)

2495_6 緯

40 緯 真 3598(著)
3912(撰)
5553(序)
5577(著)
6459(撰)

2496_4 緒

10 緒 五 6237(註)
25 緒 仲 5550(訂)
5550(選)

2498_6 續

10 續 可 2835(校正)
32 續 溪 5605(著)
48 續梅花百詠齋
6670(跋)

纘

10 纘 西 792(校)

2500_0 牛

00 牛 衷 4561(撰)
4561(序)
10 牛天宿 2419(撰)

2419(引)
28　牛僧孺　4487(撰)
32　牛兆捷　5779(評次)
5779(傳)
34　牛斗星　561(撰)
827(補)
37　牛運震　262(撰)
726(撰)
2570(補説)
2570(序)
54　牛拱良　1436(校刊)

2510_0　生

26　生　白　272(集)
1724(閲)

2520_6　仲

00　仲　齊　4844(較)
仲　方　2627(著)
仲　章　4304(編)
仲　言　5655(著)
6539(選釋)
6540(參定)
03　仲　誼　1008(序)
2141(校正)
10　仲　玉　4269(較閲)
仲　至　2251(參訂)
仲　雪　427(輯著)
5582(評)
仲于陛　1455(較梓)
仲　平　959(增補)
仲　可　3762(著)
6018(選)
仲　醇　2324(訂)
2623(選)
2640(閲)
3362(校)
3484(校)
3485(較)
3571(訂)
3584(校)
3591(校)
3691(校)
3957(校)
3959(校)
4276(校)
4459(閲)
4548(校)
4682(著)
5401(閲)
5615(選)
6526(選評)
6527(選)
6528(選)

		6529(批點)
		6740(著)
		6807(校)
12	仲　弘	6704(著)
	仲弘道	2664(增續)
		2664(序)
		6677(撰)
	仲　弢	675(纂)
	仲　延	1045(較)
17	仲　瑠	6815(訂註)
	仲　弓	1723(纂校)
20	仲　喬	4475(校閱)
	仲　孚	12(撰)
		6318(編輯)
21	仲　衍	6505(參)
	仲　仁	2246(閱)
		3337(撰)
	仲　衢	3123(參)
24	仲　化	3057(註證)
26	仲　和	1715(譔)
		4459(譔)
27	仲　修	3249(編次)
	仲　脩	5145(訂)
	仲　魯	6514(訂次)
28	仲　綸	6499(較閱)
30	仲　濟	2086(校)
	仲　房	6329(序)
	仲　安	4816(訂)
		5442(著)
	仲宏道	2664(撰)
	仲　容	140(較)
		418(采輯)
	仲　良	5595(著)
	仲　宗	3511(題記)
33	仲　治	5929(著)
34	仲　法	1537(定)
	仲　淩	3804(校)
	仲　達	826(疏)
		977(采輯)
37	仲　深	2594(定)
		4885(編)
	仲　選	1361(跋)
38	仲　裕	5385(梓)
	仲　遵	3487(撰)
		4575(撰)
40	仲　友	4042(序)
	仲　嘉	622(編輯)
42	仲　韜	1400(校刊)
	仲　椟	1062(撰)
44	仲　蘭	300(著)
	仲　慕	5583(校)
	仲　恭	5349(校)
	仲　韓	5622(著)
	仲　英	4223(閱梓)

5423(跋)
仲　若　4006(訂正)
仲　材　1664(訂)
仲蘊錦　1471(撰)
仲　林　6290(輯)
45 仲　坤　5283(著)
5283(自序)
46 仲　觀　3807(校)
仲　如　5784(輯)
仲　賀　3265(序)
47 仲　慤　4323(參訂)
仲　好　1783(纂編)
5517(編次)
60 仲昰保　5729(跋)
6205(撰)
仲　思　1874(校)
仲　因　362(參閱)
4294(訂)
仲　昇　4006(訂正)
仲　景　3137(著)
63 仲　貽　5267(著)
67 仲　明　4332(校正)
5531(著)
仲　昭　5794(較)
6536(參)
77 仲　堅　2803(編)
4065(校)
仲　履　3807(撰)
5633(校)
仲　馭　1729(編次)
仲　學　3592(著)
4447(纂)
5158(著)
仲　與　1084(題辭)
80 仲　益　5552(閲)
仲　羲　937(録)
仲　美　4247(編次)
仲　年　1087(校録)
86 仲　錫　6269(著)
87 仲　舒　4042(編)
90 仲　常　820(采輯)
91 仲　恒　6814(參訂)
6815(撰)

2520_7　律

00 律　亭　3172(校)

2522_7　倩

倩　2702(校訂)

2524_0　健

44 健　菴　1473(訂正)

健

50　健　夫　6419(校正)

2524_3　傳

10　傳　一　175(著)
34　傳　達　4690(參閱)
50　傳　夫　692(校訂)
80　傳　人　5831(選)
92　傳　燈　2172(序)
2173(著)
2173(序)

2576_0　岫

10　岫　雲　3139(較)
3139(序)

2590_0　朱

00　朱　方　2550(識語)
朱方藹　4734(批)
朱高熾　3224(序)
3943(跋)
4867(諭旨)
朱高燧　3943(跋)
朱應登　5025(撰)
朱應鼎　4685(撰)
朱應祥　4861(評點)
朱應奎　985(著)
3968(撰)
朱應春　4457(校訂)
朱應時　2085(編)
朱庭柏　6761(序)
朱廣基　2265(補述)
朱　賡　5460(撰)
5625(序)
朱　文　4225(撰)
朱文環　4902(校正)
朱文山　2159(撰)
朱文繡　6336(校)
朱文治　6561(撰)
6561(序)
朱文藻　1150(手校)
1150(手跋)
2543(校)
2543(跋)
6712(跋)
6767(批校)
朱文蔚　220(校)
朱文剛　1133(序)
朱文炳　220(校)
朱　衣　3350(校)
朱　袞　4327(序)
5651(序)
朱袞錫　2926(校梓)

朱　襄　222(撰)
6824(校)
01　朱　評　6097(跋)
02　朱　端　5678(跋)
03　朱誼瀾　5488(題識)
朱誼槷　5488(蒐輯)
5488(跋)
朱　試　2835(批評)
2835(序)
04　朱　謹　873(撰)
2216(撰)
朱　謨　6451(筆授)
朱謀㙔　66(撰)
990(序)
1147(撰)
1147(自序)
3219(序)
4466(序)
4516(纂)
4577(題詞)
05　朱　諫　2146(撰)
2146(自序)
07　朱翊鈺　4604(著)
5487(撰)
朱翊鈞　2586(序)
2586(跋)
5143(誥命)
朱　韶　2823(輯)
08　朱效端　5296(批校)
10　朱一龍　2441(參閱)
朱一是　5815(序)
朱正色　2618(撰)
2618(題詞)
朱正明　3016(閱)
朱正暉　5779(書鐫)
朱　玉　4782(編)
4782(引言)
朱丕武　533(校)
朱丕戭　5713(編)
朱　露　1595(訂)
1595(序)
朱元璋　2422(撰)
2422(序)
2528(敕修)
3947(敕撰)
3948(敕撰)
3949(敕撰)
3950(敕撰)
4665(御製)
朱元芳　5454(選)
朱元英　712(撰)
712(自序)
5900(序)
朱元晦　807(講授)

	朱爾邁	4816(訂)
		5742(較刻)
		6661(序)
	朱　夏	4829(編)
	朱　霞	6602(編)
		6602(序)
	朱天麟	130(撰)
		130(序)
		5647(序)
	朱吾弼	1355(編)
		1439(編)
		1439(序)
		2713(標註)
		2713(序)
	朱可亭	511(訂)
		710(訂)
	朱栗夷	4381(撰)
11	朱彌鉗	5061(撰)
12	朱瑞圖	4713(校梓)
	朱弘祚	1420(撰)
	朱　烈	1574(輯)
	朱廷立	2485(撰)
		5171(撰)
		6377(跋)
	朱廷佐	5401(訂)
	朱廷旦	4055(撰)
		4055(跋)
	朱廷臣	6394(序)
	朱廷益	978(序)
	朱廷鉉	2364(校)
	朱廷欽	6285(勘)
	朱廷熻	5813(撰)
	朱廷煥	2287(撰)
		2287(序)
	朱廷禧	3619(校)
	朱孔陽	999(訂正)
14	朱　琦	686(参訂)
		6225(編次)
	朱　瓚	285(撰)
15	朱　璉	413(書後)
	朱建子	533(撰)
		533(自序)
16	朱珵堦	5450(撰)
	朱碧蓮	3804(點校)
17	朱孟震	3797(撰)
		3797(自序)
		3798(撰)
		3798(自序)
		3799(撰)
		3799(自引)
		3800(撰)
		3800(小引)
		5087(跋)
		5453(撰)

5639(序)
6730(撰)
朱孟尝　4604(撰)
朱　珣　3141(校梓)
朱承爵　3696(撰)
3696(自序)
4760(跋)
6721(撰)
朱承臯　5171(刊)
朱承耀　5171(刊)
朱　子　522(撰)
806(撰)
朱子儋　3696(著)
朱柔嘉　972(後序)
19　朱　璘　4713(編)
4713(序)
4760(跋)
6029(撰)
朱　琰　4734(跋)
6598(題款)
6683(跋)
20　朱壬林　5738(跋)
朱　秀　4996(後序)
朱采卿　1006(識語)
朱統鐼　1730(後序)
朱維京　4462(撰)
朱維吉　2484(著)
朱維藩　3846(訂)
4572(編)
朱維陛　1534(撰)
1534(自序)
1534(自跋)
21　朱上林　1200(跋)
朱　徑　6053(撰)
6053(自序)
朱　虛　4350(撰)
4350(自序)
朱　虔　2204(序)
朱　熊　2484(撰)
4720(跋)
朱　衡　1640(撰)
5236(敘)
5323(題辭)
5327(序)
5890(校)
朱　衛　2881(校)
朱師孔　5621(撰)
朱　經　6053(撰)
朱術珣　3436(撰)
3436(序)
朱㮚居　4381(撰)
22　朱　嶔　5027(批點)
朱　崴　2614(序)
3640(小引)

朱　巒　2881(校)
5890(校)
朱　嵩　6123(後敘)
朱巢飲　1921(校)
朱崇勳　6161(撰)
6194(撰)
朱崇沐　1355(訂梓)
2713(訂梓)
2737(訂梓)
6225(編次)
朱崇禧　6225(編次)
朱崇道　6161(撰)
6195(撰)
朱稻孫　6162(序)
23 朱　紱　2103(序)
朱紱來　492(校)
1478(校訂)
24 朱仕琇　6251(序)
朱　佐　1861(書後)
朱德洪　1355(閱)
朱德潤　4829(撰)
朱　升　13(撰)
13(序)
80(旁注)
324(撰)
2581(序)
4849(撰)
6314(編)
朱　紈　1263(撰)
1263(序)
5145(撰)
朱　綺　6161(撰)
朱　緯　6218(撰)
朱緒曾　2374(跋)
25 朱仲福　3165(撰)
3165(序)
朱　健　3640(撰)
朱　積　6327(編)
26 朱自新　2440(撰)
朱得之　424(撰)
803(序)
3590(撰)
4609(撰)
4609(引)
朱　緗　6160(撰)
6651(撰)
朱程履謙　5987(序)
朱　稷　672(序)
27 朱　凱　5060(撰)
朱　豹　5129(撰)
朱　脩　5546(跋)
朱多熲　5627(撰)
朱象衡　3354(緝補)
3363(編)

朱象先　4661(編)
朱翽羽　5150(訂)
朱彝尊　684(手跋)
2206(序)
2307(撰)
2561(序)
3125(序)
3197(手跋)
4357(撰)
4832(手跋)
4984(評語)
5725(序)
5793(序)
5831(序)
5845(跋)
5845(批點)
5878(序)
5981(撰)
5987(序)
6041(序)
6120(序)
6160(序)
6283(跋)
6292(序)
6626(選録)
6626(序)
朱約佶　4679(撰)
4679(自序)
朱約淳　1954(撰)
朱　綱　6161(撰)
6651(撰)
朱　絳　6651(撰)
朱　紹　6327(編)
朱紹本　1950(撰)
28　朱　繪　3830(序)
朱從延　1758(校)
1758(序)
朱從古　2841(序)
30　朱宣墡　6732(編)
朱　濂　1935(編)
朱寬熄　1216(撰)
朱家潛　2424(説)
朱家法　5425(識語)
朱家棟　1307(撰)
朱家用　1355(閲)
朱之瑶　1742(序)
朱之俊　121(撰)
121(序)
169(序)
559(序)
668(撰)
668(序)
5706(序)
朱之赤　3504(題款)

6321(校)
6321(跋)
朱之柱　5171(刊)
朱之蕃　1989(序)
2805(參)
4003(圈點)
4276(序)
4307(序)
4879(録)
5382(傳)
5510(校)
5510(跋)
5559(撰)
5559(跋)
5625(序)
6384(撰)
6457(序)
6475(註)
6480(編)
6480(自序)
6570(序)
朱之楫　5171(刊)
朱之臣　5650(序)
5652(序)
朱之錫　1432(撰)
朱守智　4758(序)
朱宏祚　1420(撰)
朱　搴　2928(撰)
朱寔昌　5056(編)
5056(序)
朱宗文　1024(撰)
朱宗川　5397(撰)
朱宗洛　299(撰)
299(自序)
朱宗吉　5385(校)
朱察卿　5340(序)
5425(撰)
31　朱　江　220(撰)
朱　澐　1753(較訂)
朱　濡　1753(重訂)
朱源孝　2926(校梓)
朱源星　1405(校刊)
1405(跋)
1407(題識)
33　朱浚明　5154(序)
朱　溶　2265(重輯)
朱　黼　2579(撰)
34　朱　潢　220(訂)
朱祐櫁　955(刊)
朱祐樘　4967(詔書)
朱　邁　4816(序)
35　朱清仁　4684(撰)
36　朱　澤　6405(編)
朱澤澐　2881(撰)

2881(自序)
5890(撰)
37　朱潮遠　4095(編)
4095(序)
朱　洞　1010(序)
朱　鴻　741(跋)
2823(編)
朱鴻謨　2089(跋)
朱淑真　4794(撰)
朱祖文　1825(撰)
1825(小引)
朱祁鈺　3460(序)
3946(撰)
3946(序)
朱祁銓　6353(序)
朱運昌　4724(序)
朱　軍　94(批校)
38　朱淞潤　6271(校)
朱　袗　1108(校正)
朱道相　3094(序)
朱肇坤　4055(後序)
朱啟昆　5866(序)
40　朱大章　5314(書後)
朱大夏　73(校)
73(序)
朱大韶　3786(序)
朱大啓　3010(跋)
朱士楷　1(手跋)
朱士錦　1045(較)
1045(梓)
朱　直　2659(撰)
2659(自序)
朱在明　6451(校)
朱克温　3824(書後)
朱克裕　3824(撰)
3824(自序)
朱希周　5036(序)
朱希賢　4927(校正)
朱存理　1525(著)
朱　熹　63(輯闡)
131(本義)
439(序)
458(集傳)
459(集傳)
542(奏劄)
607(編)
609(編)
935(序)
940(序)
1345(後序)
1355(著)
1481(後序)
2695(序)
3957(著)

		4771(編定)
		4773(序)
	朱嘉徵	2855(序)
		6585(編)
		6585(自序)
	朱　吉	4863(撰)
	朱奇穎	180(撰)
	朱奇齡	718(撰)
		5995(撰)
	朱壽陽	1825(跋)
	朱來遠	3974(校閱)
		3974(跋)
	朱　樟	6058(撰)
		6058(自序)
41	朱　桓	3375(參論)
	朱　柯	1753(重訂)
42	朱　彬	1753(較訂)
	朱　棅	6123(後序)
43	朱載壐	6296(序)
	朱載堉	923(撰)
		923(總叙)
		923(自序)
	朱載墇	4674(編)
	朱載垕	5325(誥命)
44	朱協庭	5994(校)
	朱協慶	5995(校)
	朱荃宰	1886(序)
		6743(撰)
		6743(自序)
	朱董祥	534(撰)
		791(撰)
		5967(撰)
	朱勤美	1301(後序)
		2011(採集)
		2446(撰)
		5258(序)
	朱勤㷱	2011(採集)
	朱　藻	1431(跋)
	朱夢得	2090(對讀)
	朱　芬	4158(序)
	朱芾煌	5678(撰)
	朱蔚然	6526(參閱)
		6526(序)
	朱茂昌	5737(序)
	朱恭壽	5995(跋)
	朱葵之	1194(校)
		1194(跋)
	朱　芸	4725(跋)
	朱世潤	1574(編)
	朱世挺	4125(跋)
	朱其絃	3406(序)
	朱　權	12(序)
		1225(著)
		1225(自序)

2253(纂修)
2340(著)
2586(撰)
2586(序)
2586(跋)
3311(撰)
3311(自序)
4216(撰)
4216(自序)
4666(撰)
6820(撰)
6823(編)
6823(序)
45 朱　坤 1165(序)
朱　棣 856(序)
1224(序)
2727(撰)
2727(序)
2762(序)
2841(序)
2849(序)
3956(序)
4585(編)
4585(序)
朱　椿 2230(序)
46 朱觀熰 6728(序)
朱如弼 1439(輯)
朱如日 283(撰)
47 朱鶴齡 4731(批校)
4739(序)
6799(編)
朱鶴鳴 4864(鑒定)
朱朝瑛 138(撰)
138(自序)
358(撰)
500(撰)
525(撰)
560(撰)
2855(撰)
朱朝聘 1876(閱梓)
1876(序)
朱朝弼 1987(後序)
朱朝禋 2011(採朝)
朱朝墒 2011(採集)
朱朝貴 3810(校梓)
朱朝瞌 6341(序)
朱期昌 3365(校正)
朱　楹 1225(序)
48 朱　警 6391(後語)
朱敬循 92(序)
朱敬鎑 5488(撰)
50 朱中楫 5704(撰)
朱　申 628(撰)
741(撰)

1499(序)
4132(傳釋)
朱泰貞 557(撰)
朱泰禎 557(撰)
朱泰來 3462(撰)
朱本洽 5624(閱)
朱本道 4656(刊)
朱由校 5563(祭文)
朱由檢 1706(詔)
1730(諭旨)
5295(祭文)
朱　書 5900(序)
朱　素 1133(序)
朱東觀 551(參較)
551(序)
朱東光 1231(撰)
4133(編)
51 朱　振 145(序)
朱振祖 954(手跋)
53 朱　輔 4061(撰)
朱　軾 227(裁定)
227(序)
511(序)
569(重訂)
602(撰)
602(序)
613(評點)
709(撰)
721(序)
752(註)
752(序)
朱成點 6191(撰)
57 朱邦衡 955(題識)
2544(校)
朱　輈 2881(校)
5890(校)
朱　輅 2173(校)
2173(序)
2881(校)
2881(識語)
5890(校)
60 朱日炯 145(序)
朱曰藩 5102(序)
5184(序)
5296(撰)
5416(序)
朱星渚 5977(序)
朱　昱 1970(撰)
1970(書後)
1970(序)
1971(撰)
朱國琦 4301(校)
朱國珍 1031(增補)
朱國禎 3644(題辭)

		3813(撰)
		3813(自跋)
		6286(序)
		6558(序)
	朱國達	1950(撰)
	朱國初	2453(序)
	朱國祚	1715(序)
		4965(序)
	朱國楨	1118(撰)
		1435(校定)
		1435(序)
		1885(序)
		3813(著)
		4448(校正)
		5451(序)
		5498(序)
	朱國材	6550(序)
	朱國幹	1950(撰)
	朱國春	4127(助梓)
	朱國表	4062(參)
	朱國盛	2098(撰)
		2098(序)
		3485(序)
		4633(序)
	朱四輔	6277(序)
	朱　冕	5000(編集)
	朱昌運	4350(訂)
	朱昆田	4357(抄撮)
		4370(撰)
	朱　昂	6207(序)
	朱景元	4194(撰)
	朱景英	6140(序)
61	朱顯祖	1753(撰)
		1753(自序)
		2886(撰)
	朱顯槐	5155(撰)
62	朱　暟	4785(刊)
64	朱睦𣖮	2011(採集)
	朱睦㮮	27(序)
		67(撰)
		650(撰)
		650(自序)
		1301(撰)
		1675(撰)
		2011(序)
		2011(纂)
		2445(撰)
		2540(撰)
		2676(序)
		4516(撰)
		6728(序)
	朱晞顔	2068(撰)
	朱時新	4849(閲輯)
	朱時登	4849(參閲)

67 朱瞻基 2413(撰)
3944(撰)
3944(序)
4846(撰)
朱　鷺 1307(撰)
1307(引)
1307(識語)
1545(序)
5506(跋)
朱　煦 5210(編次)
71 朱陛宣 1825(序)
朱厚章 6033(序)
朱厚燾 6353(序)
朱厚照 1092(序)
朱厚熇 4213(序)
朱厚煜 1216(刊)
朱厚熜 1346(撰)
1348(撰)
1942(批)
2430(撰)
2431(撰)
5325(誥命)
朱　臣 1000(輯)
朱長庚 4291(跋)
朱長統 5425(刻)
朱長芳 2399(撰)
朱長世 5425(刻)
朱長春 63(校評)
3026(撰)
3026(序)
5489(序)
朱頤塚 1448(序)
朱頤坦 3112(序)
72 朱隱老 3186(撰)
3186(自序)
朱　質 5145(梓)
76 朱隗雲 5651(序)
77 朱風林 324(旁註)
朱鳳臺 6146(序)
朱鳳英 5150(序)
朱覺圓 4586(刊)
朱用行 272(撰)
272(自序)
朱鵬圖 4713(校梓)
朱際昌 1165(校刊)
朱熙洽 4247(註解)
朱學勤 6575(手跋)
朱　輿 2881(校)
5890(校)
80 朱人龍 1405(校刊)
1405(跋)
1406(校刊)
朱企鈴 5275(序)
朱益藩 4747(題記)

	朱令昭	6228(撰)
	朱　善	4857(撰)
	朱善繼	4857(撰)
	朱曾喆	6161(撰)
	朱會龍	3297(校正)
	朱公遷	811(約説)
		812(約説)
	朱養純	3502(參評)
	朱養和	3502(輯訂)
82	朱鍾文	1546(撰)
86	朱錫庚	1760(題記)
		2557(跋)
		4764(跋)
	朱　錦	1104(校)
		6572(編)
87	朱　欽	1354(彙校)
	朱欽紳	1574(輯)
88	朱　篁	5145(訂)
	朱　篣	4127(助梓)
	朱　篪	4233(校正)
		4233(序)
	朱竹廬	2219(手跋)
	朱　簡	1041(撰)
		3399(序)
90	朱懷樸	6229(撰)
	朱光家	985(撰)
		985(序)
	朱光進	2881(録)
		5890(編)
	朱光祚	980(校)
		980(跋)
		5395(序)
	朱光裕	3824(撰)
	朱常淛	2439(撰)
	朱常澇	1730(輯)
		1730(疏)
	朱當淛	2439(撰)
		2439(序)
		4442(序)
91	朱炳如	5236(校)
94	朱　煐	4244(序)
97	朱　煥	5210(編次)
	朱　焯	820(註釋)
	朱燦華	6290(參定)
99	朱燮元	1405(撰)
		1406(撰)
		1407(撰)

2591_7　純

25	純　仲	2805(閱梓)
27	純　叔	6784(撰)
37	純　初	5613(著)
38	純　道	4930(著)
53	純　甫	3514(述)

4513(編輯)
76 純陽真人 4630(撰)
77 純　卿 1612(校)
80 純　父 5462(著)

2592_7 繡

10 繡雲居士 4030(撰)
50 繡　青 667(編)

2599_6 綀

60 綀國事 1401(序)
2048(序)
5604(序)

2600_0 白

00 白鹿山人 5893(著)
白方鴻 2863(録梓)
白　玄 4217(校閱)
4218(重校)
4234(纂輯)
10 白　石 4574(彙編)
5142(評)
白雲山人 4842(批點)
白雲散人 6807(纂)
12 白登明 2105(序)
17 白乃貞 2135(序)
5827(撰)
18 白　瑜 1458(撰)
22 白　川 2252(纂修)
白胤謙 2863(著)
5734(序)
5735(撰)
5735(自序)
白巖山人 5665(著)
白　山 4370(跋)
白樂天 6695(撰)
23 白允謙 2863(撰)
白允(胤)謙 5735(撰)
5735(自序)
25 白　生 3484(校)
3957(校)
4408(校)
27 白　嶼 1990(增訂)
28 白以道 3792(刊)
30 白良琯 2204(序)
34 白　潢 2219(序)
2264(序)
38 白啓京 5229(録)
白啓吳 5229(録)
白啓常 5229(録)
39 白　沙 4929(著)
67 白鷺書院 4038(序)
70 白　璧 2755(序)
77 白居易 4737(著)

6695(撰)
98 白悦 5229(撰)

自

00 自齋 985(校正)
02 自新齋 2726(跋)
03 自誠 4520(輯)
10 自玉 3502(参評)
15 自融 4592(撰)
4592(自序)
22 自崑 1762(較)
24 自先 719(校)
37 自溟 3626(評)
5482(校刻)
46 自觀 537(校正)
48 自警 4586(刊)
60 自邑 5053(撰)

2610_4 皇

53 皇甫庸 4059(撰)
皇甫龍 2979(點校)
皇甫汸 1030(序)
1653(叙)
1668(序)
1673(序)
2584(跋)
3557(撰)
4173(後序)
4302(序)
4439(序)
4994(删定)
5227(序)
5229(校)
5229(序)
5244(序)
5261(序)
5323(序)
5328(選)
5387(序)
5404(序)
5418(序)
5430(評選)
5610(序)
6388(序)
6408(序)
6451(序)
6727(撰)
皇甫濂 1647(撰)
1647(序)
皇甫涍 1647(撰)
皇甫冲 1605(後序)
1647(序)
4419(序)
4420(序)

6574(序)
皇甫懋　3557(跋)
皇甫中　3107(撰)
皇甫鋏　2105(序)
皇甫録　4418(撰)
4419(撰)
4420(撰)

2620_0　伯

00　伯　亮　3016(閲)
伯　高　4317(校)
伯　康　4843(著)
伯　度　2646(纂)
5723(纂)
07　伯　調　1540(參閲)
10　伯　一　4722(註)
5258(著)
伯　玉　348(著)
441(纂)
2096(删定)
3056(助刊)
4217(增訂)
4234(增訂)
5324(著)
5630(彙選)
伯玉甫　4244(序)
伯　夏　434(編)
伯　可　4802(輯)
12　伯　孔　5552(閲)
伯　璣　5831(選)
17　伯　弜　6307(選)
伯　子　4323(纂輯)
4440(跋)
6242(著)
6440(參閲)
伯　翼　5618(選)
20　伯　孚　983(校)
21　伯　順　839(著)
4256(閲)
5602(著)
伯　仁　3055(註)
伯　貞　3748(著)
22　伯　任　4247(註解)
23　伯　獻　1809(輯)
2685(輯)
25　伯　生　1953(纂)
4317(訂正)
4719(註)
4822(著)
4823(著)
5701(考正)
伯　純　3568(著)
26　伯　如　5329(著)
27　伯　修　2246(閲)

伯魚　6419(纂)
伯魯　47(學)
　541(集註)
伯紀　4767(著)
30 伯進　43(訂)
　1927(訂)
伯安　419(參)
　436(參)
　6439(校正)
伯容　3586(著)
伯良　5604(訂)
伯宗　5790(訂)
31 伯顧　6545(閲)
34 伯爲　4006(訂正)
伯達　4519(校)
37 伯鴻　4609(校刊)
伯咨　5666(校)
　5842(著)
38 伯祥　6536(序)
伯裕　2246(編)
40 伯雄　5552(閲)
44 伯勤　924(撰)
伯孝　3592(著)
伯甘　5772(選)
伯其　6289(著)
　6802(序)
伯權　2154(箋定)
　5636(著)
46 伯相　4031(纂著)
47 伯起　5386(撰)
48 伯翰　677(校)
伯敬　63(校評)
　423(纂輯)
　433(撰)
　632(評)
　673(批評)
　2405(鑒定)
　2625(述)
　4322(題辭)
　4330(校閲)
　6502(選定)
　6503(選定)
　6504(點次)
　6505(選)
　6506(選評)
50 伯東　2495(著)
53 伯成　4719(演)
　4731(定)
60 伯昺　4842(批點)
伯昌　12(校正)
　4524(著)
　5308(校閲)
伯景　1885(校)
　1898(校)

67 伯　明 5026(著)
伯　略 4029(輯)
71 伯　厚 4192(輯)
伯　原 1133(點校)
76 伯　陽 5344(訂)
77 伯　同 2808(著)
3812(識)
伯　履 5842(較)
伯　閎 5549(著)
伯　闇 60(叙)
5655(校)
伯　興 1540(校政)
80 伯　念 5525(著)
伯　含 4223(閱梓)
伯　善 6545(閱)
87 伯　翔 4445(序)
88 伯　符 349(著)
4611(校)
90 伯　光 4260(校)

2621_0 但

50 但貴元 4936(編)
4936(跋)

2621_3 鬼

80 鬼谷子 3280(撰)
3281(撰)

2622_7 偶

28 偶　僧 6809(編纂)
40 偶　樵 3022(纂輯)

偈

44 偈　菴 2254(輯)

2624_1 得

30 得　之 4747(考異)

2624_8 儼

44 儼　若 6145(著)

2626_0 侶

44 侶　薪 6623(著)

2629_4 保

36 保　暹 6695(述)
58 保　鼇 6243(著)

2633_0 息

00 息　廬 4073(序)
息齋居士 4688(撰)

2641_3 魏

00 魏方泰 4361(撰)

5884(序)
魏裔訥　847(序)
魏裔介　204(小引)
746(撰)
854(撰)
1045(訂)
1415(序)
1417(撰)
1745(序)
1751(撰)
1751(自序)
1752(撰)
1752(自序)
1829(序)
2649(撰)
2649(自序)
2875(撰)
2876(撰)
2877(撰)
2878(撰)
2878(自序)
2879(撰)
2879(自序)
3040(撰)
3041(撰)
3667(撰)
3668(删訂)
3861(撰)
4078(編)
4079(編)
4080(編)
4081(撰)
4082(編)
4082(序)
4083(撰)
4084(序)
5734(序)
5748(序)
5748(傳)
5756(序)
5787(序)
5789(撰)
5938(序)
5987(序)
6590(撰)
6590(自序)
魏應嘉　1690(撰)
1690(序)
2043(序)
魏應桂　4222(訂)
4222(序)
魏　庠　965(刻版)
魏麐徵　5950(撰)
6635(校)

魏亦晉　2933(編校)
魏文帝　6695(撰)
魏文煐　5297(撰)
魏　襄　6616(序)
04 魏　勷　2649(較)
4082(輯)
08 魏　説　3711(序)
6498(序)
10 魏一鼇　5743(跋)
魏一鼈　617(校)
魏一鵬　1663(編次)
1665(編)
1666(編次)
魏元曠　2358(跋)
3771(校勘記)
12 魏廷珍　2062(序)
16 魏環溪　204(撰)
17 魏了翁　3689(撰)
3689(自序)
3690(撰)
3691(撰)
3738(撰)
20 魏維垣　1665(編)
魏維藩　1663(考證)
1664(編次)
1665(編)
1666(考證)
21 魏　衍　4762(編)
4762(記)
22 魏嵩山　1939(校點)
魏　偁　3958(撰)
23 魏允孚　5019(序)
5213(校正)
魏允貞　5237(序)
魏允禮　5934(序)
魏允柟　6587(選梓)
魏允枚　6587(選)
25 魏仲恭　4794(序)
魏仲舉　1493(撰)
魏純粹　2507(撰)
5587(撰)
26 魏伯陽　4625(著)
27 魏象樞　5705(較正)
5705(序)
5748(墓志)
5783(序)
5786(撰)
5794(序)
30 魏　濠　1737(跋)
魏　完　4889(編次)
魏　憲　5077(選)
5077(序)
5688(選評)
5831(輯)

		5841(序)
		6613(編)
	魏良弼	5176(撰)
	魏良貴	5046(序)
	魏定國	4361(後序)
	魏宗徵	3248(閲)
31	魏　濬	950(撰)
		2283(撰)
		3166(撰)
		4290(序)
		4458(著)
		5586(撰)
33	魏浣初	427(撰)
		1549(序)
		4297(序)
		5582(評)
34	魏汝功	1861(跋)
	魏　禧	359(参訂)
		1899(撰)
		4344(参)
		5514(傳)
		5672(墓志)
		5745(序)
		5871(序)
		5913(序)
		5947(序)
		5981(序)
		6613(小引)
		6623(序)
35	魏　禮	5837(序)
		6021(序)
38	魏啟萬	2254(撰)
40	魏大順	965(挍正)
	魏大成	3652(撰)
	魏有本	1623(序)
	魏希明	965(跋)
	魏嘉孚	2649(較)
		4082(輯)
	魏　校	521(撰)
		637(撰)
		813(撰)
		965(撰)
		965(自叙)
		1101(撰)
		1518(著)
		2373(撰)
41	魏　樞	259(撰)
		727(撰)
42	魏樸如	2019(撰)
43	魏　博	4117(編)
	魏朴如	2019(撰)
44	魏荔彤	2649(較)
		2878(編輯)
		3861(編輯)

		4082(輯)
		5915(撰)
		5915(自序)
	魏世晉	2649(讀)
	魏世傚	1766(序)
		1831(序)
	魏世家	2649(讀)
	魏世萃	2649(讀)
	魏世益	2649(讀)
45	魏　坤	5746(傳)
		5934(序)
		5998(序)
		6066(序)
		6066(題詩)
		6160(題詞)
61	魏顯國	1663(撰)
		1664(撰)
		1665(撰)
		1666(撰)
64	魏時亮	2792(編)
	魏時應	3968(校訂)
	魏時用	2124(跋)
71	魏　驥	4889(撰)
		4893(序)
		6329(序)
72	魏　彤	1751(編輯)
77	魏周琬	6126(序)
	魏際瑞	5947(序)
	魏學謐	5786(録)
	魏學誠	5786(録)
	魏學訥	5786(録)
	魏學謙	5786(録)
	魏學渠	4325(序)
		5762(序)
		6587(序)
	魏學禮	1649(序)
		3788(序)
		5322(校)
		5323(校)
		5331(序)
		6437(序)
	魏留耘	6437(校梓)
86	魏錫曾	1212(校)
		2551(手校)
		2551(手跋)
		2567(手校)
		5662(校)
90	魏　裳	5298(序)
		5333(撰)
94	魏慎齋	710(訂)
96	魏　煜	5786(刊)
		5786(跋)
97	魏　焕	2124(編)
		2124(引)

2643_0　吴

00　吴主恕　543(序)
吴立堅　3189(校刊)
吴　亮　1703(撰)
1703(序)
1704(撰)
3938(撰)
4000(序)
4000(論贊)
4284(序)
4588(題辭)
6414(序)
吴亮嗣　5059(序)
吴彦匡　3488(撰)
吴裔之　133(輯)
吴　廓　2227(校刊)
吴應試　2040(校正)
吴應賔　2096(序)
3604(撰)
5513(序)
吴應埈　6325(校正)
吴應申　739(撰)
吴應鵬　2154(序)
吴應箕　849(序)
1896(叙)
4060(撰)
4060(引)
吴康弼　3604(序)
吴康壽　5926(跋)
吴康田　5544(編輯)
吴　庠　2568(校)
4181(校)
4181(跋)
5892(批)
吴廣霖　3028(校注並跋)
吴文充　4759(繕寫)
吴文度　4966(撰)
吴文正　569(纂)
吴文浤　3909(序)
吴文奎　5628(撰)
吴文臺　59(著)
吴文華　1383(撰)
1384(撰)
5344(校)
5368(撰)
吴文炎　6123(序)
吴文煥　6140(序)
6163(序)
吴讓之　5738(跋)
吴　京　6424(序)
03　吴就恒　2864(凡例)
04　吴　訥　1460(輯)
1460(序)

		3036(撰)
		4781(編)
		4862(序)
		6325(編)
06	吳　韻	2081(撰)
07	吳望中	426(校)
	吳翊載	5856(贊並序)
	吳翊如	1130(點校)
	吳調元	4090(撰)
	吳　韶	2081(撰)
09	吳麟瑞	1463(序)
	吳麟生	4538(閱訂)
	吳麟徵	2843(撰)
10	吳一麟	4457(校訂)
		5128(較刊)
		5128(序)
	吳一琴	3830(校正)
	吳一標	3942(校)
	吳一栻	4926(後序)
	吳一鵬	4247(序)
		5010(撰)
	吳三畏	5490(選)
	吳三策	1034(校)
	吳　正	3262(撰)
	吳正名	6681(序)
	吳正倫	3101(撰)
	吳正治	3123(序)
	吳正志	5293(參訂)
	吳正炳	4326(增删)
	吳　玉	1412(撰)
	吳玉繙	4133(校)
	吳玉墀	2543(手跋)
	吳玉搢	3416(校並跋)
	吳元爵	3249(跋)
	吳元復	1705(跋)
	吳元滿	990(撰)
		990(自序)
		991(撰)
		991(自序)
		992(撰)
		992(叙)
		993(撰)
	吳元祥	177(序)
	吳　雨	432(撰)
	吳　需	983(校)
	吳震方	1007(撰)
		2305(撰)
		2650(跋)
		3721(序)
		3860(序)
		5793(序)
		6005(撰)
		6005(自序)
		6629(編)

6629(自序)
吳震元　6527(編次)
吳　雯　5991(撰)
吳雯清　6611(輯並評)
6802(撰)
吳雯炯　751(跋)
吳天胤　4056(小引)
吳天挺　1537(較刊)
吳天泰　1595(閱)
吳　石　2120(撰)
吳晉錫　2209(序)
吳可行　5478(序)
吳可期　5239(校正)
吳可善　5239(校正)
吳　雲　2259(編)
2263(撰)
2937(撰)
3725(序)
吳雲起　1782(校)
11　吳　非　2257(序)
吳非熊　6601(撰)
吳珂鳴　4089(序)
12　吳登籍　4719(校)
吳瑞登　1119(撰)
1119(自叙)
1308(撰)
1308(自叙)
吳弘基　2629(著)
吳發高　3889(校)
吳廷試　3172(參)
3172(跋)
吳廷楨　6089(撰)
吳廷華　5786(題詩)
6092(序)
吳廷楝　2930(補注)
吳廷相　4838(編輯)
5544(編輯)
吳廷舉　607(序)
4991(序)
4999(撰)
吳延齡　5389(跋)
13　吳　瑄　6447(編)
6781(撰)
吳殘衫　5904(批校題跋)
14　吳　琦　4915(梓)
4915(跋)
15　吳　璉　5856(序)
吳　琠　5710(序)
5875(撰)
5986(序)
17　吳孟祺　5029(序)
吳翌鳳　1188(校)
1188(跋)
1200(跋)

1212(跋)
1478(校)
1478(跋)
1601(校)
1601(跋)
1797(校)
1797(跋)
1850(批校)
1939(跋)
1974(校並鈔)
2237(跋)
2544(校並題記)
3338(校並跋)
3934(校並跋)
4181(校並跋)
4404(跋)
4799(題識)
6706(跋)
6706(録)
吳　琛　2587(序)
吳　鼒　280(撰)
吳承讓　3604(序)
吳承烈　1160(訂)
吳子玉　1027(校正)
5403(撰)
5403(自序)
5633(序)
吳子良　6698(著)
吳子孝　6387(序)
6727(序)
6784(撰)
20 吳重憙　1908(手跋)
4434(跋)
6818(跋)
吳位和　6645(編)
吳　喬　4739(撰)
4739(序)
6759(撰)
6759(自序)
吳　爰　5052(撰)
吳季長　6642(編)
吳　爵　1656(編)
吳秉志　5631(編)
吳秉權　5047(跋)
吳維京　4126(序)
吳維嶽　5184(傳)
5278(撰)
吳維禮　177(校)
21 吳仁度　2609(序)
5544(序)
吳仁傑　4697(疏)
4716(撰)
吳卓信　2543(校並跋)
5801(跋)

	吳師道	1168(校)
	吳師古	3478(訂)
22	吳胤昌	3647(題詞)
	吳豐培	1300(前言)
	吳任臣	1047(撰)
		5794(跋)
	吳　鼎	278(序)
		294(撰)
		295(撰)
		2962(撰)
		5130(撰)
	吳　嶽	1813(序)
	吳嶽秀	5524(序)
	吳　山	190(撰)
		2079(撰)
		2079(序)
	吳崇節	2613(撰)
		2613(自引)
		5389(撰)
		5389(自叙)
	吳樂堯	1034(校)
	吳繼鼎	5684(較)
	吳繼綬	3177(序)
	吳繼仕	769(編)
		769(序)
		1035(撰)
		1035(自序)
	吳繼安	1861(校)
		5701(編輯)
	吳繼裘	5701(後序)
	吳繼茂	1861(序)
	吳　綎	4928(編刊)
	吳　綏	1160(撰)
23	吳允嘉	1179(手校)
		1767(撰)
		2534(撰)
		3744(識語)
		4745(輯)
		6712(跋)
	吳允恭	3554(編)
		4126(録)
		4126(跋)
	吳允中	1028(校)
		1028(序)
	吳獻台	6729(校)
	吳　代	6802(評解)
	吳　台	2927(著)
	吳台碩	2927(撰)
	吳台引	1542(序)
	吳　皖	2575(序)
	吳稼蹬	5553(選)
		5612(撰)
24	吳　化	2441(參閱)
	吳　仕	5065(序)

5107(撰)
吳仕旦 4131(覆訂)
4665(覆訂)
吳德信 227(撰)
227(序)
吳德生 6227(校)
吳德安 6227(校)
吳德昭 3077(序)
吳偉業 203(序)
2209(序)
2209(纂修)
3016(序)
4474(序)
5752(序)
5815(序)
5867(序)
5947(序)
5962(閱)
5962(序)
6289(序)
6579(編)
6579(序)
吳勉學 1882(序)
3074(校)
3075(校)
3080(校)
3115(編)
4281(校正)
4303(跋)
4337(考注)
6521(撰)
吳　綺 2193(序)
5441(序)
5514(序)
5632(序)
6063(序)
6581(序)
6596(選)
6596(序)
6800(撰)
6800(序)
吳纘姬 6645(編)
25 吳　牲 1705(編)
吳　仲 2073(撰)
吳　岫 1914(跋)
1945(校正)
1974(畫畐)
1978(跋)
2120(跋)
26 吳自高 6043(註)
6043(例言)
6043(緣起)
吳自新 5267(序)
吳自肅 1840(序)

吳伯慶　4719(撰)
吳伯與　1439(編校)
1702(撰)
1702(序)
5639(序)
吳皐喻　5261(序)
吳　穆　5987(序)
27 吳　御　25(校刻)
25(序)
吳奐然　6460(序)
28 吳以誠　5260(評)
吳　徵　4248(謄校)
吳儀一　3862(序)
5944(序)
吳儀洛　3136(撰)
3136(序)
3137(撰)
3137(序)
吳從政　4561(音註校梓)
4561(跋)
吳從先　4150(定)
4577(撰)
4577(自序)
5552(閱)
6479(解釋)
吳從志　4176(校刻)
吳從周　1964(校)
吳從善　3518(序)
29 吳秋士　2330(編)
30 吳　宣　4937(撰)
吳　沆　2699(撰)
吳淳夫　3014(序)
吳寵錫　5552(閱)
吳　寬　1211(跋)
2549(序)
4921(序)
4942(序)
4954(選定)
4971(序)
吳寬思　1704(對正)
吳瘮生　4718(後跋)
吳家吳　5814(校)
吳進義　2227(序)
吳之彥　6061(編次)
6061(序)
吳之璋　482(閱)
吳之鯨　1441(引言)
吳之俊　4291(撰)
4291(自序)
4312(著)
吳之紀　203(參訂)
6805(序)
吳之奇　1034(校)
吳之翰　203(參訂)

吴之振 4799(小引)
5831(輯)
5926(撰)
6066(序)
6067(序)
吴之甲 3414(校録)
6539(會訂)
6744(序)
吴之騄 749(撰)
749(自序)
5548(序)
吴之鵬 3002(梓)
3503(序)
3994(序)
4247(序)
吴憲澂 3398(跋)
吴 騫 13(跋)
24(跋)
105(過録)
415(手跋)
964(手跋)
1237(跋)
1921(校)
1939(跋)
1940(手跋)
1996(校)
2049(手批)
2224(撰)
2224(序)
2404(校)
2543(校並跋)
2544(手跋)
2591(校)
3215(跋)
3718(校並跋)
4764(校並跋)
4816(批並跋)
4834(跋)
5704(跋)
5738(跋)
6485(手跋)
6625(批)
6713(跋)
6767(批校)
吴守一 737(撰)
吴守大 1627(撰)
吴守中 5403(閲)
5403(序)
吴安國 3810(撰)
5509(序)
吴宏道 6306(撰)
吴宏基 2629(撰)
吴審度 1537(定)
吴定璋 6666(編)

吴宗邵 4326(增删)
吴宗琰 2613(重鐫)
2613(序)
吴宗儒 5484(撰)
吴宗儀 6745(序)
吴宗達 2398(訂正)
吴宗熹 977(序)
吴宗周 6360(編)
31 吴　涵 6005(序)
吴　源 1637(校語)
吴源起 997(序)
吴　禎 3712(校)
4320(較)
32 吴　兆 5668(撰)
6601(撰)
吴兆侯 6642(著)
吴兆宜 5857(引)
6292(撰)
吴兆寬 5857(詩)
吴兆騫 5857(撰)
吴兆璧 5606(撰)
吴　澄 536(撰)
569(撰)
582(撰)
810(著)
4814(撰)
33 吴心恒 2598(序)
吴必禄 6645(編)
34 吴　湛 6289(撰)
吴漢翃 679(参閲)
679(序)
吴汝惺 268(撰)
吴　浩 790(撰)
6024(跋)
吴　洪 4935(序)
4936(序)
吴洪裕 1398(編)
吴　淇 6289(撰)
6802(編)
6802(跋)
吴祐之 133(輯)
吴禧之 133(輯)
吴禧祖 734(校)
吴　逵 4577(序)
吴遠猷 227(校)
吴達可 1398(撰)
1465(序)
1716(序)
1717(序)
2777(序)
5293(編次)
5363(序)
5470(序)
5475(編)

5475(序)
6476(編)
37 吳　沉 2432(著)
吳湖帆 1212(手跋)
吳　鴻 1414(序)
吳鴻翔 4734(録)
吳次一 3824(校)
3824(跋)
吳祖修 6082(撰)
吳　遐 3141(校梓)
38 吳　祚 1035(訂)
吳　遵 5064(編刻)
吳遵晦 5130(録)
吳道新 2819(詮)
吳道邇 2046(撰)
吳道南 1888(序)
2095(撰)
2818(撰)
4280(編)
4280(弁言)
吳道明 1376(跋)
5255(後序)
吳道長 70(訂)
1027(訂)
吳道鎔 5263(詩)
吳肇公 1702(較閲)
吳啟昆 240(撰)
240(自序)
吳啓鵬 5940(跋)
40 吳大經 5582(撰)
5582(序)
吳大佶 677(校)
吳大有 1627(撰)
3509(撰)
吳大志 2319(閲)
吳太冲 1727(序)
1889(序)
吳士顔 2079(序)
吳士端 6089(跋)
吳士良 5341(編)
吳士冠 5552(手書)
吳士奇 1882(撰)
1882(自叙)
5548(撰)
6521(校正)
吳士威 1702(較閲)
吳士熙 94(輯)
吳士鑑 4777(跋)
吳培鼎 4340(輯)
吳培源 1160(校刊)
6023(序)
吳克誠 3242(撰)
吳克孝 2105(序)
吳克明 1027(刊)

吳有豸　2034(閱)
吳南灝　1537(序)
吳希孟　6472(輯)
吳希尹　541(校正)
吳存禮　1573(撰)
　1573(序)
吳志尹　2581(校勘)
吳志定　1927(校)
吳志葵　3016(較)
吳志忠　693(校刊)
　1194(校)
　1194(跋)
　2557(校)
　2557(跋)
吳嘉言　2835(校正)
吳嘉謨　2835(校正)
　2835(序)
吳嘉紀　5892(撰)
吳　奇　3400(跋)
吳　枋　3740(撰)
41 吳　極　108(撰)
吳　楨　4320(題辭)
42 吳斯洺　6088(題詞)
吳　樸　1107(撰)
43 吳式芬　2557(校並跋)
吳　城　2227(校刊)
　2421(跋)
　4799(序)
吳　朴　1107(跋)
吳　棫　1022(補叶)
吳樾皋　3303(手跋)
44 吳　荃　482(彙輯)
吳夢麟　4719(跋)
吳夢生　979(識語)
吳夢斗　1034(校)
吳夢材　4248(編)
吳夢暘　1996(閱)
　5612(序)
　5686(撰)
吳　苑　2193(序)
　3727(校)
　4023(參定)
吳　莊　6642(著)
吳　兢　6683(撰)
　6683(序)
吳　芮　6153(序)
吳蔚光　5849(跋)
吳　蓮　396(撰)
吳懋謙　5752(撰)
　5752(輯)
　5809(序)
吳　芊　2160(校定)
吳孝章　1724(撰)
吳華孫　6084(序)

吳　英　693(叙)
吳　若　2120(撰)
吳蕃昌　2843(輯)
吳世忠　329(撰)
吳世尚　4616(撰)
吳甘來　5590(像贊)
吳楚材　4248(編)
4248(叙)
吳樹申　3604(較刊)
3604(跋)
吳　萊　5128(校刻)
5128(序)
吳桂森　2829(編)
2829(序)
吳桂芳　5301(撰)
吳　蘊　6269(校)
吳　菘　3482(撰)
46 吳如江　748(纂次)
47 吳　均　959(撰)
吳　坰　5897(撰)
吳起元　1076(撰)
1988(對閲)
吳起潛　3341(跋)
吳　超　5423(跋)
吳朝楨　2761(校刊)
吳期炤　4886(選輯)
4886(序)
48 吳　敬　2240(校梓)
吳敬齋　315(撰)
吳敬梓　395(序)
吳敬菴　315(撰)
吳枚庵　4799(跋)
吳　梅　1527(編)
1939(跋)
4806(跋)
4967(跋)
5920(識語)
6819(跋)
50 吳中玉　1034(校)
吳中行　3909(序)
5478(撰)
吳中偉　1724(閲)
1724(序)
3120(序)
吳中明　5258(序)
吳肅公　450(撰)
532(撰)
1563(撰)
2882(撰)
4475(撰)
4475(自序)
5833(序)
吳本立　934(参訂)
4352(校)

吳本涵　2224(校鍥)
　2224(跋)
吳本厚　2224(校鍥)
吳　春　1370(重編)
吳　舂　5128(輯)
　6307(序)
吳東發　6283(題款)
吳東儒　4127(助梓)
51 吳　軒　2774(校)
52 吳哲夫　1858(説)
53 吳盛藻　6277(撰)
　6277(自序)
吳甫生　1005(序)
54 吳撝謙　59(撰)
　485(閲)
　1809(閲)
　2685(閲)
吳拱岳　4475(校閲)
55 吳農祥　6283(跋)
57 吳邦達　4583(刊)
吳邦臣　5038(叙)
58 吳　敖　3101(校正)
　3101(跋)
　3101(序)
60 吳　昉　140(訂)
吳日炎　4981(序)
吳曰慎　315(撰)
　1616(序)
吳國琦　2423(重訂)
　6737(訂)
　6737(叙)
吳國縉　1060(編)
　4949(引言)
吳國仕　5476(序)
吳國倫　820(序)
　1913(撰)
　3104(校)
　5341(撰)
　5375(序)
　5396(序)
　5417(序)
　5453(選)
　5453(序)
吳國對　5867(序)
吳國輔　1951(撰)
　1951(序)
吳見思　4731(撰)
　4731(序)
吳　思　1177(序)
吳思誠　3551(編)
　4126(録)
吳思賢　4176(校刻)
　4176(跋)
吳昌碩　3928(署簽)

5612(跋)
吳昌綬 4794(題款)
6257(跋)
6320(題詞)
6683(題詩)
吳景琦 4538(閱訂)
吳景鸞 3240(解蒙)
3242(續撰)
吳景仲 2579(序)
吳景淳 5926(序)
吳景果 4538(閱訂)
吳景長 3343(撰)
63 吳　默 63(校評)
65(批評)
107(序)
146(批閱)
64 吳曉鉦 1217(校)
1219(校)
1220(校)
1221(校)
1228(校)
吳時薪 990(刊)
吳時來 2128(撰)
65 吳　映 249(撰)
65 吳曙谷 4280(增補)
吳　暻 2518(撰)
67 吳明春 5701(校正)
吳明義 2141(校正)
吳瞻淇 6088(序)
吳瞻泰 4716(撰)
4716(序)
6121(序)
吳昭明 4217(校閱)
4218(重校)
4233(撰)
吳嗣爵 6108(序)
吳　照 1857(序)
1857(挍刊)
71 吳長元 4764(跋)
72 吳脈鬯 305(撰)
305(自序)
74 吳騋登 3671(序)
75 吳陳琬 719(撰)
4539(撰)
6630(編)
吳陳琬(琰) 4539(撰)
吳陳琰 719(撰)
2265(撰)
2265(序)
5807(序)
5807(小傳)
5807(墓志)
5849(序)
5864(序)

6065(序)
6066(序)
6066(題詩)
6630(編)
77 吳鳳瑞 5119(校刻)
5119(序)
吳隆元 218(撰)
219(撰)
602(序)
753(撰)
753(識語)
吳隆孫 4586(刊)
吳用先 66(序)
1664(校正)
1771(編纂)
1868(校)
3013(序)
吳周甲 5548(跋)
吳同春 1029(叙)
吳　鵬 5169(撰)
吳履中 600(序)
吳履泰 3496(校)
吳　熙 850(挍)
吳　馭 3983(跋)
吳學孔 3681(録)
吳學儼 1950(撰)
吳學曾 4126(序)
吳學炯 5077(訂)
吳闡思 2332(撰)
吳興祚 1580(序)
4731(定)
4731(序)
79 吳騰蛟 1709(序)
80 吳全節 2140(序)
2236(序)
吳慈培 2543(校)
2572(跋)
吳善謙 1965(序)
吳　會 4838(撰)
吳　曾 2113(序)
吳公勵 4257(校)
吳養都 1355(校)
吳養春 1355(校)
4296(校閲)
82 吳鍾巒 133(撰)
吳　鎧 2008(編)
83 吳　鉞 4961(跋)
吳弘猷 2926(校梓)
84 吳　鎮 3359(撰)
5826(校刊)
86 吳錫麒 4328(圈點並跋)
87 吳舒鳬 190(撰)
88 吳　鈎 2905(序)
4760(校)

吳　鋭　4374(序)
吳　節　2374(序)
4776(序)
4890(序)
4915(撰)
90 吳惟貞　5169(校梓)
5169(跋)
吳惟明　3504(校刊)
吳　懷　189(訂)
189(序)
吳懷讓　2609(校訂)
5218(訂)
吳懷謙　1719(校)
2240(校梓)
吳懷清　5747(撰)
吳懷古　426(校)
426(跋)
552(閱)
吳懷恭　769(校)
吳懷懋　769(校)
吳懷忠　769(校)
吳懷愷　769(校)
吳懷惲　769(校)
吳　堂　2575(序)
5654(傳)
吳　光　1300(跋)
2206(撰)
5742(説)
5742(整理)
吳光胤　1440(校)
吳光治　1440(校)
吳光義　980(校)
吳尚文　5254(序)
吳尚絅　4838(編輯)
吳棠禎　5740(序)
91 吳　炳　2315(校正)
2315(序)
5113(校正)
吳　焯　2227(分修)
2543(校)
2543(跋)
3744(跋)
3776(跋)
4799(手跋)
4817(跋)
97 吳　烱　3608(撰)
3608(跋)
98 吳　悌　1527(撰)
吳爚文　6208(撰)
6208(自序)
99 吳榮祖　817(編校)
850(校)

2664_3 皞

46 皞　如　4767(輯)

皡

46 皡　如　5565(著)

2671_0 峴

00 峴　亭　6046(著)

2690_0 和

10 和玉山人　3278(撰)
和元昇　4657(跋)
25 和　仲　5552(閱)
27 和　叔　1170(較訂)
40 和　南　2173(序)
4588(跋)
4592(序)
42 和斯輝　3460(撰)
47 和　聲　3445(訂)
50 和　中　6290(參定)
67 和　鳴　2269(增輯)
和鳴喈　5731(評)
77 和　卿　841(參訂)
80 和　父　4209(編)
4798(集)
和　羨　3172(校)

2691_4 程

00 程應鵬　1616(跋)
程　庭　6121(撰)
程慶餘　1852(手跋)
程文德　5200(撰)
5201(撰)
程文潞　6466(編)
02 程端蒙　2714(撰)
03 程　試　6416(續輯)
04 程　誥　5053(撰)
07 程毅中　4385(點校)
09 程麟德　2661(較訂)
10 程一枝　1085(撰)
程正已　5592(撰)
程正揆　3712(校)
3857(撰)
4320(較)
5710(撰)
程正巽　4072(序)
程玉潤　106(撰)
程至善　2630(撰)
程元章　2227(總裁)
2227(序)
程元初　1039(撰)
1122(撰)
1122(自序)

程元愈　2258(撰)
程于庭　5053(序)
程晉芳　245(訂)
245(序)
2342(跋)
5676(跋)
程可中　5636(撰)
11 程　珂　3056(助刊)
12 程廷珙　1993(序)
程廷祚　245(撰)
245(序)
246(撰)
395(序)
2967(序)
13 程　珌　6777(撰)
17 程孟陽　6601(撰)
程玘綱　3056(識語)
程子章　4223(閱梓)
程子侃　6471(評)
程子鏊　4176(序)
程子明　5302(校刊)
5302(引)
程君樂　4597(訂)
程君房　3429(撰)
程君恩　1669(梓)
18 程　玠　6013(題辭)
程致生　2369(著)
20 程維培　2209(較正)
21 程　卓　1200(撰)
22 程胤兆　5636(跋)
程胤萬　5636(跋)
程　崟　511(參訂)
710(編録)
4716(較)
23 程允(胤)兆　4145(編)
4145(序)
程允培　3394(參校)
程允基　3394(撰)
24 程德良　3602(撰)
3602(自序)
程德洽　1011(撰)
1011(序)
程　俠　1039(序)
程纘洛　2754(後跋)
27 程御龍　6072(序)
程伊藻　869(參訂)
程　俱　1493(撰)
4769(撰)
程　岣　6672(撰)
程　紹　2828(敘)
28 程復心　811(章圖)
812(章圖)
1446(撰)
1447(撰)

	程從龍	4840(撰)
30	程　濟	1318(著)
	程　寬	5082(校)
		5116(校正)
	程之彦	4223(閱梓)
	程　守	2193(參閱)
	程宇鹿	4268(校)
	程　準	3181(序)
	程　富	6339(序)
	程良玉	3279(撰)
		3279(自序)
	程良孺	3712(撰)
		3712(自序)
		4320(撰)
		4320(自序)
	程宗文	5001(校)
31	程福亮	2696(訂梓)
33	程　浤	5790(訂)
	程　浚	3727(參校)
	程　邃	2805(閱梓)
34	程灌園	5745(校)
	程　湛	2696(編)
		2696(序)
	程　法	3904(序)
	程汝文	3278(撰)
	程汝繼	94(撰)
	程遠芬	36(説)
	程　達	3994(撰)
		3994(自引)
36	程　涓	3114(序)
		5577(序)
		5628(閱)
		5628(序)
37	程凝之	3602(撰)
38	程道行	6448(增訂)
	程道生	3406(撰)
	程道遠	5004(跋)
	程　啓	1616(校刻)
	程啟充	1352(序)
		6711(跋)
	程啟朱	6613(參)
39	程　泮	5444(梓)
40	程大覃	5710(編次)
	程大位	3177(撰)
		3177(跋)
	程大卓	5710(編次)
	程大純	2946(撰)
	程大皐	5710(編次)
	程大約	3429(輯)
		5456(撰)
	程大復	3712(校)
	程大華	5710(編次)
	程大均	2967(梓)
	程大中	5625(校)

程大聿 5710(編次)
程大畢 5710(編次)
程大昌 400(撰)
2118(撰)
2118(自序)
程大年 3712(校)
程士鯤 5682(撰)
程希洛 6469(輯)
程希堯 3629(撰)
程志先 1754(續撰)
程志隆 5742(較刊)
程嘉燧 2254(撰)
5668(撰)
6601(撰)
41 程　楷 2630(較)
2630(叙)
5001(撰)
43 程　城 708(參正)
708(序)
44 程夢星 6114(撰)
6114(自序)
6212(序)
程芳朝 5703(序)
程　蘭 4831(序)
程　茂 708(序)
708(參正)
4619(參訂)
程懋學 4223(閲梓)
程若庸 2714(補輯)
程　蕃 12(校正)
程世英 5947(序)
6802(題詩)
6802(評閲)
程世鵬 4796(跋)
程其成 5764(引言)
程　材 4971(跋)
程樹華 6304(批)
46 程觀生 148(撰)
47 程朝京 2160(序)
5218(序)
6486(選刻)
程起駿 5004(撰)
52 程　哲 3880(撰)
53 程盛修 3728(序)
程　威 1601(識語)
1601(序)
58 程　轍 2750(校正)
60 程　曈 1616(撰)
1616(序)
2754(撰)
2754(自序)
程國儀 2967(梓)
程國祥 1880(傳)
4006(訂正)

程思柔　1601(書後)
程恩澤　4967(觀款)
程昌煒　1003(校)
程　邑　6579(序)
64 程時言　5213(校正)
67 程明哲　502(撰)
502(自序)
程明善　6813(撰)
6813(序)
程　鳴　6126(序)
程鳴瑞　1545(校)
程嗣章　2967(撰)
程嗣祖　4818(編集)
71 程　頤　131(著傳)
234(序)
77 程際盛　6292(删補)
6292(序)
程聞禮　324(壽梓)
324(書後)
程開祜　4298(序)
程開泰　5157(校刻)
80 程　益　6316(序)
程善定　5400(校)
5400(後序)
程　曾　324(校正)
1601(刻後)
81 程鉅夫　2139(序)
82 程　鐈　3099(訂梓)
3099(跋)
87 程銘敬　1212(跋)
6133(題簽)
6133(跋)
88 程　銓　4050(纂)
4050(序)
程敏政　1601(撰)
1601(序)
2592(撰)
2592(序)
2720(撰)
2720(序)
2739(著)
2739(自序)
6342(編)
6343(編)
6472(增補)
6472(序)
程　策　96(訂)
90 程光璿　5710(編次)
程光琦　5710(編次)
程光珠　5710(編次)
程光琰　5710(編次)
程光祹　1418(序)
5802(撰)
程光鏞　2946(校)

程光鉅 2946(校)
2946(跋)
程光銘 2946(校)
程光鑑 2946(校)
94 程　煒 1003(序)
97 程　恂 598(序)
2713(序)
99 程　燊 4135(編)
6517(校)
程燊秀 1499(序)

2692_2 穆

00 穆文熙 1169(編)
1169(自序)
1876(編)
1876(序)
3978(撰)
4132(編)
5385(撰)
12 穆孔暉 816(撰)
816(跋)
21 穆貞胤 169(序)
5706(序)
27 穆　叔 5760(著)
40 穆希文 3817(撰)
3817(自序)
4308(撰)
4308(自序)
46 穆　如 497(輯註)
556(輯註)
90 穆光胤 5385(梓)

2693_0 總

22 總　山 4703(校字)

2694_1 釋

00 釋彥悰 3332(撰)
釋方澤 5448(撰)
釋廣賓 2183(撰)
釋文瑩 6687(撰)
02 釋新仁 1043(刊)
10 釋至柔 5701(編)
釋元璟 5776(撰)
5776(自序)
釋元復 4584(撰)
釋元奇 2261(撰)
釋元賢 2199(纂修)
2199(自序)
釋石屋 5701(著)
釋可真 4589(撰)
20 釋皎然 6684(撰)
21 釋虛中 6695(撰)
釋睿略 4875(撰)
22 釋山止 6661(編)

24	釋德淨	4821(撰)
	釋德清	2157(記)
		4621(撰)
		4621(序)
	釋德祥	4874(撰)
	釋德基	2204(撰)
		2204(自序)
25	釋傳達	4690(參閱)
26	釋自融	4592(撰)
		4592(自序)
30	釋瀍顯	3702(撰)
	釋適之	3338(著)
	釋定暠	2205(撰)
	釋寶雲	5393(批)
	釋宗淨	2241(撰)
	釋宗賢	5445(撰)
32	釋淨溥	6662(編)
34	釋洪恩	5643(撰)
35	釋袾宏	4584(梓)
37	釋祖浩	6335(編)
	釋祖觀	6531(序)
	釋通復	5777(撰)
	釋通門	5778(撰)
38	釋道霈	5864(序)
	釋道瑶	6335(編)
	釋道泰	996(撰)
	釋道恂	6531(撰)
	釋豁眉	6677(撰)
40	釋大壑	2240(撰)
		2240(序)
	釋大汕	2366(撰)
	釋大觀	3246(参訂)
	釋大善	5700(撰)
		5700(自序)
	釋大錯	5719(序)
	釋克新	4854(撰)
	釋志磐	4583(輯)
	釋壽寧	6311(編)
	釋真一	3479(撰)
	釋真空	1043(撰)
42	釋斯學	5645(撰)
44	釋蓮儒	3358(撰)
		3359(撰)
46	釋如巖	1043(刊)
	釋如彩	1043(刊)
	釋如愚	5644(撰)
50	釋本元	2215(序)
	釋本以	3851(撰)
	釋本晝	5740(撰)
	釋本果	4591(撰)
	釋惠洪	6688(撰)
52	釋靜福	4467(撰)
60	釋圓至	6307(撰)
	釋圓復	2249(撰)

釋杲朗　6531(撰)
63　釋畹荃　2157(續)
77　釋同揆　2361(撰)
80　釋真可　4589(撰)
釋無相　6500(編)
釋無盡　2172(撰)
2172(序)
2173(撰)
86　釋智舷　3462(撰)
88　釋敏膺　6213(撰)
90　釋惟光　2247(跋)
釋少嵩　4793(撰)
95　釋性制　2203(輯)
釋性德　1043(編)

緝

44　緝　菴　559(習)
53　緝　甫　4771(定)

繹

27　繹　峰　5902(較)

2694_7　稷

44　稷　若　577(輯)

2712_7　歸

21　歸　仁　5067(編)
30　歸　寧　5393(編次)
34　歸　祐　5393(識語)
5393(編次)
38　歸道傳　5393(編次)
40　歸有功　5026(後序)
歸有光　51(撰)
521(校)
637(校)
813(校)
1101(校)
3397(序)
3979(編)
4402(引)
5026(序)
5046(序)
5166(序)
5393(撰)
6431(編)
44　歸　莊　4346(序)
歸懋儀　6221(題詩)
歸世昌　5393(跋)
47　歸朝煦　51(校刊)

酆

30　酆　宫　3254(訂)

2713_2 黎

00	黎應春	4859(校)
	黎文遠	5837(抄)
10	黎三錫	4859(校)
	黎元寬	997(序)
		2259(序)
		2310(序)
		5688(選評)
		5704(序)
		5871(序)
	黎元振	4859(校)
	黎元甲	4859(校)
17	黎翼之	4859(訂)
		4859(序)
18	黎致遠	5837(跋)
		5837(抄)
19	黎耿然	5883(撰)
21	黎上錫	4859(校)
	黎　貞	4859(撰)
22	黎嵩錫	4859(校)
26	黎和宣	4859(校)
27	黎　久	3523(撰)
	黎久之	3523(撰)
30	黎定國	2312(撰)
32	黎　洲	6625(選授)
	黎　近	4719(序)
		6713(序)
37	黎祖壽	1642(督梓)
	黎祁遠	5837(抄)
38	黎遂球	124(撰)
		124(自序)
40	黎士毅	5837(序)
		5837(點定)
	黎士弘	3330(跋)
		5726(序)
		5837(撰)
		5837(序)
	黎士寬	5837(點定)
	黎士宏	5837(撰)
		5837(自序)
	黎堯卿	3961(撰)
		6688(跋)
44	黎　芳	5336(編)
	黎華玉	4859(訂鐫)
50	黎　擴	6713(序)
	黎由高	306(撰)
77	黎學文	4859(校)
	黎民表	2769(序)
		4697(序)
		5182(編次)
		5486(校)
		6404(編)
		6404(序)

80 黎善積 4859(訂鐫)
97 黎耀錫 4859(校)

2721_0 佩

44 佩　葱 503(輯)

2721_2 危

28 危徹孫 4758(序)
50 危　素 1505(撰)
2478(撰)
4747(後記)
4818(墓碑)
4853(撰)
67 危昭德 4795(撰)

2721_7 倪

08 倪　謙 1235(撰)
10 倪元珙 5437(序)
倪元璐 58(批)
2508(撰)
6529(序)
6533(校閱)
6536(編)
倪元夫 4127(助梓)
倪元忠 4127(助梓)
倪　霱 6653(編次)
6653(校字)
倪　晋 4352(參訂)
12 倪　璠 2308(撰)
2308(自序)
14 倪　瓚 3462(撰)
4835(撰)
6338(撰)
16 倪　珵 4835(刻)
22 倪繼宗 5047(編次)
6624(訂)
6660(編)
6660(自序)
23 倪　俊 3954(叙)
27 倪　佩 1102(校)
28 倪　復 410(撰)
3775(撰)
30 倪　容 5037(序)
倪宗正 5047(撰)
31 倪　灝 2308(挍訂)
34 倪　濤 267(撰)
4325(註)
37 倪鴻范 2230(序)
倪淑則 1170(較訂)
40 倪大培 4835(增訂)
倪士毅 811(撰)
811(自序)
倪希程 6296(撰)
44 倪夢生 4127(助梓)

倪　蘭　2308(挍訂)
倪世傑　2008(編)
倪　茱　2308(挍訂)
57 倪　輅　1920(集)
60 倪國璉　6058(序)
6180(撰)
倪　思　1086(撰)
1196(撰)
3505(撰)
97 倪　燦　1773(序)
5794(跋)

鼂

67 鼂　盟　5748(著)

2722_0　勿

44 勿　菴　3279(像贊)
勿　藥　1114(跋)
80 勿　翦　3727(彙訂)

向

13 向　球　2209(纂修)
24 向德星　291(撰)
26 向　程　2784(音釋)
2784(序)
31 向　遷　40(序)
34 向　達　2343(手跋)
2343(校注)

侗

37 侗　初　6479(校閱)

豹

00 豹　章　227(参訂)
20 豹　采　2267(鑒訂)
80 豹　人　5745(著)
5826(評)

御

23 御　卜　3897(述)
35 御　禮　2474(校字)
40 御　李　359(編校)

2722_2　修

10 修　五　5910(編次)
25 修　仲　844(校正)
5059(著)
26 修　和　6802(輯)
6802(序)
28 修　齡　4739(著)
34 修　遠　353(訂)
44 修　菴　2456(輯)
修　林　181(校)
80 修　人　5860(評)

2722_7　鄉

10　鄉　三　2269(增輯)

躬

44　躬　菴　4019(評閱)
71　躬　暨　5794(較)

脩

28　脩　齡　5532(校梓)
6759(述)
77　脩　學　4877(印板)

翛

00　翛　齋　6545(閱)

2723_2　象

10　象　三　3689(定)
22　象　鼎　2320(較)
24　象　先　676(訂)
1319(著)
4013(校)
41　象　樞　204(撰)
42　象　姚　2269(增輯)
47　象　郝　2269(增輯)
74　象　陸　5780(著)
80　象　益　465(校)

衆

25　衆　仲　3246(挍輯)
53　衆　甫　5530(著)
80　衆　父　3992(校)

2723_3　佟

24　佟佳圖爾炳阿 877(序)
44　佟世集　6145(序)
佟世南　6803(編)
6803(序)
佟世思　6145(撰)
佟世男　1012(編)
60　佟國器　3823(序)
佟景文　1328(序)
63　佟賦偉　3871(撰)
3871(自序)

2723_4　侯

00　侯應琛　3841(序)
10　侯一麟　4721(小叙)
侯一元　2785(撰)
4721(序)
5236(序)
侯正鵠　5494(序)
侯震陽　2040(校正)
侯于趙　545(序)

4212(校正)
12 侯廷珮 5501(校)
5501(序)
20 侯重喜 2892(校閱)
2892(序)
2892(跋)
侯　位 1624(跋)
22 侯繼國 3001(撰)
24 侯先春 5215(序)
侯　升 3705(著)
27 侯　甸 4506(撰)
4506(跋)
侯峒曾 4057(序)
6552(序)
35 侯　清 1609(序)
46 侯加地 3318(攷磨)
50 侯東萊 1623(序)
60 侯　愚 6451(筆授)
侯昌言 3375(續編)
3375(參論)
侯　杲 4383(參)
80 侯善淵 4599(註)
87 侯欽若 2925(訂)
88 侯　銓 856(識語)

2724_7　仔

00 仔　賡 6273(著)
30 仔　肩 1036(著)

殷

07 殷　翊 5964(箋注)
10 殷雲霄 5044(撰)
12 殷廷舉 4260(校正)
4260(序)
20 殷　重 2105(輯)
24 殷　綺 6413(編)
25 殷仲春 1211(校)
1211(識)
4561(訂)
4561(序)
5659(撰)
28 殷從儉 4993(輯)
4993(跋)
6403(跋)
40 殷士儋 5319(撰)
50 殷　書 551(訂)
58 殷　鏊 2631(批點)

2725_2　解

10 解一元 6728(校)
解三戒 1034(校)
21 解　縉 3693(序)
3749(撰)
77 解學伊 6511(序)

解學寵 6380(序)

2725_7 伊

05 伊靖阿 5886(序)
20 何秉綬 3746(跋)
28 伊齡阿 2487(重修)
2487(序)
44 伊世珍 2942(撰)
77 伊　卿 799(校)

2726_1 詹

00 詹玄象 5419(傳)
01 詹　龍 2893(輯)
10 詹爾選 3867(叙)
詹雲程 446(撰)
12 詹登翰 6645(編)
22 詹　山 5391(訂梓)
詹繼瑞 4654(序)
24 詹德政 5510(編次)
詹德象 5510(編次)
詹德英 5510(編次)
詹德威 5510(編次)
27 詹仰庇 2496(參修)
2496(序)
30 詹　淮 2841(輯)
2841(序)
2842(編)
4267(校正)
4776(序)
39 詹　泮 5136(撰)
40 詹友諒 4183(編)
詹士龍 4311(序)
詹在泮 3603(編)
50 詹事講 3574(編)
3574(跋)
4784(校刊)
5363(跋)
5510(撰)
詹　貴 6342(補註)
60 詹國瑞 530(參校)
詹國衡 1035(序)
詹思謙 429(撰)
430(跋)
詹景鳳 3350(補益)
3350(序)
3351(補益)
3351(序)
3846(撰)
3846(自序)
4247(編次)
4573(編次)
4573(跋)
5303(序)
67 詹明章 5856(題辭)

5915(序)
71　詹長卿　1092(刊)
74　詹　陵　5001(序)
90　詹惟聖　3042(參訂)
5936(序)
詹光大　4189(撰)
詹光陛　2805(校)
2805(跋)
4223(校讐)

2730_3　冬

60　冬　易　2213(撰)
2925(述)

2731_2　鮑

00　鮑　康　5857(跋)
鮑應鰲　1545(纂次)
5630(傳)
12　鮑廷博　1177(批校)
1218(批校)
1798(校)
1852(筆校)
1918(校跋)
2549(手校)
3688(手跋)
3744(校)
4745(校)
4764(校)
4789(跋)
4794(手校並跋)
4799(跋)
4844(校)
6329(校)
6717(跋)
6779(跋)
22　鮑　彪　1168(校注)
24　鮑倚雲　5857(批點)
28　鮑以文　4824(手校)
30　鮑　寧　6339(跋)
40　鮑士龍　4126(摘)
44　鮑桂星　4760(跋)
5894(評語)
6283(批校)
46　鮑觀光　1545(校)
47　鮑　楹　6641(編)
48　鮑松巖　3310(對)
50　鮑　泰　3160(撰)
3160(自序)
鮑春老　3264(校正)
60　鮑　國　598(叙)
鮑國忠　1440(校正)
1440(序)
88　鮑　鈖　4841(訂)
4841(序)

6175(跋)
97　鮑　恂　12(撰)

2732_7　烏

42　烏斯道　4803(序)

鳥

77　鳥鼠山人　2756(學)

鄔

25　鄔　紳　5030(校正)
60　鄔景從　5023(序)
67　鄔鳴雷　2164(監)
2164(序)
4026(序)

2733_2　忽

60　忽思慧　3460(撰)
3460(表)

2733_6　魚

10　魚元傅　1218(跋)
1317(跋)
4942(跋)
6397(校)
28　魚　牧　3828(跋)
77　魚　門　245(序)
806(校訂)
90　魚　裳　1170(較訂)

2741_3　兔

00　兔　床　1940(跋)
24　兔　牀　2544(手跋)

2742_7　鄒

00　鄒廉鍔　3126(較)
鄒言正　3123(參)
鄒　衮　5479(輯)
鄒衮立　5082(輯)
鄒　袞　5479(輯)
10　鄒元標　1679(序)
2157(跋)
2791(校)
2807(序)
2810(撰)
2821(序)
3628(選)
4450(序)
4869(序)
4951(序)
5114(序)
5199(序)

		5313(序)
		5361(序)
		5470(選)
		5470(序)
		5475(輯)
		5475(序)
		5507(序)
		5508(序)
	鄒元芝	162(撰)
12	鄒廷望	611(序)
17	鄒承明	73(校)
20	鄒統魯	4476(撰)
	鄒維璉	5590(撰)
		5590(自序)
21	鄒　儒	4324(序)
	鄒　衡	1983(撰)
22	鄒　山	2411(鑒定)
		4864(編訂)
24	鄒德延	6286(校)
	鄒德濟	5479(校)
	鄒德涵	5082(輯)
		5479(撰)
	鄒德嶸	5082(輯)
	鄒德泳	5082(輯)
		5479(校)
		5479(序)
	鄒德溥	73(撰)
		73(自序)
		653(撰)
		653(序)
		2157(序)
		5082(輯)
		5479(校)
	鄒德灌	5082(輯)
	鄒德濤	5082(輯)
	鄒德淇	5082(輯)
	鄒德滏	5082(輯)
	鄒德鴻	5082(輯)
	鄒德潞	5082(輯)
	鄒德基	6455(輯)
	鄒德藻	5082(輯)
	鄒德甫	1143(序)
	鄒　岐	3128(校訂)
25	鄒伸之	1206(撰)
26	鄒自規	426(撰)
		1504(序)
	鄒　泉	1732(撰)
		2602(撰)
		4232(撰)
		5329(輯)
	鄒　緝	6324(撰)
30	鄒　淮	3158(撰)

	鄒之麟	421(校)
		427(增)
		2625(序)
		5415(校)
	鄒之嶧	2240(校梓)
	鄒憲明	5082(輯)
	鄒守愚	5165(序)
	鄒守益	1504(序)
		4850(後序)
		5082(撰)
		5084(序)
	鄒賽貞	5055(撰)
	鄒　察	5099(後序)
32	鄒兆升	4368(參)
	鄒　潘	4665(校)
	鄒祇謨	5695(序)
		5867(序)
		5930(序)
35	鄒迪光	4588(序)
		5308(序)
		5491(撰)
		5491(自序)
		5492(撰)
		5492(自序)
		5493(撰)
		5493(自序)
		5500(序)
		6455(編)
		6455(序)
		6528(序)
38	鄒　遵	1237(序)
	鄒道元	4246(輯)
		5471(校)
	鄒啟明	5082(輯)
40	鄒士元	3622(撰)
	鄒士璁	750(序)
	鄒存淦	2111(手跋)
43	鄒戴明	5082(輯)
44	鄒　葢	5082(梓)
	鄒　藩	4131(校正)
	鄒蓮芳	5082(輯)
	鄒世祚	5082(輯)
46	鄒觀光	5524(序)
		5526(撰)
47	鄒期楨	353(撰)
		353(自序)
	鄒期相	353(編)
50	鄒忠胤	426(撰)
	鄒忠允	426(撰)
		426(自序)
	鄒忠溢	426(校)
		426(跋)
51	鄒振基	6455(輯)
60	鄒思明	6286(編)

66 鄒　暘 1610(題後)
71 鄒匡明 57(跋)
73(校)
鄒頤賢 5069(評校)
鄒　陛 353(編)
353(述)
74 鄒　駪 1504(跋)
77 鄒同光 6455(校)
80 鄒　美 5082(梓)
鄒　義 5082(梓)
鄒　善 5082(輯)
5082(梓)
鄒善長 4246(訂)
鄒　養 5082(梓)
90 鄒光胤 2240(校梓)

2743_0　奥

67 奥野精一 1133(標記)

2744_7　般

44 般若堂 4585(識語)

2744_9　彝

40 彝　士 4352(增著)
彝　存 6161(撰)
6194(撰)

2760_0　名

21 名　卓 5736(訂)
77 名　卿 1759(参閲)

2760_3　魯

00 魯　亭 2257(較梓)
魯　齋 49(注)
49(自序)
628(注釋)
4132(傳釋)
5973(参訂)
魯應龍 4499(撰)
08 魯　論 842(撰)
2416(撰)
2416(自序)
10 魯　一 5790(訂)
魯一同 4734(批點)
魯　玉 2308(著)
17 魯瑤仙 5091(跋)
18 魯　瑜 2103(督梓)
20 魯　重 363(撰)
魯重民 2397(補訂)
4282(補訂)
4283(補訂)
4313(註)
24 魯仕驥 6251(凡例)

6251(跋)
魯德升　686(序)
27 魯　修　2267(鑒訂)
魯　詹　1062(授梓)
魯　峰　4361(纂輯)
魯　叔　5581(著)
30 魯之氏　1779(評)
1847(評)
32 魯　淵　6641(撰)
37 魯　鴻　6194(序)
40 魯克恭　6256(序)
44 魯　槙　5498(較閱)
47 魯　超　4362(序)
4732(序)
6622(校閱)
6622(序)
6655(序)
48 魯敬侯　686(鑒定)
61 魯　點　2160(撰)
2160(序)
4450(校)
4751(編)
5392(序)
67 魯　瞻　1781(校)
80 魯曾煜　6132(序)
6135(撰)
6135(自序)
86 魯　鐸　1249(序)
5032(撰)

2762_0　句

55 句曲山人　924(撰)
句曲外史　4663(集)

訇

00 訇　方　2968(著)

2762_7　部

10 部雲鵠　731(序)
28 部　儀　4056(跋)
30 部永春　1653(序)
46 部　坦　731(撰)
部　相　2006(序)
96 部　煜　253(撰)

2771_2　包

10 包爾庚　2887(序)
11 包　璿　5834(序)
17 包　翬　3989(删次)
18 包　瑜　4221(撰)
21 包　衡　4021(撰)
4386(跋)
4681(閱)
40 包大中　5116(校)

5433(撰)
包士瀛　6505(序)
44 包世臣　1337(書後)
46 包樫芳　5234(跋)
47 包　杞　5234(跋)
80 包　鉉　1725(訂)
88 包　節　2007(撰)
5234(撰)

2771_7　屺

07 屺　望　898(著)
80 屺　公　5882(著)
90 屺　懷　4402(跋)

2772_0　幻

40 幻真先生　4641(註)

匋

21 匋貞白　6269(序)

2780_0　久

17 久　子　1669(較)
60 久　昌　2259(編)

2780_9　炙

47 炙轂子　6695(撰)

2790_4　彙

08 彙　旃　1736(鑒定)
44 彙　蘇　6648(校)

2791_7　紀

12 紀廷相　1688(撰)
紀延謇　2253(撰)
30 紀容舒　4733(撰)
5676(識語)
34 紀汝倫　4114(跋)
40 紀奎宜　5791(序)
紀克揚　173(撰)
851(撰)
44 紀樹寶　5676(校)
45 紀　坤　5676(撰)
51 紀振東　6404(序)
60 紀　炅　6634(著)
65 紀映鍾　1760(序)
3400(序)
67 紀　昀　478(審訂)
1010(序)
1521(題識)
1849(序)
2574(手跋)
2574(校評)
4733(序)

6292(批校)
6304(批)
6733(校)
6778(審訂)
紀 昭 480(撰)
4114(撰)
4114(自序)
80 紀 美 5844(較)

繩

13 繩 武 152(編次)

2792_0 約

00 約 齋 817(定)
850(著)
879(訂)
1759(訂証)
2267(裁定)
2267(序)
3726(校)
6148(傳)
10 約 吾 6465(校)
30 約 之 3104(類集)
5204(著)
60 約 園 2543(校記)

2792_2 繆

21 繆步瀛 1504(校刊)
22 繆繼讓 4097(校閱)
44 繆荃孫 1850(校)
1850(跋)
1852(跋)
1857(校記)
1857(跋)
1948(校)
2138(跋)
3718(校)
4181(校)
4794(跋)
6320(跋)
47 繆朝荃 5801(跋)
60 繆星適 5798(題詩)
繆思恭 6310(撰)
繆昌期 96(閱)
96(序)
67 繆嗣寅 6207(序)
72 繆 彤 131(序)
203(參訂)
204(啟)
86 繆錦宣 204(啟)

2792_7　移

52　移剌楚才　3514(序)
　　移剌楚材　3514(序)

2794_0　叔

00　叔　亨　5631(較)
　　叔　庸　4099(參補)
　　叔　夜　5314(著)
　　叔　交　2835(著)
02　叔　端　1593(著)
　　　　　　6312(訂定)
　　叔　訓　6320(編)
10　叔　玉　2154(著)
　　叔　夏　5059(校)
　　　　　　5473(校)
12　叔　弘　1931(校刻)
17　叔　承　677(校刻)
　　　　　　3109(纂)
　　叔　子　359(參訂)
20　叔　孚　3592(校)
21　叔　仁　5209(著)
30　叔　寧　3626(校)
　　叔　永　4527(梓)
　　叔　定　5441(選輯)
31　叔　潛　551(參閲)
34　叔　達　1027(校閲)
37　叔　朗　6439(補訂)
38　叔　祥　2038(纂)
40　叔　大　5310(著)
　　　　　　6708(編)
44　叔　茂　4454(譔)
47　叔　翹　3828(著)
　　　　　　6390(序)
　　　　　　6539(校閲)
60　叔國驎　5993(傳)
64　叔　時　6035(著)
67　叔　明　4344(訂)
　　　　　　5347(著)
　　　　　　5403(校)
72　叔　剛　6312(校正)
76　叔　陽　6770(著)
77　叔　用　4769(撰)
　　叔　卿　3132(輯著)
　　叔　熙　5624(閲)
　　叔　開　4038(輯)
　　叔　賢　6822(較)
80　叔　企　6802(評解)
　　叔　金　6312(選次)
　　叔　介　6559(選)
　　叔　美　2829(輯)
　　　　　　4903(著)
　　叔　義　5689(較)
　　叔　養　5099(著)

88 叔簡 2803(著)
2804(著)
3990(註)
5498(著)
6703(輯)
90 叔尚 6225(校對)
叔黨 4764(著)

2795_3 稺

17 稺弓 891(編輯)
21 稺虛 983(輯)
27 稺脩 3712(著)
4320(著)
5299(校閱)
30 稺實 5679(著)
稺賓 4352(增著)
40 稺圭 2625(評)
44 稺恭 6214(編閱)
稺孝 5505(校)
6470(選)
稺蒻 2504(較閱)
稺黃 1055(著)
1056(著)
1057(著)
52 稺哲 1872(輯)
1873(輯)
1874(校)
4252(輯)
4258(訂)
4439(輯)

2796_2 紹

25 紹傳 5391(著)
40 紹古 2697(刊)
50 紹東 1027(刊)
53 紹甫 4247(删校)
77 紹熙 5458(著)

2810_0 以

00 以言 5295(著)
02 以新 4263(閱)
5552(校)
03 以誠 35(校)
10 以一 3009(輯)
14 以功 2835(批評)
17 以召 6750(撰)
21 以占 5528(著)
24 以德 1612(校閱)
26 以和 3189(校刊)
27 以脩 5691(著)
32 以漸 677(校刻)
44 以黃 2899(較刻)
45 以楝 1873(校)
4252(校)

4318(編輯)
53 以　成　979(後序)
56 以　規　4864(校梓)
87 以　舒　2160(校定)
4450(校)

2820_0　似

22 似　山　6272(選)

2821_4　佺

00 佺　廬　4089(參閲)

2822_0　价

36 价　祝　2234(點閲)
77 价　卿　3846(訂)

2822_7　倫

28 倫以諒　1997(序)
5104(序)
倫以訓　4982(序)
60 倫品卓　2652(序)
67 倫　明　2543(校跋)
4544(校跋)
6083(手鈔)
6083(識語)

2823_7　伶

10 伶元(玄)　4387(撰)

2824_0　微

12 微水軒主人　2107(題簽)
25 微　生　6490(選)
60 微　星　5772(訂)

徵

09 徵　麟　2487(補刊)
2484(序)
10 徵　一　551(較)
25 徵　仲　4796(校)
53 徵　甫　5633(校)

徹

00 徹　玄　4790(編釋)

儆

10 儆　弦　6465(編)

2824_7　復

00 復　亨　63(軒闌)
復　廬　1213(撰)
復　齋　2116(著)
2520(校)

2520(鈔)
2595(述)
4089(正字)
6131(著)
6244(書後)
10 復　元 692(校訂)
17 復　子 4033(撰)
21 復盧居士 3264(題識)
37 復初道人 4654(訂正)
44 復　莽 788(訂正)
50 復　春 4221(編註)
60 復　昌 6069(鈔)
72 復　所 3995(泐)

2825_3 儀

10 儀　一 5780(彙稿)
40 儀克中 3215(跋)
80 儀　曾 6040(編校)

2826_6 僧

00 僧文瑩 6700(撰)
10 僧元賢 2199(撰)
2199(自序)
12 僧弘濟 2193(閱定)
20 僧皎然 6695(撰)
25 僧仲仁 3337(撰)
30 僧適之 3338(撰)
僧實行 2230(撰)
34 僧湛性 6212(撰)
37 僧祖秀 1936(撰)
僧通門 5778(撰)
40 僧大然 2259(撰)
46 僧如乾 6214(撰)
60 僧　杲 5523(著)
67 僧明中 6159(像)
86 僧智藏 2260(撰)
95 僧性制 2203(撰)

2828_1 從

01 從　龍 5063(校)
10 從　吾 4003(校正)
從吾山人 4611(校)
30 從　之 (續)

2829_4 徐

00 徐立方 6531(校)
6531(跋)
6531(序)
徐　亮 2125(跋)
4153(序)
徐應亨 5344(訂)
5344(序)
徐應瑞 4523(繡梓)
徐應秋 4293(纂)

4293(自序)
徐　康 1180(跋)
1324(跋)
4794(跋)
4809(手跋)
徐　慶 4543(撰)
4543(自序)
徐　夜 5158(選)
徐文龍 2185(序)
2185(核)
2248(訂)
2248(序)
徐文靖 1956(撰)
1956(自序)
3189(撰)
徐文淵 4131(對讀)
徐文駒 6110(撰)
6110(自序)
6646(編)
徐文炳 6110(校)
徐玄植 4719(手跋)
01 徐龍驤 6653(凡例)
05 徐　靖 847(較閱)
07 徐調元 1440(校正)
10 徐一經 2154(箋定)
徐一成 4926(校正)
徐一夔 3518(序)
4123(編)
徐三重 2617(撰)
2808(撰)
2809(撰)
3811(撰)
3812(撰)
3993(撰)
徐　璽 6178(撰)
徐　霈 2676(序)
徐元文 204(啟)
4097(序)
4739(校)
5780(序)
徐元正 5965(撰)
徐元玠 2185(畫)
徐元化 1034(校)
2803(校)
徐元復 2926(校梓)
徐元琨 1287(跋)
5346(序)
5347(跋)
徐元澇 5463(編)
徐元太 1092(校)
徐元奎 5772(訂)
徐元景 5772(訂)
徐　震 5233(序)
徐天章 2762(撰)

徐天秩 6175(序)
徐石麒 2404(撰)
徐百朋 419(校)
436(校)
徐晉卿 4175(撰)
徐可永 2835(序)
徐可爲 2246(校)
11 徐　珩 4182(批點)
12 徐弘炯 206(序)
徐廷綬 659(序)
徐廷槐 4619(撰)
4619(自序)
6111(跋)
徐延壽 4832(跋)
14 徐　琳 2496(續輯)
17 徐孟孫 5340(校對)
徐盈科 4752(評)
徐　珊 5431(撰)
徐　瓊 1970(序)
徐乃昌 3509(識語)
徐承禮 2572(校跋)
徐子光 4172(註)
20 徐信符 5809(跋)
徐孚遠 3021(評閱)
3021(序)
徐　香 2052(參訂)
徐　禾 1087(校録)
徐集孫 6298(撰)
徐秉義 204(敢)
1773(跋)
2893(校)
4165(序)
5742(序)
5821(序)
6625(序)
徐維則 5993(校)
21 徐　衍 6695(撰)
徐行可 1557(序)
徐行忠 145(序)
3621(序)
徐肯播 4886(校)
徐　倬 2893(校)
3675(序)
3881(序)
5906(行狀)
5965(撰)
5965(自序)
6630(定)
徐熊飛 5738(跋)
徐師曾 47(撰)
47(序)
554(註)
1653(跋)
2580(撰)

4978(序)
6419(撰)
6419(序)
徐貞明 2089(撰)
徐　縉 967(撰)
4997(序)
徐縉芳 492(訂)
1478(校)
1540(撰)
1540(自序)
22 徐胤翀 3804(校)
徐胤翹 3804(校)
徐胤翓 3804(輯)
徐胤錫 336(校)
336(跋)
徐　豐 5268(序)
徐　鑾 3005(序)
徐繼發 172(撰)
徐繼芳 646(跋)
徐　崧 2210(編)
23 徐　俌 2771(跋)
徐獻忠 1996(撰)
3451(撰)
3824(序)
5129(序)
5163(序)
5183(撰)
6390(撰)
6391(撰)
6391(敘)
6392(編)
6392(後序)
徐　岱 4870(序)
24 徐化溥 2200(參訂)
徐德秩 241(校)
徐待聘 2170(撰)
3567(序)
徐幼文 6531(繪圖)
25 徐仲文 5230(校)
徐　健 4945(編刊)
4945(序)
徐傳瑗 4998(序)
徐傳毓 380(校)
380(序)
570(校)
徐　紳 5064(編刻)
26 徐自定 4770(較集)
徐伯徵 2402(撰)
徐伯陽 6737(校)
徐伯益 4193(撰)
徐得安 6205(刊字)
27 徐象橒 2541(校刊)
4452(校刊)
徐象梅 957(序)

1684(校)
1715(撰)
3422(校)
3422(圖篆)
4459(撰)
4459(自序)
徐名世 1034(校)
徐紹棨 5263(跋)
6487(手跋)
28 徐以升 6166(撰)
徐以泰 6255(撰)
徐似道 1860(校正)
29 徐 繗 5387(序)
5388(序)
30 徐 淮 4566(題後)
徐永言 368(序)
徐永明 4850(説)
徐家慶 6545(閲)
徐寒泉 200(述)
徐之鏌 3244(參補)
3248(撰)
3248(自序)
徐守綱 3705(校)
徐宇昭 5803(撰)
徐良彦 5176(編輯)
5176(刊)
5549(序)
徐良傅 5271(撰)
徐 官 965(音釋)
965(識語)
3397(撰)
徐 寅 6695(撰)
徐 賓 1743(撰)
1743(總序)
1743(序)
徐宗幹 2232(序)
徐宗夔 1442(編)
徐宗美 2746(校)
31 徐 汧 670(序)
3226(序)
5651(評)
6537(序)
徐 源 1448(跋)
徐禎秩 3812(校刻)
徐禎稺 3812(校刻)
徐禎稷 3812(校刻)
徐禎卿 4422(著)
32 徐兆稷 2040(纂修)
33 徐必達 2400(題詞)
2686(發明)
2687(編)
2687(序)
徐 沁 1432(輯)
1432(引)

1564(撰)
2217(撰)
2217(序)
5424(輯)
徐　浦　646(撰)
徐　濱　1988(對閱)
34 徐　渤　1560(編)
徐漢臨　6513(參訂)
徐汝晉　3569(裒梓)
徐　遠　5888(序)
徐達左　2729(編)
6321(編)
徐　造　1542(序)
36 徐湘潭　5322(序)
徐　渭　3354(撰)
3501(評)
3794(撰)
3984(編)
5423(撰)
5424(撰)
6817(序)
徐渭仁　2557(校)
6598(批校)
徐渭英　845(序)
徐湯殷　4926(題識)
徐澤醇　2910(序)
37 徐鴻熙　2543(跋)
徐　袍　4304(編)
38 徐　汾　4346(撰)
徐　瀚　1513(編)
徐　澣　1513(編)
徐道符　3260(撰)
徐肇森　5986(撰)
徐　啟　25(校刻)
40 徐九皋　5013(序)
5045(序)
徐九思　2140(序)
徐大椿　2080(書後)
3061(撰)
3061(自序)
3061(自跋)
3138(撰)
徐士元　4850(刊)
徐士俊　6611(編)
徐士鳳　470(編寫)
6175(編寫)
徐　坊　4835(題詩並跋)
徐在漢　200(參)
201(撰)
201(自序)
201(自跋)
徐南金　5161(序)
徐志定　177(序)
徐志遴　382(撰)

	徐志莘	5965(跋)
		6056(撰)
	徐憙音	6232(序)
	徐嘉慶	6545(閱)
	徐嘉禾	475(校)
	徐嘉穎	475(校)
	徐嘉穀	475(校)
	徐嘉泰	2175(撰)
	徐奮鵬	3626(評)
		3626(序)
		5482(校刻)
		5482(序)
	徐嘉炎	1838(評)
		1838(序)
		2664(序)
		5794(跋)
		5966(序)
		5986(撰)
		5986(自序)
		5987(序)
		6003(序)
	徐　壽	4928(跋)
	徐壽昌	5084(後序)
41	徐　堦	1603(序)
	徐　柯	642(校刻)
	徐　標	2098(續纂)
		2098(序)
43	徐　博	1027(序)
	徐　越	1424(撰)
	徐　栻	645(序)
		2013(序)
		5141(序)
		5207(序)
		5251(校刊)
		5251(序)
	徐　樾	475(參訂)
44	徐　基	6099(撰)
	徐　埴	6321(續輯)
	徐　堪	6325(校正)
	徐　兢	2337(撰)
	徐　芳	3330(序)
		5720(序)
		5780(序)
	徐芳齊	6364(後序)
	徐蒙求	243(校)
	徐　蘭	1988(校正)
	徐薦鶚	646(梓)
	徐葆光	2368(撰)
		2368(序)
		5925(墓表)
	徐懋升	3804(校)
		3806(編)
	徐　孝	987(編)
	徐世淳	111(撰)

徐世禎　2315(題記)
徐世溥　124(序)
440(序)
576(撰)
1059(撰)
5772(撰)
徐世沐　191(撰)
192(撰)
193(撰)
371(撰)
455(撰)
507(撰)
507(識語)
526(撰)
564(撰)
695(撰)
855(撰)
5891(撰)
徐世禮　5041(刊)
徐世昌　4835(題詩並跋)
徐其炘　5737(跋)
徐　楚　2041(纂修)
4926(序)
4945(序)
6434(編)
6434(序)
徐樹紳　6271(序)
徐樹屏　4098(校定)
4098(序)
徐　桂　2377(撰)
45 徐　棟　2543(手校)
4611(校)
46 徐　恕　1327(校)
1327(跋)
4734(録)
徐如珩　101(序)
徐如翰　2170(序)
47 徐　墺　6332(編)
徐朝元　5482(叙)
徐　桐　1664(訂)
48 徐敬德　5449(撰)
徐　增　2255(重編)
2255(序)
6612(撰)
6612(自序)
徐乾學　204(敂)
850(序)
1194(跋)
2893(校)
2908(撰)
5782(序)
5794(序)
5847(序)
5854(序)

5878(序)
5920(序)
5945(序)
5954(撰)
5974(序)
6599(序)
6599(跋)
6614(序)
徐　榦　6602(編輯)
6602(序)
徐　松　1214(校)
1855(校)
2459(題簽)
2543(題款)
5676(題簽)
50　徐　中　2797(撰)
徐中孚　5067(校)
徐中行　5143(序)
5299(序)
5336(撰)
5337(撰)
徐中允　677(校)
徐中恒　5631(較)
徐　泰　6720(撰)
徐春溶　5760(序)
徐表然　2156(撰)
51　徐振德　1732(校正)
徐振芳　5761(撰)
53　徐　咸　1623(撰)
1623(序)
1623(自跋)
6553(記)
徐　威　4958(註)
55　徐轉迅　5840(序)
56　徐揭先　1120(序)
徐揚先　1120(較)
1120(序)
徐揚光　1120(校)
57　徐邦佐　844(撰)
844(自序)
844(參閱)
2159(撰)
徐邦式　5033(校)
60　徐日覲　1542(序)
徐日昌　1542(閱)
1542(序)
徐日炅　2184(撰)
徐國廉　4293(校)
徐國相　2212(序)
徐　晟　1861(校正)
徐甲昌　6110(校)
徐昌祚　4524(撰)
4524(自序)
徐　圖　6418(校)

		6418(序)
	徐　昂	2995(序)
		3060(序)
	徐昂發	3724(撰)
		3724(自序)
		4731(批校)
		6083(撰)
	徐景南	4219(梓)
	徐景鳳	1248(校)
		5552(參訂)
61	徐喈鳳	2911(序)
		5796(序)
		5869(撰)
		5946(序)
		5947(序)
	徐　顯	1587(撰)
		1587(自序)
	徐顯卿	1393(序)
		4298(校訂)
		5386(序)
		5463(撰)
64	徐時行	4253(編)
	徐時勉	2653(閱)
	徐時作	2670(訂)
		2670(序)
		5565(訂)
		5565(叙)
	徐時進	949(序)
	徐時棟	824(手跋)
		1481(題識)
		2040(校)
		2040(跋)
		5742(跋)
		5882(手跋)
		6318(跋)
	徐時泰	352(序)
		833(録商)
	徐時會	4323(序)
		4323(參訂)
67	徐鳴珂	1034(校)
		2803(校)
	徐鳴時	2188(撰)
	徐昭慶	497(撰)
		556(撰)
68	徐　暾	1542(序)
71	徐　階	1526(編)
		1526(序)
		4992(閱選)
		4992(序)
		5064(序)
		5083(序)
		5159(撰)
		5160(撰)
		5185(序)

5210(序)
6472(跋)
徐原古 6737(校)
徐原性 6737(校)
徐師曾 541(撰)
541(自序)
徐長孺 4754(輯)
徐　頤 4945(編刊)
72 徐　岳 4544(撰)
徐　質 4723(校)
73 徐　駿 531(撰)
6708(撰)
74 徐　陵 6291(撰)
6292(編)
6292(序)
徐慰懷 3404(序)
3404(刊)
75 徐體乾 35(撰)
35(自序)
77 徐　堅 3264(撰)
6321(輯)
徐鳳垣 5907(序)
5907(選)
徐用宣 3084(撰)
3084(自序)
徐用檢 2793(編)
2793(叙後)
徐用錫 4703(校字)
6104(撰)
徐陶璋 2958(序)
徐閒武 1446(籤批)
徐　鵬 6393(前言)
徐履道 3969(後序)
徐居敬 2741(編校)
4981(編校)
徐學謨 1287(撰)
1287(自序)
2013(撰)
2013(序)
5163(碑)
5345(撰)
5345(自序)
5345(識語)
5346(撰)
5347(撰)
5347(自序)
5464(序)
徐學詩 5295(撰)
5347(著)
徐學聚 1680(撰)
2423(撰)
5599(序)
徐學禮 5262(梓)
徐學古 4062(訂)

	徐開禧	5038(序)
	徐開錫	6652(撰)
	徐　問	5033(撰)
	徐即登	492(撰)
		492(自序)
		1670(校)
		1670(序)
		5473(序)
	徐民式	3998(校)
	徐與仁	3397(挍正)
	徐與參	2423(凡例)
		4457(校訂)
	徐與道	3397(挍)
	徐　貫	4945(撰)
		4945(自序)
78	徐　鑒	1642(校梓)
		1642(序)
		1869(評)
		4285(撰)
		4285(序)
		4286(撰)
		4286(序)
79	徐騰芳	3013(校)
80	徐益孫	5314(校)
	徐金甌	686(序)
	徐　鉉	955(表)
		994(韻譜)
	徐介壽	2423(序)
	徐　善	198(撰)
		206(序)
	徐善述	327(輯)
	徐養正	5255(序)
	徐養元	847(撰)
	徐養相	543(撰)
		543(序)
	徐養量	1931(校刻)
		1931(序)
82	徐鍾震	4933(跋)
84	徐　釚	4536(序)
		5734(序)
		5794(跋)
		6778(跋)
	徐　鎮	847(較閲)
	徐　褀	3392(撰)
86	徐　鐸	281(撰)
		391(撰)
		475(撰)
		475(序)
		6104(跋)
	徐　智	4337(督刊)
87	徐朔方	5579(箋校)
88	徐　銓	340(校刊)
	徐敏標	759(校)
	徐　繁	3078(序)

90　徐懷祖　2306(撰)
徐憶農　2073(説)
2189(説)
2543(説)
4322(説)
5814(説)
徐光啟　421(撰)
3050(撰)
3637(編録)
5584(序)
6440(校正)
徐光極　978(訂)
978(小引)
徐常吉　4273(撰)
4273(序)
4274(編)
4274(序)
4574(序)
91　徐　炬　3454(撰)
4332(撰)
94　徐　燉　432(編)
1560(編)
1709(撰)
2143(序)
2153(手跋)
2244(校訂)
2672(手跋)
3155(校跋)
3447(序)
3909(手跋)
4656(跋)
4933(序)
4933(識語)
5066(題款)
5553(選)
5553(行狀)
5699(序)
6511(編)
6511(較)
徐　煒　6242(題詞)
96　徐　惺　5871(序)
97　徐　炯　6043(序)
徐　熥　957(序)
6510(編)
6510(序)
徐　燦　3206(撰)
5268(撰)
99　徐　榮　4734(批)

2846_8　谿

60　谿　田　5106(著)
63　谿默散人　3795(傳啟)
80　谿　父　6159(著)

2854_0 牧

00 牧　齋 1896(參閱)
6723(序)
22 牧　山 598(參訂)
25 牧　仲 2256(編)
3171(序)
3870(撰)
6589(選)

2891_6 税

30 税安禮 1940(撰)

2892_7 綸

30 綸　宰 3014(譔)
90 綸　常 5861(題識)

2893_3 毯

64 毯　疇 6180(著)

2896_6 繪

21 繪　卣 6168(著)

繒

77 繒　闕 4864(校定)

2921_2 倦

60 倦圃老人 1739(訂)
1855(輯)

2935_9 鱗

31 鱗　潭 3727(校)

2998_0 秋

12 秋　水 5916(著)
6270(較)
27 秋彝齋 5662(鈔)
34 秋　池 6225(寫)
50 秋　史 6096(著)
53 秋　甫 5090(校)
72 秋　岳 203(參訂)
5713(著)
6803(閱)

3010_1 空

16 空碧子 4758(序)
50 空青居士 3627(校)

3010_4 塞

44 塞　菴 109(著)
1150(增削)

3010_6　宣

00　宣　文　895(梓)
17　宣　子　5903(著)
37　宣逸夫　1847(校)
40　宣　嘉　1027(校閲)
　　宣嘉士　2040(纂修)
71　宣　臣　3675(參訂)

3010_7　宜

00　宜　齋　2296(著)
22　宜　山　5777(輯)
60　宜　田　6220(著)
80　宜　年　3141(校梓)

3011_4　淮

44　淮藩坦仙　6353(序)

3011_7　瀛

10　瀛　一　4019(核刻)

3012_3　濟

10　濟　可　3651(梓)
22　濟　川　5762(校訂)
30　濟　寰　6181(著)
　　　　　　6182(著)
60　濟　日　3657(題詞)
77　濟　卿　4776(校正)

3013_1　瀍

61　瀍　顯　3702(撰)

3013_2　瀼

77　瀼　叟　6802(撰)

3014_7　淳

40　淳大師　6695(撰)
80　淳　父　4698(校正)

3019_6　涼

44　涼菴居士　3633(識語)
　　　　　　3636(書後)
77　涼月館　2572(題記)

3020_1　寧

44　寧　埜　6479(解釋)
47　寧鳩子　6446(序)
67　寧　野　4150(校)
　　　　　　4577(評輯)
　　　　　　5552(閲)
80　寧　人　2192(著)
　　　　　　2291(著)
　　　　　　2293(著)

3021_1　完

80　完　人　4678(潤色)

3021_4　寇

10　寇天叙　5081(撰)
12　寇瑞徵　840(校)
40　寇　韋　2986(跋)
50　寇泰徵　840(校)
76　寇　陽　5081(輯刻)
86　寇錫裧　840(校)
　　寇錫祉　840(校)
　　寇錫祚　840(校)
　　寇錫祏　840(校)
　　寇錫禕　840(校)
　　寇錫祐　840(校)
　　寇錫祺　840(校)
　　寇錫褋　840(校)
　　寇錫禩　840(校)
　　寇錫禃　840(校)
　　寇錫礽　840(校)
　　寇錫禬　840(校)
94　寇　慎　840(撰)

寉

66　寉　瞿　2297(輯)

3022_7　房

00　房玄齡　3026(註)
25　房　仲　6209(著)
28　房作所　6618(參閱)
30　房之騏　5800(序)
44　房　懋　957(刊)

肩

10　肩　吾　1542(輯)
　　　　　4577(參閱)
　　　　　5316(選)
　　　　　6443(參訂)

宥

10　宥　函　240(著)

甯

30　甯　良　4928(序)
44　甯世簪　708(閱)

3023_2　永

00　永　亨　3692(撰)
27　永　叔　4070(輯)
30　永　之　5184(著)
38　永　啟　6548(增删)
50　永　忠　4691(跋)

90 永　懷　3088(校)
永　光　2922(輯)

家

71 家　頤　2718(撰)

宸

23 宸　獻　5902(較)

窊

44 窊　菴　5838(著)

3026_1 宿

00 宿應麟　5160(跋)
27 宿　峰　2109(編)
3039(著)
31 宿　河　4705(校對)
40 宿　來　5814(著)

寣

34 寣斗居士　4588(閱)

3030_1 進

00 進　齋　628(校正)
30 進　之　5552(校)
53 進　甫　5516(編)
77 進學齋　319(題識)
80 進　父　5488(著)

3030_2 適

30 適　之　3338(撰)
44 適　菴　6627(較)
51 適軒主人　6822(著)

3030_3 寒

10 寒　雲　4832(手跋)
26 寒　泉　5902(著)
28 寒　谿　6080(著)
44 寒　村　6037(選)

3030_7 之

40 之　大　3523(著)

3033_2 宓

22 宓　艸　2561(考)
44 宓　草　2561(考)

3033_6 憲

10 憲　石　5904(鑒定)
25 憲　仲　3568(選)
67 憲　明　4244(序)
77 憲　周　5517(校)
憲　卿　3113(較閱)
90 憲　光　4223(閱梓)

3034_2　守

08　守　謙　5007(著)
45　守株子　5210(著)
48　守　枚　5703(編輯)
71　守　臣　1474(校)

3040_1　宇

23　宇　台　2255(初輯)
47　宇都宫由的　2676(詳解)
50　宇　泰　345(著)
3109(校)
3819(撰)
53　宇　咸　427(校定)

3040_4　安

00　安齋主人　5915(編並註)
安廣譽　6488(序)
安文思　2360(撰)
18　安致遠　5775(撰)
5775(自序)
5783(序)
5989(序)
20　安受善　2028(續修)
25　安　仲　31(較訂)
26　安　侶　6678(參較)
27　安　磐　1352(輯)
1352(序)
安紹芳　1673(校梓)
30　安　之　552(輯)
34　安汝盤　6448(效正)
安遠堂主人　183(識)
40　安希范　353(序)
44　安　世　3125(参訂)
3128(編次)
安世鼎　5937(撰)
安世鳳　3833(撰)
3833(題辭)
3914(撰)
47　安　期　2251(編輯)
50　安　肅　6821(序)
53　安　成　1478(校正)
60　安　國　4739(校)
5552(閲)
70　安雅子　3401(跋)
安雅衔人　3401(校梓)
77　安履正　3833(編輯)
安履吉　3833(編輯)
安履坦　3833(編輯)
安履素　3833(編輯)
88　安　簣　5775(跋)
5775(撰)
6025(撰)
90　安惟學　6696(序)

3040_7 字

22 字　縣　6675(參閲)

3042_7 寓

22 寓　山　3394(纂輯)

3043_2 宏

24 宏　先　2629(挍)
27 宏綱先生　3088(撰)
80 宏　父　4450(批評)
83 宏　猷　897(著)
86 宏　智　5772(序)

3044_7 寗

30 寗　良　1960(序)

3060_1 謇

00 謇　齋　4409(序)

3060_4 客

17 客　子　6027(著)
6617(校輯)
77 客　卿　3604(著)

3060_6 宫

10 宫爾勸　877(參訂)
21 宫紫陽　4472(述)
24 宫偉鏐　4472(撰)
37 宫鴻曆　6053(序)
44 宫夢仁　930(序)
5784(序)
5807(序)
6277(較)
6277(序)
6503(序)

富

10 富　玹　2114(編)
44 富勒渾　2063(序)

3060_8 容

38 容肇祖　2139(題記)
2881(題記)
2904(手筆)
4929(題記)
40 容　壽　1951(手跋)
44 容　萬　2411(參校)
容　若　5974(著)

3073_2 良

00 良　齋　183(輯述)
07 良　翊　6657(閲)
17 良　弼　5344(校)

5352(校)
50 良　貴　406(著)
406(自序)
53 良　甫　4770(鈔録)
5348(著)
56 良　耜　6512(選註)
77 良　卿　4574(彙編)

3077_2　密

10 密雲路　1504(校刊)
44 密　菴　3450(訂)

3077_7　官

23 官獻瑶　6131(序)

3080_1　定

00 定　庵　682(集注)
750(述)
30 定　之　3362(校)
3959(校)
4589(校)
定　宇　2602(訂正)
5846(註補)
40 定　九　1763(撰)
2304(校)
5930(著)
6044(閱)
6091(著)
44 定　菴　2204(輯)
60 定　曇　2205(撰)
77 定　叟　2897(凡例)
4098(輯著)

蹇

68 蹇　曦　4835(編集)
4835(序)

3080_6　寅

25 寅　仲　2771(裒輯)
72 寅　所　152(授意)

賽

00 賽　慶　957(校正)
賽文照　3625(撰)
賽文炳　2966(撰)
17 賽子偁　1612(序)
25 賽　傑　1438(校刊)
26 賽　伯　4835(訂)
28 賽徵奇　5792(校)
30 賽容端　2919(較)
34 賽漢卿　3069(撰)
39 賽遴奇　5792(撰)
40 賽　埣　2930(補注)
賽克勤　1757(序)

2919(編)
2919(自序)
5966(序)
竇克恭 2919(較)
44 竇夢麟 3069(增訂)
51 竇振起 2919(較)
60 竇日休 5792(閲)
竇日嚴 5792(輯)
竇日炌 5792(閲)
67 竇 明 1362(跋)

賓

10 賓 玉 4116(述)
賓 王 5363(校正)
賓 于 3130(録次)
4039(閲)
4315(編纂)
賓 石 1010(輯)
賓 吾 924(閲)
12 賓 廷 4056(輯)
25 賓 仲 2169(編輯)
30 賓 之 2591(著)
35 賓 連 2193(纂次)
80 賓 父 5618(著)
賓 谷 395(纂)
1080(綴輯)
3893(著)
6231(著)
賓 公 5899(譔)

實

00 實 亭 4715(評註)
6060(譔著)
實 府 351(著)
2164(校)
21 實 行 2230(撰)
44 實 菴 5940(著)
53 實 甫 5513(著)
77 實 卿 4247(註解)

寶

00 寶 康 319(題識)
寶 意 6226(著)
10 寶 雲 5393(批)
17 寶 珣 4734(録)
寶 弓 5652(閲)
22 寶 崖 719(撰)
2265(增定)
6630(集録)
54 寶 持 136(閲評)
57 寶蟾子 4656(編)
80 寶 慈 2847(著)
88 寶笏樓 4740(序)

3090_1　宗

00　宗　袞　6277(較)
宗　京　4611(校)
10　宗元豫　5913(序)
宗元鼎　5831(序)
5930(撰)
6044(閱)
6044(序)
11　宗　頊　6099(著)
12　宗廷輔　3796(批校)
20　宗舜年　2543(校)
2543(跋)
4794(觀)
宗　禹　4630(編)
21　宗　儒　4967(撰)
27　宗　伊　6469(輯)
宗名世　5352(較)
5352(序)
30　宗　之　5424(較輯)
宗之瑾　5930(刪定)
5930(凡例)
31　宗源瀚　4455(跋)
32　宗　淨　2241(撰)
4583(校)
34　宗　遠　1164(參校)
38　宗　海　1133(通考)
3952(著)
40　宗　大　3187(撰)
宗　悳　6164(著)
宗　吉　6712(著)
6783(著)
44　宗　樊　4586(書)
46　宗　觀　2257(序)
60　宗　吕　5443(著)
62　宗　則　372(參校)
67　宗　明　1461(纂編)
71　宗　厚　3081(編輯)
3082(編集)
宗　臣　5229(選)
5229(序)
5352(撰)
72　宗　質　4218(重刊)
77　宗　周　538(撰)
3790(撰)
宗　賢　5445(撰)
80　宗人漢　2832(序)
宗人士　5916(評)
87　宗　欽　4218(校閱)

察

37　察　罕　1097(撰)

3090_4 宋

00 宋　彦 2327(撰)
2327(自序)
宋應祥 1133(音釋)
宋應昇 1897(序)
宋應昌 5213(編次)
宋慶長 1470(撰)
宋廣業 2222(撰)
2222(自叙)
02 宋端儀 1603(撰)
4413(撰)
04 宋　諾 5264(撰)
10 宋　至 6090(撰)
6589(校)
宋平生 2546(説)
宋　无 4830(撰)
4830(自銘)
4830(自序)
宋　雷 4441(撰)
4441(引)
11 宋　珏 3828(序)
5631(校)
5631(題詞)
13 宋　琬 2052(撰)
4317(手跋)
5721(序)
5732(序)
5798(撰)
5819(序)
5904(題辭)
14 宋　璜 2214(校梓)
17 宋　弼 5729(序)
6018(遺事)
6194(序)
6228(序)
6263(選)
6263(序)
6263(題詩)
6672(編)
6757(編次)
6757(序)
18 宋　玫 5732(序)
20 宋維藩 2234(點閲)
2234(序)
21 宋仁宗皇帝 3299(撰)
3299(自序)
宋行可 1041(修)
宋師祁 5556(序)
22 宋　纁 610(撰)
23 宋　俊 6762(纂)
24 宋　仕 2019(序)
3384(校正)
宋德宜 131(序)

5840(序)
5878(序)
26　宋伯仁　6782(撰)
宋伯華　2011(校訂)
宋　和　5856(序)
6073(序)
6092(序)
6121(序)
27　宋奐璵　5322(校)
宋魯珍　3313(通書)
28　宋徵璧　3021(撰)
宋徵輿　3021(序)
5732(序)
5795(撰)
5795(序)
宋徽宗　4634(序)
宋徽宗皇帝　3336(撰)
宋儀望　541(序)
585(序)
5082(續編)
5322(撰)
5323(撰)
宋從龍　839(訂)
30　宋　濂　962(撰)
1025(編定)
1025(序)
1217(撰)
1227(撰)
1259(撰)
1589(序)
4669(撰)
4669(自序)
4669(自跋)
宋之繩　136(序)
宋宏之　6389(編)
宋定業　2206(序)
宋賓王　2543(跋)
4503(校)
4818(校)
4818(手跋)
4829(校並跋)
6759(校並跋)
宋實穎　203(參訂)
1743(題辭)
2209(較正)
5703(序)
5919(選)
6622(序)
32　宋兆祥　492(校)
1540(校政)
36　宋澤元　6762(校刊)
6762(序)
38　宋　祥　1133(釋文)
40　宋太宗　6695(選)

宋太麓 5795(較字)
宋太羹 5795(較字)
宋士宗 1067(校)
2667(撰)
4111(撰)
宋奎光 2248(撰)
宋存標 2635(撰)
2635(自序)
3021(序)
宋存楠 2635(序)
宋志梁 1337(跋)
宋志益 2222(校鍥)
宋 燾 2171(撰)
2171(自序)
宋來會 6023(贊)
44 宋蔚如 2543(校)
宋葆淳 3746(跋)
宋恭貽 5987(序)
宋萬葉 2623(序)
宋世臣 6552(校)
宋世犖 937(跋)
1334(序)
宋蘊紱 5322(校)
宋蘊輝 5322(校)
46 宋 楫 908(校刊)
48 宋 檄 541(刊)
51 宋振麟 5886(撰)
宋振仁 4484(跋)
53 宋 咸 947(註)
57 宋邦綏 282(撰)
282(自序)
2228(序)
58 宋 鰲 2230(序)
60 宋國華 2721(序)
宋思仁 282(校)
282(識語)
宋景雲 428(撰)
宋景關 5738(輯)
64 宋時穎 220(序)
67 宋嗣京 2410(題詞)
71 宋長白 6762(撰)
6762(自序)
77 宋鳳翔 3832(撰)
宋 際 1470(撰)
宋開玉 5940(點校)
宋學顯 2864(序)
78 宋 鑒 2721(序)
4441(跋)
80 宋無志 4652(後序)
宋 慈 3031(撰)
3031(序)
宋義立 930(序)
81 宋 鈺 5607(序)
83 宋 鉞 2625(較)

88　宋　鎬　1862(跋)
2586(手校)
宋敏求　6700(撰)
90　宋光廷　5299(校閱)
5299(題辭)
92　宋　炘　3870(序)
99　宋　犖　452(序)
1758(序)
2256(撰)
2661(序)
3432(撰)
3440(撰)
3870(撰)
4434(著)
4716(序)
4729(序)
4768(輯)
4768(跋)
5590(序)
5643(批校)
5643(跋)
5678(序)
5704(序)
5845(撰)
5847(序)
5858(序)
5945(序)
5950(序)
5954(序)
5980(序)
5986(序)
6035(序)
6066(序)
6067(序)
6128(序)
6490(序)
6588(編)
6589(編)
6590(序)
6598(校)
6760(撰)

窣

44　窣　菴　3930(纂集)
4181(撰)

3111_0　沚

00　沚亭灌長　2646(自序)

江

00　江應貢　4296(参訂)
江應曉　3791(撰)
3791(自序)
江　廣　2823(較)

01 江 龍 1077(跋)
10 江一蔚 1458(校閲)
江元禨 6555(較政)
江元禧 4811(跋)
6555(編)
江元祚 672(序)
2823(參考)
3361(輯)
4811(校)
6555(編)
江爾松 5514(序)
江石卿 1897(序)
12 江 弘 2823(較)
13 江 球 4823(序)
14 江 瓘 5416(撰)
17 江盈科 826(引)
1689(撰)
1689(自序)
4250(序)
4257(撰)
4527(序)
5414(序)
5552(校)
5552(序)
20 江秉謙 3791(校)
21 江上瑛 2831(校梓)
江上珍 2831(校梓)
江 貞 3428(撰)
22 江 山 4248(校訂)
23 江允貫 677(校刻)
24 江德謹 395(校)
江德坊 395(校)
江德在 395(校)
江德封 395(校)
江德中 2309(撰)
3883(撰)
江德量 395(校)
江德陞 395(校)
江德堅 395(校)
25 江 績 2244(序)
26 江自皥 787(編次)
江自嶁 787(編次)
江自崇 787(編次)
江自成 3793(閲)
江 皐 248(序)
4365(序)
江皐主人 6465(輯)
28 江以達 5165(序)
5192(撰)
江以東 5466(撰)
江從春 5064(校正)
30 江 永 529(撰)
598(校纂)
598(序)

1077(撰)
1574(撰)
1576(撰)
4376(参閲)
江之淮 2625(較)
江之蘭 3142(撰)
江之棟 3310(輯)
江之恒 4257(删訂)
34 江爲龍 787(編)
787(序)
江　淹 3412(撰)
江湛然 2171(叙)
6737(輯)
江漢老人 3641(識語)
江汝璧 1895(序)
江　洪 5514(序)
39 江　瀠 6126(序)
40 江大鋭 6676(訂)
6676(序)
41 江　標 1177(跋)
5858(批點)
6758(跋)
44 江世東 5514(序)
江　贇 1092(編)
江　村 2080(著)
江　蘗 1430(撰)
2471(撰)
2471(自序)
2472(撰)
2472(自序)
江楙萺 2613(校)
45 江　枏 96(撰)
46 江旭奇 4296(編)
4296(小引)
江　柏 5284(撰)
47 江　聲 955(録)
江朝宗 1237(序)
江起鵬 1355(校)
江超鵬 1122(編次)
50 江　春 3421(序)
江東偉 4525(撰)
江東之 5514(序)
51 江　虹 6682(輯)
52 江　蟠 6682(輯)
53 江　成 1164(評閲)
1164(序)
57 江邦柱 96(撰)
江　蟾 6682(輯)
60 江日彩 1527(跋)
江　昱 395(撰)
395(自序)
1080(撰)
1080(自序)
1345(序)

3893(撰)
3893(自序)
5928(序)
6231(撰)
6232(碣)
江見龍 209(撰)
63 江 默 2121(撰)
71 江 長 6555(訂政)
77 江 闓 5820(序)
5940(跋)
80 江八斗 6682(編)
6682(凡例)
6682(跋)
83 江 鎔 1092(序)
86 江 鐸 659(序)
88 江 繁 2471(著)
4392(跋)
90 江惟東 5128(校)
江尚質 6809(輯)
96 江 煜 6021(題詩)
97 江 恂 1080(跋)

3111_1 涇

34 涇 波 5106(序)

3111_4 汪

00 汪立名 1013(編)
2330(較訂)
5810(挍)
6649(編)
汪高科 2805(閱梓)
4223(校)
汪高明 4223(閱梓)
汪 膺 5653(撰)
汪應瑞 18(校刻)
汪應經 18(校刻)
汪應蛟 1880(撰)
2806(撰)
2806(自序)
汪應軫 5122(撰)
汪應辰 4770(撰)
汪應鳳 18(校刻)
汪應銓 2470(序)
汪廉夫 3124(閱)
3124(序)
汪慶百 4272(題辭)
汪廣洋 6435(撰)
汪文珍 6293(跋)
汪文楨 5777(輯)
汪文英 4696(跋)
汪文著 5945(序)
汪文柏 4375(撰)
4375(自序)
4861(跋)

4969(跋)
汪文盛　5091(撰)
汪文璧　3114(序)
汪玄錫　13(書後)
汪襄賢　1542(序)
07 汪望齡　5014(校梓)
10 汪一麟　844(参閱)
汪一中　2073(序)
汪三益　3226(撰)
3226(序)
汪三省　5014(訂正)
汪正鈞　6761(参訂)
6761(序)
汪　璽　6277(序)
汪元功　1545(参閱)
汪元兆　63(校評)
1880(校梓)
汪元演　5488(對訛)
汪元湛　6475(閱梓)
汪元標　3310(訂)
3310(序)
3994(校)
3994(後序)
汪元范　6490(校)
汪元量　4799(撰)
4804(撰)
6793(撰)
汪爾敬　1469(跋)
汪晉徵　3727(参校)
6006(撰)
6006(題辭)
汪雲程　4529(編)
汪雲驤　598(序)
11 汪　玩　2239(序)
2245(引)
汪砢玉　2510(撰)
2510(自叙)
12 汪　瑗　4696(撰)
汪廷訥　4295(序)
5625(撰)
6523(編)
6523(序)
汪廷愷　6263(繪像)
汪延齡　4376(授梓)
汪延艮　5122(編)
汪　霦　5920(評)
5920(序)
5983(序)
6033(序)
13 汪　琬　203(参訂)
2102(序)
4093(序)
4344(参)
5393(校注)

5732(序)
5776(題辭)
5819(序)
5824(序)
5831(序)
5845(序)
5847(序)
5853(撰)
5858(序)
5955(序)
5956(序)
5999(序)
6026(序)
6090(序)
6101(序)
6609(編)
6609(序)
6614(序)
14 汪　珙 4260(校梓)
4260(識語)
16 汪　璟 5122(跋)
17 汪孟鋗 6252(序)
汪子祜 5441(撰)
5441(自序)
18 汪　璲 248(撰)
2787(評訂)
5014(後序)
20 汪舜民 1972(撰)
1972(序)
汪　統 3511(題記)
21 汪　儒 5995(選)
汪　舸 6260(撰)
汪　縉 4606(撰)
6259(序)
22 汪嵩齡 5014(校梓)
汪　循 5014(撰)
5035(序)
汪繼美 5435(校梓)
23 汪　俊 1985(序)
3532(撰)
3532(自序)
4964(序)
汪　岱 788(編録)
24 汪先岸 2160(序)
6514(跋)
汪德元 6530(訂)
26 汪自霑 1545(校)
汪伯薦 5441(撰)
汪　佃 1086(序後)
5121(撰)
27 汪修能 1142(校刻)
汪繩武 5853(挍字)
28 汪以成 979(校)
汪以時 4379(選輯)

		5353(序)
	汪　价	2299(撰)
	汪　份	1011(序)
		5856(序)
	汪從龍	5435(校梓)
		5435(跋)
30	汪　淮	5483(撰)
		6426(編)
		6426(序)
	汪　沆	6155(序)
		6767(序)
	汪永錫	6212(詩)
	汪之珩	6676(編)
		6676(啟)
	汪之楨	248(序)
	汪　憲	290(撰)
		290(引)
		3483(撰)
		3483(序)
	汪良迪	5420(輯)
		5420(跋)
	汪定國	4072(編)
		4072(序)
	汪賓薦	3130(序)
	汪宗訊	5473(序)
	汪宗元	2379(撰)
		2739(後序)
	汪宗凱	5091(選)
	汪宗伊	2384(撰)
		2384(序)
	汪宗伋	6475(閱梓)
	汪宗豫	5436(輯)
		5441(輯)
	汪宗淳	6475(閱梓)
	汪宗姬	4307(撰)
31	汪　灝	1755(序)
		4087(序)
		5821(較評)
		5952(参校)
		5952(序)
		6020(撰)
32	汪兆鏞	5263(詩)
	汪　浸	2805(閱梓)
33	汪必倬	2655(較)
	汪必東	5001(序)
34	汪爲熹	4541(撰)
		4541(自序)
	汪　漢	1984(序)
	汪漢謀	3322(編)
	汪汝謙	5658(撰)
	汪汝淳	3631(較梓)
		3632(跋)
		3633(較梓)
	汪汝璧	1985(序)

汪浩然 913(撰)
914(撰)
汪 淇 3132(箋釋)
3132(序)
3133(撰)
3297(訂)
4725(較閱)
6611(編)
35 汪 泩 3172(校)
36 汪 禔 5436(撰)
37 汪 瀡 1750(序)
4703(總序)
5918(跋)
汪鴻度 4376(校)
汪鴻謨 4376(校)
4376(跋)
汪鴻勳 4376(校)
4376(跋)
汪鴻聲 4376(校)
汪淑問 2052(修補)
汪 逸 5595(閱)
5624(撰)
汪 通 4584(跋)
汪逢瑞 5284(録)
汪逢源 5824(録)
5824(跋)
汪逢吉 844(校正)
38 汪 祚 1499(跋)
2720(序後)
汪道亨 586(校刻)
3992(校)
汪道昆 623(編)
623(序)
4217(增訂)
4234(增訂)
4234(叙)
5157(傳)
5316(序)
5324(撰)
5324(自序)
5325(撰)
5325(自序)
5337(序)
5356(序)
5394(序)
5415(序)
5416(傳)
5416(書)
5630(序)
5630(彙選)
6530(序)
6737(序)
汪道長 5625(録)
汪道貫 5326(撰)

		5486(校)
	汪道會	4021(題記)
		5326(撰)
	汪啟淑	3828(手跋)
		6189(校)
40	汪大經	3914(手跋)
	汪大年	1886(序)
	汪士漢	4166(編)
		4376(撰)
	汪士通	6242(序)
	汪士慧	4926(校)
	汪士賢	3454(校)
		3469(校)
		3498(校)
		6517(編)
		6517(校)
	汪士鋐	2368(序)
		2564(撰)
		2564(序)
		5940(序)
	汪　奎	18(校刻)
	汪克寬	811(序)
	汪志伊	5845(跋)
	汪　燾	5014(編輯)
	汪　來	2009(撰)
	汪來聘	5284(録)
	汪來安	5284(録)
	汪來起	5284(録)
	汪　森	4799(跋)
		5777(序)
42	汪　機	3056(撰)
		3056(序)
		3099(撰)
		3099(自序)
		3100(撰)
		3100(自序)
43	汪載德	5004(鐫)
		5004(小引)
	汪　越	2258(補葺)
44	汪　荃	5945(序)
	汪　基	598(撰)
		598(自序)
	汪　藻	2008(編)
	汪芳藻	5821(序)
	汪蔚林	6044(編校)
	汪　薇	99(序)
	汪茂槐	6567(編)
	汪懋麟	2061(序)
		5436(選輯)
		5734(序)
		5745(序)
		5794(序)
		5807(序)
		5847(序)

		5862(序)
		5880(序)
		5880(選)
		5930(序)
		5945(撰)
		5945(自序)
		6101(序)
	汪　莘	6793(撰)
	汪若海	3734(撰)
	汪世德	2609(叙)
	汪世昭	6531(校)
	汪　芸	1436(校刊)
	汪　萊	5242(跋)
46	汪　坦	5442(撰)
	汪　觀	6030(選)
	汪　柏	5824(撰)
	汪　楫	1036(序)
		1923(撰)
		1923(自序)
		5892(序)
47	汪　鋆	3345(跋)
48	汪猶龍	4307(校)
	汪　敬	18(撰)
		18(序)
	汪敬思	6339(跋)
50	汪中鵬	1662(補訂)
	汪泰來	5810(挍)
	汪忠訓	5831(題識)
58	汪掄柱	378(校訂)
	汪嫯敏	2257(書後)
60	汪　昉	2561(手跋)
		4260(跋)
	汪曰禎	1077(校)
	汪國南	2424(序)
	汪國楠	1355(校)
	汪四如	979(後序)
	汪思聰	5284(序)
	汪思迴	1160(叙)
	汪昌廷	1170(較訂)
	汪昌復	1177(評語)
61	汪顯節	3356(撰)
		6449(校編)
64	汪時元	5337(校刻)
		5298(跋)
	汪時震	5435(校梓)
67	汪明際	145(序)
		2849(點閱)
	汪躍龍	987(注釋)
	汪嗣志	5435(校梓)
	汪　照	2561(撰)
70	汪辟疆	6077(跋)
73	汪駿聲	4806(校)
		4806(跋)
77	汪學信	4379(編次)

汪學海　3248(序)
　5516(編)
80 汪　鏞　5991(批校)
汪　錞　2193(序)
汪翁儀　1969(重修)
汪　愈　1516(後序)
82 汪鍾霖　5014(校梓)
汪鍾鼎　5435(校梓)
汪鍾日　5435(校梓)
83 汪　鉉　5035(後序)
84 汪　銈　5284(梓)
86 汪錦雯　5014(校梓)
87 汪　鈞　248(跋)
88 汪　鈖　5284(梓)
汪　钧　6026(撰)
89 汪　鏜　2802(序)
　5311(撰)
90 汪懷德　94(序)
汪少廉　5402(撰)
汪光祕　5821(後序)
汪光被　4087(序)
汪尚誼　4296(序)
汪尚寧　3778(序)
97 汪耀麟　5441(選輯)
　5441(序)

3112_0 河

21 河上公　4133(註釋)
50 河東王　1926(序引)

3112_1 涉

31 涉江子　4613(裒訂)

3112_7 馮

00 馮亢孫　721(校輯)
馮應京　1928(撰)
　1928(自序)
　2424(撰)
　2424(自序)
　3631(序)
　3632(序)
　3634(序)
　4264(參閱)
03 馮　詠　6141(撰)
　6141(自序)
07 馮調鼎　1002(撰)
　1002(自序)
10 馮　霑　1928(紀略)
馮元鼎妻陳氏
　5695(撰)
馮元仲　768(參定)
　768(序)

6559(序)
馮元颺 434(校)
434(叙)
馮元飈 434(校)
馮元惇 2804(校書)
馮可賓 4035(編)
馮雲驤 2200(參訂)
3654(跋)
5916(輯)
馮雲驌 4087(校訂)
5821(撰)
5821(像)
5916(輯)
5975(撰)
11 馮 班 4942(詩)
5801(撰)
6291(跋)
6293(評點)
6293(凡例)
6706(跋)
馮張孫 721(校輯)
12 馮登府 337(手跋)
6077(跋)
馮廷章 4334(撰)
4334(自序)
馮廷瑛 6645(編)
馮廷槐 6008(撰)
13 馮 武 4835(訂)
5801(評校)
14 馮 琦 69(序)
1303(訂)
1303(序)
1670(序)
2423(訂正)
2423(序)
3003(序)
3593(題辭)
5513(序)
15 馮 甦 1334(撰)
2319(輯)
2319(序)
5870(撰)
17 馮 珣 4719(跋)
馮承芳 5011(後叙)
馮承熙 3058(叙)
3062(叙)
馮承鈞 2344(校釋)
馮子京 6432(撰)
馮翼孫 721(校輯)
18 馮珍聘 5339(訂)
馮 孜 3009(撰)
21 馮貞群 3750(考證)
5742(補)
5742(跋)

22　馮　嵋　768(較)
24　馮德培　6008(序)
馮　偉　5008(題後)
26　馮皋謨　3625(序)
馮　保　767(撰)
767(跋)
馮皐謨　5339(撰)
馮和悦　5916(梓)
27　馮佩實　5884(序)
馮紹功　6285(參閲)
28　馮復京　826(校)
827(序)
馮從吾　1783(纂編)
2817(撰)
3836(序)
5517(編次)
6474(編)
馮從善　2828(叙)
30　馮　定　4588(閲)
31　馮源濟　5794(序)
馮　遷　5129(跋)
馮　渠　3601(撰)
33　馮　溥　1337(序)
2646(序)
5794(撰)
5800(序)
5807(序)
5944(序)
馮治世　5794(較)
34　馮汝京　4033(序)
馮汝弼　4512(撰)
5225(撰)
馮汝玠　66(手跋)
馮汝桓　4370(跋)
馮　浩　1015(總引)
5845(跋)
35　馮　洙　4843(序)
36　馮祀世　1002(校)
1002(識語)
38　馮祚泰　2115(撰)
2115(自序)
馮啟胤　3712(校)
4320(較)
40　馮大受　5272(序)
5314(校)
5314(後叙)
馮士元　2628(撰)
馮士標　5916(序)
馮士驊　2458(述言)
2458(輯)
馮有翼　6530(編)
馮李驊　721(編)
721(增訂)
721(評輯)

馮嘉會 2167(輯)
2167(跋)
2743(序)
馮奮庸 1551(撰)
2832(訂)
2832(跋)
41 馮　柯 4015(撰)
44 馮協一 5794(較)
6002(撰)
馮夢龍 662(撰)
663(撰)
4009(編)
4009(自序)
4010(撰)
4010(序)
4011(撰)
4070(跋)
馮夢禎 69(序)
1115(序)
2320(序)
2395(序)
2448(撰)
3625(閱)
3625(引)
4216(序)
4517(撰)
4754(批點)
5341(校)
5485(傳)
5506(撰)
5510(序)
馮夢周 3702(撰)
馮若愚 4015(序)
馮世雍 2376(撰)
馮　椅 5(撰)
46 馮　覲 5304(撰)
馮覲吉 5916(校字)
馮觀民 5916(梓)
馮如京 5916(撰)
50 馮　忠 6715(引)
馮忠恕 1489(撰)
馮春暉 692(校訂)
51 馮振宗 5339(訂)
5339(跋)
58 馮　鰲 6291(例言)
6291(跋)
60 馮國祥 5219(序)
馮國英 5624(序)
馮　暠 1011(序)
馮　恩 5193(撰)
馮昌臨 216(撰)
216(自序)
2947(撰)
馮　景 4479(序)

		5980(序)
	馮景曾	2220(跋)
64	馮時雍	4872(序)
	馮時可	648(撰)
		1399(序)
		2627(序)
		3057(序)
		3106(撰)
		3318(校)
		3414(訂正)
		3446(序)
		4508(跋)
		5006(撰)
		5272(序)
		5346(序)
		5378(序)
		5491(序)
		5572(序)
		5611(傳)
		6439(序)
	馮時化	3455(撰)
	馮時寧	3009(輯)
67	馮明玠	1462(序)
	馮嗣京	2213(序)
71	馮　辰	6059(校)
	馮　厚	6353(編)
		6353(跋)
	馮　原	6353(編)
73	馮駿聲	4334(較)
77	馮際可	5339(訂)
	馮學易	2503(撰)
78	馮　鑒	5975(校字)
	馮鑒同	5916(梓)
80	馮金聲	5870(彙集)
		5870(手記)
	馮　夔	4990(跋)
	馮慈徹	5794(較)
87	馮　欽	5975(校字)
	馮欽同	5916(梓)
	馮　舒	2574(批校)
		6291(校)
		6291(序)
		6292(評點)
88	馮　鑑	3685(撰)
90	馮惟訥	4719(删)
		4719(序)
		5161(後序)
		5162(校訂)
	馮惟垣	5339(訂)
	馮光裕	5916(梓)
92	馮　烶	5524(跋)
94	馮忱詹	5916(校字)

3114_9 滹

12 滹　水　419(校閲)

3116_1 潛

32 潛　溪　14(著)
37 潛　初　5737(著)
44 潛　菴　1754(輯)
潛菴子　1314(訂)
潛　村　877(纂輯)
50 潛　夫　203(著)
204(著)
3208(纂)
5738(著)

3117_2 涵

00 涵　齋　3727(校)
6006(撰)
21 涵虚子臞仙　3311(撰)
3311(自序)
4216(製)
4216(自序)
4666(製)
4666(自序)
6820(撰)
44 涵　萬　5910(編次)
57 涵蟾子　4674(編輯)

3118_6 湞

12 湞　水　5863(訂)

3126_6 福

00 福　庭　2543(題記)
24 福　先　551(參較)
48 福增格　936(序)
50 福　申　4030(跋)
4228(校定)
77 福　興　957(書稿)

3128_6 顧

00 顧　充　977(撰)
977(小序)
4264(撰)
顧　亮　2771(撰)
顧應祥　1102(撰)
1910(撰)
2336(序)
3397(書後)
3536(撰)
3536(自序)
5012(序)
顧廣圻　333(手校)
333(跋)
3032(校)

3032(跋)
4585(校)
4585(跋)
6304(題簽)
顧廣瞻 4621(校梓)
顧廣譽 5738(跋)
顧　諒 2730(撰)
01 顧龍標 1466(校正)
03 顧　斌 3015(撰)
06 顧　禔 3529(校)
3802(校)
6513(參訂)
07 顧諏應 2926(校梓)
08 顧　謙 792(校)
顧謙服 5038(跋)
10 顧二榮 5877(序)
顧三經 1006(校録)
1006(識語)
顧正誼 2627(撰)
2627(敘)
顧　至 4799(跋)
顧　霑 2761(序)
顧元慶 1524(撰)
2552(撰)
2552(跋)
6738(撰)
顧元鏡 2186(撰)
2186(序)
顧爾行 1436(重校)
1438(編)
1438(校刊)
2494(後序)
3092(序)
5262(校)
5262(序)
6419(序)
顧爾邁 1618(撰)
顧天埈 1884(序)
5038(小叙)
6384(撰)
顧晉璠 5038(跋)
顧可久 483(編次)
1674(序)
5112(撰)
顧雲程 659(序)
1458(序)
2484(校閲)
4232(訂正)
顧雲鳳 1554(校)
4447(序)
11 顧　瓌 5049(重選)
12 顧　瑫 5101(刊)
顧列星 5742(評點)
顧廷龍 542(批)

1687(手批)
1704(手批)
1882(手批)
2283(手批)
2302(手批)
2338(手批)
2404(手批)
2423(手批)
2510(手批)
4273(手批)
4450(手批)
4541(手批)
5309(手批)
5314(手批)
5324(手批)
5509(手批)
5702(手批)
5719(手批)
5798(手批)
5799(手批)
5946(手批)
6262(手批)
顧廷櫃 145(序)
顧廷鏞 2105(編輯)
13 顧 琮 512(訂)
512(序)
710(序)
16 顧聖之 3702(述)
顧聖堅 146(序)
顧珵美 4352(增著)
17 顧孟容 3434(撰)
3435(撰)
4579(撰)
顧乃大 6785(序)
19 顧 璘 1611(撰)
1611(自序)
2744(撰)
4953(序)
4970(序)
5049(選)
5083(序)
5108(序)
5109(序)
5154(序)
6508(評)
20 顧秀虎 3377(補)
顧 禹 5888(序)
顧秉謙 999(序)
4255(序)
21 顧 卓 3376(校)
顧師仁 6046(序)
顧貞觀 1550(續編)
2813(補)
2852(編次)

2852(跋)
6613(參)
6616(編)
22 顧胤光 6785(序)
顧鼎臣 5038(撰)
顧　彩 1763(序)
23 顧允升 6822(較)
顧允成 2686(序)
顧我德 1212(校)
1212(跋)
24 顧　佐 1865(引)
顧德基 5694(撰)
顧升晙 203(参訂)
顧峬生 2105(編輯)
25 顧仲清 3377(撰)
26 顧　皋 4741(題後)
顧吳杲 223(校閱)
顧　緗 6544(叙)
27 顧豹文 1566(序)
2899(序)
3279(序)
4165(序)
5889(序)
5962(評)
6590(序)
顧名儒 1271(校)
1271(序)
顧　磐 5101(撰)
顧紹芳 5400(序)
5513(撰)
28 顧從德 3398(撰)
3398(自序)
3398(引)
4984(校)
4984(序)
顧從義 6428(撰)
顧　岎 2346(撰)
30 顧寧人 954(正字)
顧濟美 2227(序)
顧　宸 353(訂)
353(序)
1162(序)
顧之瑜 6590(校訂)
顧之俊 140(較)
顧憲成 1399(序)
2794(序)
2795(序)
2812(撰)
2813(撰)
3918(校)
4588(序)
顧　密 1763(較閱)
顧　實 4799(校)
顧宗瑋 720(撰)

	顧宗孟	2414(序)
31	顧　沅	933(校)
		4471(跋)
	顧　涇	1550(續編)
	顧溤易	5166(跋)
	顧　汧	204(啟)
	顧汧席	2892(序)
	顧　潛	5018(撰)
33	顧　冶	4263(校)
		4680(校)
		5408(序)
34	顧斗英	5622(著)
	顧汝紳	659(序)
	顧　渚	6531(校録)
	顧洪先	146(校)
	顧洪善	4097(校閲)
	顧　禧	4774(撰)
	顧　造	4570(訂校)
35	顧　清	1976(撰)
		1976(序)
		2147(正)
		2147(序)
		4960(序)
37	顧祖武	6562(編)
	顧祖河	6451(校)
	顧祖源	5430(校梓)
		6451(校)
		6451(跋)
	顧祖漢	6451(校)
38	顧滄籌	3310(校)
	顧道洪	1544(編)
	顧道瀚	6451(校)
	顧肇熙	4370(跋)
	顧啓元	4600(序)
40	顧九思	1393(撰)
		1393(序)
		5611(編)
	顧力仁	5491(説)
	顧大韶	5349(校)
	顧大申	4344(參)
		5828(撰)
		6594(撰)
		6594(序)
	顧士璉	2105(撰)
		2105(後序)
	顧士奇	5101(刊)
	顧奎光	3892(撰)
		4809(評)
	顧有禎	1393(校梓)
	顧有孝	5831(輯)
		6580(編)
		6580(自序)
	顧希喆	6082(行狀)
	顧存仁	2381(撰)

5243(撰)
顧悳懋　296(傳略)
41　顧梧芳　628(較正)
4132(校正)
顧頡剛　401(校點)
顧　樞　1550(輯)
2813(輯)
2852(撰)
44　顧　藻　204(啟)
顧夢麟　5651(序)
顧夢游　5751(撰)
顧夢圭　1622(跋)
5067(序)
5166(撰)
6784(序)
顧懋宏　2160(校定)
顧懋樊　101(訂)
101(序)
145(撰)
146(自叙)
438(撰)
438(自序)
672(撰)
672(自序)
顧其安　977(閲)
顧　蒓　5578(跋)
45　顧棟高　386(序)
386(書札)
390(撰)
390(自序)
728(序)
2896(編)
6182(序)
顧棟南　2896(著)
46　顧　相　6451(筆授)
顧　檈　6451(筆授)
47　顧起元　69(校)
1299(序)
1462(序)
1642(序)
1684(序)
2172(序)
2553(撰)
2553(自序)
3807(校)
3807(序)
4161(撰)
4257(序)
4299(序)
4307(序)
4452(序)
4455(撰)
5332(序)
5506(序)

5566(撰)
5566(自序)
5595(序)
5646(序)
5646(墓志)
6499(序)
顧起經 4735(撰)
4735(小引)
顧起綸 4172(補輯)
5429(撰)
5430(撰)
6451(編)
6451(識語)
顧起鳳 1462(參考)
5566(校)
53 顧成天 1075(序)
4705(撰)
4705(自叙)
4706(撰)
4707(撰)
6184(撰)
6185(撰)
6185(自序)
顧成憲 3815(撰)
顧咸建 5038(跋)
57 顧邦杰 5738(跋)
58 顧　鰲 4097(校閱)
60 顧國寶 1884(序)
顧　昺 255(撰)
383(撰)
469(撰)
顧思孝 5828(編輯)
5828(跋)
顧恩裕 1194(跋)
顧　昌 1006(校録)
5744(校輯)
6041(序)
顧昌祚 3205(撰)
顧圖河 5956(序)
6106(撰)
顧景元 977(校)
顧景祚 438(授梓)
顧景星 1006(撰)
5724(序)
5744(撰)
5744(自序)
5755(閱)
5980(批點)
6041(序)
67 顧嗣立 2545(編次)
2545(序)
4807(手跋)
4809(評)
5701(小傳)

		6113(撰)
		6192(序)
		6637(序)
	顧嗣昌	1008(閱)
71	顧長發	3180(撰)
75	顧陳垿	933(撰)
		1069(撰)
		6177(跋)
77	顧用方	710(訂)
	顧鵬翎	5859(序)
	顧　聞	4236(序)
	顧學海	792(校)
	顧開雍	6591(參評)
	顧開陸	1550(較)
	顧民喦	2098(較)
		2098(跋)
	顧與沐	1550(編)
		2813(撰)
	顧賢庚	2551(跋)
80	顧　兑	977(校正)
	顧曾唯	49(撰)
	顧養謙	1388(撰)
		2029(修)
82	顧鍾瑄	1550(録)
	顧鍾琦	1550(録)
	顧鍾珣	1550(録)
	顧鍾璁	1550(録)
	顧鍾英	1550(序)
84	顧　鎮	2574(參訂)
		6070(序)
		6170(序)
86	顧錫麒	2543(校)
		3338(跋)
		4064(校)
	顧錫疇	1121(撰)
		1121(自序)
		4051(序)
		4057(序)
		4058(評定)
		4058(序)
		4062(序)
		5038(跋)
		6505(序)
		6513(編)
		6513(序)
	顧錫眉	1121(參訂)
	顧　鐸	2079(刊行)
88	顧　簡	5608(撰)
90	顧　光	6640(序)
	顧光裕	5828(校字)
	顧夋武	840(校正)
	顧炎武	954(考證)
		1748(撰)
		1952(撰)

2192(撰)
2291(撰)
2292(撰)
2293(撰)
3716(撰)
3717(撰)
3754(輯)
4343(撰)
96 顧　煜 3405(撰)
3405(自序)
99 顧　鎣 1121(參訂)
顧夔光 4794(觀)

禎

44 禎　林 6802(輯)

3130_1 遷

40 遷　木 686(參訂)

3130_2 邇

10 邇　可 4730(撰)
5996(著)
30 邇　之 3862(著)
90 邇　光 3405(訂)

3130_3 遯

00 遯　庵 2676(詳解)
51 遯　軒 223(集)
60 遯園居士 4455(輯)
4455(序)
77 遯　叟 6485(編)

3130_4 迂

77 迂　叟 2933(著)

3168_6 額

10 額爾金泰 5292(序)
28 額倫特 6223(序)

3210_0 洲

40 洲　士 5018(鐫)

淵

16 淵　碧 6225(編次)
80 淵　公 5833(著)

淛

10 淛　三 1369(評閱)

3211_3 兆

27 兆　魯 5950(較)
40 兆　吉 4958(校)
56 兆　揚 1725(集)
77 兆　隆 4958(選)

3211_8　澄

00　澄　齋　2881(題記)
31　澄江居士　1599(纂集)
32　澄　溪　2222(纂輯)
33　澄心草堂　3401(跋)
　　澄心老人　4657(集)
35　澄清堂　3992(序)

3212_1　沂

12　沂　發　5871(閱)

漸

34　漸　逵　5532(校梓)

汧

50　汧東漁父　6818(序)

3213_0　冰

27　冰　叔　4344(參)
44　冰蓮道人　1683(輯)
　　　　　　　4588(輯)
　　冰孽子　4785(書後)
　　冰華生　4257(輯)
52　冰　揆　223(後序)
90　冰　懷　5814(校)

3213_4　沃

33　沃　心　3573(訂)

3213_4　濮

33　濮　梁　2543(序)
35　濮禮儀　3073(校)
76　濮陽傳　4295(校閲)
　　濮陽淶　1029(撰)
　　　　　　1029(自叙)
　　濮陽士彦　1542(序)
　　濮陽春　1466(參考)
　　　　　　1918(序)

3214_7　浮

10　浮玉山人　4611(校)
　　浮石居士　4597(訂)
22　浮山愚者　5772(序)

3215_7　淨

22　淨　峯　5123(選稿)
33　淨　溥　6662(編)
44　淨　梵　4108(較閲)

3216_9　潘

00　潘亮彝　1634(手跋)
　　潘　高　4126(後序)

	潘應賓	1047(序)
	潘　府	742(撰)
	潘庭堅	6316(序)
	潘亦煒	939(校録)
	潘　文	6492(校讎)
	潘文奎	4502(序)
	潘文熙	6040(編校)
	潘　音	4805(撰)
	潘京南	1735(撰)
07	潘　鶉	4796(校)
10	潘一桂	4013(序)
		5651(選)
		5651(序)
	潘玉珂	6040(編校)
	潘玉璋	6040(編校)
	潘　露	4611(跋)
	潘元復	196(參)
	潘元懋	196(撰)
	潘元疇	792(校)
	潘　霨	2636(批並跋)
		4611(跋)
	潘平格	2853(撰)
	潘天柱	1162(訂定)
	潘可大	6418(跋)
	潘雲獻	4237(校)
		4237(序)
	潘雲赤	5689(較)
11	潘　琴	4221(序)
12	潘廷章	2233(撰)
	潘孔璧	1299(校)
		1299(序)
14	潘　瑛	4212(續撰)
16	潘　璁	433(校刊)
17	潘瑤章	6040(補)
	潘弼亮	4257(識語)
	潘承弼	1512(跋)
		3311(手跋)
	潘承權	6040(編校)
	潘承厚	1512(跋)
	潘子嘉	5041(刊)
20	潘季馴	643(序)
		2082(撰)
		4126(序)
		4952(編次)
		5348(撰)
	潘維岳	48(校刻)
		48(序)
21	潘師道	2414(序)
	潘　穎	5000(校正)
22	潘鼎珪	2365(撰)
	潘　巒	2771(跋)
	潘繼善	942(撰)
		2948(撰)
		3894(撰)

23　潘允端　5167(序)
　　　　　6728(後叙)
24　潘　偉　4605(序)
　　潘　緯　5630(撰)
27　潘　彝　4734(批)
28　潘　倣　2146(序)
29　潘　儁　5262(較刊)
30　潘　淳　388(校)
　　　　　575(校)
　　潘永季　243(校編)
　　　　　244(評點)
　　　　　244(批點)
　　　　　474(校編)
　　　　　6127(序)
　　潘永圜　1162(撰)
　　　　　1162(自序)
　　潘之淙　426(校)
　　潘之淇　426(校)
　　　　　552(訂)
　　潘之藻　1933(校)
　　潘之恒　2155(撰)
　　　　　2318(撰)
　　　　　4023(序)
　　　　　4257(撰)
　　　　　4257(序)
　　　　　5394(詮次)
　　　　　5414(撰)
　　　　　5624(序)
　　潘安禮　6237(撰)
　　　　　6237(自序)
　　潘宗洛　6040(撰)
　　潘宗垣　482(校)
31　潘　江　3725(序)
　　　　　5090(定)
　　　　　5090(序)
　　潘　灝　3607(輯)
34　潘　湛　429(訂)
　　潘汝龍　247(序)
　　潘汝楨　4883(序)
　　潘　潢　3532(引)
35　潘　洙　3788(序)
　　　　　5254(跋)
37　潘潤民　831(序)
　　潘祖蔭　2543(校跋)
　　　　　2604(書)
　　　　　3934(跋)
38　潘　滋　6416(編)
　　潘游龍　2864(序)
　　潘　洋　5041(校刊)
　　潘遂先　1082(撰)
　　潘道根　6368(校)
　　　　　6368(增注)
40　潘大復　3505(序)
　　潘士達　2820(編)

	潘士遴	354(撰)
		354(序)
		2047(序)
	潘士樸	3196(序)
	潘士藻	3114(序)
	潘士藻	4450(撰)
	潘士權	939(撰)
		939(自序)
		3196(撰)
		3196(自序)
	潘堯琚	955(校輯)
44	潘基慶	6512(編)
	潘　蔓	4269(梓)
	潘世恩	4967(觀款)
	潘樹辰	5798(題款)
45	潘　榛	1463(編次)
		1612(校定)
		1612(序)
46	潘　塤	1634(撰)
		4259(撰)
		4259(敘)
47	潘朝燦	196(較)
	潘超先	5580(序)
50	潘中孚	928(參攷)
	潘　耒	1063(撰)
		1771(序)
		1933(序)
		2319(序)
		2664(序)
		4799(跋)
		5767(序)
		5961(序)
		5982(序)
		5985(撰)
		6661(小引)
51	潘　振	3505(跋)
53	潘　咸	274(撰)
		1079(撰)
		3255(撰)
60	潘思榘	888(撰)
		5886(序)
	潘　恩	5163(撰)
		5340(敘)
	潘昂霄	2066(撰)
	潘景鄭	1212(校)
67	潘鳴時	4126(述)
71	潘　辰	5146(後序)
74	潘　陸	196(輯)
77	潘鳳梧	2088(撰)
	潘　眉	4731(評)
		4731(序)
		4731(刊)
80	潘人憲	196(較)
	潘曾紘	3607(編)

潘介縏　1229(跋)
1230(跋)
5798(題詩)
潘無聲　6737(校)
潘曾瑩　4844(題詩)
潘命世　1082(續)
82 潘鍾麟　5984(撰)
潘鍾瑞　4794(校)
4794(題籤)
86 潘　智　1998(校)
3038(輯)
87 潘　鏐　6802(訂)
90 潘尚仁　6272(選)
6272(序)
6272(題詩)
潘　棠　2723(序)
97 潘煥文　419(校)
436(校)
潘煥宸　5622(引)
99 潘　榮　2580(撰)

3230_2　近

34 近　潢　721(校輯)
44 近藤元粹　1133(註釋)
近藤宗元　1133(標註)
近　菴　2364(校)

3230_9　遜

00 遜　亭　3375(輯)
遜　言　3125(參訂)
11 遜　碩　5736(訂)
14 遜　功　1783(參閱)
80 遜　美　5488(編閱)

3300_0　心

00 心　齋　2960(序)
31 心　源　5363(選)
5366(編)
34 心　湛　2139(續修)
40 心　友　4703(校字)
心　南　352(著)
50 心青居士　6817(手跋)
60 心　易　5500(著)
6312(校正)

必

26 必　得　3790(閱次)
60 必　昇　4583(校)

3311_1　浣

44 浣花居　350(自序)
2120(序)

3312_7　浦

01　浦龍淵　203(撰)
204(撰)
204(自序)
22　浦　山　3381(著)
6256(著)
40　浦大治　5410(跋)
浦南金　4235(編)
6387(編)
44　浦芳體　4734(校刊)
47　浦起龍　373(序)
2574(批校)
4734(撰)
浦起麟　4734(參讀)

3314_2　溥

37　溥汎際　3639(撰)

3314_7　浚

22　浚　川　5030(著)
5031(著)
80　浚　谷　5185(著)

3315_3　淺

71　淺　原　5292(撰)

3316_0　治

00　治　文　359(著)

3318_6　濱

32　濱　溪　4543(輯)
4543(自序)
80　濵谷居士　4790(編)

3320_0　祕

10　祕丕笈　860(撰)

3322_7　補

00　補　亭　6150(較)
6272(較)

黼

00　黼　文　2209(纂修)
07　黼　望　5762(校訂)
20　黼　季　4352(正字)
67　黼　明　2397(較定)
4282(較定)

3330_3　邃

80　邃　人　573(評定)

3330_9　述

26　述　泉　3109(訂)
53　述　甫　5363(校正)

3377_2　峃

44　峃　菴　203(参訂)

3390_4　梁

00　梁　高　2756(校勘)
2756(序)
梁應期　2168(序)
梁文濂　6159(撰)
04　梁詩正　3380(序)
6159(編)
08　梁敦書　6159(校字)
10　梁天植　6465(編)
梁雲龍　1653(校)
1653(後序)
梁　栗　4873(跋)
12　梁廷柟　3619(校)
14　梁　珪　5943(撰)
17　梁羽明　5030(序)
梁子璠　2820(纂)
2820(序)
20　梁　禾　4230(纂述)
梁維樞　4474(撰)
4474(自序)
4994(定)
21　梁　穎　5878(説)
22　梁鼎芬　4806(題記)
23　梁允桓　3862(跋)
25　梁　生　843(著)
26　梁　穆　1088(序)
27　梁佩蘭　1012(序)
1420(序)
6030(撰)
6160(序)
6655(序)
梁　綱　5353(校)
5353(序)
28　梁　份　752(序)
1763(較閲)
2138(著)
5909(撰)
30　梁寧翁　2429(校)
梁永淳　5939(輯)
梁之棟　2828(叙)
梁　寅　1133(撰)
4218(序)
32　梁潘賞　3675(参訂)
34　梁汝魁　5161(序)
35　梁清傳　4474(校)
梁清寛　4725(跋)

梁清遠 3862(撰)
4474(校)
5782(撰)
梁清標 1337(序)
1745(序)
1829(序)
2513(序)
4725(序)
5734(撰)
5782(跋)
5792(序)
36 梁　湘 6728(校)
38 梁　汾 6616(選)
梁啟心 3380(序)
6159(編)
40 梁大畜 5104(跋)
梁有年 6384(撰)
梁希淵 5562(校閱)
梁　杰 1142(校閱)
1685(校)
41 梁　梧 6683(序)
42 梁　橋 6728(撰)
6728(引)
梁　機 6117(撰)
44 梁夢龍 1871(編)
1871(叙)
2494(撰)
6728(題辭)
梁夢齡 6728(校)
梁夢善 6159(編)
梁　蕙 6457(校次)
梁孝元皇帝 3331(撰)
梁萬方 605(撰)
48 梁敬孟 1133(撰)
50 梁本之 4873(撰)
梁春暉 5750(撰)
60 梁國治 1414(序)
2474(序)
6221(序)
梁思熾 605(序)
梁甲壯 4037(對)
77 梁同書 3718(批校)
4967(觀款)
5845(跋)
6159(校字)
6244(行狀)
梁　熙 1328(跋)
5831(選)
梁學顔 6285(參閱)
梁開宗 605(參訂)
605(序)
80 梁善長 1124(跋)
6669(編)
86 梁知先 3393(序)

88 梁　策　5099(序)

3400_0 斗

00 斗　文　1040(校)
40 斗　南　4697(疏)
60 斗　田　254(著)
3183(著)
96 斗　煌　160(校)

3402_7 爲

10 爲　玉　2846(輯)
爲　霖　4039(評選)
90 爲　光　714(編訂)

3410_0 對

00 對　育　304(校)
22 對　巖　6787(評)
37 對　初　4703(校字)
40 對　樵　6244(著)
56 對　揚　2835(編次)

3411_1 冼

44 冼桂奇　5104(校)
5219(序)

3411_2 沈

00 沈應文　2034(續撰)
2034(序)
沈應科　2602(訂正)
沈應奎　3796(序)
沈　廉　6065(序)
沈　庠　2018(删正)
沈　文　3702(撰)
沈奕琛　5748(序)
沈玄鏡　4942(後跋)
04 沈　謏　1321(撰)
07 沈調元　4230(序)
沈　詔　6337(删輯)
08 沈　謙　5689(撰)
10 沈一中　5518(撰)
沈一鳳　4089(考訂)
沈一貫　55(撰)
987(序)
1389(撰)
5316(選)
6443(編)
6443(序)
6444(撰)
沈二裴　143(增訂)
沈玉亮　6630(序)
6630(編)
沈元霖　937(録)
沈元朗　937(録)
沈元滄　571(編)

571(自序)
6092(撰)
沈元輅 792(校)
沈爾嘉 161(撰)
沈天寶 4538(閱訂)
沈云瑶 4538(閱訂)
沈云翔 4700(編)
4700(引)
沈不負 6007(撰)
11 沈 珩 5692(序)
5784(序)
5808(撰)
5944(序)
5962(較)
5987(序)
6763(序)
沈 斐 319(識語)
沈 頲 3110(較)
12 沈瑞鍾 125(撰)
沈 彫 5391(訂梓)
沈弘正 3499(譔)
沈弘遇 3120(序)
沈廷文 4843(序)
沈廷璐 2258(補葺)
2831(校刊)
2831(序)
沈廷芳 571(校刊)
794(序)
2944(編)
2944(序)
5593(訂)
5593(序)
5742(參訂)
5742(序)
6092(序)
6225(序)
6225(跋)
6236(撰)
沈廷薦 6093(撰)
沈廷勱 206(撰)
206(自序)
沈廷松 4059(編)
4059(序)
沈孔鍵 6677(撰)
14 沈 琦 1894(較)
1894(凡例)
沈 璜 3578(校)
15 沈 琡 2831(校梓)
沈 珠 5120(校正)
沈珠敬 5105(後序)
16 沈聖岐 6548(序)
沈聖清 5689(較)
沈聖昭 5689(較)
5689(行狀)

5689(跋)
17 沈　珣 1391(序)
5641(序)
沈　鼒 2058(撰)
2058(序)
沈乃文 721(參評)
沈　承 3399(序)
沈豫昌 2633(校)
3644(校)
沈及之 5006(輯梓)
沈子淮 4182(選)
沈子木 2085(編)
沈子本 4031(序)
沈翼機 6093(撰)
18 沈　玠 1894(較)
沈　琔 490(撰)
20 沈　位 5620(選校)
5620(序)
沈季雲 803(校)
沈季友 6027(撰)
6615(校輯)
沈受宏 5927(撰)
沈孚先 3413(校)
3484(校)
3494(校)
3911(閱)
3917(校)
3957(校)
4408(校)
4463(校)
4640(校)
沈維材 6723(跋)
沈維時 3029(跋)
21 沈　行 4907(撰)
沈儒珍 234(參述)
沈師昌 2633(校)
2633(序)
沈　貞 4841(撰)
22 沈鼎新 3502(參評)
沈鼎科 5538(後序)
6556(鑒定)
沈岸登 6087(撰)
沈　幾 4009(閱)
4009(序)
4010(閱)
4010(序)
沈繼龍 6325(校正)
沈繼震 1141(校閱)
23 沈峻曾 5838(撰)
24 沈　佳 2899(校)
5838(序)
沈德先 2327(校)
3493(校)
3494(校)

3584(校)
3591(校)
3691(校)
3957(校)
4047(校)
4048(校)
4049(校)
4408(校)
4463(校)
4464(閱)
6807(校)
沈德潛 273(序)
278(序)
282(序)
304(序)
734(序)
898(序)
1781(序)
2227(分修)
3375(序)
3891(序)
3905(序)
5133(序)
5915(序)
6027(序)
6046(序)
6071(序)
6089(序)
6140(序)
6162(序)
6166(序)
6172(序)
6201(序)
6203(序)
6207(序)
6209(序)
6226(序)
6290(序)
6608(序)
6666(序)
沈德涓 1469(纂輯)
1469(緣起)
沈德符 1799(跋)
2454(撰)
3915(撰)
4526(撰)
沈　偉 339(撰)
4126(序)
沈　升 2049(序)
沈纘文 1217(校)
1219(校)
1220(校)
1221(校)
1228(校)

25 沈仲緯 3029(疏)
沈傳曾 5265(校)
26 沈　白 6013(引)
沈伯龍 4247(删校)
沈　鯉 975(序)
987(序)
3583(撰)
5310(序)
沈繹祖 3496(序)
4738(序)
27 沈歸愚 272(鑑定)
沈多福 2236(序)
沈　修 5486(刻)
沈　俶 4552(撰)
沈名蓀 4370(補)
6160(跋)
沈　粲 3517(跋)
沈　約 1022(撰類)
沈紹僖 2040(校正)
28 沈作霖 4844(跋)
4844(刊)
沈　徵 4542(撰)
沈儆炌 3094(跋)
3822(序)
沈復曾 5904(序)
沈從先 3571(校)
29 沈秋陽 1103(參校)
1103(跋)
30 沈　淮 3771(序)
4182(選)
5318(撰)
沈　寵 2739(序)
3198(序)
沈寵綏 6822(撰)
6822(序)
沈家本 2421(序)
3029(手校)
3032(序)
沈之漣 788(校閱)
沈守正 420(撰)
420(自叙)
838(撰)
838(序)
沈守義 2532(跋)
沈宏正 3499(撰)
沈良才 5265(撰)
沈定之 1951(撰)
沈宗敬 231(跋)
沈宗煜 134(較)
31 沈　涵 2952(序)
32 沈冰壺 6210(撰)
6210(自序)
沈　泓 143(撰)
沈　業 143(增訂)

33 沈　心 6209(撰)
沈心友 803(序)
沈　泌 532(校)
5946(序)
5947(序)
沈　演 657(序)
667(序)
沈黼熊 6087(編)
34 沈　沈 3457(撰)
3457(自序)
沈　潅 80(序)
661(序)
677(序)
沈汝雄 143(增訂)
沈汝楫 1141(訂)
35 沈　津 610(説)
2149(撰)
3966(編)
3982(編)
4435(撰)
36 沈　祝 4036(跋)
37 沈　潮 6152(序)
沈　瀾 5164(序)
沈　鴻 4317(校)
沈　淑 514(撰)
792(編)
792(題辭)
792(跋)
6283(録跋)
沈澹思 672(序)
沈祖齡 6648(校)
沈祖惠 898(著)
沈　初 6212(詩)
沈逢新 844(參閱)
38 沈道明 3578(校)
沈啓先 2324(校)
沈　啓 2080(撰)
2532(撰)
4978(序)
40 沈　雄 6809(纂)
沈九河 5459(梓)
沈九疇 4698(序)
5422(選)
沈大寧 2555(校)
沈大洽 3649(撰)
沈大忠 6296(補注)
6296(序)
沈大成 1067(題記)
4730(批點)
4730(題跋)
6075(序)
沈友儒 1558(引)
沈士龍 3412(校)
4171(校)

4171(序)
4386(跋)
4628(引)
沈士謙　3702(著)
沈士麟　6785(序)
沈士皐　3477(校)
沈士芳　202(參訂)
沈士茂　657(序)
沈士莘　1603(增)
沈堯咨　3643(編校)
6677(輯)
沈堯中　3996(撰)
3996(引)
沈有容　5505(輯)
5571(序)
沈有則　501(跋)
5505(輯)
6545(閲)
沈有嚴　5505(輯)
沈存中　6700(撰)
沈志禮　1580(撰)
1580(序)
沈志祖　6190(校訂)
沈李龍　803(較閲)
沈李雲　803(校)
沈　嘉　5382(較正)
沈嘉植　5265(校)
6053(序)
沈壽崑　1542(序)
沈壽民　849(序)
2831(撰)
41 沈　獅　5382(較正)
42 沈　彬　4924(撰)
43 沈　域　3593(訂)
3593(引)
沈　載　1152(參訂)
沈　越　1103(撰)
沈　栻　792(校字)
44 沈　荃　1337(序)
1470(序)
3022(序)
3022(參訂)
沈夢熊　1725(撰)
沈　芬　6419(箋)
6419(序)
沈蘭先　4346(序)
沈燕謀　1850(跋)
沈懋孝　4461(序)
沈懋學　5505(撰)
5639(序)
沈　孝　6553(題詩)
沈孝徵　4930(序)
沈萬鈳　418(撰)
沈　攀　4352(校)

沈世德　2043(手跋)
沈世甲　2043(手跋)
沈世煒　6236(跋)
沈樹德　6084(跋)
沈樹本　5934(序)
沈權之　143(增訂)
沈楙悳　4162(續輯)
沈　槷　792(校字)
46 沈　塤　6026(挍)
6026(序)
沈觀生　2831(校梓)
沈　相　1979(跋)
47 沈朝宣　2012(撰)
沈朝煐　5485(序)
沈朝燁　2090(校閲)
沈朝陽　1103(編次)
1103(叙)
1461(撰)
沈朝煥　949(序)
3048(序)
沈　起　779(撰)
5771(撰)
沈起元　5927(編輯)
6091(序)
6648(序)
沈　桐　5045(校)
48 沈乾陽　1103(参校)
1103(跋)
沈　翰　616(較)
2831(校梓)
沈翰卿　5151(後序)
沈敬亭　6648(鑒定)
沈松石　3502(識語)
沈　樅　792(校字)
50 沈中英　2783(校)
3546(校)
沈泰鴻　2161(校正)
51 沈振麟　2604(繪圖)
沈振鷺　4430(校)
沈　虹　6100(撰)
55 沈　捷　551(参閲)
4293(序)
58 沈　敕　6569(編)
6569(後序)
6569(跋)
60 沈國元　134(閲)
134(序)
1894(編)
1894(序)
2634(校)
沈　易　6319(編)
沈思孝　418(序)
2279(撰)
2280(撰)

4298(序)
5462(撰)
5514(墓志)
沈思昌　418(序)
沈　昇　3250(撰)
沈　田　3397(題後)
沈昌基　234(撰)
234(序)
沈昌期　5233(跋)
沈　固　1596(序)
61　沈　顥　5643(序)
63　沈　默　6272(序)
64　沈時升　305(跋)
67　沈明龍　4577(校)
4577(序)
沈明臣　2029(撰)
4032(序)
5421(撰)
5422(撰)
5425(校)
5578(序)
6444(撰)
72　沈　彤　392(撰)
3134(撰)
74　沈　騏　6419(箋)
6419(序)
77　沈鳳起　5838(編輯)
沈用濟　6654(編)
6654(序)
沈　周　4411(撰)
4942(撰)
6338(撰)
沈際飛　5579(選)
5579(叙)
沈問之　4022(較正)
沈閬崐　1909(跋)
沈與文　3368(撰)
80　沈益謙　143(增訂)
沈令式　2852(序)
沈善登　5696(校)
沈善經　5696(校)
沈曾植　407(手跋)
955(校)
955(跋)
1214(校注)
3508(手記)
4583(跋)
4835(跋)
81　沈　鐔　6137(校)
82　沈　鍾　1958(序)
87　沈欽韓　4809(校)
6638(評點)
88　沈　錀　6027(跋)
沈節甫　4131(編)

90　沈光春　6648(校)
沈光邦　937(撰)
沈光曾　2117(撰)
沈尚傑　2543(序)
沈　炎　2543(跋)
91　沈炳震　6196(撰)
沈炳垣　1861(批校)
92　沈　愷　1813(序)
3558(撰)
5210(撰)
6392(序)
沈愷曾　2111(撰)
3123(序)
94　沈　權　4132(校)
97　沈燿生　5838(校閲)
沈　燦　143(增訂)
99　沈榮昌　6263(序)

池

61　池顯方　2846(序)

3411_4　灌

64　灌畦老叟　3462(撰)

3411_8　湛

21　湛盧山中人　950(小引)
4458(識語)
23　湛然居士　3514(序)
31　湛　源　2602(訂)
37　湛　汛　6212(著)
44　湛若水　583(撰)
583(序)
907(撰)
907(序)
2749(撰)
2750(撰)
2750(引)
2751(撰)
2751(自序)
2752(撰)
4929(注)
4929(序)
5039(序)
5041(撰)
95　湛　性　6212(撰)

3412_1　漪

00　漪　亭　1047(較)
60　漪　園　6475(選)

3412_7　瀟

36　瀟湘野夫　1584(著)

3413_1　法

30　法宗爌　5783(閲)

40 法　樟 5783(校)
41 法　槱 5783(校)
43 法式善 4764(序)
6304(批校)
6304(跋)
44 法若真 305(序)
3171(序)
5732(序)
5733(序)
5783(撰)
法黄石 305(校梓)
45 法坤厚 5593(校)
5593(序)
48 法　枚 5783(校)
67 法　照 4583(校)
90 法光祖 5783(閲)
法光焞 5783(閲)
97 法輝祖 5783(閲)
6095(跋)

3413_2 漆

10 漆元中 3974(校)
3974(跋)
42 漆　彬 2685(編)
44 漆世昌 2865(補)

3413_4 漢

04 漢　謀 3226(輯註)
11 漢　班 5709(編輯)
5762(編輯)
12 漢　廷 857(参閲)
1170(較訂)
漢　飛 304(参)
17 漢　翼 857(参閲)
1170(較訂)
24 漢　先 4352(校)
27 漢　旬 2931(較)
42 漢　橋 6533(著)
44 漢　恭 1152(纂輯)
2405(編次)
漢　華 4732(訂)
漢　英 1369(重訂)
45 漢　樓 5174(校)
48 漢　槎 5857(著)
50 漢　青 304(参)
漢　奉 4055(序)
4057(輯)
67 漢　昭 1067(訂)
71 漢　臣 4108(参訂)
5724(選)
5724(評)
77 漢　卿 4301(校)

87 漢　舒　2946(著)

3414_0 汝

00 汝　立　3992(校)
汝　高　5550(著)
03 汝　誠　5910(參訂)
04 汝　熟　5910(參訂)
10 汝　平　146(校)
16 汝　聖　5479(校)
21 汝　行　4800(刊)
25 汝　積　3942(次)
26 汝　泉　2805(閱梓)
27 汝　修　3398(校)
汝　脩　5385(校)
28 汝　從　922(校)
30 汝　永　5613(著)
38 汝　海　5479(著)
40 汝　大　3983(校)
汝　南　3002(梓)
汝　嘉　35(校)
41 汝　極　2774(校正)
44 汝　若　5258(選)
汝　蕃　845(校讎)
46 汝　恕　5910(參訂)
汝　楫　5479(校)
50 汝　中　584(序)
汝　本　5613(校)
汝　忠　1664(纂輯)
53 汝　成　5199(叙)
60 汝　唯　4349(參校)
汝　思　3177(編集)
62 汝　則　485(閱)
1809(閱)
2685(閱)
67 汝　明　5164(著)
77 汝　服　1896(著)
80 汝　僉　407(續考)
87 汝　欽　6417(閱)
90 汝　光　3388(編輯)
5479(校)

3414_7 淩

00 淩文滙　2410(校正)
10 淩一心　1050(校)
1050(叙)
淩雲鵬　2034(閱)
12 淩弘憲　6566(編)
6566(序)
16 淩　璪　430(重纂)
17 淩　琛　429(訂)
431(參訂)
20 淩稚隆　674(撰)
1086(刊)
1086(訂補)

1873(校)
4252(校)
4318(撰)
24 凌　緯 2585(撰)
27 凌紹雯 1163(序)
凌紹乾 6680(選)
6680(序)
30 凌宏憲 6566(編)
31 凌福之 3261(撰)
33 凌述知 4439(校)
34 凌濛初 429(撰)
429(自序)
430(撰)
431(撰)
431(序)
4445(考訂)
4754(編)
4754(跋)
5656(撰)
6507(編)
6507(序)
6508(編)
6508(序)
6566(序)
35 凌迪知 1872(撰)
1872(序)
1873(編)
1873(序)
1874(編)
1874(序)
4252(撰)
4252(序)
4258(訂)
4439(撰)
4439(序)
6424(編)
36 凌遇知 4439(校)
38 凌渝安 4158(序)
40 凌大德 2247(畫)
凌南榮 6414(輯評)
6566(識語)
凌嘉邵 697(撰)
凌去盈 276(撰)
44 凌菈初 4611(校)
凌樹屏 6243(撰)
6243(自序)
67 凌嗣音 4247(註解)
80 凌義渠 4036(編)
5581(序)
87 凌銘麟 2410(撰)
2410(自序)

淩

12 淩瑞森 431(参訂)

6414(輯評)
6566(讖語)
46　淩如煥　6185(跋)
95　淩性德　4504(序)

涥

23　涥　然　419(參訂)

3416_1　浩

00　浩　齋　2697(撰)
23　浩然子　6695(序)

濳

80　濳　谷　5366(著)

3418_1　洪

00　洪亮吉　4741(序)
洪應科　955(校輯)
洪應明　4520(撰)
10　洪一鵬　25(校刻)
洪雲蒸　5469(編輯)
14　洪　璨　6776(撰)
15　洪　珠　967(跋)
17　洪　鼐　25(撰)
25(自序)
1354(校正)
洪承榜　107(校)
洪承楷　107(校)
洪承楝　107(校)
20　洪　信　6465(校)
23　洪允中　748(纂次)
24　洪化昭　126(撰)
洪　皓　1210(撰)
32　洪　洲　985(挍正)
洪　業　2572(批校)
2574(校並跋)
34　洪　邁　1856(編)
1857(撰)
3928(撰)
4059(撰)
6689(撰)
6690(撰)
37　洪祖年　2636(批點)
38　洪　遵　1083(撰)
3422(撰)
3422(自序)
洪肇楙　6261(序)
洪啟睿　3094(序)
洪啟初　107(撰)
40　洪九疇　5004(撰)
洪士謨　2609(編)
洪士明　2609(編)
洪士銘　99(較)
洪嘉植　468(校)

5865(跋)
5989(序)
洪吉臣　1897(序)
4522(閱)
41　洪　垣　2609(撰)
5041(序)
5041(編刻)
5082(後序)
洪　梗　4672(校)
5429(編)
5430(輯)
44　洪夢錫　5573(校刊)
洪若臯　5844(撰)
6288(編)
6288(自序)
洪世俊　1545(參閱)
47　洪朝選　5130(序)
57　洪　輅　4747(校)
60　洪　恩　5643(撰)
洪圖光　5864(序)
71　洪頤煊　3718(跋)
77　洪興祖　1493(撰)
80　洪　鐘　4889(校摘)
4889(敘)
洪公寰　6088(跋)
洪公遂　2154(序)
2154(糾譌)
86　洪知常　4654(集)

淇

67　淇　瞻　1781(校)
80　淇　益　3675(枝梓)

3418₆　潢

40　潢南道人　2771(序)

3419₀　沐

47　沐朝弼　2338(序)

3426₀　祐

40　祐　存　6225(編次)
77　祐　卿　3602(校刊)

3426₄　褚

23　褚　峻　2570(摹圖)
2570(序)
24　褚德彝　4794(觀)
25　褚傳誥　6563(序)
26　褚伯秀　4609(纂微)
37　褚　選　484(識語)
40　褚克明　3404(撰)
80　褚人穫　368(訂)

3429_1 襟

10 襟 三 3137(參)

3430_2 邁

80 邁 公 11(輯著)

3430_3 遠

27 遠 侯 4347(編次)
30 遠 之 3567(校)
71 遠 辰 686(參訂)
77 遠 陶 2474(校字)
80 遠 公 2650(著)
3129(習)

3430_4 達

20 達 受 5423(跋)
44 達 菴 3592(校正)
4265(校)
50 達 夫 3380(纂)
4097(校閱)
4352(校)
67 達 昭 3172(校)
77 達 卿 1659(著)
2795(編輯)
4440(纂集)
5580(著)
80 達 善 3522(著)
4871(述)

違

10 違 一 5552(閱)

3430_6 造

80 造 父 3148(撰)

3512_7 清

00 清 庵 4656(撰)
14 清 珙 5701(著)
16 清聖祖康熙 2470(贊)
21 清虚子 4675(續編)
22 清山林翁 2618(手記)
30 清寤齋 4016(題詞)
50 清 晝 6684(撰)
60 清曠趙先生 6302(編)
71 清 臣 6737(輯)

3513_0 漣

22 漣川沈氏 3051(撰)

3516_3 潛

00 潛 廬 5216(手跋)
37 潛 初 2191(編輯)
50 潛 夫 110(授編)

1332(序)

3521_8 禮

22 禮　山 2922(訂)
5966(著)
26 禮　和 5830(梓)
40 禮　吉 5831(選)
5852(著)

3529_0 袾

30 袾　宏 4584(梓)
4588(跋)

3530_0 連

34 連佳胤 5877(序)
43 連　城 4212(校)
50 連　青 5950(選)
5950(序)
58 連鼇書舍 4211(序)
80 連　鑲 4444(撰)
83 連　鎔 557(較正)
557(引)
84 連鎮標 6637(說)

3530_8 遺

22 遺　山 3693(著)
77 遺　民 5595(閱)

5624(著)

3610_0 湘

00 湘　亹 5790(訂)
22 湘山樵夫 1210(撰)
1584(撰)
27 湘　舟 933(校)
湘　紉 160(校)
40 湘　南 6047(著)
44 湘　芷 3675(較梓)
湘　草 2563(校)
80 湘　人 6272(著)

3611_0 況

27 況叔祺 644(序)
3697(序)
4249(編)
4249(後叙)
5334(撰)
48 況敬存 5334(編)
況　梅 282(著)
82 況　鍾 2676(引)

3611_7 温

02 温　新 6407(撰)
17 温　豫 4186(撰)
20 温　秀 6407(撰)

24 温德嘉 2556(校)
25 温　純 6463(序)
26 温臯謨 6465(校)
30 温守志 5353(印行)
34 温汝适 5786(序)
38 温啟封 6644(跋)
75 温體仁 657(序)
1699(序)

3612_7 渭

21 渭　仁 5944(著)
22 渭　川 939(校録)
6270(著)
33 渭　梁 6100(著)
37 渭　湄 2467(編輯)

湯

00 湯方來 81(傳)
湯奕瑞 384(撰)
03 湯　斌 115(墓志銘)
1754(撰)
2027(序)
2061(總裁)
2167(訂)
2889(撰)
04 湯　護 6334(著)
07 湯　韶 1233(撰)
08 湯謙亨 81(校梓)
10 湯三俊 2455(閱)
2455(跋)
湯三才 546(撰)
15 湯建中 2008(編)
20 湯秀琦 186(撰)
689(撰)
26 湯保極 5917(校字)
27 湯紹祖 6489(編)
6489(序)
湯紹恩 5030(校正)
6409(輯)
29 湯　倓 3192(增註)
30 湯　沆 1754(較刊)
湯永寬 5841(跋)
湯之章 426(校)
湯之昱 3381(校梓)
湯之錡 5917(撰)
湯賓尹 63(校評)
65(批評)
69(訂)
820(評)
4007(編)
4577(序)
4306(删正)
4306(序)
5561(序)

5644(序)
5639(訂)
5639(序)
32　湯兆京　5549(撰)
33　湯　浣　3405(訂)
34　湯　漢　4797(撰)
6508(注)
湯汝楫　5552(序)
湯　沐　5524(跋)
37　湯　滏　3835(批)
38　湯　淦　1828(校並跋)
湯海若　984(訂正)
湯道衡　546(撰述)
546(序)
554(撰)
湯啟祚　738(撰)
湯啟熣　5549(輯)
40　湯大耆　4160(序)
湯友信　806(校)
湯士瀛　738(跋)
湯右曾　6190(序)
湯來賀　433(序)
3657(題詞)
5720(撰)
5816(序)
5859(序)
5871(序)
42　湯斯祚　6199(撰)
6199(自序)
44　湯懋綱　6046(序)
50　湯泰時　81(校梓)
53　湯成烈　1504(校刊)
57　湯　輅　4126(摘)
60　湯日昭　5009(題詞)
湯日照　2045(序)
61　湯顯祖　66(序)
2328(序)
3626(序)
4301(序)
4504(輯)
4504(序)
5321(序)
5363(序)
5462(序)
5482(評)
5493(序)
5579(撰)
5589(序)
64　湯時可　5634(序)
67　湯明善　1102(校)
1102(序)
77　湯開遠　2815(題辭)
3626(校)
5482(序)

80 湯金鼎 3835(跋)
湯金釗 2910(輯要)
湯奠邦 4616(參訂)
81 湯 籲 738(校栞)
87 湯 銘 2816(著)
90 湯光烈 6334(著)
96 湯 燝 1067(校)
1067(序)

涓

40 涓 來 5841(著)

3614_1 澤

00 澤 商 2660(編次)
31 澤 汪 799(增訂)
77 澤 民 4829(著)

3614_7 漫

60 漫 園 6560(序)
92 漫 恬 3891(著)

3621_0 祝

00 祝 彥 4269(撰)
4269(自序)
祝文彥 3662(撰)
祝文襄 5689(序)
祝 章 3522(識語)
08 祝謙吉 5651(序)
12 祝廷錫 3820(跋)
20 祝維喆 6261(序)
22 祝 鸞 4960(後序)
23 祝允明 1608(撰)
1608(自序)
3527(撰)
3527(自敘)
3528(撰)
3528(自序)
3529(撰)
3942(序)
4414(序)
4416(撰)
4416(小敘)
4417(撰)
4505(撰)
26 祝 穆 4209(撰)
28 祝以芹 6285(勘)
祝 佺 2220(序)
32 祝 淵 5696(撰)
祝兆鵬 1431(跋)
34 祝 淇 4957(撰)
37 祝鴻杰 5993(校點)
38 祝 洤 2960(撰)
2960(自序)
2960(自跋)

2961(撰)
2961(引)
2961(識語)
4158(目)
44　祝　萃　4980(撰)
祝華封　145(序)
祝世廉　4505(輯)
祝世禄　1112(序)
1141(序)
1148(序)
2613(閱)
2613(叙)
2805(訂)
3609(撰)
3705(序)
5134(序)
5218(撰)
5389(閱)
5644(題辭)
6420(序)
6523(序)
48　祝乾明　5696(跋)
祝　教　5273(校刻)
64　祝時泰　6430(撰)
67　祝　明　4212(撰)
4213(撰)
90　祝光鑾　2713(題識)

3630_2　遇

10　遇　五　412(校)
535(識)
28　遇　徐　2134(著)

邊

10　邊　貢　1624(題後)
17　邊　習　5158(撰)
20　邊維垣　1676(序)
35　邊連寶　6235(撰)

3630_3　還

10　還　一　1045(纂)
37　還　初　3793(閱)
還初道人　4520(輯)
4520(小引)
42　還　樸　3647(著)

3630_4　遌

63　遌　默　3014(後序)

3711_0　汎

42　汎桃舘　6545(閱)

3712_0　洞

21　洞虚子　3078(撰)

26　洞泉子　4679(校正)
30　洞　賔　4630(撰)

湖

21　湖上逸人　3882(撰)

潮

00　潮　音　2216(校訂)

潤

22　潤　川　3129(較字)
　　潤　山　　(著)

瀾

10　瀾　石　4360(參定)

3712_7　滑

40　滑　壽　3055(鈔並註)
　　　　　　3056(編輯)

鴻

00　鴻　亭　5133(訂)
　　　　　　5133(序)
　　　　　　6757(參校)
30　鴻　寶　6533(校閱)
　　　　　　6536(輯)
　　鴻寶軒　6545(閱)
32　鴻　漸　3048(著)
　　　　　　3048(自序)
　　　　　　3445(撰)
40　鴻　來　787(編次)
50　鴻　書　6150(較)
53　鴻　甫　4247(註解)

3713_6　漁

22　漁　山　2308(挍訂)
38　漁　洋　6723(序)
　　　　　　6757(輯)
　　漁洋山人　5849(撰)
　　　　　　6001(批點)
　　漁洋老人　5898(評)
44　漁　村　5989(著)

3714_0　淑

17　淑　子　4163(閲)
　　　　　　5962(著)
20　淑　采　5128(較刊)
22　淑　嵓　1010(命書)
30　淑　之　677(校刻)
34　淑　遠　5517(校)
37　淑　通　1926(集解)
46　淑　如　4352(校)

3714_7　瀫

32　瀫　洲　1891(定)

3715_2　澤

32　澤　澄　4360(參定)

3715_6　渾

15　渾　融　6802(閱)

3715_7　浉

22　浉　山　5790(訂)

3716_1　澮

00　澮　亭　5959(序)
澮　齋　6529(編)
6819(編)
10　澮　吾　2602(訂正)
30　澮寧居士　4449(序)
澮　客　4019(輯)
33　澮　心　3450(補)
4581(著)
36　澮泊老人　4219(自序)
42　澮樸居士　350(自序)
44　澮　若　5779(書鐫)
澮　菴　1160(訂)
46　澮如居士　5617(序)
67　澮　明　4176(校刻)
80　澮　人　717(輯註)
3712(校)
3723(輯)
4320(校)
5920(評)
6632(輯選)
88　澮　餘　136(葺述)
5940(訂)

3716_4　洛

00　洛　文　3675(參訂)
50　洛　書　5736(序)

3718_1　凝

00　凝　齋　5357(著)
10　凝　焉　231(著)
30　凝　之　3602(撰)
40　凝真子　6322(序)

3718_2　次

00　次　方　891(纂訂)
10　次　玉　4864(鑒定)
次　雷　6156(著)
21　次　仁　4347(編次)
22　次　山　6172(著)
28　次　牧　768(參定)

768(序)
30 次　淳 2308(挍訂)
38 次　道 1828(纂)
44 次　韓 2655(較)
次　杜 5662(著)
53 次　甫 1874(輯)
55 次　耕 6654(論正)
67 次　暉 1762(較)
71 次　辰 4383(鑒定)
4383(序)
80 次　公 5871(著)
6228(著)

3719_3 潔

27 潔　躬 3490(著)

3721_0 祖

07 祖　望 5765(著)
16 祖　硯 5910(校)
20 祖重光 934(序)
祖　秀 1936(撰)
25 祖　生 2151(補訂)
30 祖之望 646(跋)
34 祖　浩 6335(編)
40 祖大壽 3113(助刻)
祖　友 5910(校)
44 祖若士 4504(評點)
46 祖　觀 6531(序)
60 祖昌泰 646(較刊)
80 祖　命 5831(選)

3721_4 冠

60 冠　日 5691(訂)
77 冠　卿 4223(參訂)

3722_0 初

40 初　士 4760(較)
53 初　成 429(識)

3722_7 祁

00 祁文友 4949(刊)
16 祁理孫 5423(手批)
17 祁承㸁 1399(校)
2157(校)
2414(撰)
2414(序)
2502(校)
2810(序)
5199(序)
祁承煠 2414(輯)
20 祁豸佳 2208(序)
21 祁　順 4885(編)
4885(序)
4949(撰)

祁熊佳　844(序)
26　祁伯裕　2400(序)
27　祁紹芳　4448(跋)
30　祁雋藻　1412(跋)
34　祁汝東　4447(跋)
41　祁　墳　6283(批)
71　祁　頤　4949(撰)
90　祁光宗　1931(序)
2246(撰)
2246(序)
4244(序)
4264(序)

3726_2　褶

48　褶　孅　1713(閱訂)

3730_1　逸

00　逸　庵　6814(輯)
21　逸　上　5995(選)
27　逸　久　5838(編輯)
30　逸　之　5615(著)
44　逸　菴　2922(訂)
3657(題詞)
80　逸人洞虛子　3078(撰)
3078(自序)

3730_2　通

02　通　訓　2217(授梓)
03　通　識　2217(授梓)
27　通　俱　2217(授梓)
28　通　攸　2217(授梓)
通　復　5777(撰)
36　通　澤　5643(校刻)
46　通　旭　2216(校訂)
72　通隱居士　3399(跋)
77　通　門　5778(撰)

過

00　過　亭　5975(校字)
過庭訓　1700(撰)
1700(小引)
08　過於飛　482(序)
22　過繼美　2697(序)
31　過　源　2697(撰)
44　過蒙掄　5546(較)
過懋中　2697(跋)
47　過　郁　2697(引)
60　過　昺　2697(刊)
77　過周謀　1143(序)
1143(考證)
過周屏　1143(考證)
78　過臨汾　734(編)

87 過銘盂 1700(校正)
過銘盤 1700(校正)
過銘簠 1700(校正)

3730_3 退

44 退 菴 5824(著)
80 退 谷 4815(選)
退谷逸叟 3371(小引)

逯

50 逯中立 5517(校)

3730_4 逄

30 逄 之 3248(閱)
31 逄源主人 298(手跋)
5178(跋)

運

27 運 侯 5703(校閱)
38 運 滄 6106(參訂)

遐

77 遐 周 6558(彙編)

遲

40 遲大成 3200(訂)
3200(序)

3730_7 遙

20 遙集居 3226(序)

3730_8 選

77 選 卿 6568(輯)

3772_0 朗

25 朗 仲 3110(較)
40 朗 士 429(校)
50 朗 夫 6272(較)

3772_7 郎

00 郎文燾 3113(較)
郎文喚 1684(校)
郎文炯 3113(較)
12 郎廷極 2460(撰)
4085(撰)
郎廷模 3113(彙集)
3113(序)
14 郎 瑛 3773(撰)
30 郎完白 496(注釋)
32 郎兆玉 496(撰)
496(弁言)
38 郎 遂 2257(撰)
2257(跋)
40 郎九齡 558(梓)

44 郎　封　2257(較梓)
64 郎　曄　805(跋)
70 郎璧金　2629(序)

3780_6　資

48 資敬堂　3713(序)

3792_7　鄴

60 鄴　園　1432(定)
67 鄴　嗣　6628(參閲)

3810_4　塗

32 塗近正　2717(撰)
64 塗時相　4212(小引)

3813_2　淞

67 淞野人　130(著)

滋

21 滋　衡　6654(述)

3813_7　冷

08 冷　謙　4667(撰)
30 冷宗元　1624(書後)
40 冷士嵋　5913(撰)
5913(自序)
5914(撰)
5914(自序)

3814_0　澂

53 澂　甫　4302(編輯)
5486(著)
80 澂　父　5267(校)
5485(撰)

3814_7　游

10 游元涇　6812(增訂)
游震得　5246(序)
5283(撰)
20 游季勳　2085(編)
游禹圖　5459(校)
27 游紹安　5043(序)
6165(撰)
30 游之英　1700(校正)
游之光　4296(叙)
31 游　潛　4564(撰)
5028(撰)
6718(撰)
32 游　兆　4830(題詞)
40 游士任　4583(跋)
4583(刊)
42 游　樸　2019(撰)
43 游　朴　2019(撰)
44 游　藝　110(較)

		3171(撰)
60	游日章	4238(撰)
	游日陞	4564(跋)

3815_7　海

10	海西廣氏	6821(編)
	海　雲	6465(録)
12	海　瑞	1648(撰)
17	海　珊	6174(著)
		6208(定)
20	海　重	5785(著)
21	海上狎鷗翁	2643(叙)
22	海嶽逸史	6728(序)
	海　山	1074(譯)
31	海　源	2202(序)
33	海濱逸老	1623(編集)
	海濱逸叟	3465(撰)
67	海　眼	3246(參訂)
72	海　岳	6058(序)
78	海鹽逸史	1623(校正)

3816_7　滄

22	滄　嵐	6038(著)
	滄　嶠	6681(輯)
24	滄　升	6636(較訂)
40	滄　柱	196(參)
		5863(選)
44	滄　葦	5916(較)

3819_4　涂

00	涂文輔	3623(參閱)
	涂文舉	72(校)
02	涂端卿	5054(校)
10	涂一榛	2622(撰)
	涂天相	2933(撰)
12	涂　登	817(訂)
	涂　瑞	6251(序)
22	涂　幾	5054(撰)
	涂　山	6458(參閱)
		6458(序)
26	涂伯昌	5473(校)
		5671(撰)
		5671(自序)
30	涂宗濬	72(撰)
		5475(編)
	涂宗原	5054
31	涂湣生	5054(訂)
32	涂　淵	2085(編)
33	涂必泓	1894(序)
40	涂大懋	5671(梓)
	涂大呂	1143(考證)
	涂　杰	4015(序)
	涂來泰	5671(梓)
44	涂　贄	6013(序)

50 涂　忠　5054(編輯)
60 涂國鼎　1143(序)
涂見春　5671(梓)
5671(序)
77 涂學郯　5671(序)

3821_1 祚

71 祚　長　4770(較集)

3825_1 祥

21 祥　熊　4491(手校)

3826_8 裕

30 裕　之　4500(纂)

3830_3 遂

27 遂　叔　1048(著)

3830_4 遊

10 遊五嶽人　1949(題語)

遵

26 遵　巘　5191(著)
遵　程　3137(訂)

3830_6 道

00 道　亨　2175(輯)
10 道　霈　5864(序)
18 道　瑬　6335(編)
21 道　衎　6321(後序)
道　行　2625(較)
24 道　先　2839(序)
道　升　3027(較)
3048(較)
28 道　徵　5319(訂)
道　徹　5582(選)
道　復　5426(著)
30 道　之　5624(閱)
道　憲　495(輯)
31 道　源　4547(撰)
37 道　凝　4958(次)
44 道　協　3478(輯)
50 道　泰　996(撰)
51 道　軒　3313(類編)
53 道　咸　2105(輯)
55 道　扶　6804(纂定)
77 道　卿　5212(著)
道　民　6458(撰)
道　賢　2332(著)
90 道　常　1027(集)
97 道　恂　6531(撰)

3850_7 肇

00 肇　奕　5090(輯)

27　肇　邰　4307(著)
68　肇　昣　6235(著)
88　肇　敏　5871(閱)

3860_4　啓

40　啓　南　4411(著)
42　啓　彬　5670(編次)
80　啓　人　6135(著)

3864_0　啟

00　啟　文　6475(閱梓)
　　啟玄子　3215(述)
　　啟　衮　6729(校)
10　啟　元　234(較閱)
20　啟　信　3478(訂)
22　啟　後　605(參訂)
30　啟　宸　1699(纂)
44　啟　菴　5922(校)
65　啟　昧　1400(著)
67　啟　明　3703(著)

3866_8　豁

77　豁　眉　6677(撰)

3912_0　沙

10　沙一卿　5894(撰)
　　沙　震　5894(校録)
　　沙　晉　5894(校録)
11　沙張白　5894(撰)
17　沙　豫　5894(校録)
32　沙　溪　4972(評)
40　沙嘉孫　610(説)
77　沙門文彧　6695(撰)

3918_9　淡

26　淡泉翁　1314(編)

4000_0　十

22　十　仙　3393(校)
44　十萬琳琅閣主
　　4277(手跋)

4001_1　左

00　左　亭　6676(校訛)
17　左　羽　3043(著)
　　左承裕　607(序)
　　左　烝　1868(校正)
24　左　贇　4943(撰)
26　左　泉　2602(訂正)
　　左　峴　196(參)
27　左　名　632(輯註)
30　左　宰　1577(編)
　　6095(跋)
　　左宗郢　766(編)

2164(撰)
5363(選)
5366(編)
5475(編)
5475(跋)
50 左　車　5527(輯梓)
60 左　圖　2200(序)
77 左印喆　4823(敘)
88 左　鑑　1370(編輯)
左竹山人　3101(校正)
90 左光先　4767(選)
4767(序)
4767(刊)

4001_7　九

10 九　一　5651(評)
九　霞　953(校)
1953(增輯)
5919(選)
14 九　功　2139(修)
21 九　師　1331(校字)
23 九　我　65(批評)
4280(增補)
24 九　升　3254(集)
28 九　牧　4340(搗)
32 九　溪　4373(增删訂正)
6173(著)
34 九　池　6105(編)
38 九　洽　2211(校正)
40 九　來　1331(校字)
46 九　如　553(較)
53 九　成　3702(撰)
55 九曲館　6545(閲)
63 九　畹　879(訂)
3726(校)
64 九　疇　4058(評定)
67 九　瞻　632(輯註)
91 九　煙　6280(選)

4002_7　力

44 力　菴　5877(評選)
5877(序)
71 力　臣　2562(著)
2563(著)

4003_0　大

00 大　立　6065(著)
大　庾　5762(校訂)
大　音　137(著)
4108(參訂)
07 大鄣山人　5633(序)
10 大　正　1139(註補)
大　夏　5718(編)
大　可　1762(撰)

4041(論定)
5794(較)
6654(論正)
20 大　受 4163(較)
22 大　鼏 284(校)
大嶽山人 1275(序)
23 大　然 2259(撰)
25 大　生 1162(編次)
4050(序)
27 大　壑 2240(撰)
2240(序)
大　伊 6111(校字)
30 大　瀛 721(評輯)
大　宗 6227(鑒定)
6767(撰)
32 大　汕 2366(撰)
33 大泌山人 3702(撰)
34 大　祐 6328(校正)
40 大　力 2840(著)
大　士 134(著)
135(纂著)
大　直 437(撰)
大　有 4799(撰)
46 大　觀 3246(參訂)
48 大　乾 3380(編次)
60 大　田 475(校)
70 大　防 4779(撰)
72 大　隱 6633(彙輯)
77 大　卿 4247(參閱)
78 大　臨 3724(著)
6083(著)
80 大　年 5703(鐫)
大　善 5700(撰)
5700(自序)
84 大　錯 5719(序)

太

10 太元(玄)子 4599(註)
太平老人 3745(撰)
17 太　乙 2567(著)
太乙真人 3240(正傳)
太乙居 6545(閱)
21 太　虚 2265(裁定)
26 太和散人 4611(校)
28 太微山人 5029(序)
太　復 63(校評)
30 太　容 5688(校訂)
35 太　清 63(校評)
37 太　鴻 2270(增輯)
太　初 3807(校)
5633(撰)
5566(著)
6237(訂)
太初散人 4611(校)

44　太　華　3643(著)
60　太　易　4379(選輯)

4004_7　友

10　友　三　6680(校)
友　夏　4062(參)
5650(著)
5651(著)
6502(選定)
6503(選定)
友　石　1010(參訂)
友　可　5561(著)
11　友　碩　196(輯)
44　友　蘭　5743(訂)
友　蓮　530(參校)
88　友　篁　6666(蒐録)
友　篪　6026(挍)

4010_0　士

01　士　龍　501(自序)
982(輯)
02　士　彰　4273(輯)
4274(輯)
10　士　一　147(著)
士　元　1027(校閱)
士　可　3702(撰)
士　雲　2653(校)
21　士　行　1876(校正)
23　士　俊　4071(選註)
24　士　先　1154(自叙)
25　士　倩　5441(著)
32　士　業　5736(著)
36　士　遇　3992(校)
44　士　材　3110(著)
47　士　報　6802(箋)
6802(輯)
48　士　敬　203(參訂)
50　士　貴　3365(輯著)
57　士　抑　4272(著)
70　士　雅　419(輯)
436(輯)
5655(序)
6539(參定)
6540(選定)
88　士　範　6545(閱)

4010_4　圭

27　圭　峰　4222(訂)

奎

28　奎　徵　4071(校訂)
91　奎　烜　6551(校字)

臺

50　臺　書　5784(著)
80　臺　公　3020(輯著)

4010_6　查

00　查應兆　2984(序)
07　查　望　3132(參閲)
6611(參訂)
6611(序)
10　查王望　6814(鑒定)
6816(序)
6816(鑒定)
查雲標　5856(傳)
6073(序)
12　查弘道　4719(補註)
21　查虞昌　6139(校字)
22　查繼佐　2208(序)
4350(序)
5904(序)
查繼超　6814(增輯)
6816(編)
23　查允元　1670(序)
查允賢　6425(補校)
24　查岐昌　3029(跋)
5454(跋)
25　查仲孺　4182(批點)
26　查和敏　6139(校刻)
38　查　祥　6068(撰)
6139(撰)
6139(自序)
39　查　遴　1593(序)
40　查大科　6425(正訛)
查大賓　3248(閲)
查培繼　3393(序)
6816(序)
查克弘　6680(編)
6680(序)
查克宏　6680(編)
查志立　6728(序)
查志隆　413(序)
2496(撰)
2496(叙)
6425(編)
6425(序)
46　查　旭　6068(撰)
60　查　昇　6658(序)
67　查鳴昌　6139(校字)
查嗣瑮　4105(撰)
6003(題詩)
6003(序)
6209(序)
查嗣珣　5995(選)
查鶚荐　6139(校刻)

77 查鵬扶 6139(校刻)
80 查曾容 6814(輯)
86 查　鐸 5238(校閱)
94 查慎行 571(參訂)
3029(跋)
4716(批校)
4731(批校)
4765(校補)
4765(跋)
4790(題詞)
4876(手跋)
5454(跋)
5733(序)
6088(序)
6092(序)
6209(序)
97 查　耀 6139(校刻)
99 查　瑩 3819(跋)
4734(批校)

4010_7　直

00 直　齋 2931(著)
直　方 857(較訂)
50 直　夫 5593(纂)
6201(著)
77 直　卿 3027(較)

4011_6　壇

71 壇　長 4703(校字)

4016_1　培

53 培　甫 555(梓)
80 培　公 5791(著)

4020_0　才

26 才　伯 1264(自序)
2769(著)
44 才　老 1022(補叶)
53 才　甫 3416(著)

4020_7　麥

44 麥　芳 6366(校正)

4021_1　堯

00 堯　章 6773(著)
44 堯　英 5959(序)
71 堯　臣 5170(輯)
77 堯岡山人 3095(校)
3096(校)

4021_4　在

00 在　辛 3141(續註)
24 在　德 4347(參)

37　在　湄　4347(著)
50　在　中　4071(編次)
51　在　軒　6205(跋)
60　在　園　6067(著)

4021_6　克

02　克　新　4854(撰)
10　克　正　2265(編梓)
　　克　五　6039(著)
24　克　升　811(約説)
27　克　繩　4347(較)
30　克　家　4527(校)
40　克　大　2594(撰)
44　克　勤　2653(閲)
53　克　成　4709(參)
60　克　昌　4918(訂)
67　克　明　939(校録)
71　克　長　2151(修輯)
99　克　榮　2994(評)

4022_7　有

00　有　慶　1759(輯著)
11　有棐主人　6475(識語)
29　有秋書屋　3152(序)
30　有　良　203(參訂)
38　有　道　1541(閲)

布

10　布粟子　4067(撰)

南

00　南　衮　6383(序)
20　南　香　3480(參)
21　南　卓　3722(訂)
　　南師仲　5262(編)
　　　　5262(跋)
　　　　5385(編)
　　　　5488(訂正)
　　　　5488(序)
　　　　5488(引)
25　南　仲　5401(訂)
　　　　6167(校)
26　南　泉　3172(序)
　　南　臯　857(較訂)
27　南臯山人　6263(自題)
　　南　磐　797(校)
　　南　紀　6813(序)
30　南漳子　3889(撰)
　　南渡故老　3416(著)
　　南宫靖一　2580(撰)
　　　　2580(自序)
32　南　洲　241(校)
　　南　溪　3381(校梓)

37 南　湖　3726(校)
40 南大吉　5098(序)
41 南極沖虚妙道真君　3223(撰)
44 南　村　6633(鑒定)
　6633(序)
南　林　4383(輯)
　6272(選)
51 南　軒　1106(撰)
　5262(序)
　6469(序)
54 南拱極　6448(效正)
55 南　耕　2967(纂)
　6789(譔)
57 南　邨　2204(編)
60 南園拙叟　6784(序)
65 南　映　5776(梓)
67 南　明　4327(編輯)
76 南陽榖道人　6291(跋)
77 南居益　72(序)
　5488(跋)
90 南懷仁　2359(撰)
　2360(撰)
91 南炳文　4538(點校)

希

00 希　文　6617(校輯)
01 希　顔　4290(纂)
11 希　張　6132(撰注)
13 希　武　4344(訂)
16 希　聖　4632(撰)
17 希　尹　1876(閲梓)
希　承　31(較訂)
20 希　舜　5063(校)
21 希　止　3160(叙述)
33 希　泌　4183(編)
44 希　荀　31(較訂)
50 希　夷　1369(輯)
希夷先生　3181(撰)
希　惠　1369(輯)
52 希　哲　234(参述)
　3527(纂)
77 希鳳子　5174(輯)
希　周　5488(對訛)
希　賢　4221(續編)
88 希　敏　6341(序)

4024_7　皮

30 皮　永　6336(校)

存

00 存　齋　6329(著)
　6783(著)
16 存　理　6312(選次)

22　存　崖　99(訂)
26　存白山人　3048(序)
35　存　禮　971(彙輯)
44　存　菴　5938(著)
48　存　梅　820(校正)
50　存　素　6610(較輯)
51　存　軒　6106(著)
60　存園寄叟　3639(達辭)
80　存　人　6616(閱)

4033_1　志

21　志　上　1766(輯)
　　　　　　2534(述)
27　志　伊　1047(輯)
　　志　磐　4583(撰)
　　　　　　4583(序)
37　志　初　94(撰)
46　志賀氏　482(藏)
53　志　甫　2609(校訂)
77　志　賢　843(輯)
80　志　父　5204(校疏)

赤

00　赤　方　5755(閱)
　　　　　　5980(批點)
　　赤　文　1003(校)
10　赤　霞　196(參)
　　　　　　5762(校訂)
20　赤　垂　6182(校)
32　赤　州　1045(較)
67　赤　明　3364(較閱)

4040_0　夋

10　夋　一　6505(輯)

女

10　女　正　4678(删訂)

4040_1　幸

10　幸元龍　4790(撰)
23　幸　俊　4790(閱)
30　幸永孚　4790(閱)
　　幸良氏　4790(閱)
36　幸　遇　4790(閱)
37　幸逢期　4790(閱)
　　幸逢明　4790(校正)
　　幸　選　4790(閱)
38　幸　遂　4790(閱)
41　幸　楨　4790(閱)
60　幸國珍　4790(閱)
67　幸鳴鶴　4790(編)
　　　　　　4790(序)
　　幸鳴甲　4790(閱)
　　幸鳴鳳　4790(閱)

幸鳴鵬 4790(閱)
77 幸履太 4790(閱)
80 幸公標 4790(編)
幸公棟 4790(參閱)

辜

90 辜光旦 1331(序)

4040_7 李

00 李彦瑁 869(序)
李彦坳 2556(校)
5747(序)
李齊芳 4611(校)
4611(序)
李商隱 6695(撰)
李　高 6434(續輯)
李應元 4125(序後)
李應奇 2181(撰)
李慶英 3189(校刊)
李　文 6569(校正)
6569(序)
李文麟 1436(校刊)
5430(評選)
李文秀 1508(撰)
李文胤 6628(參閱)
李文利 904(撰)
李文察 920(撰)
920(自序)
李文淵 736(撰)
3140(撰)
李文瀚 857(較訂)
李文洽 857(較訂)
李文祥 4219(選)
李文友 1684(校)
3470(校)
李文來 3130(編)
3130(自序)
李文杜 127(撰)
李文幟 3470(校)
李文藻 736(跋)
3865(校)
3865(跋)
5064(跋)
5211(跋)
6095(手書)
6096(較)
6264(跋)
6265(序)
6671(序)
李文芳 3390(序)
李文田 961(校)
961(手批)
1194(校)
1194(跋)

1211(手跋)
1214(校注)
1266(手跋)
1310(跋)
1324(跋)
1327(校)
1327(跋)
1690(批注)
1691(校注)
1692(注)
1695(批注)
1696(批注)
1940(跋)
2138(手校)
2744(手跋)
3159(校跋)
3541(手跋)
3850(跋)
4181(批校)
4413(手校)
4434(校並跋)
5428(寫題)
5662(校)
6550(校注)
6737(批注)
李文鳳　1914(撰)
1914(自序)
1915(編)
李文鋭　3744(跋)
李文簡　5207(編次)
李文敏　3023(序)
李文耀　2910(跋)
李文燭　4678(撰)
4678(自序)
4678(自跋)
李文炤　233(撰)
233(識語)
513(撰)
513(自序)
715(撰)
715(自序)
2688(撰)
2689(撰)
2708(撰)
2708(自序)
李文焰　1543(輯)
李言恭　2357(撰)
李　讓　1979(撰)
李衷純　4929(參閱)
李衷燦　3664(撰)
3665(撰)
3666(撰)
6613(參)
李　京　1019(撰)

01	李龍雯	2135(識語)
	李龍吟	147(增訂)
	李　龏	4798(撰)
02	李新芳	5179(撰)
	李新枝	3820(較)
03	李誠父	4777(編)
05	李　靖	2987(撰)
		2987(序)
	李　竦	4632(編)
07	李調元	3182(校)
		4227(校定)
		4228(校定)
		4568(校正)
		4568(序)
		6368(校)
		6368(跋)
		6370(校)
	李調鼎	558(梓)
	李　詡	3835(撰)
08	李　放	2994(題記)
09	李麟光	2302(撰)
10	李一氓	1813(手跋)
		1864(手跋)
		2320(手跋)
		2521(手跋)
	李三才	1442(撰)
		3583(序)
	李正奮	3155(跋)
	李正蔚	2267(鑒訂)
	李正民	1186(撰)
	李正耀	4347(參)
	李正榮	4347(參)
	李玉華	4275(校)
	李玉如	2893(校)
	李玉鉉	5252(刊)
	李玉鋐	5786(序)
	李玉鉞	5252(刊)
	李王逋	4532(撰)
	李丕顯	5113(序)
	李丕則	3670(撰)
	李　璋	5148(撰)
		5148(自序)
	李璋煜	5044(手跋)
	李　元	905(校補)
		905(序)
	李元度	5709(評選)
		5709(序)
		5762(評選)
		5762(序)
	李元夏	3130(録次)
	李元弼	6465(撰)
	李元鼎	1789(序)
		3014(批)
		5704(撰)

李元峯　3130(録次)
李元象　3130(録次)
李元冬　3130(録次)
李元綱　2715(撰)
　3510(撰)
李元齡　4260(校)
　4260(跋)
李元壽　4939(謄寫)
李元旭　3130(録次)
李元敬　1944(校正)
李元昺　3130(録次)
李元晟　3130(録次)
李元晶　3130(録次)
李元陽　1086(校)
　2315(序)
李雨樵　4760(題記)
李　震　2598(序)
李　霨　5605(輯訂)
　5605(述略)
　5784(撰)
李于霖　1543(編)
李　雯　402(序)
　3021(序)
　5732(序)
李天麟　2246(閱)
　2393(撰)
　6463(編)
　6463(序)
李天馥　204(序)
　954(正字)
　1064(序)
　3022(序)
　3022(參訂)
　5745(序)
　5784(序)
　5794(序)
　5920(序)
　5962(評)
　5986(序)
　5987(序)
　6013(序)
　6280(序)
李天植　4056(題辭)
李天申　5830(梓)
李　石　2(撰)
　625(撰)
李石疊　6469(撰)
李可元　4457(校訂)
李可汧　203(參訂)
李可植　5604(跋)
李雲鵠　1439(編)
　1439(序)
　6420(撰)
李雲鴻　6420(撰)

李雲鴈　6420(撰)
李雲翔　4039(編)
　4039(序)
11 李　珥　1916(撰)
李孺圭　2011(採集)
12 李　登　981(撰)
　982(撰)
　982(自序)
　1032(撰)
　1032(自序)
　1928(參訂)
　1928(序)
　3596(序)
　3981(序)
　4002(引)
　4217(序)
　4218(序)
李登雲　5216(刻)
李瑞和　5652(閲)
李　珽　4914(説)
李　璣　5252(撰)
李弘猷　1543(校)
李廷寶　1531(撰)
　1963(跋)
李廷對　4017(校刊)
李廷棨　5211(鈔)
李廷友　5830(序)
李廷機　65(批評)
　69(訂)
　1682(撰)
　1682(自序)
　2841(撰)
　2841(序)
　3998(撰)
　3998(自序)
　4003(序)
　4280(增補)
李廷檳　955(校輯)
李廷華　2496(校梓)
李廷觀　1942(序)
李廷相　4997(序)
李廷楫　4267(參閲)
　4776(校正)
李孔文　4771(訂梓)
13 李琯朗　6551(序)
14 李　瑾　3126(序)
李琪枝　3820(較)
　4576(撰)
　4576(例述)
李　確　1332(序)
　2191(撰)
　2191(自序)
　5737(撰)
　5738(撰)

15　李建泰　6552(序)
17　李　玘　6359(跋)
李　璵　4153(編)
李承露　2019(纂輯)
李承芳　5002(撰)
李承華　5340(刊)
李承□　1884(續編)
李承勛　3493(撰)
3493(跋)
4264(輯)
李承箕　4991(撰)
李豫亨　3570(撰)
3571(撰)
李子願　1575(彙編)
李子金　3179(撰)
李　己　5095(序)
20　李重華　793(撰)
李喬南　4898(輯)
李舜臣　2990(撰)
5064(序)
李孚青　6003(撰)
李　爵　2487(序)
李　集　5924(編録)
李集鳳　694(撰)
李秉文　1472(刊)
李秉鋑　220(訂)
李　維　2475(撰)
李維楨　66(序)
81(序)
430(撰)
554(序)
759(序)
771(序)
922(序)
1042(校正)
1148(序)
1534(序)
1681(序)
1713(序)
1714(序)
1898(序)
2155(校)
2155(序)
2447(序)
2572(評)
2572(序)
3009(序)
3163(序)
3219(序)
3626(選)
3626(序)
3702(撰)
3702(序)
3801(序)

3807(序)
3841(序)
4276(跋)
4298(序)
4299(序)
4306(序)
4328(較閱)
5008(序)
5032(序)
5032(校)
5141(序)
5336(序)
5341(序)
5376(序)
5377(序)
5410(序)
5464(序)
5468(撰)
5485(序)
5486(校)
5486(序)
5493(序)
5494(序)
5497(序)
5499(序)
5503(序)
5524(序)
5550(序)
5551(序)
5553(序)
5628(序)
5639(序)
5650(序)
5652(序)
5655(引)
6291(跋)
6372(評註)
6447(序)
6457(序)
6464(序)
6514(序)
6525(序)
李維鈞 5713(序)
5713(閱)
21 李步鄒 5830(梓)
李 仁 2005(督修)
2005(序)
李伍漢 5760(訂)
李肯堂 1474(校)
李 衎 3340(撰)
李卓吾 4450(序)
5239(批選)
5253(批選)
李 衛 569(序)

2227(總裁)
2227(序)
李　睿　2474(序)
李　頴　3002(校)
李經綸　588(撰)
588(序)
817(撰)
817(自序)
3192(註)
22　李胤華　3470(序)
李　鑾　1328(較訂)
1328(跋)
李　鼎　6541(校)
李　嵩　1413(撰)
5648(撰)
李仙根　1335(撰)
3450(序)
李畿嗣　4956(刊)
李　嶠　6695(撰)
李嵊慈　1533(撰)
1533(序)
李　樂　4448(撰)
李繼聖　6231(序)
李繼周　4005(後序)
23　李允常　243(校)
474(校)
李允恒　3110(閱)
李獻吉　4934(選定)
李獻民　4496(撰)
4496(自序)
李　紱　245(序)
1527(校閱)
1575(撰)
1575(序)
2062(序)
2213(序)
2935(編)
2935(序)
2936(撰)
2936(序)
5527(序)
5670(序)
5670(定)
5927(序)
5951(序)
5958(序)
6024(序)
6115(序)
6132(序)
6222(序)
24　李仕學　3924(撰)
3924(序)
李化龍　1297(撰)
1396(撰)

5503(撰)
6420(序)
李壯鷹 6684(撰)
李先芳 5327(撰)
5328(撰)
李佐聖 4771(序)
李　德 6435(撰)
6551(撰)
李德元 5293(校正)
李德裕 3702(撰)
李幼滋 1438(序)
李贇元 1773(後序)
李纘祖 5148(後序)
25 李生寅 5618(撰)
李生華 5340(校)
李仲僎 3975(序)
李　律 5303(跋)
李　傑 1982(序)
4860(序)
26 李自約 1813(挍)
李自滋 2043(較梓)
李伯璵 6353(編)
李和璧 1392(梓)
李穆堂 5527(鑒定)
李　緝 483(刊)
27 李　盤 3020(撰)
3020(序)
李龜明 1860(校)
李　侗 4771(撰)
李　翺 3409(撰)
李　紀 1133(增校)
1139(撰)
李繩之 2040(纂修)
李繩遠 4355(撰)
4356(撰)
5924(撰)
5924(自序)
5990(序)
6597(編)
6597(跋)
李　綱 1182(撰)
1354(撰)
4767(撰)
李叔元 5548(序)
李叔春 4524(校)
4524(敘)
李紹文 4312(撰)
4461(撰)
李紹賢 669(鑒定)
李紹箕 3388(序)
28 李以麟 5392(校)
李似之 4198(輯)
4198(序)
李作舟 1918(序)

李作模　2707(校閱)
李佺臺　3414(校録)
李　价　955(校輯)
李　倫　2746(校)
李　徵　4734(批校)
　　　　5247(撰)
李徵儔　175(跋)
李復言　4487(續撰)
　　　　4488(撰)
李復初　2606(序)
　　　　5031(序)
李復陽　2794(編)
　　　　2794(序)
李從龍　1543(校)
李嶟瑞　5900(撰)
　　　　5900(自序)
李　馥　6064(序)
30 李宜楨　1543(校刻)
李宜標　1543(校)
李宜權　1543(校刻)
李流芳　2040(纂修)
李　滂　2430(跋)
　　　　2431(跋)
　　　　6349(跋)
李　濂　1635(撰)
　　　　1636(撰)
　　　　3090(撰)
　　　　3090(序)
　　　　3907(撰)
　　　　3907(序)
　　　　4932(編)
　　　　4932(序)
　　　　5032(序)
　　　　5067(序)
　　　　5110(撰)
　　　　5111(撰)
　　　　5175(序)
李　汶　1375(序)
李淳風　3212(撰)
　　　　3213(撰)
　　　　3214(撰)
李永昌　5684(撰)
李家生　4764(校注)
李　進　1642(督梓)
李之雍　6263(跋)
李之彦　2040(參閲)
　　　　3513(撰)
　　　　3513(自序)
李之珍　5546(閲)
李之鼎　4844(跋)
李之純　3514(撰)
　　　　3514(自序)
李之藻　820(序)
　　　　3632(序)

		3633(序)
		3639(撰)
		3639(序)
		4138(編)
		4264(序)
	李之芳	1418(撰)
		1432(定)
		5802(撰)
	李之蘭	2228(纂修)
	李之本	1995(纂輯)
	李之素	750(撰)
		750(自序)
	李之驥	5498(序)
	李之用	4247(註解)
	李之駒	5809(序)
	李之粹	202(序)
		2027(序)
	李之憲	4233(重刊)
	李安仁	2245(撰)
		2245(序)
	李安然	2721(謄録)
	李安民	6115(序)
	李　宫	3048(跋)
	李　容	869(撰)
		5747(撰)
	李容(顒)	5747(撰)
	李良生	4764(校注)
	李良柱	1022(序)
	李良年	5940(序)
		5990(撰)
		6021(跋並題詩)
	李定太	2985(纂輯)
	李　寅	225(撰)
		225(自叙)
	李寅清	588(著)
	李　實	1237(撰)
	李實秀	5735(序)
	李　賓	5579(輯)
		6509(編)
		6509(序)
	李宗延	994(刊定)
		2414(序)
	李宗孔	2061(序)
	李宗仁	465(校)
		6226(序)
	李宗岠	5546(編梓)
	李宗渭	6120(撰)
	李宗木	6420(撰)
	李宗樞	3538(序)
	李宗著	5642(序)
31	李　濳	3181(跋)
	李　灝	3195(撰)
32	李兆先	5146(撰)
	李兆洛	2676(手跋)

6575(手跋)
李澄中 1840(撰)
5775(序)
5882(序)
5884(序)
5904(序)
5944(序)
5987(序)
5988(撰)
5989(撰)
5989(自序)
李澄叟 3339(撰)
李　沂 5534(撰)
李　浙 815(序)
李　遜 1984(重修)
李遜學 1465(跋)
33 李心傳 1499(編)
1499(序)
李　泳 262(校刊)
李治運 3169(序)
李　灊 587(撰)
587(自序)
4231(撰)
4231(自序)
34 李爲淦 1328(梓)
1328(跋)
李　澍 262(校刊)
李汝霖 6016(較)
李汝香 1034(校)
李汝蘭 1995(纂輯)
李洪宣 6695(撰)
李沐民 2096(跋)
李　淶 5474(撰)
李　祺 35(校)
李　遠 6264(撰)
李　達 269(跋)
35 李　清 1178(識語)
1705(序)
3020(序)
4883(序)
6581(序)
李清一 1194(跋)
李清馥 1785(撰)
李清菴 3263(著)
李清照 4794(撰)
36 李　滉 2720(總論)
李　渭 5363(校)
李湯卿 3098(撰)
李　澤 1158(長編)
李　祝 4958(序)
李　暹 1799(撰)
4248(校訂)
37 李　汎 2739(後序)
李　潞 2931(敘)

李洵瑞　1716(引)
李潮偕　5990(跋)
李　鴻　340(編輯)
　6576(編)
李鴻裔　5742(校並跋)
李鴻漸　1987(序)
李　淑　5194(選)
李淑通　3314(撰)
李次虡　4323(参訂)
李　潔　6802(撰)
李祖詠　3129(参攷)
李祖惠　898(撰)
李祖駿　5299(補註)
李祖驊　5299(補註)
李逸安　399(校點)
李鄴嗣　508(序)
　5740(序)
　5740(選)
　5907(撰)
38 李　瀚　4809(序)
李　澂　6672(序)
李祚遠　1034(校)
李裕春　3824(校)
李　遂　1373(撰)
李　道　1350(手記)
李道謙　4661(編)
　4662(撰)
　4662(自序)
李道傳　2992(撰)
李道純　4656(撰)
　4656(序)
李道濟　5719(序)
李肇亨　3361(撰)
　4309(撰)
　4574(校刻)
　4576(輯)
李綮登　846(序)
39 李　瀅　4074(撰)
40 李　尢　4490(撰)
李九我　4280(增補)
李九疇　5252(裒輯)
　5252(跋)
李九叙　1392(梓)
　1392(跋)
李大濬　518(撰)
李大本　6665(序)
李大瞻　3139(較)
李大騰　1543(校)
李太博　3511(詩)
李奭棠　2557(修訂)
李士劭　2616(較)
李士瑜　6560(序)
李士彪　315(説)
　425(説)

李士岑　5830(編次)
李士嵱　5830(編次)
李士崑　5830(編次)
李士徵　5830(編次)
李士實　2596(撰)
　2596(自序)
李　培　2138(序)
　2971(著)
　6561(序)
李堯相　2721(謄録)
李堯民　5494(撰)
李克愛　146(補)
李克家　3219(撰)
李　有　4559(撰)
李希聖　3865(跋)
李希梅　6001(參評)
李希哲　4301(序)
李希賢　175(跋)
李存誠　5114(序)
李志魯　530(序)
李　燾　955(撰)
　1093(經進)
　2931(序)
李嘉言　3598(校)
李嘉賓　2041(修)
李古冲　4434(輯録)
李右諫　2040(纂修)
李奇玉　127(撰)
李奇瑗　5748(較刻)
李　壽　4001(校閲)
李來章　1010(序)
　1757(序)
　2367(撰)
　2367(自序)
　2922(訂)
　5966(撰)
李來泰　5830(撰)
41 李　橒　2505(撰)
李　楷　203(參訂)
　5809(評語)
　5826(序)
　6606(序)
李　楨　1369(序)
　1369(像)
　1532(撰)
　1532(序)
　1533(序)
　2089(書後)
　2444(序)
李楨扆　362(撰)
李　樌　2180(纂輯)
李　標　2209(撰)
42 李荆璞　982(題記)
李斯義　5793(校訂)

李　榿　6465(録)
李　梃　5831(跋)
6008(跋)
43 李載贇　4450(批評)
李　戴　5309(序)
李　朴　1481(撰)
1481(自序)
2008(編)
李　栻　3980(撰)
3980(自序)
3988(序)
44 李　芷　4771(序)
李　堪　4677(撰)
李　塨　597(撰)
597(小序)
618(撰)
868(撰)
868(序)
1762(序)
2871(序)
2872(序)
2873(序)
2873(跋)
2874(序)
2920(撰)
2920(自序)
2921(撰)
2921(自序)
6059(撰)
李夢麟　5109(梓)
5109(序)
李夢陽　1442(撰)
1516(序)
3530(撰)
3531(撰)
4059(撰)
4861(删定)
4861(序)
4961(評點)
5024(傳)
李　荇　6383(序)
李　蘅　1524(輯)
李芳廣　5806(跋)
李芳華　513(弁言)
715(序)
李　蘭　2702(校訂)
2702(序)
李　蔭　1713(閲訂)
5358(校)
6420(撰)
李　蔚　169(序)
5808(序)
李茂春　1681(撰)
2034(分編)

李茂年 4611(後序)
李葆恂 4452(校)
6818(跋)
李芝綬 6030(跋)
李　蒸 6013(引)
李懋順 1401(序)
李懋緒 5901(撰)
李懋宣 4802(輯)
李莘叟 3907(書後)
李孝元 3407(撰)
李孝友 2058(説)
李　芃 1543(編)
李萬化 4006(訂正)
李萬寶 5303(撰)
李萬開 304(校)
李茹旻 6115(撰)
李攀龍 3527(閱)
4239(撰)
4240(撰)
4241(撰)
5262(跋)
5298(撰)
5298(自序)
5299(撰)
6408(撰)
6414(編)
6414(序)
6566(序)
6704(校)
6705(校)
6706(校)
6724(撰)
李　韡 1543(撰)
1543(書後)
李若膺 6115(編次)
李若訥 5583(序)
李若奇 3130(序)
李若愚 2835(批點)
4006(校)
李　蕃 5856(撰)
李世牧 605(校正)
李世法 5907(訂)
李世洽 110(序)
5735(較)
5735(序)
李世奇 175(跋)
李世垣 3728(序)
李世民 1149(撰)
李　蓘 1990(序)
3707(序)
3783(撰)
3971(後序)
5362(撰)
6420(撰)

李其凝 5605(校刻)
5784(輯)
李其恕 5605(校刻)
5784(輯)
李 贄 46(撰)
46(自序)
1141(撰)
1142(撰)
2982(撰)
2982(序)
3972(撰)
3972(序)
3973(編)
4445(批點)
5239(序)
5239(評)
5254(輯評)
5349(撰)
6417(編)
6417(小引)
李 材 3002(撰)
3002(自序)
5380(撰)
李樹德 3857(序)
李綦昌 1543(校)
李藥師 3121(撰)
李菊芳 5924(跋)
5990(跋)
5999(跋)
李 模 144(序)
203(參訂)
李枝秀 6552(校)
李林松 5532(手跋)
45 李 婧 6678(參較)
李 枘 204(啟)
李 楝 2385(編)
46 李如一 3835(較)
李如寶 1458(校閱)
李如泌 6123(序)
李如蒡 5874(撰)
李如枚 2487(續修)
2487(序)
李 賀 4740(撰)
李 相 4853(輯刊)
李 梘 3456(題辭)
47 李均度 4747(校正)
4747(序)
李 郁 1551(著)
李鶴鳴 5114(識語)
李好閔 6384(撰)
李 韌 1543(編)
李超猷 1543(校)
李 杞 4958(後序)
李 根 1000(撰)

2772(輯録)
李根茂 1010(序)
48 李猶龍 1543(校)
李　翰 2420(序)
4172(撰)
6263(序)
李翰熙 6643(序)
李　敬 181(序)
5799(撰)
5847(序)
李　檽 2028(撰)
50 李　中 5114(撰)
李中梓 3110(撰)
3110(序)
3111(撰)
3111(序)
李中素 1427(序)
李中簡 6212(小傳)
6212(序)
6212(詩)
李　泰 1926(撰)
1926(自序)
3218(撰)
李本緯 5454(校)
6723(序)
李本寧 2572(評)
4276(序)
李本固 81(撰)
4454(撰)
4454(自序)
李　忠 1019(著)
李　春 4434(梓)
4434(序)
李春芳 2489(序)
4931(序)
5041(序)
5162(選編)
5309(撰)
李春華 5924(校)
李春熙 4767(輯)
5565(撰)
李春開 5133(序)
李春輝 4132(閲)
李　貴 1651(撰)
李東有 4559(撰)
李東陽 1244(撰)
1244(序)
1259(撰)
1448(序)
1470(序)
1801(撰)
1968(序)
2591(撰)
4224(跋)

4712(撰)
4893(序)
4920(序)
4931(序)
4942(序)
4947(墓志銘)
4951(序)
4953(序)
4954(選定)
4954(序)
4959(序)
4961(序)
6340(編)
6340(序)
李東光 1631(校刊)
51 李振裕 1161(序)
1773(序)
5704(進書表)
5955(撰)
5956(撰)
6622(編)
李　軒 1354(刊)
52 李挺秀 3248(校)
李　蟠 4351(校)
53 李盛鐸 1181(校)
2896(跋)
4656(跋)
4799(校補)
4928(跋)
4961(識語)
4961(跋)
5196(跋)
5386(跋)
5543(題記)
5830(輯)
李　成 3335(撰)
李成之 3835(録)
3835(跋)
李成鵬 2232(跋)
55 李扶翰 846(較録)
李費慧 3844(閱)
56 李　揚 4056(序)
57 李邦珍 1640(叙)
李邦華 2803(校)
2810(序)
58 李　轍 5830(梓)
李敷寬 5830(梓)
60 李日茂 5536(撰)
李日華 1548(撰)
1822(撰)
2397(撰)
2455(序)
3049(校)
3360(撰)

	3361(撰)
	3820(撰)
	3959(校)
	4161(撰)
	4548(校)
	4282(撰)
	4283(撰)
	4574(敘)
	4589(校)
	5500(序)
	6543(敘)
	6736(撰)
李日韡	3027(較)
李日焜	1762(較)
李曰滌	4160(撰)
李曰冠	5830(梓)
李呈祥	5733(撰)
	5756(序)
	5807(序)
李昂枝	3820(較)
李國慶	2528(説)
李國祥	6525(輯撰)
	6541(編)
	6541(序)
李國士	1927(跋)
李國木	2625(較)
	2625(序)
	3246(撰)
	3246(自序)
李國華	3139(序)
李國林	3246(挍輯)
	3246(序)
李國橧	4256(序)
	5605(撰)
李　易	1366(序)
李昴英	6775(撰)
李思誠	2098(序)
	5141(序)
李思謙	982(梓)
李思聰	3249(序)
李思堡	1474(校)
李　旻	1859(序)
李因培	870(序)
	898(序)
李因篤	869(校)
	4734(批校)
	5714(批注)
	5714(跋)
	5961(序)
	5982(撰)
	6627(撰)
	6627(序)
李甲黄	6584(序)
李四載	2933(編校)

李昌齡　3511(撰)
　3702(撰)
李　昆　2995(序)
李足發　869(引)
李　果　1995(纂輯)
　6207(撰)
　6207(自序)
李　杲　3071(校評)
　3072(撰)
　3073(撰)
61　李　顒　869(撰)
　4771(參攷)
　5747(撰)
　6146(序)
　6627(閱)
63　李　默　1631(撰)
　2374(識語)
　2385(删定)
　2385(識語)
　4434(撰)
　5143(撰)
64　李　時　1255(撰)
李時勉　2484(跋)
李時馥　5454(校)
李時漸　4609(校刊)
　6422(編)
李時芳　2167(撰)
　5501(校)
　5501(跋)
李時華　1119(序)
　2017(序)
李時英　3608(序)
　3916(序)
李時成　5244(梓)
66　李　暘　2723(後序)
67　李明睿　2267(裁定)
　2267(序)
　5651(序)
　5962(序)
　6447(閱)
李明性　2874(訂)
李　鶚　3835(序)
李鶚翀　4020(編)
李昭玘　4198(輯)
李昭治　2905(跋)
李嗣玄　3333(撰)
　4767(評定)
　4767(序)
　5565(較)
　5565(序)
李嗣京　63(校評)
　4767(序)
　5262(較)
　6380(補)

6380(後叙)
6542(撰)
6542(跋)
68　李　暾　5907(較)
李晦修　6672(鑒定)
70　李　璧　1629(編)
李　檗　3695(序)
71　李辰輝　4859(序)
李　驥　5966(序)
李巨來　4915(鑒定)
李長庚　662(序)
5552(閲)
6498(序)
李長科　451(訂)
3020(較訂)
4062(編)
4062(序)
5930(序)
李長祚　1005(叙)
5303(序)
李長祥　1162(序)
2208(序)
5831(序)
5947(序)
李長華　6655(序)
李　頤　1392(撰)
6414(參閲)
72　李　厔　4390(撰)
75　李陳玉　159(撰)
4055(序)
77　李　堅　1858(序)
李鳳雛　1161(撰)
1161(自序)
李鳳藻　5148(跋)
李鳳翔　1485(校正)
李隆基　4653(序)
李用楫　5939(録)
李同心　5624(校閲)
李同芳　1819(撰)
李周望　2467(撰)
2467(序)
5764(序)
李鵬飛　4657(撰)
4657(序)
李際春　1295(編)
李熙載　1392(梓)
李馭芳　5546(編梓)
李學詩　3258(校正)
3258(序)
3258(後序)
李學孔　1124(撰)
1124(小引)
李學禮　6235(評點)
李學古　1034(校)

李學蘇　3172(校)
李學敬　1034(校)
李開先　175(撰)
175(序)
3353(撰)
3353(自序)
5185(序)
5211(撰)
5211(序)
5211(後序)
6817(編)
6817(序跋)
李開鄴　357(較)
1328(刊)
1328(跋)
李開芳　2810(序)
李開葉　2575(序)
李民質　5385(校)
李興祖　1838(序)
5746(編)
5746(序)
6160(序)
李　賢　1233(撰)
1259(撰)
3751(撰)
78 李　臨　2556(校)
79 李騰芳　5546(撰)
李　驎　6121(序)
80 李　金　1975(序)
5246(校刻)
李　鉉　857(跋)
李念孔　2615(點校)
李念慈　5819(序)
5824(序)
5881(撰)
5881(自序)
李慈銘　6625(校並跋)
6762(手批)
6762(題記)
李含芳　243(校)
李　善　6285(注)
李善蘭　5798(題款)
李養誠　6235(評點)
李公柱　127(訂)
2850(編)
李公槐　127(訂)
81 李　鍇　6261(撰)
6261(自序)
82 李鍾麟　5802(編次)
李鍾僑　463(撰)
4347(鑒定)
4347(序)
6073(序)
李鍾峩　6073(跋)

		6097(撰)
	李鍾份	5918(校梓)
		5918(跋)
	李鍾璧	6073(撰)
	李鍾壁	5856(校字)
		6073(撰)
	李　鎧	5987(序)
	李劍雄	3818(點校)
84	李饒義	6115(梓)
86	李錫齡	4625(校刊)
	李　錦	3782(撰)
	李　鐶	2746(後語)
	李　智	5353(刊梓)
87	李欽夫	3286(撰)
88	李　銓	3835(刊)
	李　簡	9(撰)
	李　符	5999(撰)
	李　敏	6426(編)
	李敏德	5255(跋)
		5256(序)
90	李　堂	4995(撰)
	李光龍	4771(定)
	李光元	1931(序)
	李光型	2934(跋)
		2935(跋)
	李光縉	71(序)
		5573(序)
	李光堯	1170(較訂)
	李光地	2893(校)
		4602(撰)
		4623(撰)
		4703(撰)
		4734(批校)
		5842(輯定)
		5842(序)
		6620(編)
		6620(序)
		6621(編)
		6621(序)
	李光坡	5856(序)
		5918(撰)
	李光墺	2935(跋)
		3196(序)
		5856(序)
	李光暎	3372(跋)
	李光壂	1328(撰)
	李光熙	4771(定)
	李尚志	4019(訂)
	李尚美	4734(批校)
	李當泰	986(撰)
		5790(訂)
	李棠階	1328(序)
91	李　炳	6587(選)
92	李　愷	1278(編)

94　李燁然　2185(輯)
　　　　2248(删定)
　　　　2248(序)
　李　煒　6587(選)
96　李　懌　6383(命編)
97　李　恪　1455(跋)
　李輝祖　2202(序)
　李　灼　1474(編)
　　　　1474(序)
　李灼然　5966(撰)
　李　焕　750(跋)
　李焕章　5757(撰)
　　　　5757(自序)
　　　　5884(引)
　　　　5884(傳)
　李　炤　2000(校)
　　　　5336(校録)
　李　燦　846(較録)
　　　　2227(序)
　李燦星　1543(校)
　李燦箕　2154(撰)
　　　　2154(序)
99　李　瑩　262(校刊)

支

00　支　立　4562(撰)
10　支可大　826(序)
23　支允堅　3808(撰)
　　　　3808(自序)
40　支大綸　1116(撰)
　　　　1116(自序)
　　　　5500(撰)
46　支如璔　5500(輯)

4046_5　嘉

00　嘉　言　3137(註)
04　嘉　謀　1008(纂輯)
25　嘉生堂　6545(閲)
27　嘉　侯　6744(纂輯)
　嘉　名　5573(校)
30　嘉　之　4323(參訂)
　嘉　賓　5639(訂)
44　嘉樹園　6271(序)
62　嘉　則　4032(序)
　　　　5422(著)
　　　　5425(校)

4050_6　韋

00　韋應物　6508(撰)
03　韋　斌　607(序)
07　韋調鼎　433(撰)
　　　　433(序)
08　韋謙恒　6212(序)
22　韋繼和　920(考註)

30　韋之璠　6277(序)
　　　　　6277(跋)
44　韋蘇州　6508(撰)
47　韋　毅　6293(集)
　　　　　6293(叙)
71　韋　長　5059(校)
82　韋鍾炳　5790(訂)
97　韋　煥　921(撰)

4060_0　古

01　古譚吏隱　2302(輯)
20　古　傭　551(輯著)
　　古香樓　4375(序)
　　古　乘　1152(參訂)
29　古秋堂　4325(序)
30　古之賢　48(校刻)
35　古冲主人　4434(集著)
67　古照堂　498(識)

右

00　右　文　721(參評)
17　右　子　4725(較閲)
77　右　卿　1369(輯)
　　右　問　4022(較正)

4060_1　吉

21　吉　占　1998(刊)
30　吉　之　4823(叙)
32　吉　澄　632(校刊)
　　　　　1092(校正)
35　吉　津　5733(著)
53　吉　甫　483(學)
　　　　　3818(校)
60　吉　旦　4434(校)
　　　　　4434(序)
80　吉　人　677(撰)
　　　　　1286(後序)
　　　　　3417(增益)

4060_3　脅

00　脅　齋　598(校纂)

4062_1　奇

30　奇字齋　6451(跋)

4064_1　壽

17　壽　承　971(校正)
30　壽　寧　6311(編)
43　壽　榕　2618(手記)
60　壽　男　5753(編)
71　壽　臣　3110(閲)
　　　　　3172(序)
77　壽　門　6257(著)
　　壽　卿　628(校正)

壽　民　3123(閲)

4071_0　七

00　七　襄　6672(較)
40　七　來　553(較)

4073_1　去

00　去　病　105(輯著)
11　去　非　4183(序)
18　去　矜　5689(著)
23　去　偏　5790(録)
27　去　疑　4009(閲)
4010(閲)
40　去　奢　2640(著)
44　去　蕪　468(校)
去　華　3114(序)
4450(輯)
6269(校)
60　去　異　4536(纂)
5790(録)
77　去　聞　4334(較)
94　去　慞　1036(著)

4073_2　袁

00　袁應兆　928(撰)
928(序)
2457(撰)
袁應祺　5453(序)
袁　衷　3585(録)
袁　襄　3585(記)
袁　衮　3585(記)
3589(撰)
袁　袠　5067(序)
5154(序)
5184(撰)
6338(跋)
10　袁一相　3393(序)
袁一驥　1665(序)
袁天綱　3256(撰)
3283(撰)
袁天啟　3586(序)
12　袁弘烈　196(較)
袁廷檮　2543(校)
6321(校)
17　袁子讓　1036(撰)
1036(自序)
1036(自跋)
袁子訓　1036(跋)
袁子謙　1036(跋)
19　袁　褧　948(識語)
1611(序)
1611(跋)
2074(跋)
2998(跋)

5184(序)
21 袁 仁 406(撰)
袁仁林 4625(撰)
4625(序)
22 袁 豐 4900(校正)
25 袁仲晦 1494(撰)
26 袁伯璿 1036(録)
袁伯瓛 1036(録)
27 袁 凱 4861(撰)
袁叔度 5552(校)
28 袁 穭 6421(撰)
30 袁宏道 3821(撰)
3456(撰)
3456(引)
4504(參評)
5332(引)
5414(序)
5423(評點)
5423(傳)
5552(撰)
5644(序)
6372(參閱)
6414(校)
6479(選)
袁定遠 2407(撰)
袁 寘 4990(跋)
袁宗道 4303(序)
6372(序)
31 袁福徵 1944(序)
4679(序)
34 袁汝是 5183(序)
袁洪愈 2765(訂正)
5251(校刊)
袁達德 3498(撰)
35 袁 迪 1998(書)
37 袁淑真 4596(撰)
4596(序)
38 袁 滋 4097(參訂)
40 袁大純 3291(校刊)
袁士元 4832(撰)
袁士瑜 3587(撰)
袁 奎 4859(編次)
袁克文 2430(跋)
4760(題記)
4832(手跋)
6349(跋)
6817(手跋)
6819(跋)
42 袁 彬 1242(撰)
44 袁芳瑛 6307(批校)
袁茂英 2017(序)
袁 黄 2097(撰)
3605(撰)
3702(撰)

6471(編)
45 袁　楝 3891(撰)
3891(自序)
47 袁均哲 4220(撰)
袁起旭 5940(序)
袁　桷 1861(後序)
48 袁　枚 2967(序)
6676(序)
50 袁中道 3470(序)
4023(批評)
5552(序)
袁忠徹 3291(編)
3291(自序)
袁　表 3585(記)
5184(序)
6338(序)
6338(輯)
袁素亮 4062(參)
60 袁昌祚 1042(序)
2017(撰)
2131(後序)
袁景安 4097(校閱)
袁景星 6655(序)
64 袁時中 196(參)
71 袁長馭 4131(對讀)
4665(對讀)
74 袁　隨 1653(序)
5589(序)
77 袁熙臣 3998(校)
袁學乾 5552(閱)
80 袁尊尼 5184(刊)
5184(行狀)
5184(跋)
5390(撰)
袁　年 5390(序)
袁義璽 1345(跋)
82 袁　銛 1961(續撰)
1961(序)
90 袁光宇 2602(訂)
袁　棠 3585(記)
91 袁　炳 4949(叙)
94 袁　煒 5270(撰)
99 袁　燮 1575(初稿)

4073_3　厷

32 厷　浮 5716(著)

4080_1　真

10 真　一 3479(撰)
真　可 4589(撰)
24 真德秀 581(撰)
2720(撰)
4784(奏行)
26 真白子 4126(序)

30 真　空 957(校勘)
1043(撰)
真寔居士 4754(批點)
46 真如子 3651(撰)
77 真　卿 3514(序)
80 真合齋 3865(較正)
97 真　懶 3623(序)

4090_0 木

04 木　訥 6712(序)
10 木　天 3675(較梓)
木石山人 3101(輯)
31 木　涇 5237(著)
47 木懿高 4037(刊)
木懿參 4037(刊)
木懿宿 4037(刊)
48 木　增 4037(撰)
4037(引)

4090_8 來

00 來　雍 4703(校字)
01 來龍雯 139(較訂)
08 來謙鳴 6152(序)
10 來三聘 977(參校)
12 來廷楫 4040(鐫)
20 來集之 139(撰)
139(自序)
140(撰)
141(撰)
141(自序)
4040(撰)
4040(自序)
4041(撰)
4041(自序)
4283(序)
5798(序)
21 來行學 3396(校摹)
3396(自序)
3396(識語)
23 來矣鮮 284(撰)
來　獻 5473(校)
來獻功 5228(蒐録)
來獻策 5228(蒐録)
25 來　倩 6556(彙評)
26 來儼然 5562(撰)
27 來豹雯 139(較訂)
28 來　復 5562(彙輯)
5562(跋)
5701(序)
31 來　濬 2556(撰)
2556(跋)
34 來　渤 2556(校)
來汝賢 5228(撰)
37 來鴻雯 2114(重訂)

2114(跋)
40 來大夏 4040(校)
來嘉楠 4040(校)
42 來斯行 4014(編)
4014(叙)
5624(閲)
44 來　蒙 5562(彙輯)
來　菴 196(參)
60 來　員 5701(序)
71 來　阿 6636(參閲)
77 來　鳳 4958(註)
78 來　臨 5516(跋)
5562(彙輯)
6457(訂正)
86 來知德 284(撰)
3572(撰)
87 來翔燕 4040(校)
91 來　恒 5562(彙輯)
92 來　愷 2556(校)
99 來　榮 139(較訂)

4091_4　柱

22 柱　峯 203(參訂)

4091_6　檀

44 檀　萃 6551(序)
6673(序)
60 檀　園 6106(參較)

4091_7　杭

30 杭賓仁 6767(校刊)
44 杭世駿 2227(分修)
5662(序)
6153(訂)
6159(序)
6163(序)
6227(鑒定)
6227(序)
6260(序)
6670(參定)
6767(撰)
6767(自序)
48 杭　棆 6046(序)

4092_7　榜

28 榜作禮 4033(序)

4093_1　樵

32 樵溪遺民 4802(序)
38 樵　海 5149(輯)
5150(輯)
41 樵　柯 890(校)
44 樵　菴 2310(撰)
72 樵　所 6676(訂)

4098_2　核

51　核　軒　4233(著)

4111_6　垣

30　垣　之　4039(參閱)

4111_7　墟

44　墟　蓮　2602(訂)
5329(編)

4122_7　獅

22　獅　峯　1027(刋)

4191_4　極

40　極丸叅人　4613(集)

4191_6　樞

40　樞　南　5975(校字)

4192_0　柯

00　柯　庭　4375(輯)
20　柯維騏　1137(撰)
22　柯崇樸　4538(閱訂)
25　柯仲炯　3167(撰)
30　柯永昇　2061(監修)
31　柯　潛　6712(序)
35　柯　潛　6328(序)
36　柯　暹　4890(撰)
37　柯逢時　1721(手記)
38　柯　海　(校)
柯　洽　3228(撰)
40　柯九思　2066(序)
柯壽愷　416(題辭)
4723(序)
48　柯乾敷　5113(後序)
52　柯　挺　4894(序)
71　柯　願　2211(撰)
2211(序)
96　柯　煜　5934(序)
6137(序)

4192_7　櫋

44　櫋林主人　3861(序)
60　櫋　園　4002(識語)

4196_0　栢

54　栢　持　2629(箋)
80　栢　年　1045(較)

栖

77　栖鳳閣　6680(序)

4199₁ 標

77 標　尼 5916(評)

4212₂ 彭

00 彭席珍 1784(校)
彭應元 2019(纂輯)
彭應瑞 1684(校)
彭應奎 987(謄録)
02 彭端吾 2449(序)
3013(序)
彭端淑 1784(叙)
6236(序)
07 彭　詔 1966(序)
3957(編)
3957(序)
4944(撰)
6472(序)
10 彭玉鐕 4056(跋)
彭元瑞 7(手跋)
1180(跋)
1212(跋尾)
1864(手跋)
1909(校並跋)
1938(校並跋)
1940(跋)
2343(手校)
2421(跋)
2990(手跋)
3301(手跋)
4745(校並跋)
彭元瑋 530(序)
彭而述 5725(撰)
彭天華 6681(序)
彭天錫 3033(撰)
彭百鍊 4892(撰)
彭雲鴻 5910(編次)
5910(行略)
彭雲駒 5910(編次)
5910(行略)
11 彭　瓏 1765(序)
彭　珩 5910(參訂)
12 彭廷謨 1067(校)
彭延慶 1784(校訂)
彭延禕 5996(序)
彭孫遹 1469(序)
彭孫貽 1332(撰)
5738(傳)
18 彭致中 6794(編)
20 彭維新 1431(跋)
2230(序)
彭維藩 2156(跋)
21 彭仁亦 5910(參訂)
彭師度 5709(著)

		5762(撰)
	彭師古	2019(纂輯)
	彭師援	2257(序)
22	彭　任	5910(撰)
		5910(自序)
	彭　崑	2180(修纂)
	彭崇泰	5910(校)
23	彭　参	2726(挍正)
26	彭　儼	4310(撰)
27	彭紹謙	2943(校)
		4115(撰)
	彭紹觀	2943(校)
28	彭以明	1888(編)
30	彭寧求	2517(撰)
		5939(序)
	彭永壽	5709(編輯)
		5762(編輯)
	彭之鳳	5719(校)
	彭憲範	1670(校)
	彭　富	5244(梓)
	彭定求	1570(撰)
		2330(序)
		2910(編)
		3814(訂)
		3814(序)
		4691(手跋)
		5810(編)
		5810(序)
		5968(撰)
	彭　賓	3021(序)
		5709(撰)
		5762(著)
	彭宗孟	1267(校)
		1267(小引)
31	彭滙時	5910(参訂)
	彭　源	3400(跋)
32	彭兆泰	5910(編次)
33	彭必鳴	6464(校)
34	彭爲柱	5709(校訂)
		5762(校訂)
	彭爲栻	5762(校訂)
	彭爲槎	5762(校訂)
	彭爲棟	5762(校訂)
	彭爲梅	5762(校訂)
	彭汝讓	3802(撰)
		5578(跋)
	彭汝謙	3802(撰)
	彭汝寔	4125(序)
		6362(序)
35	彭　禮	4939(校編)
		4939(跋)
37	彭潤宏	5321(編)
	彭祖壽	5709(編輯)
		5762(編輯)

38 彭遵泗 1784(撰)
1784(自叙)
彭啟豐 282(序)
733(序)
2943(序)
5830(序)
6089(序)
6135(序)
6202(傳)
6247(跋)
40 彭大翮 78(校)
771(校)
彭士望 4019(評閱)
5354(序)
6623(序)
彭士聖 2052(訂梓)
彭士起 5762(序)
彭士超 5709(編輯)
5709(序)
5762(編輯)
彭堯諭 4161(撰)
彭在玢 4686(輯)
彭在份 4686(撰)
彭志古 5708(序)
彭志楨 4930(梓)
4930(識語)
4939(跋)
彭　杰 4951(彙編)
彭　森 2027(考輯)
41 彭　桓 4951(彙編)
43 彭始博 5595(序)
彭始摶 2261(序)
6626(序)
44 彭夢祖 5180(序)
彭萃支 1784(校訂)
彭　華 1969(序)
3517(跋)
4930(著)
4939(撰)
彭其位 513(撰)
2470(撰)
彭楚伯 6802(箋)
6802(輯)
45 彭　棟 4132(閱)
47 彭期生 2098(較)
2098(跋)
彭起雲 6552(校)
48 彭　教 4951(撰)
52 彭　揆 5910(校)
53 彭咸寧 5910(校)
57 彭　輅 5075(序)
5321(撰)
5321(自序)
5448(序)

6450(識語)
60 彭 昺 326(撰)
326(通釋)
326(自記)
彭 最 325(叙)
彭思眷 5139(編輯)
5139(序)
彭 黯 5074(序)
61 彭顯祖 5910(編次)
64 彭 時 4407(撰)
4930(序)
4939(著)
6325(序)
67 彭 昫 4951(增定)
77 彭 鵬 5876(撰)
5876(自序)
5980(序)
彭開祜 5925(序)
5972(撰)
彭開祐 5972(撰)
80 彭 年 4410(識)
5427(撰)
87 彭 欽 2103(序)
88 彭篤福 4930(編輯)
4939(編輯)
4939(跋)
彭 簪 2150(撰)
2150(自序)
90 彭惟成 1888(校)
1888(述)
98 彭 燧 4445(校訂)

4240_0 荊

00 荊文炤 1996(校正)
1996(後叙)
10 荊 石 1331(編)
荊可棟 901(序)
12 荊 璞 957(編)
14 荊 琪 957(開版)
16 荊 現 957(開版)
荊 琭 957(開版)
18 荊 珍 957(開版)
30 荊之琦 2506(撰)
60 荊圃主人 1849(序)
76 荊 陽 127(著)
90 荊光國 901(凡例)

4241_3 姚

00 姚 兗 5417(撰)
6520(撰)
姚應仁 552(撰)
552(序)
832(撰)
姚應陽 6465(後序)

	姚應烮	4127(助梓)
	姚廣孝	4836(序)
		4875(序)
		4877(撰)
	姚文然	224(較)
		224(序)
	姚文灝	2076(著)
	姚文蔚	80(撰)
		80(序)
		1440(編)
		1440(自序)
		4005(撰)
		4005(自序)
	姚文燮	224(較)
		224(序)
		224(刊)
		5935(選)
		5935(序)
01	姚龔輝	4781(校正)
02	姚新山	5579(校)
08	姚　旅	3841(撰)
		3841(自序)
10	姚一元	5232(校)
	姚一台	4217(序)
		4234(序)
	姚　璽	4923(刊)
	姚元允	6452(編)
	姚元台	3485(詮次)
	姚元之	632(批校)
	姚可達	5509(書)
11	姚張斌	3642(撰)
		3642(序)
12	姚弘謨	2024(序)
		2024(訂正)
		3625(參校)
		3625(序)
		5076(序)
		5232(序)
	姚弘緒	6184(序)
		6639(編次)
		6639(自序)
	姚廷謙	4344(評)
		4344(序)
	姚孔鈵	6148(行狀)
		6148(序)
	姚孔鐗	6148(撰)
	姚孫棐	224(序)
13	姚　球	310(撰)
17	姚　鼐	825(提要)
		2232(序)
		6220(序)
		6598(評點)
		6640(序)
	姚承烈	792(校)

	姚子恭	4457(校訂)
	姚　翼	5207(校正)
		5279(編)
		5620(撰)
18	姚　弢	5801(注)
20	姚舜聰	6520(撰)
	姚舜牧	68(撰)
		68(自序)
		343(撰)
		343(自序)
		547(撰)
		547(自序)
		652(撰)
		652(自序)
		744(撰)
		744(自序)
		824(撰)
		824(自序)
		5489(撰)
	姚舜漁	4586(輯)
	姚締虞	2202(序)
22	姚　綬	4909(序)
23	姚允恭	2424(序)
	姚允明	1896(撰)
25	姚仲春	5659(撰)
26	姚伯岳	4691(説)
	姚伯燮	351(訂)
27	姚紹憲	3449(序)
28	姚　佺	4740(批語)
30	姚　宣	4528(撰)
	姚淳燾	248(序)
	姚淳起	343(校補)
		547(校補)
		652(校補)
		744(校補)
	姚家凱	3623(序)
	姚之裔	6452(編)
	姚宏謨	2150(重訂)
	姚宏緒	6639(編)
	姚宗儀	2170(校)
	姚宗閔	1394(著)
31	姚江周	1492(序)
	姚　福	1926(後序)
		3825(撰)
		3825(序)
32	姚　澍	6452(編)
34	姚汝能	1850(撰)
	姚汝循	1032(序)
		3350(校)
		4002(序)
		4439(校)
		4673(序)
		5369(撰)
36	姚　湘	6639(録)

6639(跋)
37　姚　咨　1673(撰)
1673(自序)
2148(跋)
2148(題記)
3744(手跋)
3900(識語)
4488(手跋)
6451(識語)
6451(跋)
38　姚海循　5589(序)
姚祚端　744(校)
5489(校)
姚祚敦　744(校)
5489(校)
姚祚碩　744(校)
5489(校)
姚祚重　744(校)
5489(校)
姚祚馴　744(校)
5489(校)
40　姚士廉　2040(校)
姚士觀　4236(序)
姚士畏　3385(跋)
姚士粦　1211(校)
1211(跋)
1298(跋)
1462(訂閲)
1918(撰)
2038(纂)
2323(撰)
2455(序)
4314(序)
4681(閲)
6450(删定)
6526(序)
姚培謙　510(重訂)
510(序)
4344(評)
6192(撰)
6192(自序)
6639(識語)
姚希孟　1552(序)
2326(撰)
4918(序)
5382(序)
44　姚茂善　3942(次)
姚若楠　5774(序)
姚世倌　2228(纂修)
姚世英　5230(校)
姚世鈺　4841(搜集)
6108(序)
6109(序)
6203(撰)

6307(跋)
姚世鍾　4841(搜集)
45　姚　坤　5254(小傳)
姚　椿　1081(校)
1081(序)
46　姚覲元　2543(校録)
55　姚慧禎　4586(識)
58　姚　轍　4657(序)
60　姚星旲　94(序)
姚思仁　1462(序)
姚思孝　833(録商)
2043(序)
67　姚明彦　6538(閲訂)
71　姚　厚　2746(校)
77　姚　陶　6654(論正)
姚　卿　1995(纂輯)
姚履旋　982(校)
982(叙)
1555(撰)
1555(小引)
姚際恒　3869(撰)
姚學閔　1394(撰)
5230(校)
80　姚　夔　1469(叙)
4923(撰)
5834(撰)
姚　孳　6295(編)
姚　善　152(訂)
84　姚　鏌　5011(撰)
88　姚　範　4817(跋)
姚　餘　4173(序)
姚　簣　4127(助梓)
90　姚　堂　1596(撰)
1596(序)
姚光祚　4278(撰)
98　姚　悦　6520(撰)
99　姚　燮　5738(跋)

4252_1　靳

08　靳於中　6470(序)
12　靳　璠　2958(校集)
30　靳之隆　2958(序)
33　靳治荆　2206(序)
3433(序)
5742(較訂)
5742(序)
5940(序)
5940(跋)
5940(題辭)
6625(序)
44　靳懋仁　5003(刊)
50　靳　貴　5003(撰)
77　靳學顔　5069(序)
5260(撰)

4282_1　斯

10　斯　正　5088(編次)
37　斯　凝　3014(序)
77　斯　學　5645(撰)
80　斯　年　5924(著)

4291_3　桃

47　桃都漫士　4472(述)

4293_4　樸

52　樸靜子　3475(撰)
3475(自序)
60　樸　園　1838(著)
4647(集成)
4729(校訂)

4299_4　櫟

10　櫟下老人　3330(輯)
34　櫟社老人　6766(輯)
60　櫟　園　203(參訂)
4344(參)

4301_0　尤

00　尤　袤　6696(撰)
6696(序)
6696(跋)
10　尤　晉　1588(跋)
17　尤　玘　1588(撰)
20　尤秉元　6207(序)
27　尤　侗　2210(序)
2256(序)
2330(序)
2546(序)
3723(序)
4358(撰)
4358(自引)
4358(跋)
4581(題辭)
5678(序)
5798(序)
5858(傳)
5864(序)
5893(序)
5919(序)
5920(序)
5935(鑒)
5944(序)
6599(序)
6787(評)
6787(序)
6787(小序)
6805(序)
30　尤　實　1588(跋)

44　尤　芳　3434(序)
　　尤世求　6051(撰)
47　尤起求　3405(訂)
53　尤盛明　5490(選)
　　　　　　5490(序)
64　尤時熙　2772(撰)
　　　　　　2772(自序)
77　尤周徹　4358(校訂)

4304_2　博

44　博　菴　5688(選評)

4310_0　式

21　式　貞　2208(編輯)
30　式　宣　2208(編輯)
33　式　黼　2208(編輯)

4313_2　求

25　求　仲　4466(閲)
　　　　　　4926(校)
77　求　母　4770(較集)

4355_0　載

17　載　翼　2209(較正)
28　載　齡　792(校)
30　載　之　4522(閲)
40　載　南　254(較)

4373_2　裘

00　裘充美　1062(序)
　　裘應時　3878(録)
10　裘　玉　3702(著)
12　裘聯桂　3878(録)
15　裘　璉　2216(輯)
　　　　　　6660(序)
25　裘仲孺　2143(撰)
27　裘魯青　874(刊)
44　裘若宏(弘)　3878(撰)
　　　　　　3878(小引)
60　裘曰蓮　3878(録)
　　裘曰楠　3878(録)
　　裘曰菊　3878(録)

4380_5　越

10　越　石　5792(選)
　　　　　　6548(選)
20　越　千　5860(校)
44　越　藍　293(校録)

4385_0　戴

00　戴彦鎔　6617(校輯)
　　戴應鰲　4457(訂)
　　　　　　6543(編次)
　　戴　豪　6348(撰)

	戴庭槐	62(撰)
07	戴　望	5798(題款)
10	戴王嶧	4864(編訂)
	戴天章	235(撰)
	戴天恩	236(撰)
12	戴廷魁	6237(序)
	戴廷槐	62(撰)
16	戴　璁	4360(參定)
		4360(序)
	戴　璟	1997(撰)
		1997(序)
		2605(撰)
		2606(撰)
17	戴　珉	4360(參定)
	戴君恩	412(撰)
		412(自序)
		3618(撰)
19	戴　琰	4360(參定)
20	戴　鯨	6389(增删)
21	戴虞皐	223(撰)
	戴師愈	3181(跋)
	戴　經	2767(撰)
22	戴　川	5070(跋)
	戴　任	1928(續撰)
		2424(校正)
		2424(叙由)
24	戴　德	577(撰)
	戴　勉	1601(刊)
27	戴名世	708(閱)
		1763(較閱)
		5939(序)
		6003(序)
	戴移孝	3725(序)
		6277(序)
28	戴復古	3931(撰)
30	戴　之	430(重篆)
	戴　良	4837(撰)
31	戴　濬	642(校刻)
37	戴　澳	6552(序)
	戴　冠	540(撰)
		1998(校)
		3780(撰)
		5070(撰)
40	戴九玄	5588(序)
	戴有孚	4066(撰)
		4066(自序)
44	戴范雲	6619(跋)
	戴　葵	2152(撰)
	戴　英	2250(撰)
	戴耆顯	4301(序)
46	戴相堯	2496(校閱)
		2496(校梓)
50	戴表元	4811(序)
		4816(撰)

56　戴揚祖　5933(序)
60　戴日强　2044(撰)
戴國士　4767(較)
戴　晟　5742(較訂)
61　戴　顒　6348(撰)
63　戴　貽　223(參訂)
223(引言)
67　戴明説　5705(較正)
71　戴　鷖　5126(撰)
71　戴　卿　6451(筆授)
戴　熙　5861(參)
5861(跋)
80　戴　全　4126(序)
戴全祐　2327(校)
3358(校)
戴　金　2763(編)
戴　羲　1930(撰)
1930(序)
戴普成　2265(參校)
戴　曾　5742(較訂)
83　戴　鋐　900(撰)
84　戴　銑　1516(編)
1516(自序)
2592(跋)
戴　錡　6305(鑒定)
6305(序)
86　戴錫綸　4885(序)
87　戴　欽　5117(撰)
88　戴　鑑　223(後序)
戴　笠　1128(撰)
90　戴少望　2989(撰)
2989(序)
戴光啟　1552(編)
戴光曾　3744(跋)
97　戴　燿　2017(序)

4390_0　朴

44　朴世采　6305(編)

朮

30　朮良知　6457(校次)

4396_8　榕

77　榕　門　4110(輯)

4398_5　樾

40　樾　森　6278(較)

4410_0　封

40　封大受　6018(選)
43　封越建　3711(説)

4410_1　芷

30　芷　之　4702(較)

80 芷　翁 1542(手跋)

4410_4 董

00 董應芳 1147(序)
董應揚 5698(撰)
董應舉 1885(序)
5145(奏疏)
5576(序)
董　庭 5538(輯)
5538(識語)
董文驥 1423(序)
董文煥 6304(批校並跋)
04 董　訥 1429(撰)
5949(撰)
董　誥 5786(序)
08 董　説 149(撰)
149(自序)
3117(撰)
3170(撰)
3648(序)
6571(編)
10 董玉京 1813(挍)
5340(校)
董玉珂 1813(挍)
5340(校)
董玉衡 1813(挍)
5340(校)
董玉柱 1813(挍)
5340(校)
董玉樹 1813(挍)
5340(校)
董玉振 1813(挍)
5340(校)
董玉恩 1813(挍)
5340(校)
董玉階 1813(挍)
5340(校)
董玉驄 1813(挍)
5340(校)
董玉鉉 1813(挍)
5340(校)
董　霑 244(參閲)
董元熙 3364(較閲)
董元學 1931(序)
董元愷 4731(參)
4731(序)
董天麟 4964(輯)
董可威 5454(校)
董　醇 3675(參訂)
16 董　瑒 4451(序)
董　聰 1022(後語)
17 董承詔 3014(編)
3014(序)
董君和 5116(編梓)

20　董香齡　1933(校)
22　董繼周　5391(閱)
24　董德鏞　4053(撰)
4053(自序)
董　緒　5438(撰)
25　董仲舒　4712(撰)
董傳文　1382(識語)
董傳策　1382(撰)
1813(撰)
1813(自引)
5340(撰)
28　董以寧　5867(序)
董　份　2000(序)
5286(撰)
董復亨　5481(序)
5551(撰)
5636(序)
董復表　1714(編)
1714(引)
30　董宜陽　4861(跋)
5129(跋)
5183(記)
5184(序)
董　良　5116(校正)
董良遂　2019(撰)
31　董　澐　5147(撰)
董　逈　2556(題記)
32　董兆熊　4402(校)
33　董　浦　6670(参訂)
34　董漢儒　925(校)
2447(校)
4486(校訂)
董漢陽　4508(撰)
董漢策　3648(撰)
3648(引例)
董洪憲　5527(序)
37　董祖和　5538(輯)
董祖常　3913(跋)
38　董　裕　2493(叙)
董　遵　6380(編)
董道醇　5286(撰)
42　董斯張　4036(序)
6558(編)
43　董　越　2345(撰)
4964(撰)
6384(撰)
44　董若雨　5936(序)
董其昌　1554(校)
1813(重選)
1884(序)
1918(校跋)
1933(編)
1933(序)
2450(撰)

2721(謄録)
3446(序)
3913(撰)
3984(序)
4317(校刻)
4320(訂)
4633(跋)
5340(選)
5530(序)
5538(撰)
6526(校)
6529(鑒定)
47 董　穀 1988(撰)
4430(撰)
60 董國祥 847(序)
董思王 4311(後跋)
4466(序)
4770(較集)
董思白 4317(校刻)
67 董嗣璞 5648(閲)
董嗣成 5525(撰)
76 董　陽 5742(批點)
77 董聞京 5936(撰)
5936(自序)
80 董　鏞 326(音點)
董　俞 5798(引)
6013(引)
6591(編)
6591(序)
董　含 5855(撰)
董養河 1897(序)
5683(撰)
6533(撰)
董養性 11(撰)
11(自序)
4839(撰)
6510(編次)
88 董　籥 558(梓)
董　策 2124(跋)
90 董惟震 2040(校)
董光裕 1027(參閲)
91 董　炳 3105(撰)
董炳文 1933(編)
96 董　熠 2484(著)
董　熜 6598(評點)
98 董　燧 2773(編校)
5082(編次)
5116(書)
5221(撰)

堇

33 堇　浦 6153(訂)

埜

26 埜釋玄幽 3079(輯)
80 埜　公 1432(輯)

4410_7 藍

00 藍文炳 416(題辭)
藍　章 2986(跋)
2995(跋)
10 藍石塢 5817(鑒定)
16 藍　理 2216(序)
2216(鑒定)
20 藍千秋 5817(序)
6222(撰)
21 藍　衍 3721(著)
22 藍鼎元 1779(撰)
1847(撰)
2951(撰)
2952(編)
2952(自序)
28 藍　儀 5213(校正)
35 藍　漣 6390(跋)
37 藍　潤 5785(撰)
38 藍啓延 5785(跋)
40 藍壽堃 5334(校印)
60 藍思繼 5167(跋)
藍思紹 5167(刊)
藍　田 5069(後序)
5167(撰)
81 藍　鈺 5334(序)

藎

00 藎　庭 3995(訂訛)
30 藎　之 4023(纂著)
53 藎　甫 5184(校)
60 藎　思 3279(序)
6803(定)
71 藎　臣 1050(校)
3485(纂輯)
4016(輯)

4411_2 范

00 范　方 421(訂)
范應虛 4670(撰)
范應宫 2633(題辭)
范應期 674(叙)
4126(序)
4439(序)
5255(序)
范文程 3236(序)
范文英 4743(識語)
范文龕 4223(參訂)
07 范鄗鼎 1761(撰)
5747(序)

		5948(撰)
		5948(自序)
		6618(編)
		6618(自序)
10	范一謨	3596(序)
	范一偉	6618(録)
	范王孫	442(撰)
	范爾楫	2958(序)
	范爾梅	2958(撰)
		6618(録)
	范醇敬	1036(引)
12	范廷彦	6037(較)
		6037(撰)
	范廷諤	6037(較)
		6037(撰)
	范廷瑚	1047(梓)
		1047(序)
16	范　理	1134(撰)
17	范承謨	5823(撰)
		5823(自序)
	范承烈	6145(序)
	范承勳	2215(撰)
		2215(序)
		6145(序)
	范　翼	1761(挍定)
		6618(録)
22	范　嵩	1040(序)
	范　崧	3123(閲)
23	范允斌	721(参評)
24	范德建	6505(閲)
	范德機	6557(撰)
		6705(撰)
		6706(撰)
	范　勳	5715(閲)
	范　纘	6048(撰)
		6792(撰)
25	范仲淹	1485(撰)
		4743(撰)
27	范紹序	955(校輯)
28	范從律	6037(較)
30	范永鑾	905(書)
	范守己	1104(輯)
		1300(撰)
		1300(自序)
		5501(撰)
		5502(撰)
	范安序	6026(挍)
	范　良	6606(撰)
32	范　泓	4223(撰)
34	范　淶	92(序)
		586(校刻)
		2129(撰)
		2129(自序)
		2160(序)

		2805(撰)
		2805(自序)
		3983(跋)
		4223(序)
		4849(校)
		4849(序)
		5435(序)
		5514(序)
37	范凝鼎	899(撰)
	范祖禹	741(撰)
	范　礽	2151(補訂)
		2151(序)
		2151(刊)
38	范　溢	3264(序)
	范啟乂	1485(校)
40	范士聯	2202(序)
	范士楫	5715(撰)
		5715(自序)
		5748(序)
	范有韜	558(序)
		558(梓)
	范希仁	6485(抄補)
		6485(題籤)
	范　椁	4825(撰)
	范　櫄	2805(校)
		2805(跋)
		4223(参訂)
41	范　檟	2612(撰)
43	范棫士	1849(序)
44	范　芳	481(撰)
	范　枓	1040(校)
		1040(序)
		2805(輯)
		2805(識語)
		4223(参訂)
	范　槲	2805(輯)
		2805(識語)
		4223(参訂)
	范　蘨	4223(参訂)
46	范旭侖	4216(説)
	范覲公	934(鑒定)
	范　樬	4223(参訂)
47	范　翿	6618(録)
	范　楹	6249(校字)
	范　楣	6249(校字)
48	范敬先	4860(序)
50	范泰恒	6249(撰)
		6249(自序)
	范　青	5773(撰)
		6145(訂)
		6145(序)
		6791(撰)
53	范　成	470(校)
		6175(校)

范成大　3702(撰)
范　咸　252(撰)
252(序)
2063(監修)
6105(編)
57　范　輅　905(校正)
905(引)
60　范蜀公　6700(撰)
范景文　1701(撰)
1710(序)
3020(序)
3619(編)
5499(閲)
5499(序)
64　范時尹　6049(序)
67　范明泰　1538(撰)
1539(撰)
1539(序)
1560(編)
4763(編)
范照藜　6249(編)
70　范　驤　5916(閲)
71　范長發　2213(序)
6175(跋)
77　范與良　6606(撰)
6606(自序)
80　范　金　6618(録)
范　鏞　6618(録)
83　范鋐金　2958(校集)
84　范　銑　6618(録)
86　范錫篆　3196(序)
87　范　欽　1(訂)
3977(輯)
3977(題辭)
90　范惟一　1353(編)
1996(序)
3904(校)
3904(序)
5140(序)
范惟元　1485(校)
范光宙　2598(撰)
范光陽　4165(筆記)
6037(撰)
范光炎　196(參)
94　范　煒　196(參)
96　范　懌　4598(序)
97　范　翙　5948(編輯)
6618(録)

4412_7　蒲

21　蒲處厚　3702(撰)
32　蒲溪釣叟　3812(識)
37　蒲　凝　5263(序)
57　蒲　邨　6623(校刊)

4414_7 坡

60 坡 星 241(輯)
380(輯)
570(述)
6137(著)

4420_1 苧

60 苧 田 3890(綴)

4420_2 蓼

00 蓼 亭 6665(校輯)
71 蓼 匪 2461(纂輯)

4420_7 夢

00 夢 章 5499(閱)
25 夢 生 269(撰)
26 夢 白 2664(編)
38 夢道人 3900(識語)
43 夢博道人 2643(序)
44 夢 韓 4260(閱)
47 夢 鶴 101(序)
77 夢覺道人 4677(著)
86 夢 錫 40(序)

蕚

00 蕚 亭 800(著)
44 蕚 村 5211(識語)

4421_1 莞

10 莞 爾 6280(譔)

蕘

50 蕘 夫 2549(識)
80 蕘 翁 2549(跋)

虌

44 虌 蒿 6150(著)

4421_4 花

42 花橋水閣 642(重刻)
44 花村看行侍者
1330(撰)

莊

00 莊亨陽 6131(撰)
莊應熼 6131(識語)
莊文進 31(較訂)
10 莊一俊 4963(評)
莊元臣 4266(撰)
15 莊臻鳳 3393(撰)
3393(自序)
17 莊勇成 6244(書後)
20 莊喬申 5512(輯)

28　莊綸渭　6244(撰)
32　莊　洲　3393(校)
33　莊　浦　3393(校)
40　莊有恭　3375(序)
44　莊世駿　6244(跋)
　　莊樹貞　6131(識語)
　　莊樹程　6131(識語)
　　莊樹金　6131(識語)
47　莊朝生　5790(序)
　　莊起元　5599(撰)
50　莊　肅　3343(撰)
　　　　　　3343(自序)
　　莊忠域　731(校)
60　莊國楨　6486(序)
　　莊　杲　1968(序)
63　莊　眙　6280(校)
66　莊嚴居士　4588(題辭)
67　莊明呈　799(序)
77　莊履豐　5512(撰)
80　莊　年　247(序)
　　莊毓慶　5563(序)
88　莊　敏　5017(撰)

4422_1　芹

43　芹　城　2636(序)

4422_2　茅

00　茅鹿門　561(評點)
10　茅一相　3966(編)
　　茅元儀　1039(註)
　　　　　　1323(撰)
　　　　　　1324(撰)
　　　　　　1324(自序)
　　　　　　1684(校)
　　　　　　2634(撰)
　　　　　　2634(序)
　　　　　　3598(訂)
　　　　　　3850(撰)
　　　　　　4465(撰)
　　　　　　5650(序)
　　　　　　6459(品次)
　　　　　　6742(撰)
12　茅瑞徵　349(撰)
　　　　　　349(自序)
　　　　　　350(撰)
　　　　　　350(自序)
　　　　　　1996(校)
　　　　　　1996(序)
　　　　　　1996(跋)
　　　　　　2120(序)
　　　　　　3966(輯)
14　茅　瓚　5269(撰)

22　茅胤京　349(訂)
　　　　　　350(訂)
　　茅胤武　349(訂)
　　　　　　350(訂)
32　茅兆儒　6015(撰)
35　茅　溱　1040(撰)
　　　　　　1040(序)
44　茅藉吉　5269(校刊)
45　茅　坤　1373(序)
　　　　　　1853(撰)
　　　　　　1870(編)
　　　　　　1870(引)
　　　　　　2382(撰)
　　　　　　5228(校)
　　　　　　5249(輯)
　　　　　　5272(序)
　　　　　　5279(撰)
　　　　　　5279(題辭)
　　　　　　5279(引)
48　茅　乾　6419(校正)
60　茅國縉　1149(撰)
　　　　　　5525(傳)
80　茅翁積　5405(撰)
　　　　　　5620(選校)

4422_7　芳

10　芳　三　2116(跋)
22　芳川逸　1150(校點)
27　芳　侯　600(參閱)
34　芳　遠　4818(編集)
44　芳　蘭　844(參訂)
　　芳　草　471(篹)
　　　　　　516(篹)
　　　　　　572(訂)
　　　　　　6202(編)

蘭

10　蘭雪軒　4848(撰)
　　　　　　4848(自序)
12　蘭廷秀　1028(撰)
20　蘭　奚　3460(編集)
　　蘭香館主人　436(識語)
25　蘭　生　5624(校閱)
26　蘭　嵎　4003(圈點)
　　　　　　6475(註)
　　蘭嵎生　6480(選)
37　蘭　潔　4734(校刊)
44　蘭　坡　6176(撰)
　　蘭　村　2670(著)
70　蘭　陔　6670(輯選)
74　蘭陵散客　6446(序)
80　蘭　谷　943(較)

蕭

00 蕭 彦 2131(序)
2391(撰)
蕭 廩 5255(序)
6516(撰)
01 蕭龍友 4802(序)
蕭 龔 6009(序)
02 蕭端升 4859(校)
06 蕭 韻 2267(撰)
08 蕭 謙 3081(校正)
3081(序)
3082(校正)
3082(序)
10 蕭一祥 3982(檢閲)
蕭正發 891(撰)
蕭 玉 5076(撰)
蕭 丁 3651(選)
蕭 丏 5904(批校題跋)
蕭元登 4190(撰)
蕭雲程 4813(撰)
蕭雲從 176(撰)
176(自序)
4353(跋)
12 蕭弘謙 891(校閲)
20 蕭 統 4169(撰)
6283(選)
6285(撰)
6286(選)
6507(選)
蕭維第 891(編輯)
蕭維篢 891(編輯)
21 蕭上達 485(跋)
22 蕭崇業 1304(撰)
23 蕭 参 3702(撰)
24 蕭 岐 6578(著)
蕭 纘 6516(撰)
26 蕭自開 6516(編)
蕭伯升 6578(編)
6583(緣起)
蕭和中 5625(跋)
蕭 穆 5742(識語)
蕭 繹 3331(撰)
28 蕭復陽 835(序)
蕭 儀 4896(撰)
30 蕭守身 5181(校)
5181(傳)
蕭良有 1308(序)
3651(序)
4952(序)
5237(序)
5528(撰)
蕭良幹 2022(後序)
5238(序)

32 蕭近高 1868(校)
5363(序)
37 蕭　洵 1938(撰)
38 蕭　遵 6578(著)
蕭肇鴻 891(刊修)
39 蕭　泮 1354(梓)
40 蕭大亨 987(序)
2353(撰)
2353(自序)
4264(序)
5353(序)
蕭士珂 6583(輯)
蕭士琦 6578(著)
6583(撰)
蕭士瑋 3621(序)
6578(著)
44 蕭夢松 4714(手跋)
蕭　莊 136(跋)
45 蕭　椿 586(校刻)
46 蕭如松 1439(編)
47 蕭　根 2375(撰)
48 蕭乾元 6516(撰)
50 蕭中行 6516(撰)
58 蕭敷政 4913(校刊)
6623(校刊)
蕭敷教 4913(校刊)
蕭敷敬 6623(校刊)
60 蕭國寶 4813(撰)
蕭景訓 2791(校)
61 蕭　晅 6578(著)
蕭　顯 6345(編)
63 蕭　暄 6578(著)
64 蕭時中 5041(校)
66 蕭　暘 6516(撰)
67 蕭鳴盛 984(校)
蕭鳴鳳 6345(編)
蕭嗣禋 2951(序)
77 蕭同試 5473(校)
79 蕭騰鳳 6418(跋)
80 蕭企昭 2895(撰)
5754(撰)
87 蕭　翔 5230(編次)
5230(跋)
88 蕭　鋭 4777(序)
蕭　鎡 4873(序)
4896(序)
4898(序)
4913(撰)
90 蕭尚仁 6578(著)

帶

21 帶經堂 3722(序)
40 帶　存 227(參訂)
6161(撰)

6195(撰)
6563(輯)

蒿

40 蒿　來 2157(輯集)
44 蒿　菴 857(編次)

蔄

27 蔄　叔 6561(輯)
41 蔄　栖 5582(校)

薦

77 薦　卿 1149(删)

4422_8 芥

44 芥菴老人 2315(題記)

4423_2 蒙

00 蒙　章 5941(著)
26 蒙　泉 1160(校刊)
6263(選)
6757(編次)
40 蒙　吉 852(輯)

藤

55 藤井穀 1150(次訂)

4423_7 蒹

29 蒹　秋 5443(編)

蔗

22 蔗　山 2223(撰)
2313(著)

4424_0 蔚

30 蔚　窯 2661(較訂)
34 蔚　遠 4089(校正)

4424_7 蔣

00 蔣應震 1703(序)
蔣庠復 5796(輯)
蔣文化 5009(輯)
蔣文舉 3793(閲)
04 蔣　謹 1167(手次)
09 蔣麟昌 6230(撰)
10 蔣一葵 4042(撰)
4486(序)
6414(直解)
6745(編)
蔣一梅 6745(引)
蔣平階 1162(序)
1329(撰)
12 蔣　型 6065(像)

	蔣廷瓚	390(序)
17	蔣　瑑	6587(選)
	蔣子雲	5108(著)
18	蔣　玢	4829(跋)
20	蔣　信	907(序)
		2780(撰)
		5230(撰)
	蔣季錫	6221(序)
	蔣香生	1212(手跋)
	蔣維蕃	5859(序)
21	蔣仁錫	5851(書後)
	蔣行可	977(輯)
22	蔣山卿	5108(撰)
		5108(自序)
	蔣崇德	924(閱)
23	蔣允焄	6140(序)
	蔣允儀	6498(序)
	蔣台梅	4377(校閱)
24	蔣先庚	147(增補)
		1045(較)
		1045(序)
		1045(梓)
	蔣德璟	5038(序)
25	蔣仲舒	4042(撰)
27	蔣　伊	2909(撰)
		2909(表)
		4097(鑒定)
		5732(序)
	蔣名邦	6714(訂)
	蔣紹煃	4929(参閱)
28	蔣以行	3592(校正)
		4265(校)
	蔣以化	2602(訂)
		3592(仝稿)
		4232(訂正)
		4265(輯)
		4447(撰)
		4447(引)
		5009(跋)
		5079(序)
	蔣以忠	2602(訂)
		3592(撰)
		3592(跋)
		4232(訂正)
		4265(纂)
		5393(閱)
		5393(序)
	蔣復璁	2421(序)
	蔣　儀	3091(撰)
30	蔣　濂	4796(跋)
	蔣永修	746(撰)
		2705(撰)
		5755(序)
		5796(撰)

5805(序)
蔣家駒 375(撰)
704(撰)
蔣之秀 5481(選)
蔣之翹 1151(撰)
蔣宏任 2229(撰)
2229(自序)
蔣　寅 1195(説)
1257(説)
2285(説)
2577(説)
4174(説)
6757(説)
6760(説)
6761(説)
6762(説)
6764(説)
蔣寶素 3067(批校)
蔣宗許 4764(校注)
蔣宗魯 5086(跋)
5535(訂)
32 蔣兆昌 2220(序)
6174(録)
37 蔣　洞 2909(校字)
蔣祖詒 1212(手跋)
4181(識語)
38 蔣　棨 6172(刊)
6172(序)
40 蔣士銓 5590(序)
6226(傳)
6235(序)
蔣南吉 4371(識語)
蔣希孔 4236(後序)
蔣　燾 5057(撰)
44 蔣芳馨 340(輯)
蔣　芝 1991(序)
6812(序)
蔣　薰 6597(序)
蔣世枋 1167(訂)
1167(刊)
46 蔣如川 5230(編次)
蔣如苹 2039(撰)
6497(編)
蔣如桂 2024(校)
47 蔣　超 2195(撰)
2202(編)
3863(撰)
5798(序)
蔣期昌 6714(録)
50 蔣中和 5839(撰)
5839(自序)
蔣　泰 3381(校梓)
蔣惠迪 293(校録)
51 蔣振先 1545(序)

55	蔣軼凡	4151(編)
60	蔣曰廣	2264(序)
	蔣國祥	2264(序)
		6009(序)
	蔣　易	4818(序)
		6308(輯)
		6308(序)
	蔣　冕	1993(序)
		4993(撰)
		6714(編)
		6714(序)
		6714(像)
		6714(贊)
	蔣因培	2676(觀款)
		3865(跋)
	蔣　杲	4703(校字)
	蔣景祁	705(撰)
		5796(輯)
		6598(後序)
		6789(跋)
	蔣景賢	2319(閱)
64	蔣時雍	152(撰)
	蔣時機	147(副言)
67	蔣鳴玉	777(撰)
	蔣　鶚	1861(校正)
74	蔣勵修	2625(輯)
	蔣勵志	2625(輯)
75	蔣體仁	1401(書後)
	蔣陳錫	6047(序)
77	蔣　凡	4740(標點)
	蔣鳳藻	1212(手跋)
		1218(跋)
		2543(批注)
		2544(跋)
		4131(跋)
		4413(題識)
		5275(跋)
	蔣學統	35(校)
79	蔣騰蛟	1533(閱)
80	蔣金式	6128(序)
	蔣養泉	2220(鑒定)
84	蔣　錡	5275(序)
	蔣　鐄	2168(撰)
		2168(序)
86	蔣錫震	6102(撰)
		6102(自序)
87	蔣銘項	5696(録目)
		5696(録校)
90	蔣光彦	2045(序)
	蔣光祖	5934(序)
91	蔣　炳	2063(序)
		6230(序)
97	蔣　灼	3451(跋)
		3452(跋)

3804(序)
5190(序)

4424_8 薇

21 薇　占 6761(校)
25 薇　生 4690(重訂)
80 薇　谷 5991(參訂)

蘮

21 蘮　占 4101(校)
6761(校)

4425_3 茂

00 茂　文 5391(閱)
5628(著)
08 茂　謙 3847(著)
11 茂　孺 54(閱)
24 茂　先 440(著)
25 茂　生 962(鑒定)
27 茂　鄉 6545(閱)
茂　叔 6526(參閱)
28 茂　倫 6580(簒録)
30 茂　之 4806(校)
40 茂　直 3818(校)
茂　李 3807(校)
44 茂苑樹瓠子 4515(撰)
茂　苓 4349(參校)
50 茂　夫 5918(著)
茂　秦 6723(撰)
60 茂　昆 1612(校定)
77 茂　卿 3446(輯)
4276(輯)
5002(撰)

4428_6 藐

22 藐　山 5594(著)

4428_9 荻

00 荻　廬 6137(校)
44 荻　林 5592(訂)

4429_4 葆

37 葆　初 6439(編次)
40 葆真子 4691(著)
90 葆　光 1400(校正)

4430_4 蓮

21 蓮　儒 3358(撰)
3359(撰)
22 蓮峯逸士 4653(編)
蓮　山 5952(著)
26 蓮　侶 4019(輯)
34 蓮社居士 3416(著)
74 蓮　陸 617(校)

蓬

22　蓬山居士　3702(撰)
44　蓬萊侶人　4611(校)

4430_7　芝

21　芝　穎　2259(編)
22　芝　巖　4351(著)
　　　　　4351(自序)
　　芝　山　5728(著)
27　芝　嵋　2056(著)
40　芝　臺　841(增定)
　　芝　南　65(批評)
44　芝　麓　6097(著)
　　芝　華　4330(纂著)
51　芝　軒　4101(定)
　　　　　6761(定)
60　芝　田　705(參閲)
　　　　　4737(選)
　　芝園主人　3095(集)
　　　　　3096(集)

楚

88　楚　餘　96(輯)

4433_1　燕

00　燕　庭　3301(題記)
04　燕　謀　223(參訂)
17　燕　及　4301(編纂)
34　燕汝靖　6723(校)
63　燕貽堂　3632(較梓)
80　燕　公　2306(著)

赫

24　赫　德　6283(圈點並跋)
30　赫　瀛　1092(校)
　　　　　4936(選)

4433_3　慕

00　慕　唐　2277(手跋)
　　　　　3784(手跋)
10　慕天顔　5723(序)
28　慕　以　4709(閲梓)
40　慕　真　3172(校)
44　慕　韓　1165(校刊)
　　慕　莪　5871(閒)

4433_6　煮

30　煮字山房　3647(序)

4433_8　恭

00　恭　亭　6053(著)
17　恭　邵　1018(纂)
26　恭　伯　3992(校)

53 恭　甫　5308(校閱)
77 恭　卿　3002(梓)

4433_9　懋

02 懋　訓　5481(選)
懋　新　3405(訂)
23 懋　我　5482(校刻)
25 懋　生　4350(訂)
30 懋　實　4292(纂)
41 懋　垣　5235(著)
50 懋　中　1916(著)
67 懋　昭　4528(集)
77 懋　學　3757(撰)
懋　良　6460(序)
80 懋　公　6765(集著)

4434_3　蕁

31 蕁　江　708(参正)
4619(参訂)

4439_4　蘇

00 蘇　廙　3453(撰)
蘇　章　4974(撰)
10 蘇爾詒　5991(参訂)
5991(序)
5991(評)
蘇　耳　6764(序)
蘇天爵　1502(撰)
蘇　霖　3341(撰)
3937(撰)
12 蘇弘祖　2828(叙)
蘇廷櫄　70(校)
70(序)
22 蘇　繼　3792(跋)
24 蘇贊成　2354(著)
26 蘇伯衡　3521(撰)
30 蘇　進　975(序)
4006(訂正)
蘇之琨　2575(序)
蘇宏(弘)祖　4086(撰)
4086(自序)
31 蘇　濬　70(撰)
70(自序)
71(撰)
2802(序)
2802(校梓)
4981(序)
5212(序)
34 蘇　祐　2778(序)
3038(輯)
3038(題辭)
3777(撰)
3777(自序)
5195(撰)

5196(撰)
5327(序)
37　蘇　洵　803(評)
蘇　過　4764(撰)
38　蘇滋恢　2227(分修)
40　蘇　大　6339(訂正)
6339(跋)
6339(識語)
蘇大□　811(序)
蘇　臺　4178(節録)
蘇　堉　5195(識語)
蘇志臯　5242(撰)
44　蘇　埴　5195(識語)
蘇茂相　1885(序)
2987(校)
2987(序)
蘇　葵　6702(序)
47　蘇起雒　6493(小言)
50　蘇本潔　716(撰)
53　蘇　軾　1940(撰)
1940(序)
2123(撰)
3702(注)
3900(撰)
3901(撰)
3902(撰)
4548(撰)
4549(撰)
4750(著)
6700(撰)
55　蘇捷成　5195(識語)
58　蘇　輪　2311(序)
6049(序)
蘇　轍　1858(古史)
60　蘇易簡　4173(撰)
62　蘇則增　1980(校勘)
77　蘇　眉　1047(較)
84　蘇　銑　2050(撰)
2050(序)

4440_0　艾

00　艾　庵　5946(序)
10　艾元英　3077(撰)
艾而康　5479(序)
21　艾儒略　3636(撰)
33　艾述之　5359(跋)
40　艾南英　356(撰)
356(自序)
4038(參閱)
5742(序)
44　艾　茂　5359(輯)
艾　村　4485(著)

4440$_1$　莘

26　莘　皋　6069(著)
40　莘　士　792(校)
60　莘　田　4097(鑒定)
77　莘　叟　6618(録)
80　莘　公　1158(長編)

4440$_6$　草

00　草　廬　6175(著)
71　草　臣　5651(評)

蕈

32　蕈溪子　3473(撰)

4440$_7$　孝

00　孝　章　2853(校刻)
10　孝　平　3017(著)
17　孝　翼　4297(輯)
24　孝　先　850(較)
1774(著)
1775(重訂)
1776(訂)
2695(訂)
2702(纂輯)
2904(訂)
6635(訂)
孝　升　4344(參)
6636(較訂)
26　孝　穆　3025(著)
6291(撰)
6292(編)
28　孝　徵　1579(輯)
34　孝　洊　482(校)
40　孝友堂　3132(序)
孝　直　5837(點定)
44　孝　若　163(著)
5354(編次)
孝　芑　3129(訂定)
53　孝　威　4192(較閲)
6044(閲)
6628(評選)
孝　甫　2805(校)
60　孝　思　2892(校閲)
5718(校)
62　孝　則　6552(點定)
77　孝　與　5540(較)
80　孝　前　6618(録)
孝　父　4223(校讐)
87　孝　叙　5666(輯)

蔓

30　蔓　之　2160(校定)

4441_7　執

50　執　夫　2062(纂定)

4442_7　萬

00　萬　言　2216(鑒定)
5847(序)
6036(序)
萬　衣　5292(撰)
10　萬正色　1428(撰)
萬　元　737(考)
萬元吉　5648(閱)
5648(序)
萬石渠　1392(編次)
1392(序)
12　萬廷言　1527(序)
17　萬承天　565(識語)
萬承式　565(識語)
萬承蒼　2935(訂)
2936(訂)
6199(序)
萬　習　5293(彙集)
21　萬　經　565(識語)
571(參訂)
688(識語)
5993(傳)
22　萬緜前　3890(序)
27　萬　槃　5336(視刻)
28　萬以敦　530(序)
萬從訓　5482(跋)
30　萬　安　957(序)
4923(序)
萬　宷　2385(編)
34　萬達甫　3094(校訂)
3981(訂證)
5134(編輯)
5613(撰)
38　萬道光　5482(撰)
5482(自序)
40　萬士和　5089(序)
5293(撰)
6412(編)
萬克武　5654(參訂)
42　萬斯備　5907(較)
萬斯大　508(撰)
565(撰)
688(撰)
3657(題詞)
5007(序)
5742(撰)
5742(序)
萬斯同　1061(撰)
2107(撰)
2408(撰)

3373(撰)
5613(編)
5900(序)
44 萬　蘇 4618(參校)
萬世德 1395(撰)
1438(校刊)
萬世標 5613(梓)
萬　樹 5928(撰)
46 萬相賔 5292(跋)
48 萬松齡 6040(序)
50 萬　泰 5613(訂)
萬　春 5293(梓)
萬　表 2487(序)
2998(撰)
3094(編)
3981(輯)
3981(識)
5134(撰)
51 萬振孫 1376(跋)
57 萬邦孚 3094(增輯)
3094(識語)
5134(校梓)
5613(撰)
5613(校)
萬邦寧 3448(撰)
5613(書)
60 萬曰佳 145(序)
萬　里 3689(續)
5169(著)
萬國清 5482(序)
64 萬時華 440(撰)
440(自序)
67 萬嗣達 355(撰)
5292(較)
80 萬金龍 5654(校閱)
萬年茂 3172(訂)
3172(序)
84 萬銑印 6533(跋)
86 萬錦霏 5917(編)
88 萬竿煙雨庵主人
2572(手跋)
89 萬　鏜 5048(撰)
90 萬　惟 2252(編次)
萬光泰 6252(撰)
萬尚烈 429(序)
837(撰)
5475(校梓)
萬尚父 3627(撰)
3627(序)
萬卷樓 4016(題詞)

荔

27 荔　鄉 6163(著)
90 荔　裳 5798(撰)

4443$_0$ 莫

10 莫爾平 6448(效正)
莫爾淮 5966(序)
17 莫子文 4584(序)
莫君陳 4395(撰)
26 莫　儼 354(序)
30 莫永貞 5612(序)
莫宏勳 1071(撰)
1071(自序)
38 莫祥芝 50(校)
5359(校)
40 莫友芝 810(手跋)
2543(跋)
3215(跋)
4740(批點)
4809(跋)
5359(校並跋)
5798(題詩)
5798(題款)
5974(跋)
6575(説)
46 莫如忠 1827(撰)
4126(序)
5234(序)
5272(撰)
5340(評)
5340(序)
5404(序)
60 莫是龍 3362(撰)
5622(撰)
90 莫　棠 1218(批語)
1354(跋)
1478(跋)
1479(跋)
1480(跋)
1588(手跋)
2421(手跋)
3036(題記)
4409(手跋)
4451(跋)
4582(跋)

樊

10 樊三英 1861(校正)
樊玉衎 4006(校)
樊玉衝 4006(撰)
樊玉衢 4006(校閲)
樊玉衡 4006(撰)
5524(序)
樊玉衛 4006(校)
樊王家 4275(撰)
4275(序)
20 樊維鑾 4006(校)

樊維獻　4006(校)
樊維城　1459(序)
1462(輯)
1462(序)
1464(序)
1466(序)
1715(序)
2038(序)
4006(校)
4141(編)
樊維甫　4006(校)
樊維鉉　4006(校)
23　樊獻科　632(重訂)
1092(訂)
1092(序)
5352(序)
26　樊得仁　2180(撰)
2180(序)
30　樊良樞　485(校)
1809(較)
2685(校)
5338(後序)
5585(撰)
樊宗師　4736(撰)
31　樊　滪　6190(手記)
33　樊　浚　6319(序)
34　樊汝霖　1493(撰)
36　樊澤達　5041(序)
37　樊　深　2006(撰)
2006(自序)
2006(跋)
2781(撰)
40　樊大通　1027(校正)
樊培新　597(題記)
44　樊　封　1472(校)
64　樊時英　551(參閲)
79　樊騰鳳　1074(撰)

葵

00　葵　亭　5184(校)

4445_6　韓

00　韓應陛　1218(識語)
1237(識語)
2148(手跋)
2192(題記)
3090(題記)
3505(跋)
6261(跋)
6392(跋)
6770(識語)
韓文靖　2053(後序)
韓　章　1160(纂)
韓　奕　3461(撰)

		4836(撰)
		6370(序)
		6370(跋)
01	韓襲芳	2986(刊)
		2986(序)
10	韓元吉	1585(撰)
	韓于斐	1471(序)
	韓　雲	1044(詮訂)
		1044(序)
		3638(訂)
	韓　霖	3020(撰)
12	韓孔贊	4333(撰)
17	韓承祚	615(撰)
20	韓位甫	3841(序)
	韓千秋	6558(編)
21	韓師范	1458(采輯)
	韓　經	4904(撰)
22	韓　對	5676(題詞)
	韓鼎業	2052(修補)
	韓　崇	2404(手識)
24	韓　付	3400(序)
	韓德澤	1980(理工)
	韓德惠	957(詳定)
	韓德恩	957(詳定)
	韓德鈞	6575(跋)
25	韓仲壅	4033(序)
	韓純玉	5763(撰)
		5763(自序)
26	韓　穆	1504(校刊)
28	韓作棟	2201(撰)
	韓作楫	4256(較)
30	韓寅光	2169(校)
	韓宗祖	1478(録)
33	韓　浚	2040(撰)
		2040(序)
34	韓爲雷	2169(重修)
	韓濤如	3457(校)
36	韓　洎	3502(贊)
37	韓　潮	6061(編)
	韓初命	3605(引)
	韓逢休	6147(序)
38	韓道昉	957(詳定)
	韓道昇	957(序)
	韓道晧	957(詳定)
	韓道昭	957(改併)
	韓道原	1495(輯)
40	韓九疇	1998(校)
	韓士奇	2725(序)
	韓士英	1926(增訂)
44	韓　范	5098(編輯)
	韓夢周	394(序)
		2964(序)
		6259(輯)
		6259(序)

韓孝彦 957(撰)
韓孝基 6207(序)
韓萬鍾 3162(撰)
3198(撰)
3198(序)
韓若雲 4631(撰)
韓世職 1988(對閱)
韓世琦 5703(序)
韓世能 2602(序)
5331(序)
5457(撰)
韓世忠 1188(著)
韓　菼 1838(序)
2330(序)
2893(校)
5942(序)
5964(撰)
5964(自序)
5986(序)
6077(序)
6145(序)
6599(序)
2423(序)
3246(序)
4269(序)
4466(閱)
4610(序)
4800(引)
4926(校)
5579(序)
6286(序)
6543(序)
6555(序)
6558(序)
46 韓如玉 196(參)
韓如璜 6470(序)
48 韓　敬 1086(序)
1117(序)
1691(造)
50 韓申瑞 2169(校)
53 韓　威 2006(序)
57 韓邦靖 5066(撰)
韓邦奇 330(撰)
910(撰)
2755(撰)
3191(撰)
3191(序)
3274(撰)
4429(撰)
60 韓日纘 5550(訂)
5550(選)
韓四維 2636(序)
韓　晃 2168(序)
2169(撰)

韓昌箕 1723(撰)
1723(自序)
6558(紀事)
62 韓則愈 6581(序)
67 韓 鄂 4171(撰)
4227(撰)
71 韓原道 1478(録)
韓 臣 1133(跋)
76 韓 陽 2676(序)
4904(編次)
77 韓履泰 2169(校)
韓居貞 2833(梓)
2834(梓)
86 韓 錫 319(題記)
90 韓光祜 6420(跋)
韓光曙 4264(參閲)
韓 爌 1317(撰)
5461(序)

4446_0 姑

24 姑射山人 4599(註)
88 姑餘山人 3368(編)
3368(注)

茹

80 茹 鉉 4350(序)

4449_3 蓀

40 蓀 友 2300(評)
蓀 右 482(彙輯)

4450_4 華

00 華慶遠 2647(撰)
10 華玉純 387(撰)
華玉淳 387(撰)
756(撰)
華 雲 5063(校)
5063(序)
華 函 6034(著)
14 華琪芳 600(參閲)
600(序)
6488(序)
17 華承祐 3989(訂訛)
22 華 嶽 471(鑒)
572(纂)
華山老人 3462(自序)
23 華 紱 4260(編次)
24 華幼武 4833(撰)
25 華仲亨 5464(序)
華岫雲 3139(序)
26 華 伯 4352(參訂)
華 泉 506(增訂)
2706(序)

27 華　峰　6613(參)
華叔陽　5464(撰)
28 華從智　3517(刊)
30 華　察　3780(跋)
4833(跋)
6384(撰)
32 華兆登　114(編)
33 華浣芳　6124(撰)
34 華汝礪　4513(序)
38 華滋蕃　5308(校閲)
40 華南田　3139(較)
華希閔　2693(較刊)
4110(編)
4368(撰)
4368(序)
華希閎　4368(序)
44 華　麓　362(著)
華　茂　1897(參訂)
50 華表人　5904(本末)
60 華國才　6488(編)
6488(自序)
71 華　厓　1164(評閲)
華長發　6283(評點)
72 華　隱　1838(評)
5986(著)
76 華陽真人　4632(撰)
77 華學泉　693(撰)
80 華　父　3689(撰)
華善繼　5558(撰)
華善述　5408(撰)
87 華　鈞　2929(序)
88 華　鑰　5172(撰)
93 華悰韡　3517(撰)
98 華　燧　3929(序)

4452_7　勒

10 勒　五　214(習業)
22 勒　山　6805(編集)

4453_0　芙

22 芙　川　6817(手跋)
44 芙蓉外史　1739(手録)

英

78 英鑒堂　6545(閲)

4455_4　韡

44 韡韡齋　4471(録)

4460_0　薗

37 薗　次　6800(定)

4460_1　耆

00 耆　章　1067(校)

44　耆英堂　2543(跋)

4460_4　若

08　若　許　2616(較)
10　若　雨　149(撰)
12　若　水　3578(校)
4541(輯)
6475(閱梓)
17　若　瓊　4844(著)
20　若　千　6107(著)
22　若　山　1047(較)
6043(注)
24　若　先　6623(著)
26　若　繹　6379(序)
27　若　侯　224(較)
31　若　汀　4844(編次)
34　若　爲　5624(校閱)
43　若　始　2265(重輯)
44　若　英　2290(著)
60　若　思　4310(著)
80　若　谷　2411(參校)

4460_7　茗

00　茗　文　4344(參)

蒼

10　蒼　石　5950(著)
11　蒼　珂　5830(編次)
12　蒼　水　6591(選)
22　蒼　巖　5878(著)
23　蒼然閣　6545(閱)
40　蒼　存　5900(著)
44　蒼莽齋　2543(題記)
71　蒼　厓　6154(著)
87　蒼　舒　4072(評)

4460_8　蓉

22　蓉　山　203(參訂)
32　蓉　洲　2302(著)
37　蓉湖女史　1582(手録)
40　蓉　塘　2265(定)

4462_7　荀

12　荀廷詔　1326(撰)

4471_1　老

26　老　泉　803(評)
60　老　恩　2501(跋)

4471_2　也

60　也是翁　2543(撰)

4471_7　世

00　世　庸　4419(著)

世　廉　3542(著)
　　　　6725(著)
世　贋　4741(著)
世　文　3048(批)
　　　　5101(序)
　　　　6812(著)
07 世　調　5588(閱)
　　　　5917(著)
12 世　登　4936(輯)
27 世　叔　4263(校)
　　　　4680(校)
44 世　其　980(校)
50 世　忠　5319(校正)
60 世　昌　3825(序)
71 世　臣　3141(校梓)
72 世　質　5918(校梓)
77 世　周　5411(著)
世　卿　4991(撰)
87 世　邠　4347(鑒定)

4472_2　鬱

28 鬱　儀　1147(撰)
　　　　4466(閱)
　　　　4516(纂)

4472_7　葛

07 葛翊宸　6280(序)
10 葛一龍　5401(參)
葛正笏　2557(跋)
葛　震　2660(撰)
　　　　2661(撰)
　　　　4099(序)
17 葛　鼒　6544(評輯)
25 葛　⿰鼎彗　6544(參)
28 葛徵奇　5667(撰)
　　　　6549(序)
　　　　6551(編)
　　　　6551(序)
　　　　6555(序)
30 葛守禮　5213(撰)
葛定遠　3406(序)
葛寅亮　833(撰)
　　　　1949(叙)
　　　　2247(撰)
　　　　2247(自序)
34 葛　洪　4627(撰)
37 葛　洞　2021(撰)
葛　鼏　6544(輯)
　　　　6544(附記)
　　　　6544(序)
40 葛　鼎　6544(參)
葛　鼐　6544(評輯)
44 葛　芝　3680(撰)
　　　　3680(自序)

葛世振 5807(序)
46 葛如麟 5531(序)
53 葛成家 5353(刊梓)
57 葛邦基 5353(刊梓)
68 葛　曦 5531(撰)
77 葛用霖 2660(編次)
葛周玉 5531(序)
5531(像)
葛　民 2211(校正)
79 葛滕仲 956(序)
80 葛　錞 3189(校刊)

4473_1 芸

33 芸　心 3976(識)
47 芸　楣 2990(手跋)

4473_2 萇

24 萇仕周 288(撰)

4474_1 薛

00 薛應旂 820(撰)
820(自序)
1108(撰)
1108(自序)
1109(撰)
1110(撰)
1110(自序)
1370(校正)
1603(輯)
1603(序)
1603(識語)
2783(撰)
2784(撰)
5075(序)
5139(序)
5259(撰)
6408(序)
薛應奎 4945(序)
薛章憲 5151(撰)
10 薛三才 5379(序)
薛三省 5581(撰)
薛正平 5704(序)
薛玉衡 1725(序)
薛　雪 273(撰)
273(自序)
薛元敏 1018(序)
薛　耳 2784(校)
薛天華 2721(後序)
5182(序)
12 薛廷寵 6384(撰)
薛孔洵 4796(序)
4796(註梓)
13 薛　瑄 424(撰)
2734(撰)

		2735(撰)
		4901(撰)
14	薛　璜	363(撰)
20	薛季宣	320(撰)
		320(自序)
21	薛穎生	5708(較訂)
22	薛胤生	5708(較訂)
	薛　僑	2768(跋)
23	薛　俊	2347(撰)
26	薛　侃	30(撰)
		30(自序)
		2768(撰)
27	薛御龍	1849(跋)
30	薛　寀	820(輯)
		820(序)
		978(序)
		1537(評)
		1537(序)
		1697(批閱)
		1886(序)
		1886(閱)
		1891(定)
		1891(序)
		4320(識語)
		6552(批評)
32	薛　泓	1047(較)
34	薛　禥	4901(編次)
40	薛大訓	4690(撰)
	薛士彦	5363(後序)
		5459(序)
	薛　布	5151(識語)
	薛奮生	5708(較訂)
44	薛夢李	4025(編)
	薛茂杞	30(刊)
	薛葳生	5708(較訂)
	薛　蕙	3537(撰)
		3538(撰)
		5105(撰)
	薛芊生	5708(較訂)
	薛世熹	5105(輯)
46	薛觀光	273(訂)
		273(序)
60	薛　晨	1620(校正)
	薛　甲	40(撰)
		40(自序)
68	薛吟伯	1300(跋)
72	薛所蘊	5706(序)
		5707(撰)
		5708(撰)
77	薛鳳祚	853(編)
	薛鳳翔	3470(撰)
	薛　岡	3447(序)
	薛　熙	3025(撰)
		6653(編)

6653(序)
82 薛　鎧 3087(撰)
90 薛尚質 2099(撰)

4477_0 甘

10 甘一驥 2494(校閲)
甘元焕 4455(跋)
甘　丙 73(校)
甘　雨 1031(撰)
2242(撰)
23 甘允蚪 73(校)
40 甘　韋 3130(序)
48 甘　梅 145(序)
60 甘國選 2059(序)
甘國埏 2469(序)
甘國璧 2216(序)
66 甘暘谷 823(手記)
67 甘　煦 5662(跋)
77 甘鵬雲 5216(手跋)
5884(手跋)

4477_2 菡

25 菡　生 4019(訂)

4477_7 菅

67 菅野侗 482(校訂)

4480_1 其

13 其　武 136(閲評)
80 其　年 5794(較)
5798(閲)
6752(譔)

楚

07 楚　望 2225(參補)
18 楚　珍 1081(輯)
24 楚　先 140(較)
44 楚蒙山房 379(撰)

4480_2 荄

44 荄菴漫士 2543(題識)

4480_6 黄

00 黄立言 4291(撰)
黄齊賢 3758(刻)
3758(序)
4103(編)
黄應登 1642(分校)
1684(校)
3807(序)
5633(校)
黄應台 4752(評)
黄應徵 5661(撰)

黄應舉　2713(跋)
　4013(序)
黄庭堅　4759(撰)
　4760(撰)
　6700(撰)
黄　廣　600(撰)
　600(跋)
　600(小牋)
黄文龍　2760(編)
黄文澍　801(撰)
　2974(撰)
　2975(撰)
黄文蓮　6181(序)
黄文明　5082(掄集)
黄文炳　70(序)
　4264(參閲)
黄文煥　435(撰)
　4699(撰)
　4699(自序)
　4714(撰)
　4714(自序)
　5649(撰)
黄文炤　2846(序)
　4019(撰)
黄　衷　4410(序)
　5013(撰)
　5078(序)
黄　襄　600(序)
　4982(編次)
黄　衮　979(叙)
02 黄端伯　128(撰)
　128(自序)
　1143(序)
　3640(序)
　5670(撰)
　5670(自序)
　5671(序)
黄　訓　1646(序)
　3778(撰)
04 黄　謨　4818(校正)
05 黄　諫　964(撰)
　1097(補)
08 黄　謙　2179(跋)
　4565(撰)
　5343(序)
10 黄一正　4281(編)
　4281(序)
黄一鳳　3317(撰)
　3317(序)
黄一騰　4006(訂正)
黄二吾　6649(批)
黄正誼　5742(較)
黄正位　3942(校)
黄正色　60(序)

139(序)
649(序)
黄正憲　60(撰)
649(撰)
黄正祖　5394(詮次)
黄正蒙　5403(校)
黄丕烈　1091(校抄)
1091(手跋)
1177(手校)
1177(手跋)
1182(手校)
1212(校)
1212(跋)
1501(校)
1513(跋)
1586(識語)
1586(手跋)
1601(校並跋)
1952(跋)
2148(手跋)
2237(手跋)
2421(跋)
2543(校跋)
2549(跋)
2580(手跋)
3029(跋)
3031(校並跋)
3215(校並跋)
3341(跋)
3366(跋)
3716(跋)
3735(校)
3929(校並跋)
3953(手跋)
4179(跋)
4181(跋)
4392(跋)
4403(跋)
4406(跋)
4493(跋並題詩)
4494(跋)
4495(校並跋)
4499(手跋)
4563(跋)
4794(校補並跋)
4799(校並跋)
4823(跋)
4829(手跋)
4836(手跋)
4850(手跋)
4861(跋)
4877(校並跋)
4967(手跋)
4967(觀款)

5152(手跋)
5738(題詩)
6306(跋)
6308(手跋)
6321(跋)
6338(題詞)
6338(跋)
6392(跋)
6712(手跋)
6778(手跋)
6779(跋)
6794(手跋)
6817(跋)
6819(跋)
黄　元 2014(後序)
黄元御 314(撰)
3058(撰)
3058(自序)
3059(撰)
3062(撰)
3062(自序)
3063(撰)
3064(撰)
3065(撰)
3066(撰)
3143(撰)
3144(撰)
3145(撰)
3146(撰)
4607(撰)
4607(自序)
黄元治 719(校)
黄元幬 2411(參校)
2831(校梓)
黄元萃 200(序)
黄元忠 2037(撰)
黄元會 3834(撰)
黄元鐸 2411(參校)
黄　震 424(撰)
2676(序)
黄天全 2179(撰)
黄　石 305(序)
黄石牧 2957(鑒定)
黄百家 2206(校)
2883(續)
2901(撰)
2902(撰)
5742(較)
6045(撰)
6625(輯)
6625(序)
黄百藥 5742(較)
黄　雲 2061(校)
2462(校)

5056(撰)
5766(序)
6044(閱)
6044(序)
6053(序)
黄雲師 1045(序)
1124(序)
黄雲生 1545(跋)
11 黄　珂 3236(閱)
黄　璿 1961(撰)
12 黄　登 6655(編)
黄登賢 2411(參校)
黄廷元 1750(較訂)
1750(序)
6305(校)
黄廷瑤 5634(增刻)
黄廷鵠 1710(撰)
黄廷才 1893(序)
6560(序)
黄廷鑑 6320(跋)
黄孔昭 1433(編)
14 黄　瓚 4982(撰)
黄　琳 802(撰)
2468(撰)
15 黄建中 1409(撰)
17 黄　珮 3236(閱)
黄　弼 5642(較)
黄承玄 2093(撰)
3493(校)
5238(校)
黄承元(玄) 2093(撰)
黄承鼎 60(編次)
649(編次)
黄承祖 3897(較)
黄承昊 349(跋)
350(跋)
3116(撰)
3116(自引)
黄　鞏 2672(跋)
黄君復 1132(識語)
1132(跋)
18 黄　瑜 3345(編)
3345(自跋)
4410(撰)
4410(自序)
19 黄　璘 397(撰)
黄　聚 5013(撰)
20 黄千子 5742(較)
黄千頃 5742(較)
黄千門 5742(較)
黄千人 2411(參校)
5742(識言)
6215(撰)
黄千卷 5742(較)

	黄禹金	4152(定)
		4152(序)
	黄　采	2869(撰)
	黄秉石	4033(撰)
	黄維楫	5407(撰)
21	黄衍相	6737(校)
	黄虞稷	3725(序)
		4365(序)
	黄師顔	5639(刊)
	黄師正	1883(較)
	黄師表	1883(較)
		1883(序)
	黄　經	3438(序)
22	黄　任	6085(撰)
		6140(序)
	黄　鼎	3236(撰)
		3236(序)
	黄鼎平	5700(題詩)
	黄　畿	3187(撰)
		3187(序)
	黄崑圃	510(撰)
	黄　山	5783(著)
	黄山真	5807(序)
	黄利通	602(序)
	黄繼善	2581(撰)
23	黄允肅	5043(書後)
	黄　獻	3384(撰)
	黄　傅	5005(撰)
	黄　綰	2744(序)
		5039(序)
		5145(序)
24	黄　佐	407(序)
		912(撰)
		912(序)
		1137(序)
		1264(撰)
		1264(自序)
		1619(序)
		1620(序)
		1630(撰)
		1993(撰)
		1993(後序)
		2315(序)
		2374(撰)
		2374(序)
		2769(撰)
		4410(識語)
		4989(序)
		4993(序)
		5033(批評)
		5085(序)
		5371(序)
		6376(撰)
		6376(自序)

黄德鑄 2831(校梓)
25 黄　生 4076(撰)
4728(撰)
4728(自序)
黄仲宣 1164(鑒定)
黄仲昭 1966(撰)
1966(序)
4899(校正)
黄朱芾 6614(編校)
26 黄自如 4674(輯)
黄伯羽 5634(録)
黄伯穎 5634(録)
黄伯英 5634(録)
黄伯思 3424(撰)
黄　侃 6077(跋)
黄俣卿 1302(撰)
27 黄象潛 5634(校刊)
黄象曦 2080(增輯)
黄　僎 3838(訂)
黄　奐 3838(撰)
5632(撰)
黄名甌 3897(撰)
黄魯曾 1605(續補)
1605(序)
1606(著)
1647(後序)
6375(編)
6375(序)
6727(序)
黄鵠居士 6381(序)
黄　約 5207(校正)
黄　叔 3942(校)
黄叔琪 2258(序)
3871(序)
黄叔琳 212(撰)
461(撰)
510(撰)
577(撰)
577(序)
707(撰)
1956(序)
2574(撰)
2574(序)
4102(編)
4483(撰)
6001(序)
6548(手識)
6640(序)
6757(校)
6757(序)
黄叔璥 1846(撰)
2411(撰)
2411(自序)
2568(撰)

		2568(自序)
		2934(撰)
		2934(序)
	黃紹羲	4013(校)
28	黃以瑾	1710(較)
	黃以瓚	1710(較)
	黃以陛	4297(撰)
		4297(自序)
	黃作孚	922(校)
	黃復祖	629(撰)
	黃　儀	4998(後序)
		6797(校並跋)
	黃儀廣	200(紀略)
		201(校)
30	黃　注	1022(序)
	黃　淮	4719(後序)
		4720(跋)
		4869(撰)
		4879(序)
	黃　濟	3063(序)
	黃　汴	1945(撰)
		1945(序)
	黃　漳	5054(書後)
	黃　淳	4867(校梓)
		4867(序)
	黃淳叔	5392(序)
	黃淳耀	143(序)
		2289(撰)
	黃　永	4089(序)
		5946(序)
		5947(序)
	黃永年	1116(説)
		3034(説)
		6238(撰)
	黃家鼎	5652(閱)
		6414(輯評)
	黃家遴	1567(序)
	黃家杰	307(撰)
	黃家駒	2267(編訂)
	黃家舒	4108(参訂)
		4108(序)
		5724(選)
		5724(評)
	黃　宸	1102(校刊)
	黃之晉	5758(序)
	黃之雋	1015(序)
		1016(叙)
		1075(序)
		4705(閱)
		4705(序)
		6017(序)
		6048(後序)
		6137(序)
		6138(著)

6138(自序)
6192(序)
6201(序)
6221(題詩)
黄之采 1684(校)
黄　憲 3502(撰)
黄守謙 1846(挍字)
2411(参校)
2568(挍)
2934(挍)
黄宏綱 5118(撰)
黄　宮 2063(校刊)
黄宮繡 3135(撰)
黄　容 1771(撰)
1771(自序)
1771(後序)
6279(序)
黄宗裔 2206(序)
黄宗昌 1702(序)
黄宗明 1645(叙)
黄宗羲 1761(輯)
2108(撰)
2206(撰)
2206(序)
2207(撰)
2648(撰)
2883(撰)
4451(序)
4816(編)
4816(自序)
5047(序)
5393(批)
5740(序)
5742(撰)
5742(題辭)
5907(選)
5907(序)
6021(序)
6036(序)
6036(書)
6585(序)
6624(編)
6624(序)
6625(編)
黄宗炎 93(校刊)
31 黄河清 937(傳)
2854(序)
黄　潭 3778(撰)
黄　渭 6330(著)
黄　濬 1451(輯録)
黄　福 4872(撰)
黄　禎 5178(撰)
黄顧素 5004(序)
32 黄兆傑 1335(撰)

黄　澄　2703(撰)
33 黄心齋　3778(校梓)
黄　沆　6280(序)
黄浤曾　5634(録)
黄　溥　3701(撰)
6333(編)
6333(序)
6366(編)
6366(跋)
黄　溶　6193(撰)
34 黄爲兆　6758(編次)
黄爲莰　1474(校)
黄爲中　4291(校)
黄爲鶚　2976(撰)
黄　澍　3864(序)
4148(編)
黄汝亭　3572(序)
黄汝亨　826(序)
1441(編)
1441(自序)
1664(參閲)
1684(序)
1698(撰)
1698(序)
1715(序)
2248(序)
2324(撰)
3804(序)
3599(序)
4005(序)
4065(序)
5423(序)
5506(校刻)
5588(序)
5599(序)
黄汝霖　4445(補訂重刊)
黄汝良　1092(删定)
2139(序)
5512(編)
5512(序)
黄汝清　3803(梓)
黄汝嘉　4769(刊)
黄汝憲　1916(撰)
2354(撰)
6731(編)
黄洪毗　2676(序)
3038(跋)
黄　祐　5670(編次)
5670(序)
6098(序)
6251(序)
黄祐寧　842(序)
35 黄清老　6308(序)
6602(撰)

36	黃　遲	845(訂)
		845(弁言)
37	黃潤玉	1594(撰)
		1959(撰)
		3750(撰)
		3750(自序)
	黃鴻中	1164(序)
	黃逢元	6796(撰)
	黃運興	6598(題款)
38	黃　瀚	2093(録)
	黃澂之	6013(引)
	黃　道	6802(輯)
	黃道周	666(撰)
		3017(註斷)
		3017(序)
		5538(序)
		6533(撰)
	黃道年	1376(跋)
	黃　啟	2521(序)
	黃啟蒙	558(較閱)
		6333(校)
		6333(序)
40	黃九如	3236(閱)
	黃九思	3236(跋)
	黃九命	3236(閱)
	黃九錫	3236(閱)
	黃大本	2093(序)
	黃士元	1034(校)
	黃士孝	3641(校)
	黃士塤	2193(序)
	黃在衮	6404(跋)
	黃在素	6376(識語)
		6376(跋)
	黃克纘	1448(序)
		1898(序)
		2092(撰)
		5503(序)
	黃克晦	5453(選)
		5634(撰)
	黃希憲	3974(撰)
		3974(小引)
	黃希旦	4758(撰)
	黃希錫	3758(刻)
	黃嘉芳	5611(輯)
	黃嘉惠	1661(閱)
	黃嘉善	5167(校選)
	黃吉士	1682(序)
	黃雄飛	4019(訂)
	黃　榜	4126(後序)
41	黃姬水	1485(校正)
		1661(撰)
		1661(自序)
		3501(傳)
		4698(校正)

4698(序)
5486(校)
5609(撰)
5609(自序)
5610(撰)
5611(撰)
6574(序)
黄　桓　3982(校刊)
6717(序)
黄　樞　145(序)
黄　楷　5041(序)
42 黄彭年　3299(跋)
4798(跋)
5922(序)
黄　機　1062(序)
4383(鑒定)
4383(序)
5962(序)
43 黄　越　852(校訂)
852(序)
6103(撰)
6103(自序)
44 黄夢麟　3881(序)
黄夢白　466(撰)
黄　芹　21(撰)
21(自序)
黄　芳　2746(序)
黄蘭谷　4605(叙)
黄　蕎　3198(序)
黄華暘　4050(小引)
黄苗子　3343(點校)
黄世成　511(参訂)
黄其龍　231(跋)
47 黄　鶴　3425(撰)
黄聲諧　1765(序)
黄起龍　1408(撰)
1609(訂)
1609(後序)
1888(序)
48 黄乾行　542(撰)
542(引)
黄　幹　1574(行狀)
50 黄　中　1535(訂補)
1571(撰)
4006(校)
5246(校刻)
黄中堅　5925(序)
5925(小傳)
黄中焜　558(梓)
黄泰來　1055(校)
黄泰芑　1710(較)
51 黄　振　6676(訂)
52 黄　哲　6435(撰)
6551(撰)

54 黃持衡 3976(序)
57 黃邦彦 2986(跋)
2995(跋)
60 黃國琦 1742(序)
5871(序)
6556(鑒定)
黃國鼎 3994(序)
黃國卿 5267(序)
黃　易 3119(叙)
黃　晟 1474(編)
1474(序)
黃恩彤 2615(参訂)
黃禺金 4152(定)
黃因蓮 5268(序)
黃昌衢 1765(校)
1765(題後)
黃昌修 1765(校)
黃圖瑾 1859(跋)
1861(題識)
黃　晷 2713(序)
黃景佳 2655(較)
黃景星 4306(引)
黃景昉 200(題辭)
435(校閲)
61 黃　顯 1597(序)
64 黃時燿 4012(編)
黃　暐 4563(撰)
65 黃映榴 6050(選)
67 黃明懿 715(序)
71 黃　臣 1350(跋)
5131(序)
黃辰睿 3424(輯)
黃長壽 4982(梓)
72 黃　岳 5815(著)
74 黃　陞 5262(序)
75 黃體元 5584(撰)
黃體仁 2615(序)
4005(叙)
5584(譔)
5584(序)
6440(序)
6723(校)
76 黃　陽 4784(序)
77 黃鳳池 3367(撰)
3369(輯)
黃鳳祥 6486(序)
黃鳳來 2014(輯)
黃鳳翔 1323(識語)
1323(撰)
4246(序)
5201(序)
5467(序)
黃隆恩 5634(增刻)
5634(跋)

黄周星　2102(序)
5672(序)
5726(序)
6280(選)
6280(序)
黄　門　2602(訂正)
黄鵬揚　2650(撰)
2651(撰)
黄履康　4718(序)
黄居中　1684(校)
3478(序)
4005(後序)
5642(序)
黄學準　5013(序)
黄開先　5642(較)
黄民準　2749(注)
黄　巽　5632(訂)
黄與堅　1831(序)
2892(序)
5794(序)
2798(序)
5816(序)
6013(序)
6050(選)
黄貫曾　6574(序)
80 黄人龍　31(較訂)
黄　金　5177(撰)
黄金璽　4214(校選)
6460(輯)
黄金簡　4809(評點)
黄　鐘　5978(撰)
黄　鎬　4902(序)
黄念祖　3897(較)
黄美中　5315(校)
黄曾樾　5726(跋)
黄　畬　4794(校注)
黄養蒙　2385(撰)
黄　公　1006(著)
2653(撰)
5744(著)
83 黄　鉞　4738(跋)
84 黄　錡　4784(序)
黄　鑄　5192(識後)
86 黄　錕　2096(梓)
黄錫蕃　3343(識語)
黄錫朋　5796(序)
90 黄惟楫　5407(撰)
黄光大　3702(撰)
黄光若　6555(序)
黄光昇　1112(撰)
黄光岳　6664(編)
黄光前　3249(跋)
黄省曾　1661(後序)
2352(撰)

2352(自序)
3542(序)
3561(撰)
3562(撰)
4236(序)
4237(撰)
4506(序)
5080(序)
5220(撰)
黄　卷 1369(跋)
5268(編次)
黄　裳 1427(手跋)
1532(手跋)
3538(手跋)
3641(手跋)
5121(手跋)
5589(手跋)
5593(校)
5647(跋)
5752(手跋)
6271(題識)
6727(説)
6794(説)
黄裳(法坤厚)
5593(校)
黄裳吉 4249(校正)
91 黄　炳 2206(校)
黄　焯 5160(叙)
6398(編)
6399(輯)
94 黄　慎 3249(撰)
3249(序)
95 黄性震 2212(序)
97 黄　燿 4886(校)
黄　輝 5517(校)
黄　燦 4377(校閲)
99 黄　燐 312(撰)

4488_6 蕢

22 蕢川布衣 4069(編)

4490_0 樹

00 樹　廬 4019(評閲)
樹　廉 483(手跋)
10 樹　玉 3675(較梓)
樹　百 5880(著)
24 樹　德 4998(著)
27 樹　侯 5634(增刻)
44 樹蕙軒 6545(閲)
47 樹　聲 879(撰)
3406(訂)
3726(稿)

4490₁　蔡

00　蔡方炳　619(序)
953(校)
1953(撰)
1953(序)
2409(撰)
2515(撰)
2522(撰)
2686(序)
2900(編)
2900(小引)
3881(傳)
5919(選)
5933(序)
蔡應龍　5212(跋)
蔡應麟　5212(跋)
蔡　文　1762(較)
蔡文子　1094(校正)
蔡文範　1111(序)
2315(跋)
07　蔡毅中　2423(序)
5354(傳)
10　蔡正茂　3219(跋)
蔡　璋　361(撰)
蔡雲程　5208(撰)
12　蔡廷魁　2741(校梓)
4981(校梓)
4981(序)
蔡　霙　2778(撰)
5216(撰)
13　蔡　武　764(梓)
764(跋)
14　蔡琳堂　645(説)
667(説)
17　蔡　羽　3560(撰)
3560(自序)
5003(選定)
5003(後序)
6375(撰)
20　蔡　重　6515(跋)
6515(增輯)
蔡　悉　334(撰)
819(撰)
1527(序)
5355(序)
21　蔡衍鎤　1775(校)
4956(校)
4956(跋)
蔡　經　5131(撰)
22　蔡　嵩　6184(序)
蔡　繼　72(校)
23　蔡獻臣　70(閱)
70(序)

		5133(彙編)
		5133(序)
		5573(序)
24	蔡　纘	2124(序)
25	蔡　傳	6692(撰)
26	蔡保禎	1595(撰)
		1595(序)
27	蔡　偆	1180(撰)
		1210(撰)
	蔡名衡	3819(跋)
	蔡魯儒	3884(較訂)
	蔡約之	6700(撰)
	蔡紹襄	6576(序)
28	蔡以封	6254(撰)
	蔡復一	3318(校)
		3318(序)
		5650(序)
	蔡復賞	1453(編)
	蔡綸書	2374(識語)
30	蔡　完	2049(序)
	蔡家駒	5925(序)
		5925(小傳)
	蔡宸恩	5208(小引)
	蔡永清	1573(校)
	蔡永華	2200(輯)
		2200(序)
	蔡之琪	5498(較閱)
	蔡憲陞	4477(撰)
	蔡宏儒	3884(較訂)
	蔡寅斗	2116(評)
		3891(序)
	蔡宗兗	909(撰)
	蔡宗袞	2073(撰)
	蔡宷之	3743(撰)
32	蔡　澄	4297(梓)
34	蔡　沈	326(集傳)
		326(序)
		389(原註)
		389(序)
		3190(撰)
	蔡汝楠	764(撰)
		764(自序)
		4126(序)
		5035(序)
		5100(校刻)
		5100(序)
		5254(序)
		6395(撰)
	蔡汝柟	5236(撰)
	蔡汝賢	2355(撰)
35	蔡　清	2740(撰)
		2741(撰)
		4981(撰)
37	蔡　洛	2973(撰)

蔡祖芬　6526(校)
蔡逢時　2130(撰)
　2130(序)
38 蔡道憲　1736(序)
蔡啟僔　6560(序)
40 蔡士順　6550(編)
　6550(序)
蔡士芹　6448(效正)
蔡士英　6595(編)
　6595(序)
蔡克廉　5212(撰)
蔡有鵾　6515(序)
蔡志頤　4656(編次)
42 蔡　彬　5624(校閱)
44 蔡懋德　2900(序)
蔡萬里　4247(註解)
蔡世遠　6515(序)
　6635(序)
蔡蓁春　6547(編)
48 蔡增譽　4017(序)
蔡　樅　3021(序)
50 蔡貴易　3009(校)
53 蔡　軾　6056(序)
57 蔡邦俊　3478(序)
60 蔡國珍　5372(撰)
蔡國熙　1653(撰)
　1653(自序)
　3980(序)
蔡　昇　2144(輯)
67 蔡　曜　4370(輯)
蔡　鵾　6515(編)
71 蔡長玉　3711(序)
72 蔡氏家塾　1094(校正)
77 蔡學用　5618(校)
80 蔡善繼　4519(編)
　4519(叙)
　5543(序)
蔡含靈　5216(梓)
　5216(跋)
蔡含生　3884(撰)
　3884(自序)
85 蔡　錬　6356(編)
90 蔡尚才　5372(編)
　5372(序)

4490_3　蓁

97 蓁　焕　1486(撰)

4490_4　荼

22 荼　山　6531(校録)

葉

00 葉方藹　5020(較)
　5020(後序)

5732(序)
5816(序)
5847(序)
5871(序)
5944(序)
6013(題辭)
葉方恒 2106(撰)
2106(自序)
5020(較)
葉應元 2979(點校)
葉應震 136(序)
136(閱評)
5354(序)
葉應芳 6285(繕寫)
葉應榴 1337(序)
葉慶垣 6168(跋)
葉　奕 1091(志語)
10 葉一棟 272(序)
葉玉麐 6077(跋)
葉　酉 477(撰)
477(自序)
葉可成 541(校正)
12 葉廷秀 6533(撰)
6533(小序)
6739(撰)
6739(自序)
葉廷祥 2253(撰)
2253(序)
葉廷甲 870(校刻)
2924(校刻)
17 葉　承 6150(較)
6150(跋)
6151(較)
6152(較)
6181(較)
6181(跋)
6181(序)
6182(校)
6182(跋)
6185(校輯)
葉子房 5878(編輯)
葉　翼 6317(編)
20 葉重華 1357(彙梓)
葉秀藻 5170(輯)
葉秉敬 1037(撰)
1037(序)
2451(撰)
2835(序)
3617(撰)
3829(撰)
3829(自序)
3836(序)
5575(撰)
葉維藩 4844(校訂)

22 葉　俶　5020(較)
5020(附記)
葉　儀　5020(較)
23 葉獻芝　917(箳正)
24 葉德輝　968(手跋)
1601(手跋)
1861(跋)
1862(題記)
2543(批校)
2543(跋)
3350(跋)
3372(跋)
3718(跋)
3929(跋)
4142(跋)
4764(跋)
6307(跋)
27 葉佩蓀　6563(跋)
葉向高　831(題辭)
1148(序)
1355(序)
1435(序)
1681(序)
2031(序)
2615(訂)
2615(題辭)
2695(序)
3999(編)
3999(自序)
4526(選)
5036(撰)
5332(序)
5368(序)
5381(序)
5451(輯)
5451(述)
5454(序)
5505(序)
5553(序)
5614(墓志)
葉名澧　2543(跋)
3716(題款)
葉　稠　1977(修)
5073(刻書記)
葉紹容(顒)　5020(編)
5020(序)
葉紹䕫　5170(輯)
5170(序)
葉紹泰　4148(編)
30 葉　渟　2218(序)
葉永圻　4072(序)
葉永盛　5545(撰)
6358(跋)
葉　適　6460(編)

葉之經　4291(序)
葉之芳　5486(校)
5486(序)
6451(校)
葉良佩　36(撰)
36(自引)
915(序)
5170(撰)
葉良儀　202(參訂)
248(序)
葉　官　4457(序)
葉寶璵　5170(輯)
31　葉涵雲　787(校)
787(序)
葉　源　4706(校對)
34　葉　洪　5131(書後)
38　葉裕仁　5191(跋)
5798(跋)
葉啟發　2344(跋)
3716(跋)
4142(跋)
葉啟勳　967(跋)
2459(題記)
3716(手跋)
4066(手跋)
4142(跋)
葉啟勛　2543(題識)
40　葉大有　3472(序)
葉士寬　6135(序)
葉臺山　3999(纂)
葉有聲　5538(較)
5538(序)
葉志詵　2537(跋)
5857(跋)
葉　樵　3254(參)
41　葉　楨　231(跋)
42　葉彭熙　4248(校訂)
44　葉　封　5835(序)
葉夢熊　3003(撰)
3009(序)
5263(輯)
葉夢得　3368(撰)
4769(選)
葉夢淇　1357(較定)
4927(刊)
4927(引)
葉夢曾　181(校)
葉　芳　4867(校梓)
5878(編輯)
5878(跋)
葉茂芝　917(校録)
葉恭綽　2537(跋)
葉恭煥　2549(續)
2549(序)

葉　萬　483(手跋)
2566(撰)
4799(手跋)
葉世英　1458(校閲)
葉　蕡　6460(編)
葉　桂　3139(撰)
葉林宗　1091(志)
46 葉　觀　2491(序)
5120(校正)
47 葉朝榮　414(撰)
5451(撰)
48 葉敬之　36(彙)
50 葉　泰　3254(撰)
葉　貴　4295(繡梓)
53 葉　盛　1357(撰)
1358(撰)
2537(撰)
2537(序)
2771(序)
4863(校)
4927(撰)
4927(序)
葉　旉　5878(編輯)
55 葉曹錫珪　6181(撰)
57 葉邦榮　5122(序)
60 葉日新　4508(校)
4508(跋)
葉　昱　6271(序)
葉昌熾　3299(跋)
4824(跋)
4877(跋)
6779(跋)
葉昆池　662(識語)
葉貝瞻　3397(序)
葉景先　558(梓)
葉景葵　1918(題記)
2128(題記)
2572(跋)
4809(校)
4809(跋)
4810(跋)
5044(手跋)
5703(跋)
5861(跋)
5985(校)
6261(跋)
64 葉　時　4284(著)
葉時用　2403(增補)
65 葉映榴　5878(撰)
71 葉長馥　5878(贊)
77 葉鳳毛　6227(鑒定)
6227(序)
6227(哀辭)
葉　熙　2377(修)

葉　闇　5809(序)
80 葉益蓀　4806(校)
5631(序)
葉　金　1625(續撰)
1703(纂輯)
5089(編校)
葉　夔　1624(撰)
1625(撰)
1703(授)
82 葉矯然　181(撰)
181(自序)
84 葉　錡　4457(校訂)
87 葉舒崇　6609(序)
88 葉　鈐　2926(編)
4692(撰)
92 葉　烶　5607(跋)
95 葉　性　1517(編)
97 葉輝春　5170(輯)
葉　燦　1659(序)
2186(序)
3623(序)
99 葉　燮　2304(撰)
5926(序)
5957(撰)
5957(自序)
6027(序)
6763(撰)

藥

00 藥　齋　5875(校)
25 藥　生　4192(編次)
47 藥　根　6212(著)

4490_8　萊

27 萊　峰　3569(著輯)
33 萊浦山房　5139(題)
80 萊公　2912(纂)

4491_0　杜

00 杜應奎　5363(編)
5363(跋)
杜庭珠　6644(編)
07 杜　詔　1573(訂)
1573(序)
6112(撰)
6192(序)
6207(序)
6644(編)
6644(序)
杜　郊　5743(訂)
11 杜　預　673(集解)
721(原本)
721(序)
4132(經解)

14	杜　琳	2487(重修)
		2487(序)
15	杜　臻	206(序)
		2134(撰)
		5782(序)
17	杜　璚	1632(撰)
	杜　瓊	1632(撰)
		5152(撰)
22	杜　岕	6041(序)
24	杜　偉	1653(校正)
27	杜名齊	11(較正)
		1563(撰)
28	杜　牧	488(注)
30	杜安世	6768(撰)
	杜　寅	4834(序)
31	杜　涇	4284(編)
		4284(自序)
	杜　濬	3400(序)
		5798(序)
		5809(序)
		5831(序)
		5945(序)
		5946(序)
		5947(序)
		6578(序)
34	杜　淶	4725(梓)
38	杜道堅	4656(序)
40	杜士全	1462(參考)
		5458(序)
41	杜　桓	6330(編)
43	杜　越	5743(撰)
44	杜夢麟	1328(跋)
	杜　若	844(參訂)
	杜世榮	3982(檢閱)
45	杜　柟	998(序)
		5030(序)
		5045(序)
		5073(序)
50	杜　本	4818(撰)
	杜本益	6469(校)
60	杜　思	1111(撰)
	杜　甲	472(序)
		6261(跋)
74	杜陵容水生	5798(弁語)
77	杜　門	4170(序)
	杜學大	2487(增修)
		2487(序)
	杜學林	2218(序)
	杜　開	4170(撰)
	杜巽才	4672(撰)
80	杜首昌	2563(校)
	杜公瞻	4227(撰)
90	杜光庭	3068(撰)
		4493(撰)

4634(撰)
4634(自序)
4635(撰)
4636(撰)
4637(撰)
4637(序)
4660(撰)
杜光先 3881(序)
91 杜恒燦 5804(撰)

4491_2 枕

30 枕流子 5662(跋)

4491_4 桂

00 桂　立 5817(輯)
22 桂　山 6312(訂定)
25 桂　生 2996(手跋)
28 桂　馥 1000(題識)
43 桂　載 1366(校刻)
44 桂　萼 1366(撰)
1942(撰)
1942(奏)
2123(撰)
3047(編)
桂　芬 223(手跋)
桂　華 5103(撰)
60 桂見山 3047(著)

權

21 權　衡 1218(撰)
40 權　奇 4806(校)

4491_7 藴

22 藴　山 4740(校)
25 藴　生 2289(著)

4492_1 薪

50 薪　夫 692(校訂)

4492_7 菊

31 菊　潭 5706(著)

4493_4 穢

50 穢　春 6682(校訂)
6682(序)

4494_7 枝

22 枝　山 3529(著)
47 枝　馨 6802(撰)
51 枝指生 3942(序)

菽

00 菽　衣 6151(較)
6181(較)

6182(校)
60 菽　園　934(参訂)
46 棱枷山民 4734(題識批校)

4498_6 樌

22 樌　山　5719(校)

4499_0 林

00 林　雍　4855(序)
林應亮　5113(撰)
5113(編)
5241(撰)
林應龍　3401(編)
3401(自叙)
3401(自跋)
林應訓　1127(跋)
林廣顯　666(校刊)
林　文　4914(撰)
林文俊　4284(序)
5085(序)
林　章　5490(撰)
04 林　塾　1614(撰)
林訥　5444(校)
林　譪　4618(参校)
林　誌　4933(序)
林　誥　4618(参校)
05 林　靖　4719(序)
07 林　譔　4618(参校)
08 林謙光　2056(撰)
09 林麟焻　5959(撰)
5959(自序)
10 林一新　5192(序)
林一材　644(校)
5356(校正)
林正亨　4856(跋)
林正大　6778(撰)
6778(序)
林正青　3098(跋)
4669(跋)
5066(跋)
林元倫　5160(叙)
林元桂　2261(序)
林百朋　2320(校)
林可成　5204(校刊)
林雲程　2029(訂正)
林雲銘　2319(序)
3171(序)
3657(題辭)
3659(序)
4702(撰)
4702(序)
4710(撰)
5023(序)
5838(選)

		5838(序)
		5844(序)
		5860(評)
		5861(評)
		5861(序)
		5863(撰)
		5863(自序)
		5864(撰)
		5864(自序)
		5944(序)
		6066(序)
		6067(序)
		6763(序)
12	林瑞芝	1458(校閲)
	林　烈	611(撰)
	林廷棉	1977(撰)
14	林　瑱	325(校正)
15	林　瓚	1977(修)
	林　甦	4618(參校)
16	林環昌	2846(輯)
17	林　瓊	5131(後序)
	林　璐	5809(序)
		5864(序)
		6278(撰)
20	林喬璲	2211(校正)
	林喬松	6342(註)
	林　億	3054(校正)
	林季仲	4646(序)
	林秉漢	5564(撰)
	林秉中	6668(撰)
22	林胤昌	2845(撰)
		2846(撰)
		2846(説)
	林　任	6280(校訂)
		6280(序)
	林繼登	99(手録)
	林繼喬	4248(校訂)
23	林允昌	120(撰)
		2845(撰)
		2846(撰)
	林　俊	1354(跋)
		1609(序)
		2672(題辭)
		4947(序)
		4977(撰)
		4981(序)
		5027(序)
	林　鉞	1874(輯)
24	林　魁	21(序)
		5034(撰)
		5142(評)
	林　佶	231(跋)
		811(手跋)
		2592(跋)

3417(增益)
3442(撰)
3934(手跋)
4967(跋)
6081(撰)
6081(自序)
林贊龍 256(撰)
6668(撰)
25 林仲懿 4708(撰)
林仲愚 4618(點次)
林仲義 4618(撰)
26 林泉處士 2762(校正)
林泉散人 3311(訂)
27 林向哲 5443(序)
林名香 4297(梓)
28 林復言 5204(跋)
30 林 漉 4288(撰)
林之蒨 6281(撰)
林之茂 987(校勘)
林之蕃 5780(序)
林 宰 831(序)
2812(後序)
林 富 1510(序)
1993(參修)
1993(序)
3518(編)
31 林 沅 4702(較)
32 林兆珂 416(撰)
487(撰)
549(撰)
2178(序)
3809(撰)
4718(撰)
4723(撰)
4723(自序)
5440(序)
5496(撰)
6284(撰)
林兆恩 3623(撰)
3702(釋)
3702(書後)
3702(自序)
33 林必可 5459(梓)
34 林爲磐 2846(撰)
林洪博 1971(序)
37 林 潤 1603(校正)
林潤芝 4771(彙輯)
4771(小引)
林 瀾 2265(重輯)
林祖述 2802(校)
2802(跋)
3164(撰)
林 逸 6668(撰)
林逢元 2846(跋)

林逢震　2846(跋)
林逢泰　2846(跋)
38 林　瀚　1972(序)
4939(序)
6696(跋)
林祥敬　6353(跋)
林道推　5133(訂)
40 林　九　2105(定)
林大黼　1033(校)
林大桂　3592(集注)
林大春　5223(序)
林友王　4592(較訂)
4592(序)
林士元　5078(後序)
林士標　2168(序)
林堯柱　2815(題辭)
林堯華　5836(撰)
林堯英　5836(序)
林堯叟　721(註)
林堯俞　3968(序)
林堯光　5835(撰)
林有席　6106(參訂)
林有望　3698(撰)
林有麟　3388(編)
3388(自序)
3438(撰)
3438(自序)
3499(序)
4017(校刊)
4027(撰)
4027(序)
5458(序)
林有聲　3845(閲)
林有年　4990(跋)
林希謙　666(校刊)
林希元　1107(序)
4780(增輯)
5133(撰)
林希逸　6298(撰)
林希哲　666(校刊)
林希範　4914(刊)
林古度　3478(序)
4806(校)
4806(序)
5490(識語)
5550(序)
5631(序)
林　右　4876(撰)
林奇林　1653(跋)
41 林樞　3522(序)
43 林　越　1861(撰)
1874(輯)
6691(撰)
44 林夢熊　6502(訂)

	林　蒨	6281(撰)
		6281(自序)
	林茂槐	983(撰)
		3999(增删)
	林華昌	99(手録)
	林世遠	2144(刊)
	林世勤	4238(注釋)
	林其茂	6239(撰)
		6668(撰)
45	林　坤	3941(撰)
	林　榛	5443(序)
46	林如楚	5113(著)
		5241(撰)
47	林期昌	99(訂)
48	林增志	1727(序)
		6498(序)
	林　翰	4961(跋)
		6361(序)
50	林中柟	6280(校)
	林中耕	573(參閲)
	林本裕	2060(撰)
	林　春	5082(序)
	林春澤	5113(撰)
		5241(撰)
	林春華	4574(校刻)
60	林日瑞	1595(較)
		1596(序)
		4311(校正)
		5128(彙編)
		5128(序)
	林國光	4718(序)
	林　昺	2802(撰)
	林景暘	5458(撰)
64	林時對	5907(序)
67	林嗣環	1828(序)
		5831(序)
77	林屋山人	4597(解)
		4652(著)
	林居人	573(識語)
	林熙春	2768(序)
	林聞芬	99(手録)
	林開甲	4495(點校)
	林印昌	99(訂)
	林興祖	2575(序)
		3077(序)
	林巽中	666(校刊)
80	林鐘月	718(序)
	林令旭	4705(序)
	林毓俊	1789(校正)
83	林　鉞	1861(撰)
		1861(序)
		5142(評)
87	林欲楫	99(撰)
		99(自序)

6493(删訂)
90 林光世 6(撰)
林尚葵 1000(撰)
林 光 1968(校正)
林 炫 3767(撰)
林 嫌 646(序)
5317(撰)
91 林 煙 5384(撰)
6377(編)
6377(序)
林炳章 4914(刊)
4914(序)

4499_4 楳

27 楳壄散人 5662(録)

4510_6 坤

00 坤 立 31(編次)
28 坤 儀 3605(編)
43 坤 載 4607(解)

4594_4 樓

14 樓 璹 3046(撰)
26 樓 儼 6033(序)
30 樓 堊 2049(序)
41 樓 楷 3316(撰)
88 樓 鑰 1485(撰)
4779(撰)

棲

47 棲鶴堂 5160(叙)
77 棲閒居士 4529(輯)

4596_0 柚

20 柚航 2474(編輯)
53 柚 甫 4734(批校題識)

4601_0 旭

12 旭 瑞 1789(定)
78 旭 臨 4741(校字)

4611_0 坦

00 坦 齋 2062(校訂)
22 坦 仙 6353(序)
80 坦 公 2461(彙訂)
4725(輯定)

覲

26 覲 伯 5835(撰)

4621_0 觀

21 觀 上 857(較訂)
26 觀 保 6212(詩)

30　觀　賔　5844(較)
34　觀　濤　63(校評)
　　　　　152(閱)
37　觀　瀾　1008(閱)
44　觀　莊　6277(撰)
77　觀　民　6451(序)

4622_7　獨

16　獨醒居士　3455(校梓)

4633_0　恕

00　恕　庵　227(裁定)
60　恕　愚　5519(校)

4640_0　如

12　如　水　65(發刊)
22　如　巖　1043(刊)
　　如　山　4577(校鐫)
　　　　　5552(鐫)
　　如　彩　1043(刊)
40　如真老人　982(輯)
　　　　　4217(序)
　　　　　4218(序)
44　如菴居士　1825(手跋)
48　如　乾　6214(撰)
50　如　春　3955(校梓)
60　如　愚　5644(撰)
68　如　晦　502(校篹)
77　如　覺　109(序)
　　如　卿　799(校)
80　如　鏡　4821(撰)

4641_3　媿

80　媿　曾　5837(著)

4680_6　賀

00　賀應旌　5792(定)
　　　　　5792(序)
　　賀應仲　2653(校)
　　賀應保　3612(撰)
　　　　　3613(撰)
　　　　　3614(撰)
　　賀應賔　5792(序)
01　賀龍翔　2653(校)
08　賀　詳　2614(著)
10　賀一桂　5300(序)
　　賀元文　5753(校鐫)
12　賀登選　136(撰)
　　賀瑞麟　2707(序)
17　賀君恩　1715(序)
21　賀步高　5753(校鐫)
　　賀步雲　5753(校鐫)
　　賀步堂　5753(校鐫)
25　賀仲軾　1824(撰)

1824(自序)
27　賀久邵　2614(跋)
賀稺恭　5753(編)
30　賀　寬　5733(序)
賀　宿　5867(序)
31　賀　沚　56(撰)
5313(編校)
34　賀　濤　6322(跋)
37　賀逢聖　1931(序)
2835(編次)
38　賀　祥　2614(撰)
40　賀培新　6235(輯)
6322(跋)
41　賀　梧　5753(校鐫)
44　賀恭生　136(校梓)
賀懋求　5753(校鐫)
賀萬祚　1462(序)
1463(序)
50　賀中男　73(校)
1731(撰)
賀　泰　6361(編)
53　賀成大　322(撰)
60　賀勗鼎　136(校梓)
63　賀貽孫　444(撰)
3650(撰)
5753(撰)
5753(自序)
64　賀時泰　2835(撰)
2836(撰)
2837(撰)
71　賀長齡　839(序)
80　賀善來　1731(凡例)
90　賀　裳　2653(撰)
4161(撰)
5651(序)
97　賀燦然　60(叙)
649(序)
4005(序)
4449(評正)
4449(序)
5476(序)
5476(校)

4690_0　相

30　相　之　407(正音)
641(案斷)
4402(校)
40　相　奎　1946(著)
2157(撰)
4268(輯)
5403(閱)
5471(著)
5473(著)
6729(著)

46　相　如　5552(手書)

4691_3　槐

44　槐　菴　6802(撰)
77　槐　卿　1107(題識)

4691_4　樫

40　樫　塘　6137(校)

4692_7　楊

00　楊雍建　1425(撰)
1425(自序)
1426(撰)
3022(序)
3393(序)
楊方達　264(撰)
264(自序)
265(撰)
266(撰)
385(撰)
386(撰)
386(自序)
728(撰)
728(删補)
728(增註)
728(序)
728(梗概)
楊方盛　4037(序)
楊方晃　1473(撰)
1473(小序)
6679(編)
楊應詢　869(跋)
楊應詔　1639(撰)
1639(自序)
1737(序)
楊應尾　2034(閱)
楊　廉　4939(書後)
4947(序)
5000(撰)
楊　慶　1053(撰)
1054(撰)
1759(撰)
3660(撰)
3661(撰)
楊文儷　5251(撰)
楊文彩　359(撰)
3687(序)
楊文定　243(講授)
楊文源　799(增訂)
799(識語)
4369(撰)
楊文驄　1038(識語)
1038(序)
6552(序)

楊　音 2636(注)
01 楊龍泉 359(編校)
02 楊　端 3467(撰)
3467(序)
楊新鼎 2052(修補)
03 楊　斌 1998(校)
楊　諓 5068(録)
08 楊謙德 3286(補注)
09 楊　麟 1985(修)
10 楊一清 2713(序)
4939(序)
4969(撰)
4969(自序)
6385(撰)
6386(撰)
楊一奇 2621(撰)
楊一葵 2041(序)
5554(撰)
楊一桂 4920(小引)
4920(識語)
楊一鶚 1640(序)
5262(跋)
楊二酉 5786(跋)
楊二山 6381(輯)
楊三炯 686(參訂)
楊玉生 2227(督刻)
楊王璋 799(校)
楊　元 5246(序)
楊爾曾 1685(訂)
1949(撰)
1949(序)
楊于庭 5524(撰)
楊天休 1861(後序)
楊天授 5391(訂)
5391(序)
楊天民 1404(撰)
楊晉龍 419(説)
443(説)
楊晉進 359(編校)
楊可中 52(彙)
楊　霖 3725(序)
11 楊斐菉 3675(枝梓)
3675(序)
楊斐蒨 3675(較梓)
楊斐葱 3675(較梓)
12 楊　瑞 3518(校梓)
楊聯芳 4292(編)
4292(序)
楊引傳 4861(跋)
楊　烈 5263(序)
楊廷麟 6536(定)
6536(序)
楊廷璋 2063(序)
楊廷琮 386(挍字)

	楊廷和	6372(評)
	楊廷淙	728(挍字)
	楊廷樞	849(揭)
		1729(序)
		2188(校)
		3226(鑒定)
		3226(序)
		6544(序)
		6550(序)
	楊廷桂	3675(較梓)
	楊廷相	5212(序後)
	楊廷樽	796(跋)
	楊廷用	6618(參閲)
	楊廷鑑	2887(序)
	楊廷筠	82(撰)
		607(訂)
		607(序)
		1558(序)
		2803(編)
		3635(較梓)
		3635(序)
		3636(序)
		4005(校梓)
		4005(序)
		4065(校)
		4065(序)
	楊延齡	553(較)
	楊飛槐	2230(序)
13	楊　瑄	1337(跋)
14	楊　琳	2222(序)
17	楊承鯤	5618(選)
	楊忍本	4579(撰)
	楊子充	6325(校正)
	楊子龍	4126(校刻)
	楊子器	1520(神道碑)
		1982(撰)
		4958(序)
	楊　翬	4825(選)
		4825(序)
18	楊　珍	2721(校正)
19	楊　琰	6281(序)
20	楊位中	52(彙)
	楊　喬	1977(修)
	楊　億	2370(撰)
	楊信民	4219(撰)
		4219(自序)
	楊秉鉞	2019(纂輯)
	楊秉錡	4457(訂)
	楊維聰	1994(序)
		3792(序)
	楊維德	3302(撰)
	楊維禎	6311(批評)
		6311(序)
	楊維楨	630(撰)

		1504(序)
		2584(撰)
		3029(序)
		6311(批評)
		6311(序)
21	楊師孔	557(序)
		1715(序)
	楊貞一	1050(撰)
		1050(題辭)
22	楊胤賢	4126(校刊)
	楊任中	52(彙)
	楊　鼎	278(序)
	楊鼎熙	559(撰)
		673(序)
	楊循吉	1248(撰)
		1605(撰)
		1606(撰)
		1802(撰)
		1974(撰)
		1974(序)
		2144(序)
		2145(撰)
		2275(撰)
		2275(序)
		2275(識語)
		3960(撰)
		3977(撰)
		4939(後序)
		4958(墓志銘)
		4958(序)
		4984(撰)
		4985(撰)
		4986(撰)
		4987(撰)
		4987(撰)
		4988(撰)
		5002(墓志銘)
	楊　巍	2391(序)
	楊　山	3589(校刊)
	楊山松	6136(序)
	楊　岫	3053(撰)
		3053(自序)
	楊　繼	4836(跋)
	楊繼經	5831(選)
	楊繼洲	3108(編)
	楊繼禮	5272(輯)
	楊繼芳	1045(較)
	楊繼益	2176(撰)
		3847(撰)
23	楊允升	5638(閱)
		5638(序)
	楊我中	52(彙)
	楊　紱	6249(序)
24	楊斛山	6469(撰)

楊魁植 799(編)
楊德獻 5395(較)
楊德懿 5395(較)
楊德周 3480(撰)
3997(訂)
3997(序)
4289(撰)
4457(撰)
4457(跋)
4726(撰)
5600(撰)
6511(補輯)
6511(序)
6543(參訂)
楊 儲 764(後序)
楊升菴 1940(説)
25 楊生洲 3053(參閲)
楊仲弘 6557(撰)
楊純臣 1759(序)
楊積慶 5892(箋校)
26 楊自卓 6682(跋)
楊自艾 6682(跋)
楊伯柯 5512(訂)
楊保彝 1258(跋)
楊 臬 3407(跋)
27 楊向春 3188(撰)
楊象九 284(校正)
楊 彝 6506(參閲)
楊 名 6400(編)
6400(跋)
楊名時 221(小傳)
243(著)
243(序)
474(著)
474(講授)
474(序)
870(撰)
1018(序)
2124(序)
2924(撰)
楊 組 4926(校正)
楊繩武 6112(序)
6648(編)
楊繩基 3675(較梓)
楊綠授 2652(閲)
2652(序)
楊紹和 1258(迻録)
1258(跋)
楊紹程 4001(裁定)
4001(序)
楊紹齡 553(較)
28 楊以任 1891(撰)
3712(序)
楊以儼 6604(撰)

楊以叡 6604(撰)
楊以培 130(小引)
楊以增 6535(跋)
楊　復 542(序)
楊復吉 196(參)
1677(跋)
1918(識語)
1921(校)
2361(跋)
2591(跋)
4162(續輯)
楊　儀 4020(撰)
4059(撰)
4437(撰)
4510(撰)
6396(編)
6396(序)
6397(撰)
6397(自序)
楊　綸 6336(校)
30 楊　濂 905(論)
楊守仁 2041(主修)
楊守禮 1995(序)
楊守勤 4883(序)
5599(序)
楊守敬 3(跋)
3422(手批並跋)
楊守阯 4976(撰)
4976(自序)
6347(編)
楊守陳 1510(序)
4930(序)
楊　宏 2501(撰)
楊寅秋 5473(校)
楊寶鏞 2551(手跋)
2557(手跋)
楊宗吾 969(編輯)
1810(校)
1810(跋)
1912(校跋)
4031(撰)
4031(自序)
4227(校)
楊宗賢 5353(刊梓)
32 楊兆璘 6680(校)
6680(序)
楊兆傑 1335(撰)
楊兆魯 5822(撰)
楊兆嶦 6054(撰)
6604(序)
楊兆坊 4065(撰)
楊兆鳳 6604(撰)
楊兆年 6604(撰)
33 楊　溥 2484(跋)

3702(著)
3906(撰)
4872(序)
楊　淙 4295(撰)
楊　補 2557(識)
楊述中 5209(校)
楊述曾 6244(序)
34 楊汝諷 6445(跋)
楊汝麟 5340(校)
楊汝翼 1190(撰)
1210(撰)
楊汝穀 1593(序)
3881(序)
楊汝輔 5122(輯)
楊汝成 4037(較)
4037(序)
楊　祜 4720(校)
5069(序)
36 楊遇春 1034(校)
楊還吉 5167(序)
37 楊　洵 3583(跋)
楊　澥 6257(跋)
楊初東 5481(校)
楊逢春 1759(跋)
楊　選 1436(序)
2491(序)
38 楊　瀹 5099(校)
楊道賓 1092(註釋)
楊道會 1927(書後)
2799(撰)
楊啓元 4523(序)
40 楊九霞 3675(參訂)
楊大可 3758(序)
楊大堉 718(校)
楊大鶴 705(參閱)
4737(編)
4737(序)
6067(序)
楊大鰲 5059(序)
楊友涑 264(挍字)
728(挍字)
楊友潞 264(挍字)
楊士端 799(校)
楊士聰 1448(序)
4471(撰)
4471(自序)
楊士任 799(校)
楊士達 799(校)
楊士奇 582(跋)
1087(識語)
1232(撰)
1232(自序)
1259(撰)
1347(撰)

		1356(撰)
		4719(序)
		4720(序)
		4879(撰)
		4904(序)
	楊士基	799(校)
	楊士華	799(校)
	楊堯弼	1210(撰)
		1852(撰)
		1852(自叙)
	楊有濬	1781(校)
	楊有涵	1781(校)
	楊有澳	1781(校)
	楊有泰	1781(校)
	楊希仁	2501(輯)
	楊希銓	2676(觀款)
	楊志遠	5755(序)
	楊嘉森	3384(編)
	楊壽枏	3517(跋)
	楊　柱	3615(序)
41	楊　桓	958(撰)
		1023(撰)
	楊　樞	2278(撰)
	楊　梧	552(撰)
43	楊　博	1375(撰)
	楊式傅	4542(撰)
	楊式傳	4542(撰)
	楊　載	1852(撰)
		6704(撰)
	楊載鳴	2385(編)
		5280(撰)
44	楊　芷	4247(參閲)
	楊　基	6321(記)
	楊夢玟	1431(跋)
	楊夢原	1089(著)
	楊　芳	5618(序)
	楊芳興	419(參訂)
	楊芳燦	5826(識)
	楊蔚村	6307(録)
	楊懋緒	1337(纂)
	楊懋綸	1337(纂)
	楊萬里	436(序)
		2716(撰)
		3499(序)
		3737(撰)
		4184(撰)
		4695(撰)
		4775(撰)
		4776(撰)
	楊世雍	642(校刻)
	楊　楠	553(定)
46	楊觀吉	4522(序)
	楊觀光	3646(撰)
	楊如瑶	4619(參訂)

47	楊　鶴	1372(序)
		1541(撰)
		1541(跋)
		3414(校錄)
		4583(序)
		4924(校)
		5141(序)
		5254(編)
		5254(校)
		5532(校梓)
	楊朝英	6819(撰)
	楊起元	743(識語)
		3573(序)
		3575(評)
		3576(編)
		3599(撰)
		3599(自序)
		3995(編)
		4929(序)
		5363(編)
		5363(訂)
		5363(序)
		5515(撰)
48	楊增思	840(序)
	楊　松	1376(跋)
50	楊中坦	5742(較刻)
	楊中默	5742(編次)
	楊　擁	4382(編)
	楊泰亨	5191(題記)
		5270(題簽)
		5270(跋)
	楊本直	2024(校)
	楊本植	1034(校)
	楊奉琨	3031(校譯)
	楊表正	3385(撰)
		3385(序)
	楊素蘊	1421(撰)
		2135(序)
		5824(撰)
		5825(撰)
		5881(序)
	楊　秦	23(序)
	楊　束	6472(編)
		6472(後序)
		6472(跋)
	楊東眼	1400(校刊)
	楊東明	1400(撰)
		1818(撰)
		5517(墓志)
	楊東光	1400(校正)
51	楊振元	987(評論)
	楊振緹	6119(序)
53	楊成玉	6715(編)
55	楊　捷	1337(撰)

		1337(自序)
58	楊　掄	3389(撰)
		3390(撰)
60	楊日鼎	5688(校訂)
		5688(序)
	楊日升	1143(序)
		5688(編輯)
		5688(序)
	楊日森	69(校)
		5454(校)
	楊　旦	2072(編)
	楊　昱	3975(撰)
		3975(序)
	楊國瓚	1369(序)
	楊四知	1816(撰)
	楊見昕	5515(訂正)
	楊見晙	5515(梓)
	楊　易	3078(跋)
	楊　晨	1602(跋)
		2173(手跋)
		5170(序)
	楊思聖	5787(撰)
		5904(鑒定)
		6634(著)
	楊思貞	4579(紀事)
	楊思本	4579(撰)
		5671(序)
		5688(撰)
	楊恩光	2011(採集)
	楊昌齡	553(較)
63	楊　暄	1240(撰)
64	楊　時	2692(訂定)
	楊時喬	52(撰)
		52(序)
		5128(序)
		5395(撰)
	楊時偉	1025(撰)
		1025(自序)
		1123(撰)
		2640(撰)
		2640(自序)
		3013(跋)
	楊時俶	2640(較)
	楊時祥	57(校梓)
		57(自序)
	楊時薦	5030(序)
66	楊瞿崍	98(撰)
		4028(序)
		6496(編)
		6496(序)
67	楊　明	2252(撰)
	楊嗣衙	6077(跋)
	楊嗣漢	3725(跋)
	楊嗣昌	1541(撰)

70　楊雅臣　2926(校梓)
71　楊長世　6603(撰)
74　楊陸榮　238(撰)
238(序)
377(撰)
377(自序)
1088(撰)
1088(自序)
1130(撰)
1130(自序)
75　楊體元　2320(較)
2320(序)
3188(著)
77　楊用霖　5553(跋)
楊際會　3992(校)
楊聞中　52(彙)
5395(輯)
5395(小引)
楊學可　1907(撰)
楊學瑚　4879(識語)
楊開鼎　4374(跋)
楊開沅　5742(較訂)
楊開運　5856(序)
78　楊臨泗　4471(録)
80　楊　弇　488(手跋)
楊　谷　4324(校正)
82　楊鍾羲　4806(題記)
86　楊　錕　1473(識語)
楊錫紱　1781(撰)
2369(序)
楊錫觀　1015(撰)
1016(撰)
楊　錦　2023(序)
楊　鐸　5256(序)
楊智遠　4648(編)
87　楊　銘　1243(著)
88　楊　鑑　1504(校刊)
楊筠松　3240(補義)
楊籙之　4760(題記)
90　楊惟休　1316(撰)
楊光訓　1465(序)
5258(選)
5258(引)
5512(校)
5512(序)
楊光輝　4871(説)
5354(説)
楊維禮　1316(著)
91　楊　恒　1759(序)
94　楊　忱　3026(序)
楊恢基　788(訂正)
788(序)
楊　慎　537(撰)
537(叙録)

537(附註)
607(校定)
607(序)
609(編)
609(序)
967(撰)
967(序)
968(撰)
968(序)
969(撰)
1022(轉註)
1810(撰)
1912(撰)
1920(標目)
1920(引)
2008(序)
2338(跋)
2550(撰)
3758(序)
4227(撰)
4228(撰)
4229(撰)
4230(撰)
4345(著)
4386(題辭)
4507(撰)
4568(編)
5039(序)
5039(評點)
5063(批點)
5063(序)
5063(輯)
5091(選)
5236(敘)
5237(評)
5296(序)
5430(評)
6368(撰)
6369(撰)
6370(編)
6370(自序)
6371(編)
6372(編)
6373(評)
6373(序)
6508(序)
6795(編)

96 楊　惺 553(較)

楊煌義 4347(編次)

99 楊　榮 1229(撰)

1230(撰)
4719(序)
4872(序)

楞

22 楞　山　6126(著)

4698_0 枳

60 枳　園　3079(跋)

4702_7 郟

22 郟鼎　2531(書後)

4712_0 均

30 均之　6110(校)

4712_7 埽

44 埽　菴　3849(著)

4713_8 懿

25 懿　生　4087(校訂)
5975(著)

4718_2 坎

00 坎離子　4654(輯)

4721_2 匏

00 匏廬道人　3500(述)

4722_7 郁

00 郁　文　29(校正)
郁文初　186(撰)
186(序)
郁　衮　1619(撰)
31 郁　濬　3439(撰)
40 郁存方　2265(編梓)
郁嘉慶　3522(校)
4681(校)
67 郁明都　5331(跋)

鶴

00 鶴　亭　2418(鑒定)
20 鶴　舫　5860(著)
21 鶴上人　4257(校)
22 鶴峯史君　5099(刊)
31 鶴　汀　2217(主脩)
32 鶴　洲　820(訂)
3182(校)
鶴溪閒叟　6488(選)
39 鶴　沙　1845(著)
5811(著)
44 鶴　坡　3126(較)
45 鶴　樓　3578(著)
60 鶴　田　5139(編輯)
77 鶴　朋　418(撰)

鶴　問 6800(参訂)

4732_7 郝

10 郝玉麟 2227(序)
郝天相 243(校)
郝天挺 6304(註)
18 郝　玠 2652(訂)
20 郝千石 77(題辭)
346(校)
417(校刊)
492(校刻)
523(校刻)
550(校刻)
654(校刻)
郝千秋 77(校刻)
346(較)
417(校刊)
494(校刻)
523(校刻)
550(校刻)
22 郝繼可 2774(校正)
33 郝　梁 6296(跋)
34 郝洪範 78(輯)
346(較)
777(輯)
1084(校刻)
3610(校)
5541(校)
38 郝　浴 6634(撰)
40 郝　杰 2357(撰)
48 郝　敬 77(撰)
78(撰)
78(題辭)
346(撰)
417(撰)
494(撰)
523(撰)
550(撰)
654(撰)
771(撰)
771(題辭)
828(撰)
1084(撰)
3610(撰)
5541(撰)
5541(題辭)
60 郝昇額 2063(序)
87 郝　銘 2999(序)
90 郝惟訥 1419(撰)

4740_1 聲

24 聲　偉 5322(校)
25 聲　仲 4864(鑒定)
26 聲　伯 5035(著)

53　聲　甫　1872(校)

4741_1　媿

00　媿　庭　254(較)
3183(較字)

4742_0　朝

28　朝　徹　4471(撰)
30　朝　宗　97(校)
44　朝　芬　820(後序)
76　朝　陽　4835(編集)

4744_7　報

30　報之　936(撰)

4748_6　嬾

72　嬾髯叟　5152(録)

4752_0　鞠

28　鞠　復　231(跋)

4754_7　轂

38　轂道人　4799(手跋)

4760_1　磬

26　磬　泉　1784(編述)

4760_9　馨

40　馨　木　4347(較)

4762_0　胡

00　胡　彦　2488(撰)
胡彦昇　6093(序)
胡應麟　237(撰)
2038(輯)
5504(撰)
6560(序)
6737(撰)
胡庭蘭　5208(序)
胡慶豫　6267(撰)
6267(自序)
胡　廣　2762(進書表)
3943(啟)
4880(撰)
胡亦堂　5164(序)
5579(輯)
5760(墓志)
5796(序)
6593(編)
6593(序)
胡文静　1354(跋)
胡文學　1423(撰)
1829(撰)

2513(撰)
胡文敏 4880(撰)
胡文煥 3047(校)
3386(撰)
3419(編)
3959(著)
4143(編)
4170(校)
4239(校删)
4239(序)
4240(校删)
4240(序)
4316(編)
4323(校)
03 胡　謐 1958(序)
07 胡　韶 3047(序)
08 胡效順 5755(校)
胡效臣 3991(編)
10 胡一中 323(撰)
323(宗旨)
323(序)
胡二樂 6151(序)
胡正言 1542(校)
3400(篆)
4326(較梓)
胡正行 6739(較訂)
胡正宗 1012(參)
胡正心 6739(較訂)
胡元儀 6808(釋)
胡元成 4082(梓)
胡震亨 1462(訂閲)
1462(序)
2038(撰)
2038(識語)
3412(校)
3412(題後)
3826(撰)
4147(序)
4171(校)
4171(序)
4386(訂)
4386(案語)
4628(校)
4628(識語)
4629(訂)
6485(編)
6553(題詞)
6746(撰)
胡夏客 5903(撰)
胡天游 6163(序)
胡石蘭 5994(詩)
胡晉臣 3511(跋)
11 胡張書 4880(梓)
4880(序)

12 胡 珽 4582(校並跋)
4642(校譌)
胡廷琦 2269(參訂)
2269(序)
胡廷宴 4751(補)
胡延年 6584(序)
14 胡 瓚 347(撰)
1455(序)
2096(撰)
胡 琳 4269(較閲)
17 胡 瓊 2528(集解)
胡承詔 4006(訂正)
胡邵瑛 1047(增修)
20 胡 重 2543(校並跋)
胡舜申 1792(撰)
1793(撰)
胡悉寧 6136(序)
胡季舟 2676(跋)
胡 禾 2008(編)
胡統虞 2864(撰)
2864(序)
胡統宗 5068(注)
5068(序)
胡維新 4130(編)
4130(序)
胡維迨 4605(校字)
胡維邁 4605(校字)
胡維邂 4605(校字)
胡維遂 4605(校字)
胡維翰 2024(校)
胡維錦 4605(校字)
胡 穜 4880(編次)
21 胡仁濟 2052(校輯)
胡 價 2046(序)
胡貞開 4163(較)
胡 經 41(撰)
22 胡胤嘉 586(校)
5485(序)
胡繼升 4272(叙)
23 胡獻徵 6616(閲)
胡獻忠 3319(撰)
3220(重輯)
3220(序)
胡 然 4762(識語)
24 胡先庚 6552(編次)
胡德琳 5749(編)
5749(序)
6096(編定)
6096(序)
6212(序)
6212(詩)
胡 侍 3769(撰)
3769(序)
3770(撰)

胡　僖　5363(序)
胡　紘　1860(校正)
胡纘宗　424(撰)
1984(撰)
2072(撰)
2734(編)
2756(撰)
2756(自序)
2757(撰)
4781(序)
5067(撰)
5068(撰)
5068(引)
5069(撰)
5069(序)
5125(序)
5154(序)
6336(撰)
6336(自序)
6336(題後)
6397(序)
25 胡　俸　1249(後序)
26 胡　儼　2140(序)
27 胡　槃　2926(校梓)
28 胡以旌　6786(序)
胡以良　1663(校正)
1665(校)
1666(校正)
胡作柄　1772(撰)
胡攸援　4880(梓)
30 胡　淳　279(撰)
胡永程　1766(編)
胡永禔　1744(參補)
1766(撰)
胡永祚　1744(校)
胡之太　4056(輯)
胡憲昭　3405(訂)
胡良顯　229(撰)
胡　定　2019(序)
5236(小叙)
胡　寅　2576(撰)
2701(撰)
胡宗仁　5490(校)
胡宗虞　1124(訂)
1124(序)
胡宗穎　955(校輯)
胡宗緒　347(增注)
347(撰)
6281(序)
胡宗侃　4880(梓)
胡宗憲　1528(著)
1868(校刊)
2125(撰)
5157(序)

31　胡　祥　5068(校)
32　胡兆龍　1425(序)
胡兆鳳　5702(序)
胡　澄　3525(撰)
胡　樸　5068(校)
33　胡心得　4031(序)
胡　浚　6132(撰)
6135(序)
6208(序)
胡　祕　5067(校)
5068(校)
胡　補　5068(校)
34　胡汝寧　2146(校)
胡汝嘉　4239(序)
胡　祛　5068(校)
胡　被　6336(撰)
35　胡　袟　5068(校)
胡　迪　5418(校梓)
5418(跋)
36　胡湘龍　4647(編校)
胡　温　323(刻)
37　胡　濛　5303(後序)
胡　初　6336(跋)
胡　衲　5068(校)
胡　襘　5068(校)
38　胡　瀓　6560(序)
胡啓淳　2831(校梓)
胡啓淵　2831(校梓)
39　胡　潑　2484(序)
4719(序)
40　胡大正　2576(序)
胡大壯　2576(序)
胡士元　1034(校)
胡士容　3998(校)
胡士著　5436(序)
胡　直　1652(序)
2791(撰)
5199(序)
胡　培　4957(編)
胡在角　894(撰)
胡在恪　5871(序)
6627(序)
胡　爾　1744(校)
胡希舜　2496(重訂)
胡希紹　3100(題辭)
胡　杰　5037(序)
胡來聘　2042(續修)
胡來朝　6561(序)
胡來陛　2834(序)
41　胡　頡　1964(校)
胡　梗　5207(刊)
5207(後序)
44　胡萊藩　3982(跋)
胡夢泰　2637(撰)

胡夢周　2831(校梓)
胡夢鏑　666(較)
　666(識語)
胡　蘭　4880(梓)
胡　蔚　1920(訂正)
　1920(序)
胡蔚先　169(刊)
胡　華　1624(序)
胡世寧　2075(著)
胡世安　121(序)
　169(撰)
　169(自序)
　668(序)
　2558(撰)
　2558(自序)
　2558(跋)
　2864(序)
　3391(撰)
　3391(自序)
　5605(墓表)
　5703(序)
　5706(撰)
　5706(自序)
　5708(序)
胡世藻　751(序)
胡其毅　3400(校)
胡其久　1457(撰)
胡其樸　3400(校)
胡桂奇　1528(編)
胡　權　4244(跋)
胡　植　1981(序)
46 胡覲徵　2864(録)
47 胡期恒　6114(序)
48 胡敬辰　5647(撰)
　5647(序)
胡　松　29(序)
　1868(序)
　1998(序)
　2002(撰)
　2131(序)
　5185(序)
　5186(序)
　5199(序)
　5206(撰)
　5207(撰)
50 胡接輝　6552(編)
胡　肅　2590(序)
51 胡振組　3381(校)
52 胡　揆　6505(參)
　6505(序)
胡挺松　2202(序)
54 胡拱宸　6472(序)
58 胡　鰲　5431(序)
胡　掄　603(撰)

603(自序)
60 胡曰璉 2833(梓)
2834(梓)
胡國柱 5811(撰)
胡國鑑 3968(序)
5561(序)
胡思敬 1218(校記)
1229(校記)
1258(校記)
2358(校勘記)
3650(跋)
5909(校勘記)
6008(跋)
6729(著)
64 胡時化 1376(跋)
胡時忠 1744(撰)
67 胡嗣廉 3097(校編)
胡嗣瑗 4716(批校)
胡　煦 1773(手校)
71 胡長祚 1034(校)
77 胡鳳丹 1589(跋)
1796(校梓)
4837(序)
6379(校梓)
6379(序)
胡周鼐 3125(序)
胡居仁 2738(撰)
胡與高 4605(撰)
4605(自序)
胡與誠 4605(参訂)
胡與宜 4605(参訂)
胡與宗 4605(附解)
4605(跋)
80 胡　介 1760(序)
3279(定)
5354(序)
胡介祉 5358(序)
5702(序)
胡會恩 5977(撰)
胡　曾 6723(序)
82 胡鍾鼐 2135(跋)
84 胡　鎮 5635(撰)
88 胡簡敬 1010(序)
90 胡尚洪 4038(編)
胡　爌 4043(撰)
94 胡　慥 1859(跋)
胡　慎 2269(参訂)
2269(序)

4762_7　都

10 都　璋 4780(撰)
26 都　穆 1253(撰)
1253(識語)
1807(撰)

2549(撰)
2549(題詞)
3759(撰)
3905(撰)
4018(撰)
4503(撰)
4934(撰)
5151(序)
6717(撰)
30 都 寶 943(集校)
40 都 杰 2357(撰)
60 都四德 943(撰)
943(自序)
77 都 印 3753(撰)
80 都 俞 989(撰)
989(跋)
5063(題識)

4772_0 却

11 却 非 4732(閱)

4780_1 起

01 起 龍 5464(著)
25 起 生 5634(校刊)
27 起 侯 5423(校)
31 起 潛 1533(閱)
起 禎 962(纂輯)
40 起 南 6182(校)
44 起 英 6607(采)
起 菴 692(著)
2892(著)
77 起 鳳 4132(校正)

4780_6 超

21 超 睿 5740(序)
23 超 然 5997(著)
超然居士 4586(序)
30 超 宗 6227(鑒定)
34 超 遠 4756(序)

4791_7 杞

60 杞 園 5775(評)

4792_0 桐

44 桐 村 6681(輯)

柳

00 柳商賢 5714(跋)
柳應芳 5453(選)
03 柳詒徵 1272(跋)
1281(跋)
1596(跋)
1989(跋)
2341(跋)

2374(跋)
4799(校)
5003(跋)
5913(校補)
5913(跋)
6077(跋)
6306(跋)
13　柳琬(琰)　1968(撰)
14　柳　瑛　1963(撰)
1963(跋)
24　柳　佐　1876(閱)
27　柳久也　6737(校)
30　柳永慶　5559(撰)
柳寅東　5706(序)
柳宗元　4489(撰)
柳宗模　3057(識語)
36　柳澤祐嗣　2676(增註)
38　柳肇嘉　1798(手跋)
47　柳　根　5559(撰)
6384(撰)
50　柳東作　5230(校)
77　柳　貫　6330(撰)
80　柳　僉　6683(跋)
96　柳　煌　715(小引)

杓

17　杓　司　827(補)

栩

47　栩栩園　4351(序)

4792_7　橘

60　橘園逸叟　3654(校閱)

4794_0　椒

22　椒　峯　2300(評)
28　椒　微　4961(識語)
60　椒　園　6236(著)

4794_7　觳

33　觳　梁　6581(較訂)
71　觳原山人　3777(撰)

4795_3　樨

12　樨　發　3878(録)

4816_6　增

12　增　瑞　2232(序)
43　增　城　5830(編次)
60　增田貢　1133(增評)

4826_1　猶

01　猶　龍　3840(訂)
4009(述)

4010(述)
5787(著)
5904(鑒定)
27　猶烏居士　5444(識)

4840_0　姒

80　姒兼山　5909(手跋)

4841_7　乾

00　乾　文　943(纂述)
41　乾　樞　787(校)

4842_7　翰

22　翰　仙　214(筆受輯著)
30　翰　之　551(較)
48　翰　枚　6608(校)
60　翰　圃　3139(較)
77　翰　卿　1548(著)

韩

10　韩雲宔人　6524(輯録)

4844_0　教

30　教　之　1732(校正)

4849_4　榦

71　榦　臣　2925(訂)

4850_2　擎

10　擎　一　4099(校梓)

4860_1　警

00　警　齋　598(鈔課)
50　警　夫　6225(校對)

4864_0　敬

00　敬　立　5922(著)
敬　亭　6648(鑒定)
敬　廬　2269(參訂)
敬　齋　177(校)
748(集著)
2899(參閲)
10　敬　三　254(較)
3183(較字)
5622(校)
敬　五　6623(校刊)
17　敬　承　94(輯)
敬　君　1037(著)
2458(編)
3829(著)
25　敬　仲　2427(撰)
26　敬　伯　5059(著)
27　敬修　1773(編)
2269(參訂)

3897(較)
30 敬　之 4993(著)
44 敬　菴 5951(著)
53 敬　甫 1876(批輯)
5385(著)
6233(著)
60 敬　思 4098(校定)
77 敬　卿 5516(著)
80 敬　美 2277(著)
3785(著)
4247(删校)
4302(校正)
5376(撰)

4893_2　松

00 松　亭 1474(輯)
10 松　雪 895(著)
松　石 5731(著)
21 松　僊 2158(跋)
22 松山逸叟 4348(撰)
26 松　皐 4192(編次)
27 松　壑 6636(選輯)
34 松　濤 5792(著)
41 松　垣 4790(著)
44 松　菴 5638(手跋)
松菊主人 4449(撰)
51 松　軒 4070(叙録)
77 松風道人 846(序)
松居主人 4449(撰)
88 松筠館主人 2982(小引)

4894_0　枚

40 枚　吉 5790(訂)
71 枚　臣 686(纂)

4895_7　梅

00 梅　亭 2369(著輯)
梅膺祚 4580(識語)
梅　庚 6091(傳)
梅文鼎 2258(序)
2304(校)
2795(序)
3174(撰)
6091(撰)
02 梅誕生 4580(校)
08 梅　鷟 26(撰)
333(撰)
梅敦倫 4054(序)
12 梅孤子 3118(纂集)
15 梅　建 1051(訂)
1051(序)
16 梅聖俞 6700(撰)
17 梅予摶 2831(校梓)
22 梅　岑 2556(蒐輯)

2556(跋)
6803(選)
梅鼎祚 501(校閱)
556(校閱)
556(序)
597(校閱)
4299(增定)
4531(撰)
4531(序)
4580(撰)
4580(序)
5639(撰)
5639(自序)
6545(編)
6545(序)
6546(編)
6547(編)
梅　巖 2233(撰)
梅出祧 5639(編次)
25 梅　純 3754(撰)
26 梅自實 3253(撰)
30 梅　淳 6448(撰)
梅之熉 676(撰)
676(自序)
4011(閱)
4011(敘)
梅守箕 5079(選)
5414(序)
5440(序)
5639(題辭)
32 梅兆頤 2831(校梓)
35 梅　清 5832(撰)
5833(撰)
5833(自序)
37 梅　祿 3023(序)
40 梅友竹 5625(序)
梅士享 3027(編)
3027(序)
4038(參閱)
梅士旂 1542(序)
梅士好 5639(編次)
梅士都 5639(編次)
41 梅　墟 3344(校)
44 梅　坡 3808(纂)
梅　麓 1432(著)
梅蕃祚 6545(閱)
梅菊菴主人 3702(著)
梅　林 5157(序)
46 梅獨早 4278(校)
47 梅穀成 3174(重定)
3177(增删)
4372(敘)
6091(校梓)
6547(序)

57 梅　邨 6613(參)
60 梅國禎 2982(序)
梅國楨 1141(序)
梅國居士 4212(輯)
71 梅　臣 6618(録)
80 梅益徵 1661(手跋)
2520(序)
6321(記)
6321(輯)
梅　羹 3246(參閱)
梅曾亮 6598(評點)
梅　谷 5512(著)
86 梅　鋗 6765(序)
90 梅懷新 611(訂梓)
梅　堂 4756(註)

4928_0 狄

28 狄從化 1995(纂輯)
30 狄宗哲 2267(鑒訂)
35 狄　沖 5173(撰)

4980_2 趙

00 趙　雍 4817(撰)
4817(跋)
趙亮夫 1940(序)
趙　彦 1670(校正)
趙彦修 4942(跋)
趙彦復 6490(編)
6490(自序)
趙方厓 4998(定)
趙應元 5269(編)
6439(編次)
6439(序)
趙應奎 2746(校)
趙　庚 366(跋)
趙文華 2001(撰)
2001(序)
4803(後序)
趙文明 1820(序)
趙文炳 3108(序)
4137(序)
趙　章 4830(跋)
趙玄祉 127(訂)
127(序)
01 趙龍文 6802(序)
6802(輯)
04 趙熟典 5875(校)
5875(序)
5973(校刊)
5973(跋)
趙　訥 3537(後叙)
5105(後序)
5223(序)
5223(書)

5397(後序)
趙　讚 2018(撰)
05 趙　諫 6357(編)
6357(序)
10 趙一清 1114(跋)
2227(分校)
趙玉森 4108(序)
趙元祉 1325(撰)
趙元祚 1750(序)
6305(鑒定)
趙爾昌 4024(撰)
趙　霆 6531(摹圖)
趙天麟 4819(撰)
6703(撰)
趙　晉 5866(序)
趙可懷 2441(校正)
2441(序)
趙雲烝 4680(次)
11 趙　裴 3217(撰)
12 趙弘燦 2222(序)
趙烈文 1327(跋)
1591(手校)
3422(批並跋)
4131(跋)
5180(題識)
趙　珽 5567(序)
趙廷瑞 6377(編)
6377(序)
趙廷標 2212(序)
趙廷松 5204(序)
趙延登 3596(梓)
趙孔昭 2676(校刊)
13 趙　琬 2484(序)
14 趙　瓚 2018(撰)
趙琦美 920(撰)
1938(跋)
2341(跋)
4441(校)
趙　璜 814(序)
1804(撰)
1804(序)
17 趙孟升 2543(校)
2543(序)
趙孟頫 2067(跋)
3029(撰)
4633(跋)
4811(撰)
6304(序)
趙孟暄 3264(閱序)
趙孟錦 384(參)
趙胥山 200(述)
趙　弼 2590(撰)
4502(撰)
4502(自序)

趙承烈　1841(校)
趙子砥　1187(撰)
趙子伯　4502(後序)
19 趙　璘　3702(譔)
20 趙　信　6126(序)
趙秉孜　2041(修)
趙秉忠　485(序)
6250(撰)
趙維新　3620(撰)
3620(自序)
趙維寰　1884(撰)
趙維垣　4486(跋)
5063(序)
5236(題辭)
趙　統　4722(撰)
4722(自叙)
5258(撰)
21 趙　偕　4803(撰)
趙熊詔　5958(撰)
趙師夏　4771(校)
4771(序)
趙師尹　5292(序)
趙　崡　2246(校)
趙貞吉　5039(序)
5253(撰)
22 趙　崙　368(序)
趙　嶷　1006(序)
5319(序)
趙崇德　6728(校)
趙繼宗　4803(後序)
趙繼抃　4807(校訂)
5820(較刊)
23 趙台鼎　3584(撰)
24 趙　佶　3336(撰)
4634(序)
趙　纘　366(訂梓)
366(序)
25 趙仲全　2811(撰)
趙　伸　23(梓)
23(自序)
23(後序)
趙　健　2811(校補)
27 趙向奎　6608(序)
趙侗斆　5958(編)
5958(識語)
趙御衆　184(序)
366(序)
趙　伊　5227(撰)
趙　嚮　6465(編)
趙叔向　3688(撰)
趙叔問　3688(撰)
趙紹祖　5545(跋)
28 趙儀甫　6737(校)
30 趙　瀛　2001(修)

2001(序)
2580(序)
趙汸同 811(訂正)
811(訂)
趙滂 1545(編)
1574(撰)
趙寧 2212(撰)
2212(序)
趙寬 4978(撰)
趙永祚 6175(跋)
趙宸黼 5939(編)
趙適 6058(序)
趙之韓 2174(撰)
趙守巖 5185(梓)
趙宧光 994(撰)
994(自序)
995(撰)
995(題辭)
3168(撰)
3341(批校)
5640(撰)
6524(編)
6524(自序)
趙宗建 1135(題款)
4719(跋)
4748(題款)
31 趙澐 6013(題辭)
6805(序)
趙潛 4396(撰)
趙濬 1545(校)
趙禎 3299(撰)
3299(自序)
32 趙淵 1737(跋)
33 趙濾 2899(參閱)
34 趙沈壎 5774(序)
趙湛 5824(序)
趙漢 5094(撰)
5094(序)
趙汝謎 3511(跋)
趙汝謙 1294(撰)
趙汝談 4786(撰)
趙汝楳 7(撰)
趙逵夫 5826(整理)
35 趙清 5904(序)
趙迪 4933(撰)
37 趙鴻賜 3596(撰)
3596(自序)
5306(序)
5306(識語)
趙漁 847(撰)
趙祖鵬 5081(識語)
趙迎 3292(撰)
3292(自序)
38 趙道數 4087(校訂)

40　趙大佑　4998(校)
4998(序)
趙大忠　5157(校刊)
趙友同　3517(傳)
4836(序)
4882(撰)
趙士麟　2899(鑑定)
2899(序)
4087(序)
5743(序)
5816(序)
5821(序)
5939(撰)
趙士楨　5385(序)
趙士英　5026(校訂)
5026(敘)
趙士駿　3480(增定)
趙培梓　1074(重編)
趙有成　1545(校)
趙南星　1399(序)
2616(撰)
2664(編)
5503(序)
趙希夔　5100(跋)
趙志臯　1390(撰)
1390(自序)
3575(序)
5363(序)
5452(撰)
6445(撰)
趙古則　3954(編集)
趙吉士　1755(撰)
1755(序)
1778(校)
4087(撰)
5820(撰)
5821(撰)
5821(自序)
5856(序)
41　趙樞生　4263(撰)
4680(撰)
趙　標　5513(序)
42　趙　壎　1820(後序)
43　趙　弍　1619(手跋)
4370(手跋)
5573(手跋)
趙　城　372(校訂)
372(序)
2470(參閱)
2470(序)
3728(序)
44　趙夢麟　6419(序)
趙蕙芽　2106(校刊)
趙執端　6001(撰)

趙執信 3433(跋)
5729(序)
6008(序)
6205(鑒定)
6304(批)
趙萬里 2108(簽記)
2539(校跋)
4799(校)
趙萬年 1201(撰)
趙世延 2140(序)
趙世溥 1390(識語)
趙世對 171(撰)
趙世迥 313(撰)
趙世忠 1077(校勘記)
趙世顯 3816(撰)
3816(引)
趙世美 73(校)
趙林翹 844(序)
45 趙　蕤 1(注)
1(序)
46 趙　觀 3452(序)
47 趙　均 994(書篆)
994(題語)
995(訂閱)
趙　鶴 2723(跋)
6358(編)
6358(序)
6359(編)
6359(序)
趙　起 1482(撰)
50 趙申喬 5958(撰)
趙泰甡 835(輯梓)
835(序)
趙青藜 4741(序)
6212(序)
趙春農 2065(校注)
51 趙振芳 200(撰)
200(識後)
201(參)
趙　拓 6765(參訂)
趙　虹 6126(序)
54 趙撝謙 963(撰)
1026(撰)
3954(撰)
56 趙輯寧 1798(跋)
57 趙邦秩 5227(刻)
趙邦和 5227(刻)
趙邦程 5227(刻)
60 趙□明 5798(序)
趙日新 644(輯)
趙日崇 644(輯)
趙日熹 4680(次)
趙　昱 2543(題識)
趙國麟 5786(序)

	趙昌期	1684(校)
62	趙　昕	4163(閱)
64	趙時雍	1455(編次)
	趙時侃	1861(題記)
	趙時揖	2204(較)
	趙時棡	4794(觀)
	趙時春	1998(撰)
		1998(序)
		2999(序)
		5185(撰)
		5186(撰)
		5259(序)
	趙時用	2805(訂)
67	趙鳴鳳	2124(跋)
		5246(後序)
71	趙頤光	4263(跋)
		4680(次)
		4680(跋)
	趙臣瑗	2362(校)
	趙　厚	5515(編次)
77	趙鳳翀	1733(撰)
	趙鳳城	6737(校)
	趙鳳翔	1170(較訂)
	趙用賢	1732(序)
		2602(訂正)
		3026(序)
		4232(訂正)
		5512(選)
		6445(序)
	趙居信	1132(撰)
	趙　熙	6008(批)
	趙開祺	2200(纂修)
		2200(序)
	趙開美	4548(序)
		4549(序)
	趙閬仙	368(鑒定)
	趙民獻	4056(編)
	趙與袞	1205(撰)
	趙　賢	1140(序)
		5009(序)
		5213(編刻)
		5344(校)
80	趙金燦	5798(題詩)
	趙　鈁	2078(題記)
	趙　介	6435(撰)
		6551(撰)
	趙　俞	6032(撰)
		6037(序)
	趙　念	6205(跋)
	趙　普	1171(撰)
		1172(撰)
	趙善慶	5932(撰)
83	趙　鈇	3697(撰)
		4249(序)

4373(序)
5306(撰)
85 趙　粃 1(註)
86 趙錦元 2022(序)
趙　智 1027(刊)
90 趙惟卿 3455(序)
趙懷玉 1091(校)
1091(跋)
4764(序)
4764(跋)
趙光裕 2994(評)
2994(序)
趙　炎 6086(選)
91 趙　恒 644(撰)
趙恒弁 2261(序)
92 趙　忻 4324(序)
94 趙慎嶶 1170(較訂)
趙慎修 1133(序)
95 趙　愫 5716(序)
97 趙　燿 1612(跋)
趙　煥 1462(序)
趙燦英 459(撰)
459(序)

5000_6 中

00 中　立 378(校訂)
546(命意)
中玄子 1378(序)
20 中　孚 6627(閲)
21 中　行 3141(條辨)
26 中　白 2287(增補)
27 中　峰 6184(閲)
中　叔 5910(著)
32 中　州 6275(著)
37 中　郎 5423(評點)
5552(撰)
6372(參閲)
40 中南山人 5982(著)
6627(音評)
44 中　麓 5185(序)
中　菴 43(自序)
3654(輯著)
52 中　拙 1885(删輯)
1898(編輯)
53 中　甫 4182(序)
4807(批點)
56 中　規 4918(著)
57 中　撰 2654(注)
77 中　卿 841(參訂)
4181(序)
80 中　父 2685(編)
4830(序)
5617(著)

史

00　史高先　5499(序)
07　史　調　6240(撰)
10　史元調　352(輯)
史元熙　5639(閱讎)
史于光　925(序)
史可法　3020(序)
3227(校訂)
11　史　珥　1578(編)
1578(序)
5354(識)
16　史　理　5354(較)
17　史孟麟　1299(序)
1703(序)
2795(序)
5529(撰)
史　弼　3936(編)
20　史乘古　5354(撰)
5354(識)
史維堡　352(撰)
352(序)
21　史儒維　1162(參)
史能之　1970(序)
史　貞　5354(較)
22　史彪古　136(序)
136(閱評)
史繼裴　4402(校)
史繼辰　92(校刊)
586(校刻)
2129(序)
23　史　卜　5354(較)
史稽古　5354(撰)
24　史德溥　3053(較)
25　史仲彬　1318(自叙)
史　伸　6035(撰)
史　紳　2485(修)
26　史　白　189(訂)
189(序)
3873(撰)
3874(撰)
5354(較)
史白堅　189(序)
27　史　魯　2147(修)
2147(後序)
28　史以明　5499(跋)
34　史　浩　3702(輯)
37　史鴻逵　4741(序)
史資教　1998(刊)
38　史　道　6383(撰)
40　史大成　196(序)
3669(序)
4091(序)
6682(序)

44　史夢蘭　4568(補注)
史樹駿　6277(評)
6277(序)
史桂芳　5354(撰)
5354(自序)
47　史朝富　2024(撰)
史起蟄　2491(撰)
史起欽　2163(撰)
48　史猶龍　6239(輯)
50　史申義　6035(撰)
6101(序)
55　史　典　4099(輯)
60　史　晟　1318(藏)
史　圜　5786(序)
63　史貽直　396(鑒定)
396(序)
67　史　鶚　1465(序)
71　史既濟　3972(撰)
77　史鳳輝　6126(序)
史　際　1990(校梓)
史學遷　925(刻)
925(序)
2447(序)
史　册　1318(釋附)
史闕疑　5099(校)
5099(刊)
史問和　6273(跋)
80　史　夔　220(序)
2469(序)
88　史　簡　5354(較)
5354(跋)
97　史　炤　1092(音釋)
99　史　榮　478(撰)
478(自序)

申

00　申　文　895(梓)
07　申　詡　6008(跋)
10　申　璋　1290(題記)
申爾宣　271(撰)
11　申　頲　5922(撰)
12　申廷芳　340(較刊)
14　申　瓚　4619(參訂)
22　申繼揆　340(較刊)
23　申縯慶　340(較刊)
24　申緒隆　340(較刊)
申贊治　4347(較)
25　申傳芳　340(較刊)
26　申　伯　3881(著)
申繹受　340(較刊)
27　申紀常　340(較刊)
申繩武　340(較刊)
申紹芳　340(較刊)
350(序)

30　申濟芳　340(較刊)
31　申涵盼　2893(校)
5748(補輯)
申涵光　5732(序)
5734(序)
5748(撰)
5748(自序)
5787(傳)
申涵煜　5748(補輯)
40　申　培　409(撰)
424(撰)
50　申申閣　4317(識語)
53　申　甫　551(訂正)
5642(較)
64　申時行　340(撰)
340(序)
1290(撰)
1290(自序)
1386(序)
3069(序)
4298(序)
5163(墓志)
5270(校正)
5286(序)
5378(撰)
5379(序)
66　申　嚴　5720(序)
77　申用嘉　340(編輯)
申用懋　340(編輯)
1025(序)
3485(序)
79　申騰芳　340(較刊)
80　申　父　1461(增定)
申毓來　1770(序)
87　申舒坦　271(撰)

車

10　車　玉　955(跋)
車　璽　2070(撰)
車　霆　3149(序)
22　車任遠　3567(校)
3567(傳)
3567(跋)
車鼎晉　2952(序)
車鼎豐　2711(序)
40　車大任　69(校)
4246(序)
4573(批點)
4573(跋)
5303(序)
5335(序)
50　車書樓　6572(編輯)
60　車景錞　5856(序)
6097(序)

5000_7 聿

38 聿　滋 4973(較訂)

5001_4 擁

10 擁百廬 1(跋)

5003_0 夫

47 夫椒山人 5946(著)
5947(著)

5003_2 夷

00 夷　度 2157(校)
26 夷白居士 1647(校)
27 夷　鵠 5910(編次)
77 夷門老人 3090(序)

5010_6 畫

32 畫　溪 5232(校)

5013_2 泰

10 泰　石 1038(詮)
26 泰　和 4368(參)
31 泰　渠 3698(批閱)
37 泰　初 2553(輯)
40 泰　吉 3651(選)
43 泰　始 5557(選)

5014_8 蛟

27 蛟　峰 4777(序)
77 蛟　門 5436(選輯)

5022_7 青

10 青　霞 6465(校)
青霞外史 4611(校)
青霞里人 2184(纂)
22 青　巖 4713(原刻)
青　山 3392(著)
26 青　和 3675(參訂)
27 青　夕 6605(選訂)
青　鳥 3238(撰)
32 青溪蘿隱 3330(較)
37 青　選 3141(校閱)
40 青　壇 2305(著)
6005(著)
6629(輯)
青　南 4973(編定)
6645(選)
43 青　城 3719(撰)
44 青　麓 507(撮訂)
青藤山人 3794(撰)
青　蓮 3807(校)
青華山人 5011(後序)
青　若 6581(較訂)

青　村　6128(著)
56 青　螺　71(正訛)
60 青　圃　6682(校訂)
71 青　厓　6079(著)
72 青　岳　4192(纂)
76 青　陽　4003(參閱)
77 青　屏　4256(著)
80 青　羊　6529(集註)

肅

00 肅　度　6087(編)
30 肅　之　4789(撰)
5424(評選)
44 肅　菴　3727(參校)

5023_0　本

10 本　元　2215(序)
28 本　以　3851(著)
30 本　寧　1042(校正)
2155(校)
3626(選)
3702(撰)
5032(校)
5468(著)
本　實　5481(選)
31 本　涵　4223(篹輯)
32 本　淵　2043(手跋)
50 本　晝　5740(撰)
5740(自記)
5742(批點)
60 本　思　3590(撰)
本　果　4591(撰)
77 本　學　2319(閱)
88 本　符　4108(參訂)
6802(閱)
90 本　常　4904(著)

5033_3　惠

10 惠龗嗣　5747(校)
27 惠　仍　5638(著)
34 惠　洪　6688(撰)
35 惠　連　676(著)
40 惠士奇　955(批校)
45 惠　棟　955(批校)
955(校)
5846(注)
5846(序)
6207(序)
71 惠　臣　4097(校閱)
80 惠　父　3031(編)

5033_6　忠

10 忠　可　3641(校)
21 忠　貞　5823(著)

53　忠　甫　3618(著)
4266(輯)

5034_3　專

60　專　愚　1705(論輯)

5040_4　婁

00　婁應奎　5181(校)
婁　諒　1247(著)
17　婁聚玄　5181(增修)
29　婁　秋　5181(較)
41　婁　樞　5181(撰)
77　婁　堅　2040(纂修)
2624(序)
2640(閲)
4328(序)
5572(序)
95　婁　性　1247(撰)
1247(自序)
1247(表)
97　婁　烱　5181(録)

5043_0　奏

27　奏　叔　4352(正字)
60　奏星堂主人　664(發凡)

5044_7　冉

17　冉務乾　215(刊)
冉務悍　215(刊)
20　冉統高　215(刊)
22　冉循規　215(刊)
27　冉仰高　215(刊)
38　冉海亭　215(刊)
40　冉南薰　215(刊)
46　冉覲祖　215(撰)
215(自序)
376(撰)
460(撰)
567(撰)
706(撰)
751(撰)
751(自序)
785(撰)
1757(序)
2922(撰)
2922(自序)
2923(撰)
5966(序)
50　冉本崇　215(刊)
冉本岫　215(刊)
冉本杲　215(刊)
冉貴貞　215(刊)

78　冉臨朔　215(刊)

5060_1　書

22　書　巢　6096(編定)
6212(序)
26　書　巘　6024(著)
30　書　宣　6101(著)
40　書　來　787(編次)
43　書　城　6293(跋)
60　書　田　475(校)
書　昌　6096(較)
6225(編次)

5060_3　春

00　春音居士　2259(較)
17　春　及　3878(録)
22　春　山　6821(序)
26　春泉居士　6821(序)
31　春　渠　845(訂)
33　春　浦　6151(著)
46　春如居士　5423(跋)
80　春　谷　6814(輯)

5073_2　表

21　表　行　4108(序)

5090_0　未

00　未　齋　600(參閲)
3523(著)
35　未　沬　4301(校)
51　未　軒　3698(選)
80　未　公　5651(選)

5090_3　素

00　素　庵　99(訂)
素　文　721(校輯)
6225(編次)
素　衷　3620(著)
11　素　北　3725(學)
26　素　伯　6096(較)
素　巘　3677(述)
33　素　心　5815(校)
44　素　菴　4926(著)
4973(編定)
5712(著)
53　素　威　196(參)
60　素　園　6281(著)
6281(自序)
71　素　臣　476(校)
77　素屏居士　4582(梓)
88　素　簃　4256(注)

5090_4 秦

00 秦　立 4703(校字)
秦應逵 4734(批)
秦應驄 1027(校正)
秦文淵 3173(撰)
07 秦　望 2965(撰)
10 秦一鵬 4317(題辭)
6312(序)
秦元方 5662(撰)
秦更年 1194(校)
2648(手跋)
3934(手跋)
秦　醇 3702(撰)
秦雲爽 2897(撰)
4098(撰)
4098(自序)
17 秦承恩 1578(序)
21 秦　倬 6033(序)
22 秦　川 6096(參訂)
6120(著)
24 秦　勳 2657(校録)
28 秦徵蘭 5662(撰)
30 秦淮寓客 395(序)
秦　瀛 2647(跋)
秦　汴 1135(校)
1135(跋)
秦　淳 2657(校録)
33 秦　治 2657(校録)
秦　梁 1249(序)
6408(撰)
38 秦　瀚 5037(識語)
秦　瀹 1674(撰)
1674(書後)
1878(撰)
秦肇基 2657(校録)
40 秦大士 6676(跋)
秦大夔 1676(叙)
秦　坊 4107(撰)
4107(自序)
4108(編)
4108(自序)
秦嘉楨 2394(續輯)
秦嘉楫 4439(校)
43 秦越人 3060(述)
秦　杕 2657(校録)
44 秦蘭徵 5662(撰)
秦蕙田 244(序)
278(序)
474(序)
6261(序)
6666(序)
秦世禎 2461(鑒定)
2461(序)

秦　桂　2657(校録)
　6655(序)
45　秦　楝　2657(校録)
46　秦　觀　3046(撰)
　6798(撰)
　6812(撰)
48　秦翰才　1619(手跋)
秦松齡　452(撰)
　1550(後序)
　5215(序)
　5819(序)
　6077(序)
　6644(序)
　6787(評)
60　秦四麟　4493(校)
秦恩復　1211(硃校)
　1850(手跋)
67　秦鳴夏　1136(序)
秦鳴雷　1927(序)
　3969(撰)
　3969(序)
77　秦　熙　2657(校録)
秦與郊　846(較録)
秦　奭　5660(撰)
80　秦　金　1249(撰)
　1624(序)
　2073(奏疏)
秦　鏡　2657(撰)
　2657(序)
秦　鏞　137(撰)
　137(自序)
　2047(撰)
　2047(序)
　4108(序)
84　秦　鋏　4108(參訂)
86　秦錫淳　3209(撰)
88　秦　鑰　1878(撰)
89　秦　鏜　5037(撰)
91　秦　炳　2657(校録)
97　秦鄰晉　5516(後序)
秦　燿　2013(序)

5090_6　東

30　東宗癸　6319(跋)

東

00　東　亭　5995(選)
東方朔　3282(撰)
東文豸　2246(校)
11　東　棐　3971(正)
22　東　川　5920(評)
東　崖　225(著)
　225(自叙)
東　崗　734(纂輯)

	東　巖	4716(輯)
	東山歸老	6357(序)
26	東　皋	3375(參論)
	東吳逸史	4442(著)
		4442(序)
	東吳小痴	6531(校録)
28	東　谿	3975(輯)
	東谿遯叟	3465(撰)
30	東瀛居士	4277(跋)
	東　之	384(訂)
33	東　冶	6292(删補)
38	東海衲民	170(撰)
	東海散人	4422(著)
40	東　塘	1778(編)
	東　柱	220(纂輯)
41	東垣老人	3071(校評)
44	東　坡	3900(撰)
		4548(撰)
		6700(撰)
47	東　起	6110(校)
51	東軒主人	4540(撰)
	東軒居士	3483(序)
53	東　甫	6196(著)
60	東　里	2272(編輯)
	東　田	4972(著)
		4973(著)
	東　圖	3846(著)
	東　園	4247(編次)
		4573(編次)
67	東明山人	3181(訂)
	東野武	1466(訂)
	東野沛然	1466(訂)
	東野枝盛	1466(鐫)
	東野興煇	1466(參訂)
74	東陂居士	2540(編)
78	東　臨	1002(校)
90	東　堂	5877(訂)

5101_7　拒

10	拒　石	6043(撰)

5103_2　振

20	振　千	4625(註)
30	振　扆	3254(訂)
	振　之	5032(著)
44	振藻堂	6545(閱)
	振　菴	2269(鑒定)
67	振　路	2411(參校)
77	振　卿	2315(編輯)
80	振美堂	6545(閱)
	振　公	1008(閱)
87	振　舒	4257(手跋)

5104_0 軒

40 軒　南　5830(梓)
54 軒轅皇帝　4594(序)

5106_0 拓

44 拓　菴　972(題識)

5106_1 揞

71 揞　臣　4099(輯)

5178_6 頓

47 頓起潛　5099(校刊)
88 頓　鋭　5099(撰)

5204_7 援

07 援鶉居士　4817(跋)

5207_2 拙

00 拙齋老人　4211(手跋)
23 拙我齋　3224(識語)
30 拙安　5898(詩)
52 拙拙道人　4678(潤色)

5216_9 蟠

77 蟠　卿　4771(定)

5225_7 靜

00 靜　齋　3060(圖註)
3067(編次)
6810(校鈔)
6814(輯)
6815(補)
17 靜　子　5775(著)
22 靜　山　6238(著)
27 靜緣齋主人　4719(跋)
30 靜　宇　4564(刻)
31 靜　福　4467(撰)
40 靜　存　6230(著)
42 靜　機　5726(著)
45 靜　姎　6678(評選)
60 靜　園　5965(著)
77 靜　聞　4690(參閱)

5300_0 戈

00 戈　襄　3060(跋)
10 戈一龍　2019(纂輯)
30 戈淳倫　4610(批校並跋)
戈永齡　3161(撰)
戈守智　3380(撰)
32 戈　汕　3426(撰)
34 戈　濤　6235(序)
6235(評點)

40　戈九疇　544(撰)
544(序)
戈　培　4748(校並跋)

5310_7　盛

00　盛　庸　5844(較)
5844(凡例)
盛　唐　5987(序)
盛交泰　4771(序)
10　盛百二　5729(序)
5749(訂)
6096(參訂)
6265(序)
17　盛子鄴　4341(録)
21　盛　順　1896(序)
24　盛德容　4739(校)
25　盛傳敏　6307(釋)
28　盛以弘　2167(校)
5262(序)
5461(序)
5516(序)
盛　儀　1981(撰)
1981(跋)
盛　稔　5628(序)
30　盛宣懷　6569(跋)
盛　賓　4755(序)
34　盛　遠　5777(輯)
5777(序)
5777(凡例)
37　盛逢瀾　6764(序)
40　盛克昌　234(較閲)
盛克明　234(較閲)
盛希哲　234(參述)
盛支焯　6202(跋)
44　盛萬年　3010(撰)
3010(自序)
3992(校)
47　盛　楓　1777(撰)
60　盛　杲　6279(序)
61　盛　顒　2484(刊)
2484(跋)
64　盛時泰　2153(撰)
2551(撰)
2551(自序)
2551(後序)
77　盛熙祚　3010(校)
80　盛　曾　234(參述)
88　盛符升　1832(較)
2329(較)
4481(較)
4482(較)
5851(總述)
6599(序)
盛敏耕　2153(跋)

5320_0 成

02 成端人 1017(撰)
10 成　天 5814(序)
11 成　獳 2456(輯)
17 成　勇 2847(編)
2847(自記)
25 成仲龍 6554(撰)
27 成象斑 6554(撰)
30 成　渲 6451(校)
成之蓮 6554(撰)
成　宰 6554(撰)
37 成祖文皇帝 2727(撰)
2727(序)
40 成克鞏 1745(序)
2513(序)
4077(撰)
5735(序)
成克勳 759(校閱)
44 成基命 4244(序)
成　莽 5834(著)
成世昌 6384(撰)
50 成　夫 657(著)
53 成　甫 4247(註解)
77 成　卿 841(參訂)
成賢書 5761(編次)
90 成少龍 6554(撰)
95 成　性 2581(編)
99 成榮光 5761(編次)

咸

10 咸一 5840(著)
6743(著)
53 咸　甫 5314(校)
77 咸　民 475(參訂)

戚

10 戚元佐 1654(撰)
5227(行狀)
12 戚　璠 5947(序)
16 戚　玾 6280(撰)
6280(自序)
20 戚　依 4165(筆記)
22 戚崇道 1964(校)
戚繼光 3006(撰)
3007(撰)
3008(撰)
3014(著)
5428(撰)
30 戚　寵 6374(識語)
33 戚　浣 3014(參訂)
40 戚大英 2180(後序)
2180(修纂)
戚希瑗 1542(序)

戚　雄　6374(編)
6374(序)
77　戚學標　2341(手跋)
戚　賢　2380(序)
94　戚　慎　6280(編輯)
97　戚煥塤　5742(斷句)

5322_7　甫

44　甫　草　5858(著)

5340_0　戒

44　戒　菴　5826(識語)
61　戒　顯　2255(序)
2255(較訂)
4593(撰)

5403_2　轅

00　轅　文　5795(撰)

5404_1　持

60　持　國　2246(訂)
80　持　父　3992(校)

5408_1　拱

26　拱和居士　4843(著)
53　拱　甫　2154(撰)

5419_4　蝶

00　蝶　庵　2208(著纂)
3393(述)
44　蝶菴主人　3861(序)

5500_0　井

21　井上揆　1133(標註)
27　井伊直　1150(次訂)
60　井邑氏　2065(跋)

5503_0　扶

67　扶　照　2226(参訂)
3474(輯)
3888(撰)

軼

40　軼　李　3675(参訂)

5523_2　農

22　農　山　1993(輯)

5533_7　慧

27　慧　侯　4770(較集)
慧　舟　4583(校)
60　慧　男　2259(較)
80　慧　益　553(較)

5560$_0$　曲

00　曲　廬　6602(編)
31　曲　江　202(参訂)
54　曲　轅　2208(評定)

5560$_6$　曹

00　曹　亨　4719(跋)
曹亮武　5741(撰)
6789(撰)
曹彦桓　5713(校)
曹彦樞　5713(校)
曹應鶴　1545(校)
曹庭樞　6169(撰)
曹庭棟　302(撰)
621(撰)
758(撰)
2963(撰)
2963(例説)
3395(撰)
3395(例説)
3923(撰)
3923(自序)
6258(撰)
6258(自序)
曹文炳　4154(輯)
02　曹　端　2732(撰)
2733(撰)
08　曹　説　4583(校)
10　曹一士　2543(跋)
5051(序)
5622(校)
5878(傳)
6181(撰)
6181(引)
6182(撰)
6185(序)
曹三才　6617(校輯)
6617(序)
曹王芸　6181(較)
曹　丕　6695(撰)
曹元忠　2(手跋)
1212(校)
1858(題記)
1996(跋)
2994(跋)
曹爾堪　5732(序)
5867(序)
曹爾成　373(撰)
曹于汴　3615(撰)
3635(序)
曹天祐　5255(序)
曹震陽　2090(校閲)
2090(跋)

12	曹廷棟	4344(訂)
14	曹　璜	5533(撰)
17	曹子念	4263(閱)
		5486(刪定)
		5552(校)
20	曹　禾	5784(序)
		5794(序)
		5847(序)
		5862(序)
		5893(序)
		5894(評)
	曹秉鈞	6243(校閱)
21	曹衍琦	5944(序)
	曹仁孫	6439(校正)
	曹能始	1948(著)
	曹貞吉	5940(撰)
		5999(序)
22	曹胤儒	3596(序)
	曹鼎望	5871(序)
	曹鼎臣	203(參訂)
23	曹參芳	1322(撰)
		1322(自序)
	曹允儒	2979(撰)
	曹代蕭	1458(訂)
		1458(序)
		3584(序)
	曹　峻	373(校刊)
24	曹　勳	109(序)
		127(序)
		4055(引)
		5552(閱)
		5706(序)
	曹續祖	1761(讀後)
25	曹傑士	6150(較)
		6152(較)
26	曹和聲	3620(序)
28	曹以植	3807(校)
		3807(序)
	曹徵庸	4466(序)
29	曹秋岳	2320(定)
30	曹之錦	5030(跋)
	曹定遠	4843(跋)
	曹　寅	3465(撰)
		6041(撰)
	曹賓尹	4843(彙輯)
	曹宗璠	5355(次)
	曹宗球	5355(次)
	曹宗璵	5355(次)
	曹宗柱	857(跋)
31	曹　沅	2362(訂)
		2363(訂)
	曹　澐	315(手輯)
32	曹　澄	636(較正)
33	曹　溶	203(參訂)

		1739(撰)
		1855(撰)
		2320(序)
		2514(撰)
		3300(手跋)
		3490(撰)
		3490(自序)
		4091(序)
		4156(編)
		4804(圖記)
		5076(跋)
		5713(撰)
		5714(撰)
		5957(序)
		6803(閲)
		6809(序)
37	曹祖鶴	5355(次)
38	曹　澥	6665(序)
40	曹大章	5355(撰)
		5448(序)
	曹士掄	2167(識語)
	曹臺岳	5607(行略)
	曹　堉	4861(批校)
	曹培廉	5622(校)
	曹有章	4843(梓)
	曹　志	4843(撰)
	曹木榮	2864(跋)
41	曹　樞	3599(校閲)
42	曹　彬	1171(撰)
44	曹　荃	636(編刻)
		2661(序)
		5215(序)
	曹　菁	2926(校梓)
	曹　韓	5085(書後)
	曹若水	4694(訂定)
	曹樹聲	54(閲)
		54(序)
45	曹　樓	4936(輯)
48	曹乾學	5406(撰)
50	曹申吉	2051(序)
		5580(序)
		5940(訂)
		5940(序)
		5940(跋)
	曹肅孫	2772(跋)
	曹本榮	1443(編)
		6592(編)
	曹素功	3433(編)
		3433(自序)
53	曹成玉	6610(跋)
60	曹日昌	6745(序)
	曹　晟	1322(跋)
	曹昌言	4113(撰)
	曹昌先	5427(校)

61 曹　顯 4586(刊)
67 曹　鳴 6061(序)
71 曹　臣 4023(撰)
77 曹履吉 5607(撰)
曹熙衡 2202(撰)
2202(序)
曹學佺 66(序)
90(撰)
91(撰)
91(序)
348(撰)
432(序)
656(撰)
994(序)
1891(參定)
1948(撰)
1948(自序)
2166(撰)
2626(序)
3414(序)
3823(撰)
3942(序)
4055(引)
4299(訂校)
4806(序)
5490(序)
5553(墓志)
5557(序)
5614(序)
5625(序)
5642(序)
5644(序)
5957(序)
6481(編)
6491(評)
曹學閔 5991(序)
曹　賢 3675(參訂)
80 曹　金 2011(撰)
2011(後序)
3275(跋)
5120(序)
曹無極 4694(編)
84 曹　銑 1146(校刻)
86 曹錫袞 6150(較)
曹錫端 6151(較)
6181(較)
6182(校)
6221(跋)
曹錫珪 6181(撰)
曹錫寶 6150(較)
6150(跋)
曹錫黼 6150(較)
6150(跋)
6151(較)

		6152(較)
		6181(較)
		6181(跋)
		6182(訂)
		6182(跋)
		6182(書後)
	曹錫淑	6221(撰)
	曹錫圖	6182(校)
88	曹鑑章	4352(校)
	曹鑑平	4352(校)
		6587(選梓)
	曹鑑倫	4352(增著)
		5987(序)
	曹簡在	293(校録)
90	曹　忭	4126(叙)
		5191(序)
		6381(序)
	曹光德	766(校)
	曹　炎	1218(校)
91	曹炳曾	5622(輯)
		5622(序)
		6152(撰)
94	曹煐曾	6151(撰)
96	曹　煜	2776(撰)
	曹煜曾	6150(撰)

5580_1 典

10	典　三	617(著)

5580_6 費

10	費元禄	3909(撰)
	費元愷	1504(校刊)
21	費經虞	6749(撰)
24	費緯禕	1770(撰)
30	費　宏	4978(序)
		4992(撰)
		5055(序)
		5087(撰)
		6349(編)
	費宏灝	2668(撰)
	費　密	5759(撰)
		6003(序)
		6582(編)
		6582(序)
		6749(增補)
		6749(跋)
	費　寅	5995(手跋)
		6485(手跋)
	費　寀	904(序)
		1985(撰)
		5087(撰)
38	費道用	5600(序)

6511(補輯)
6511(序)
40　費堯年　2131(後序)
43　費式僖　1770(跋)
44　費懋謙　5087(跋)
5087(刊)
費攀龍　4126(序)
57　費邦教　1725(訂)
77　費　誾　1099(序)
2434(撰)
80　費金吾　1431(跋)
86　費錫琮　6654(序)
費錫璜　5945(序)
6003(序)
6272(序)
6654(編)
6654(序)

贊

26　贊　皇　5638(閱)

5590_0　耕

00　耕　方　4089(序)
37　耕　遲　714(校)

5601_7　挹

40　挹奎樓　4702(序)

5602_7　揭

10　揭　要　3172(編輯)
3172(跋)
21　揭貞傳　5760(刻)
5760(較)
22　揭傒斯　1861(序)
4826(撰)
54　揭　軌　6318(校)
6318(序)
60　揭曼碩　4826(著)
6557(撰)
63　揭　暄　110(較)
3172(撰)

揚

12　揚　廷　4802(輯)
40　揚　雄　951(紀)
90　揚　光　1012(參)

5604_1　輯

10　輯　五　530(參校)

擇

70　擇雅堂　4349(序)

5608_1 提

42 提　橋　449(撰)

5608_6 損

00 損　庵　4656(編)
44 損　菴　6814(著)

5615_6 蟬

44 蟬華居士　4799(手跋)

5692_7 耦

37 耦　漁　2311(輯)

5701_2 抱

17 抱　翼　6177(著)
21 抱　經　3756(訂)

5702_0 抑

30 抑　之　1931(閱)

5702_2 抒

26 抒　白　5755(校)

5702_7 邦

10 邦　玉　3361(輯)
6555(編輯)
30 邦　憲　5425(著)
50 邦　申　6555(編輯)
80 邦　善　6555(較政)

5706_1 擔

26 擔　伯　6162(著)
42 擔　斯　2229(撰)

5706_4 略

60 略　思　6390(序)

5743_0 契

31 契　潛　6102(著)

5798_6 賴

00 賴帝夢　1010(跋)
10 賴　丕　4947(校詳)
24 賴緯鄴　6681(輯)
26 賴鯤升　6681(編)
27 賴　俶　6236(像)
28 賴以邠　6814(撰)
賴從謙　3244(注)
30 賴良鳴　1789(纂輯)
60 賴　恩　966(序)
77 賴鳳升　6681(輯)

5802_7　掄

25　掄　生　203(参訂)
70　掄　雅　3172(校)

輪

44　輪　菴　2361(著)

5803_1　撫

10　撫　五　1010(補校)
11　撫　琴　4053(序)

5806_1　拾

21　拾經主人　2459(題記)

5824_0　敖

00　敖文禎　3995(序)
12　敖　剡　3515(撰)
44　敖　英　1619(序)
1620(序)
2770(撰)
2770(自序)
3771(撰)
3771(自序)
3772(撰)
4672(序)
6436(撰)
77　敖陶孫　6298(撰)

敷

10　敷　五　4951(著)
27　敷　彝　4349(纂録)
4349(序)

6001_4　唯

10　唯　一　677(校刻)
77　唯　卿　5655(校)

6008_6　曠

00　曠　齋　6545(閲)
71　曠　驥　2791(校)
80　曠　翁　4833(識)
88　曠敏本　1080(序)
1779(評)
1779(序)
1847(評)
1847(序)
6231(序)

6010_0　日

00　日　齋　600(纂述)
日　章　5482(著)
02　日新堂　4824(識語)
42　日　斯　6491(校)

46　日　如　　6272(較)
48　日　乾　　5904(序)
60　日　昇　　4563(撰)
90　日　懷　　5796(著)

曰

26　曰　緝　　5831(選)
28　曰　從　　1542(校)
　　　　　　　3400(纂)
　　　　　　　6739(較訂)

旦

44　旦　華　　4101(校)
　　　　　　　6761(校)
80　旦　兮　　203(參訂)

6010_4　星

22　星　巖　　2660(著)
　　　　　　　2661(編輯)
31　星　沅　　63(校評)
34　星　池　　1933(校)
40　星　南　　6139(著)
41　星　垣　　4725(輯)
　　　　　　　6493(評輯)
44　星　若　　5077(訂)
47　星　期　　2304(著)
　　　　　　　5957(著)
　　　　　　　6763(著)
67　星　野　　5104(編)
　　　　　　　5182(校正)
80　星　公　　5816(著)

墨

22　墨　山　　170(述)
44　墨　莊　　6758(編次)

6011_3　晁

11　晁　瑮　　1436(序)
　　　　　　　2539(撰)
　　　　　　　4582(傳)
　　　　　　　4582(跋)
35　晁沖之　　4769(撰)
37　晁　迥　　4582(撰)
60　晁　星　　4160(序)

6012_3　躋

27　躋　峰　　5902(較)

6012_7　蜀

40　蜀　嘉　　220(訂)
44　蜀　藻　　5090(定)

勗

00　勗　齋　　6813(序)

12　昜　登　351(閲)
44　昜　菴　3675(參訂)

6015_3　國

00　國　章　6657(彙)
02　國　端　75(著)
4000(品定)
40　國士書院　6492(序)
國　壽　35(校)
6458(校梓)
41　國　樞　6657(彙)
44　國　蕃　4006(訂正)
50　國　泰　1533(閲)
國　惠　6657(彙)
77　國　賢　4248(編)
4248(叙)
84　國　鎮　1861(輯)
5743(訂)
90　國　裳　485(訂)
1809(著)
2685(著)
99　國　燮　6657(閲)

6021_0　四

10　四　可　4574(校訂)
20　四香居士　4108(序)
22　四　山　869(校)
46　四　如　4379(編次)
50　四本堂主人　4095(録)

見

22　見　山　3047(著)
4344(參)
5828(著)
28　見　復　6666(編訂)
50　見　書　384(參)

6022_7　易

00　易　齋　5794(著)
08　易説齋主人　955(手跋)
20　易　紘　2018(編)
28　易倣之　4274(正)
40　易士著　5844(較)
5844(凡例)
易嘉猷　6778(序)
44　易　菴　5823(著)
64　易時中　2740(刊)
77　易學實　5716(撰)
5716(自序)
5717(撰)
80　易鏡先生　3286(撰)
3289(撰)
90　易　堂　850(評定)

囿

60 囿　呈　722(著)

6022_8 界

40 界　培　2366(編集)
46 界　如　2366(編集)

6023_2 囦

60 囦　囦　3457(輯)

6033_0 思

00 思　齋　4233(校正)
思　度　300(校)
03 思誠子　5061(序)
08 思　説　4065(纂輯)
思　謙　5209(校)
17 思　承　5902(較)
21 思　貞　3788(著)
22 思　山　4523(繡梓)
24 思勉齋　6308(序)
思　贊　3375(參論)
26 思　白　1813(重選)
2450(編)
3840(著)
4317(校刻)
思　泉　4039(較梓)
28 思　復　6319(校正)
30 思　宣　957(檢對)
思　宜　957(謄録)
思　濟　5344(著)
思　寧　957(檢對)
思　永　2640(較)
思　容　957(檢對)
34 思　遠　957(校勘)
37 思　洛　792(校)
38 思　道　5077(著)
40 思　九　6614(輯評)
44 思　蔭　721(校輯)
思　菴　181(著)
53 思成堂　5185(梓)
68 思　晦　4864(彙輯)
71 思　臣　6610(較輯)
80 思　善　5476(著)

恩

25 恩　仲　1075(校)

6033_2 愚

00 愚　齋　2970(輯)
22 愚　山　5719(定)
6613(參)
6753(著)
愚山居士　2259(補輯)

80 愚谷老人 4649(撰)

6040_0 田

00 田文鏡 1431(撰)
10 田一儁 2444(序)
5467(撰)
田　玉 2162(撰)
田元應 5467(跋)
田元振 5467(跋)
田爾易 243(校編)
474(校編)
田　霦 6023(撰)
田　雯 5807(序)
5956(序)
5986(題辭)
5987(序)
6003(序)
6088(序)
6160(序)
11 田　頊 5144(撰)
13 田　琯 2033(撰)
20 田維祐 2600(著)
21 田　赤 4698(協)
田　經 3054(校正)
25 田　仲 2185(序)
2185(核)
26 田　伯 4365(輯著)
27 田　叔 4697(補)
5637(著)
6815(訂註)
28 田從典 6039(撰)
33 田必成 78(校)
771(校)
3610(校)
田　浚 718(序)
34 田汝麟 5099(校)
5099(刊)
田汝成 1269(撰)
1270(撰)
1271(撰)
3702(撰)
4059(撰)
5128(序)
5190(撰)
5430(序)
6395(撰)
36 田遇龍 1759(跋)
38 田肇麗 6154(撰)
40 田大益 3804(録)
田大年 2618(序)
2621(跋)
田培彬 177(校)
田存芝 5743(訂)
田嘉樹 5440(識語)

田嘉穀　230(撰)
713(撰)
6058(序)
44　田茂遇　5983(序)
6591(編)
6591(題詞)
田　懋　6039(跋)
田藝蘅　979(撰)
1168(序)
3451(序)
3452(撰)
3452(自序)
3804(撰)
3805(撰)
5190(引)
5439(撰)
6449(編)
50　田中宗務　6728(跋)
60　田園散人　1739(跋)
63　田賦國　4291(跋)
77　田同之　3728(編)
3728(自序)
6225(序)
86　田　錫　1352(撰)
90　田惟祜　2600(撰)

6040_1　罡

21　罡　皆　6167(著)

6040_4　晏

00　晏彦文　2580(編)
晏文輝　2805(參)
晏　袤　4174(補闕)
15　晏　殊　4174(撰)
4174(自序)
42　晏斯盛　245(序)
379(撰)
60　晏日喬　5648(閱)
66　晏　嬰　1476(撰)
80　晏兼善　631(撰)
82　晏　飫　6728(校)

6040_7　曼

25　曼　生　4022(選評)
曼　倩　6526(校)
77　曼　卿　1905(著)

6042_7　囦

44　囦　莽　1164(參訂)

6043_0　因

30　因　之　63(校評)

146(批閲)
4579(纂)
5688(著)
60 因 是 3968(校訂)
88 因 篤 954(正字)

6044_0 昇

30 昇 寅 4734(録)

6050_4 畢

00 畢方濟 3637(撰)
3637(引)
10 畢三才 3836(序)
12 畢弘述 1003(纂訂)
1003(序)
20 畢維新 4607(述)
24 畢佐周 3619(編)
44 畢懋康 1038(序)
1545(參閲)
1880(序)
1894(序)
3791(序)
3968(序)
5332(序)
5516(序)
5552(序)
5680(序)
6499(參訂)
6499(序)
6514(序)
畢懋良 1545(參閲)
51 畢振姬 2295(撰)
5779(撰)
60 畢曰涄 1844(撰)
2335(撰)
61 畢顯謨 5680(跋)
87 畢 鏘 5217(選)
5217(序)

6060_0 吕

00 吕 膺 6726(校正)
吕應菊 3990(重刊)
01 吕 評 2162(續增)
02 吕端甫 5188(志)
吕新周 3837(輯)
07 吕調音 6364(後序)
吕調陽 2604(撰)
2604(圖疏)
4993(序)
08 吕謙恒 5603(較梓)
6105(撰)
10 吕一經 840(校正)
4321(編)
吕 元 1861(校)

		1861(跋)
	吕元素	4647(撰)
	吕元美	1462(編次)
	吕元善	1462(撰)
		1463(撰)
	吕夏音	931(撰)
	吕天恩	4410(後序)
	吕可久	1964(校)
	吕雲孚	2636(序)
	吕不用	4842(撰)
11	吕　珩	4260(校正)
12	吕　瑞	982(跋)
17	吕　鼒	4842(序)
18	吕致祥	3990(重刊)
20	吕維祜	1038(詮)
		1038(序)
	吕維祺	616(撰)
		616(自序)
		1038(撰)
		1038(自序)
		1464(編次)
		2828(撰)
		2828(叙)
		5603(撰)
21	吕　顒	2603(撰)
		5125(後叙)
	吕　愢	3713(撰)
		3713(序)
	吕　經	3908(序)
22	吕胤基	5578(輯)
	吕胤昌	1310(閲)
	吕　巖	4630(撰)
	吕崇烈	2863(序)
		3615(跋)
		5780(序)
	吕繼曾	5603(較梓)
	吕種玉	3721(撰)
23	吕允昌	1310(刊)
24	吕化舜	1464(序)
		1466(序)
		1466(輯)
	吕緒曾	5603(較梓)
25	吕純如	4013(撰)
		4013(自序)
		5576(序)
	吕積初	4741(校字)
		4741(序)
		4741(跋)
	吕積祚	4741(跋)
		4741(刊)
26	吕自咸	5724(閲)
27	吕紹楨	3990(訂正)
	吕紹樌	5498(訂正)
28	吕復恒	5603(較梓)

	吕從慶	4741(撰)
30	吕宣曾	6071(跋)
		6072(跋)
	吕瀍曾	372(參校)
	吕守之	2429(校正)
	吕　宫	2887(序)
		5703(序)
		6595(序)
31	吕　濬	1462(編次)
		1462(序)
		1463(序)
		1466(編次)
		4272(序)
	吕　祉	2120(撰)
32	吕兆璜	5603(跋)
		5603(較梓)
	吕兆琳	5603(較梓)
	吕兆琚	5603(較梓)
	吕兆瑜	5603(較梓)
	吕兆禧	6517(校)
		6517(跋)
	吕兆祥	1459(注)
		1462(校訂)
		1463(重修)
		1464(撰)
		1464(重修)
		1465(撰)
		1466(撰)
	吕　溪	6675(編輯)
33	吕治平	782(撰)
37	吕祖謙	3(撰)
		4(撰)
		1858(編)
		1859(撰)
		2578(撰)
		3927(撰)
		4179(編)
	吕逢時	1462(訂閲)
		1463(重修)
		1464(編次)
		1466(編次)
40	吕大防	1493(撰)
	吕大臨	3415(撰)
		3415(記)
	吕太煥	4647(補)
	吕士陞	4297(梓)
	吕南公	4757(撰)
	吕希周	5188(撰)
	吕賁恒	5603(較梓)
44	吕蘭谷	3390(跋)
	吕世宜	708(評點)
45	吕　坤	612(撰)
		612(自序)
		613(撰)

		613(自序)
		1034(撰)
		1034(自序)
		2415(撰)
		2415(自引)
		2803(撰)
		2803(自序)
		2804(著)
		3990(撰)
		4137(撰)
		5310(序)
		5498(撰)
	吕　柟	22(撰)
		23(序)
		331(撰)
		405(撰)
		608(撰)
		638(撰)
		1349(校刊)
		2687(批)
		4982(序)
		5064(撰)
		5081(墓志銘)
		6363(序)
47	吕聲宏	2803(録)
	吕聲涓	5498(次)
	吕聲洋	2803(録)
	吕好通	4842(序)
48	吕敬直	3990(校正)
50	吕肅高	6633(序)
	吕　本	1310(校)
		5244(撰)
	吕本中	6715(撰)
51	吕　振	3990(詮次)
	吕振詮	5498(次)
57	吕邦燿	2398(撰)
60	吕昌期	2041(續修)
		2041(序)
	吕圖南	5567(序)
	吕景蒙	2758(序)
		3538(序)
64	吕　時	5617(撰)
	吕時臣	5617(撰)
67	吕　昀	5064(藏籍)
71	吕願玉	723(校)
	吕　頎	3790(序)
	吕　原	6328(序)
76	吕　陽	5724(撰)
77	吕履恒	2213(序)
		5603(較梓)
		5952(閲評)
		5952(序)
		6006(序)
		6039(序)

6071(撰)
6072(撰)
6105(序)
呂留良 4344(參)
呂民服 5358(序)
80 呂前庚 3990(訂正)
5498(訂正)
呂無黨 1601(手校)
呂美璟 4741(識語)
4741(校梓)
呂曾見 3837(撰)
86 呂知思 2803(録)
呂知畏 2803(録)
5498(跋)
呂智敏 6763(評注)
90 呂 懷 42(撰)
907(後語)
916(撰)
917(撰)
917(總叙)
5231(撰)
94 呂慎高 5498(梓)
呂慎多 5498(刊)
99 呂 瑩 4297(梓)

昌

24 昌彼得 2421(跋)
44 昌 其 4345(補)
47 昌 朝 5625(著)
6523(編輯)
昌 期 3130(彙輯)

冒

00 冒廣生 4794(跋並題詩)
冒 襄 6581(編)
20 冒禾書 6581(較訂)
22 冒 鸞 3078(書後)
47 冒起宗 775(撰)
2638(撰)
77 冒 闢 5794(較)
冒丹書 2061(校)
6581(較訂)
80 冒念祖 6581(摹)

6060_4 固

44 固 藩 4843(序)
77 固 叟 1150(贊)

6066_0 品

26 品泉所 6545(閲)

6071_1 昆

03 昆 詒 5775(評)

6071_7 邑

17 邑　翼 4097(編輯)

6073_2 畏

44 畏　菴 1354(彙校)
51 畏　軒 99(較)

園

30 園　客 3841(著)
37 園　次 6800(序)

6080_0 貝

40 貝　墉 3098(跋)
4582(手跋)
4764(跋)

6080_1 是

80 是　鏡 264(跋)
90 是堂山人 5199(叙)
5240(叙)

異

00 異　度 632(輯註)
28 異　徵 4297(梓)
31 異　渠 6094(雕)

6080_6 員

77 員興宗 1193(撰)

圓

10 圓　至 6307(撰)
28 圓　復 2249(撰)
35 圓　清 2240(校梓)

6080_9 炅

25 炅　生 934(纂集)

6090_4 杲

37 杲　朗 6531(撰)
90 杲　堂 508(序)

6090_6 景

00 景　亨 900(手輯)
景　廉 962(詮次)
景　文 4785(刊)
4861(著)
10 景　元 6339(訂正)
21 景　盧 6689(撰)
6690(撰)
景　虞 5830(梓)
22 景　山 3394(參校)
23 景　巘 3130(録次)

24 景升 2155(輯)
25 景倩 2454(著)
4526(著)
景純 4486(著傳)
27 景盤 2805(訂)
30 景濂 3878(録)
32 景溪 6227(著)
6227(自序)
36 景澤 6469(編)
38 景祥 3313(曆法)
40 景士鳳 2470(序)
景南 4360(編輯)
44 景范 806(校)
景韓 6161(著)
6225(編次)
景菴 686(參訂)
50 景由 5830(梓)
景春 1668(輯)
52 景哲 4933(著)
5423(校)
60 景日曈 2214(校梓)
景日畔 2057(校正)
景日昣 2057(序)
2057(參訂)
2213(撰)
2213(題辭)
2214(撰)
2214(自序)
2925(撰)
2925(題言)
3675(序)
景星 2214(裁定)
77 景周 6491(輯)
景陶 551(參較)
景賢 2164(編集)
5363(編次)
83 景猷 2726(句解)
88 景繁 4774(著)

6091_4 羅

00 羅亨信 4885(撰)
羅京 2052(刊刻)
10 羅雨霽 5199(刊)
羅天尺 6764(跋)
羅更翁 3415(考訂)
11 羅珏 3247(撰)
羅麗 2334(序)
2893(校)
12 羅登選 940(撰)
940(序)
羅登標 247(撰)
17 羅瑤 1127(序)
20 羅秉倫 3130(序)
21 羅虞獻 5219(跋)

	羅虞臣	5219(撰)
22	羅繼祖	5738(輯)
25	羅　生	4767(選)
27	羅多和	943(較)
	羅仰錡	6646(參閱)
	羅　屺	4222(訂)
28	羅以深	6225(編次)
	羅以書	6225(編次)
	羅以智	4794(校)
		6430(校)
	羅　倫	582(校正)
		582(序)
		4807(校正)
	羅復晉	4885(跋)
		6115(序)
30	羅宗彦	476(校)
32	羅浮外史	3409(跋)
34	羅爲賡	3681(述)
	羅漢章	6802(閱)
	羅汝貞	541(校正)
	羅汝芳	743(撰)
		2493(撰)
		3493(自序)
		3573(撰)
		3574(撰)
		3575(撰)
		3575(序)
		3576(撰)
		5306(序)
		5363(撰)
		5363(序)
	羅汝鑑	1650(撰)
		1650(自序)
	羅洪先	972(序)
		2123(撰)
		2766(批注)
		2766(序)
		3559(撰)
		4679(序)
		5114(序)
		5199(撰)
40	羅大紘	2821(序)
		4951(序)
		5199(選絶)
		5199(跋)
	羅大冠	1555(校)
	羅士毅	1009(較)
	羅克昌	6154(序)
	羅　森	1143(序)
		1759(訂証)
		2194(撰)
		2200(序)
		2267(裁定)
		2267(序)

44	羅萬爵	6743(序)
	羅萬化	1536(序)
	羅萬先	5363(刊)
	羅萬藻	135(序)
		776(序)
		4313(編)
		4313(序)
		5654(撰)
		5742(序)
	羅黄裳	6297(編)
45	羅　坤	5796(序)
		6762(序)
		6800(参訂)
47	羅朝國	1299(序)
	羅　鶴	3793(撰)
	羅鶴齡	799(序)
50	羅　胄	4571(校)
		4571(序)
	羅　肅	4884(撰)
51	羅振玉	1312(題記)
		1322(題識)
		1642(跋)
		2489(手跋)
		2559(手記)
		2991(跋)
		4413(手跋)
	羅振常	1146(題記)
		1858(跋)
		2672(跋)
		3292(手跋)
		3835(跋)
		4611(跋)
		5296(跋)
		5478(手跋)
52	羅　哲	4885(跋)
60	羅曰褧	2358(撰)
	羅國泰	5902(較)
	羅國器	2225(輯)
	羅　景	1569(跋)
	羅　曇	1376(跋)
	羅景泐	6646(選)
63	羅默庵	611(訂梓)
66	羅賜祥	4264(校正)
71	羅　頎	4233(撰)
		4233(自序)
76	羅陽山人	1647(補遺)
77	羅　鳳	4421(撰)
80	羅人琮	6136(撰)
	羅公升	4807(撰)
81	羅　棨	4881(校)
87	羅欽順	5008(序)
	羅欽忠	4850(序)
90	羅懷祖	5363(刊)
	羅懷本	5363(梓)

羅懷智　5363(編)
羅惇曧　1825(手跋)
羅光孚　5654(手録)
羅　熿　233(弁言)

6136_0 點

26 點白子　3055(補正)

6138_6 顯

00 顯　亭　203(參)
80 顯　令　6292(注)

6201_4 睡

10 睡雨軒主人　5858(手記)

6240_0 别

00 别　庵　2216(校訂)

6280_0 則

53 則　威　2654(著)
65 則　畊　4842(學)

6292_2 影

10 影　石　5648(著)

6301_2 晼

44 晼　荃　2157(續)
80 晼　公　2308(挍訂)

6333_4 默

00 默　齋　3415(考訂)
30 默守居士　4678(删訂)
44 默　菴　3258(校正)
5949(著)

6384_0 賦

07 賦郊園　6545(閲)
71 賦　臣　4097(校閲)

6386_0 貽

21 貽　上　1758(撰)
1830(撰)
2198(撰)
2329(撰)
2462(紀)
4481(撰)
5847(撰)
5848(撰)
5849(撰)
5850(撰)
5851(撰)
5852(批點)
5880(選)
5899(批點)

5940(評)
5959(批點)
5963(批點)
30 貽安堂 3130(自序)

6401_1 曉

22 曉　嵐 2574(手跋)
曉山老人 3303(撰)
3303(序)
27 曉　峰 1474(輯)

6401_4 睦

73 睦　駿 419(説)
90 睦　堂 895(梓)

6402_1 畸

80 畸　人 2630(較)

6402_7 晞

76 晞陽居士 4223(補注)
4849(校)

6404_1 時

00 時　齋 877(鑒定)
2369(纂述)
2722(序)
10 時　霈 5519(校)
15 時　聘 915(編輯)
20 時　重 5126(著)
21 時偕行 2040(序)
2040(參閲)
22 時　制 519(註抄)
772(註抄)
24 時　化 5391(編)
30 時　良 5624(閲)
32 時兆文 1485(校正)
41 時　垣 4723(校)
時　楨 1597(序)
44 時　菴 6011(著)
67 時　鳴 3317(編集)
3964(著)
4268(校)

疇

10 疇　一 196(參)
疇　五 4347(鑒定)

6500_0 畊

10 畊　三 6167(校)
40 畊　堯 5494(著)
47 畊塢居 6545(閲)
80 畊舍主人 6748(輯閲)

6502_7 嘯

10 嘯 雲 2567(閱)
44 嘯 林 6202(著)

晴

22 晴 川 794(著)
1090(撰)
2314(著)
3889(撰)
4736(輯)
4738(註)
晴 崖 6230(序)
晴 巖 532(著)
37 晴 湖 2224(校鍥)
71 晴 原 2204(較)

6503_0 映

10 映雪老人 3702(跋)
77 映 月 6531(參)

6509_0 味

44 味菜山人 3589(識語)

6602_7 暘

53 暘 甫 6822(較)

6606_0 唱

50 唱春蓮 4871(説)

6606_4 曙

80 曙 公 134(較)

6621_4 瞿

01 瞿龍躍 6063(序)
12 瞿廷望 1762(較)
20 瞿秉淵 5798(跋)
24 瞿 佑 6329(撰)
6712(撰)
6712(序)
6783(撰)
34 瞿汝説 5079(序)
5614(参校)
瞿汝稷 826(序)
3594(跋)
3634(序)
4587(後述)
5614(撰)
瞿 祐 1925(撰)
36 瞿 遲 6329(編)
38 瞿啟甲 4794(觀)
40 瞿九思 651(撰)
925(撰)

2424(編次)
2447(撰)
3365(序)
3641(題語)
3836(序)
43 瞿式耒 5614(參校)
瞿式耜 4029(撰)
4029(自序)
4942(删定)
4942(跋)
5614(參校)
50 瞿中溶 2549(題記)
60 瞿景淳 3397(跋)
5294(撰)
77 瞿熙邦 6797(校並跋)

6624_8 嚴

00 嚴文在 4705(序)
嚴文學 2721(對讀)
03 嚴　誠 1653(序)
04 嚴　訥 645(撰)
1653(序)
4232(序)
5287(撰)
嚴　謨 1977(對讀)
07 嚴　毅 4210(撰)
嚴調御 145(序)
2240(校梓)
10 嚴一鵬 6442(序)
嚴正矩 5710(序)
嚴元照 2541(跋)
2543(校跋)
5738(跋)
13 嚴武順 145(序)
2240(校梓)
20 嚴紋璽 4853(輯刊)
4853(序)
21 嚴虞惇 5798(序)
嚴　熊 6609(跋)
22 嚴　嵩 5036(墓表)
5039(撰)
23 嚴允肇 1901(序)
2926(序)
4479(序)
5860(評)
嚴允斯 4084(後序)
嚴我斯 1415(序)
4084(後序)
5938(撰)
5938(識語)
5938(自序)
27 嚴　粲 6602(撰)
嚴繩孫 1842(序)
2300(評)

5974(序)
6787(序)
28　嚴　復　5846(批校)
嚴從簡　5235(纂集)
30　嚴　沆　203(參)
203(序)
780(訂正)
780(序)
2255(序)
2310(序)
2513(序)
3393(序)
4325(序)
5889(序)
6590(序)
嚴寒邨　2711(手定)
嚴寶枝　2572(手跋)
31　嚴源燾　1781(序)
嚴福孫　137(序)
32　嚴兆元　6174(箋注)
33　嚴　治　645(跋)
35　嚴　清　5209(叙)
37　嚴鴻逵　2711(序)
38　嚴　澂　3426(選)
5582(選)
5582(序)
5614(參校)
5614(跋)
嚴遂成　6174(撰)
6208(定)
嚴啟隆　684(撰)
684(自序)
40　嚴大紀　4212(校正)
嚴大觀　4126(序)
嚴大節　6325(校正)
嚴堯黻　3588(撰)
3588(牒)
3588(啟)
3588(自序)
嚴有翼　6694(撰)
嚴有容　5646(序)
嚴有穀　4084(撰)
47　嚴　穀　685(撰)
54　嚴　勑　2240(校梓)
60　嚴　果　5401(撰)
嚴景華　3848(跋)
64　嚴時泰　967(跋)
71　嚴長明　2568(校)
77　嚴用和　545(序)
嚴民法　6185(題詞)
80　嚴曾榘　203(參訂)
6590(校訂)
82　嚴鍾瑞　5287(輯)
88　嚴　鎡　5191(刊)

94　嚴愼行　2926(校梓)
　　嚴愼成　2926(校梓)
98　嚴　恰　5158(撰)

6650₆　單

28　單　復　4720(撰)
　　　　　　4720(自序)
30　單　宇　6713(撰)
　　　　　　6713(自序)
40　單去疾　4345(梓)
44　單　葵　2986(刊)
　　　　　　2995(刊)
46　單旭齡　4346(序)
60　單思恭　5638(撰)
61　單喈鳳　4346(序)
77　單隆周　4345(撰)
90　單惟和　2926(校梓)

6666₃　器

30　器　之　4653(序)
　　　　　　4933(跋)
44　器　也　31(較訂)

6666₈　囂

66　囂囂子　944(撰)
　　　　　　6701(編)
　　囂囂生　3019(撰)

6699₄　槑

26　槑　侶　2575(重校)

6701₆　晚

00　晚　亭　5902(編)
44　晚　村　4344(參)
77　晚聞居士　4850(手跋)

6702₀　明

11　明　孺　2456(輯)
12　明　瑞　6737(著)
　　明　廷　5622(引)
21　明仁孝皇后　3943(撰)
　　　　　　3943(自序)
　　明　行　1399(著)
24　明德先生　5363(著)
25　明　生　6490(校)
　　明　仲　2576(讙)
27　明　彝　2267(增補)
30　明宣宗　4846(撰)
　　明宣宗皇帝　3944(撰)
　　　　　　3944(序)
34　明洪武間欽天監
　　　　　　3221(編)
37　明　初　2243(編)
　　　　　　2504(編)

2821(纂註)
38 明道堂主人 5914(跋)
40 明太祖 2528(敕修)
4665(御製)
44 明世宗 6385(撰)
6385(序)
6386(撰)
6386(序)
明世宗肅皇帝
2430(撰)
2431(撰)
50 明　中 6159(像)
明　夫 4332(采輯)
53 明　甫 4784(校刊)
60 明　昱 4583(撰)
4583(校閲)
明　景 3946(撰)
3946(序)
77 明　卿 116(輯)
1142(評正)
1890(選)
4753(選評)
4936(校)
5339(著)
80 明　父 54(校)
99 明　鎣 6513(参訂)

6702_7　嗚

07 嗚　韶 6761(参訂)
21 嗚　虞 6271(著)
24 嗚　岐 3053(較)
26 嗚　泉 1871(選)
嗚　和 6040(編校)
33 嗚　冶 6425(編)
40 嗚　喜 3867(著)
77 嗚　卿 982(梓)

6706_1　瞻

27 瞻　叔 4006(訂正)
44 瞻　黄 1124(著)
67 瞻　明 71(校閲)

6706_2　昭

00 昭　文 214(習業)
06 昭謏文 4871(序)
17 昭子 5808(著)
5962(較)
50 昭　素 5517(校)
67 昭明太子 4169(撰)
6507(選)

6708_2　吹

44 吹　萬 1789(纂輯)

6711_4 躍

82 躍　劍 2225(重輯)

6712_2 野

17 野　君 6611(評箋)
22 野　崖 3188(著)
47 野　鶴 5904(著)
71 野　臣 5145(梓)
77 野　民 5909(手跋)

6716_4 路

10 路　玉 3125(纂述)
路雲龍 3114(序)
5293(編次)
39 路　遴 2052(參校)
47 路鶴徵 6013(引)
70 路　璧 14(傳)

6722_0 嗣

02 嗣　端 1715(閲)
30 嗣　寅 2899(編集)
嗣　宗 826(校)
3219(輯)
35 嗣　清 4297(梓)
87 嗣　鄭 3711(校訂)

6722_7 鄂

10 鄂爾泰 946(序)
11 鄂彌達 379(叙)

鶚

11 鶚彌達 709(校)

6732_7 鷺

32 鷺　洲 4973(較訂)
6189(著)
40 鷺　來 5790(録)
80 鷺　公 6026(挍)

6733_6 照

44 照　菴 1841(校)

6742_7 鷃

44 鷃　菴 6469(撰)

6786_1 贍

10 贍　五 4097(校閲)
60 贍　思 1964(序)

6801_1 昨

11 昨非菴居士 4057(識)

6802_1　喩

00　喩應元　4759(校)
10　喩震孟　5199(編)
18　喩　政　2010(序)
21　喩　仁　3152(撰)
25　喩　傑　3152(撰)
35　喩　沖　2487(序)
40　喩有功　3276(撰)
喩希學　2487(增補)
2487(序)
47　喩　均　1676(撰)
5338(序)
50　喩本亨　3152(著)
喩本元　3152(著)
53　喩成龍　5744(序)
60　喩國人　153(撰)
154(撰)
155(撰)
156(撰)
157(撰)
158(撰)
喩　晟　5009(校刊)
喩　昌　3137(註)
喩　景　5009(校刊)
77　喩　周　6615(序)

6802_7　吟

40　吟　樵　6075(著)

6805_3　曦

00　曦　亮　2270(輯)

6805_7　晦

00　晦　庵　63(輯闡)
22　晦　山　2255(較訂)
26　晦　伯　3971(篹)
30　晦　之　6672(編輯)
44　晦　菴　5935(鑒)
53　晦　甫　712(著)
71　晦　臣　115(學)
77　晦　卿　4677(著)

6908_9　啖

21　啖　熊　1051(較正)

7010_3　璧

00　璧　六　2331(纂)
5877(著)

7010_4　壁

67　壁　瞻　2805(參)

7021_4 雅

10 雅爾哈善 6207(序)
44 雅　菴 177(校)

7120_0 厂

80 厂　翁 2366(譔)

7121_1 阮

00 阮　亭 4533(輯録)
5158(選)
5831(批點)
5836(定)
5854(評閲)
5877(鑒定)
6160(評)
6161(評)
6599(删纂)
6757(序)
10 阮玉鉉 6605(序)
阮　元 3746(跋)
3756(序)
5786(校刊)
5845(跋)
阮元聲 2338(改正)
4457(序)
6543(編)
6543(序)
阮爾詢 4365(序)
14 阮　琳 20(撰)
26 阮自華 4440(校閲)
5644(序)
31 阮福週 2366(叙)
40 阮大鋮 6552(序)
47 阮聲和 3163(跋)
67 阮鶚 2766(序)
2786(撰)
77 阮學濬 3891(序)
6292(序)
90 阮光宇 4796(選)
4796(跋)

歷

10 歷　正 4089(考訂)
32 歷　洲 930(纂)
40 歷　友 6022(著)

龎

22 龎　嵩 3804(札)
3804(像及贊)
35 龎迪我 3635(撰)
3635(自序)

7121_2　陋

44　陋巷居士　4621(校梓)

7121_4　雁

37　雁　湖　4806(校)

陞

24　陞　升　5861(參)

7122_0　阿

10　阿　靈　1000(校正)
40　阿克敦　6104(序)
60　阿思喀　2064(監修)

7122_1　陟

67　陟　瞻　820(梓)
4360(校閱)

7122_7　厲

33　厲　心　4583(校)
67　厲　鶚　2227(分修)
2270(撰)
2270(序)
3380(序)
3854(跋)
3934(跋)
4730(批)
6126(序)
6189(序)
6197(序)
6692(跋)

7123_2　辰

10　辰　玉　5572(著)
25　辰　生　4844(校訂)
43　辰　始　533(輯)
533(自序)
80　辰　翁　3365(校正)

7123_3　縢

60　縢　園　6190(手記)

7124_7　厚

10　厚　五　5973(校刊)
40　厚　存　3675(較梓)
44　厚　菴　5842(輯定)
50　厚書菴　6160(跋)

7126_1　階

10　階　五　6166(著)
26　階　程　5993(較輯)

7128_6 願

30 願　良 5133(校)

7129_6 原

10 原一魁 4130(後序)
14 原　功 2476(著)
30 原　良 3867(撰)
3867(後序)
34 原　漢 1813(撰)
5340(著)
40 原　吉 6311(校正)
43 原　越 5527(序)
60 原　易 2805(著)
4223(補注)
77 原　學 407(正説)

7132_7 馬

00 馬應龍 987(序)
馬應鰲 5125(序)
馬文升 1239(撰)
馬文煒 2020(撰)
3980(序)
馬文燦 200(序)
01 馬　龍 4998(刻)
02 馬端臨 424(撰)
馬新民 2485(修)
09 馬　麟 2487(撰)
2487(序)
馬　讜 4912(跋)
10 馬一龍 3049(撰)
3049(自序)
馬元儀 3124(撰)
馬元塏 1081(序)
馬爾恂 5791(墓表)
馬　震 2202(序)
馬晉允 169(序)
12 馬弘儒 3129(序)
3129(刊)
15 馬　融 2676(撰)
16 馬　理 27(撰)
27(序)
814(序)
5064(序)
5106(撰)
5259(序)
17 馬　豫 6660(序)
馬翼如 545(校閲)
20 馬禹錫 3675(參訂)
馬維翰 6134(撰)
馬維銘 1881(撰)
21 馬順孫 3951(撰)
馬師言 4972(編)
22 馬　鑾 1547(撰)

		1547(序)
	馬崇儒	3095(跋)
		4213(校正)
		4213(跋)
	馬　綬	470(校)
23	馬允登	2793(校)
		2793(序)
	馬秫土	869(弁言)
24	馬德良	1965(督補)
	馬德澧	1440(校正)
		1881(校)
		2803(校)
25	馬生龍	3702(著)
26	馬自援	1051(撰)
28	馬從聘	614(撰)
		1402(撰)
30	馬永易	4178(撰)
	馬之驦	2025(題識)
		2025(手批)
	馬之駿	3709(校)
		4521(校錄)
		5288(訂校)
		5288(序)
		5595(撰)
		5631(序)
	馬之騏	1704(詮次)
		5288(訂校)
		5624(閱)
		5624(序)
	馬宏衜	5685(撰)
		5685(引)
	馬　良	3630(序)
	馬宗素	3080(撰)
		3115(撰)
32	馬　浮	6077(跋)
34	馬汝彰	5245(撰)
	馬汝爲	3675(參訂)
	馬汝驥	5125(撰)
	馬汝駿	5125(後叙)
37	馬禬如	545(校)
38	馬　瀚	4380(撰)
	馬啟圖	5310(校)
		5310(跋)
40	馬大壯	3807(撰)
		3807(自序)
		5633(校)
	馬希龍	2008(編)
	馬存順	3057(校正)
	馬嘉松	4022(編)
		4022(自序)
	馬　森	5082(序)
42	馬樸臣	6126(序)
44	馬藎臣	1917(撰)
	馬　堪	4859(校)

	馬孝思	3725(序)
	馬攀龍	5341(校刊)
		5364(撰)
	馬　蒔	3057(撰)
	馬世奇	600(序)
		6488(序)
	馬權奇	132(撰)
46	馬如龍	5864(序)
	馬如金	132(訂)
47	馬　歡	2344(撰)
		2344(序)
48	馬翰如	545(校閲)
	馬教思	2652(序)
		5935(訂)
50	馬中錫	4972(撰)
		4973(撰)
52	馬　括	2713(輯)
		2713(序)
57	馬邦良	3992(校)
60	馬　星	3675(參訂)
	馬　思	4998(刻)
	馬思贊	4769(手札)
		4816(訂)
	馬圖河	3129(較字)
64	馬時和	545(校閲)
	馬時泰	545(校閲)
	馬時敏	545(撰)
		545(引)
67	馬明卿	2167(輯)
		2167(跋)
	馬鳴霆	4321(序)
		6813(序)
	馬鳴鑾	204(敂)
	馬鳴鸞	1034(校)
	馬鳴起	3623(序)
		4057(序)
70	馬　驤	2061(分輯)
71	馬　驥	5067(校)
	馬長淑	2931(較)
		6665(編)
		6665(題詞)
		6665(序)
74	馬　助	3675(參訂)
76	馬　陽	2008(編)
77	馬際熙	4973(較訂)
	馬　駧	530(撰)
	馬興榮	2208(點校)
80	馬念祖	4973(較訂)
86	馬錫鵬	5106(跋)
	馬　錦	335(校)
88	馬　銓	2265(參校)
	馬符録	2225(撰)
90	馬　光	1744(序)
	馬　炎	2277(校)

91　馬恒謙　2929(序)
　　　　　2930(編)
　　馬恒世　1473(訂正)
　　馬恒錫　6267(跋)
　　馬　炳　4973(較訂)
　　馬炳然　1523(跋)
94　馬燁如　492(校)
　　　　　1540(編次)
　　　　　1540(跋)
97　馬耀河　3129(較字)
　　馬煥寘　5363(校正)
　　馬煇如　545(校)
98　馬　愉　4911(撰)
　　　　　4912(撰)

7171_1　匡

28　匡　儀　1889(輯)

滙

22　滙　川　4618(訂)

匪

00　匪　齋　2644(撰)
44　匪　莪　1893(輯)
　　　　　6560(輯)

7171_4　既

00　既　亭　5919(選)
　　既　方　4084(著)
　　既　庭　203(參訂)
　　　　　2209(較正)
26　既　穆　4880(編次)
67　既　明　1003(纂訂)

7171_6　區

00　區慶雲　1543(校)
40　區大倫　5391(傳)
　　區大相　949(訂)
43　區　越　4859(序)
55　區農羲　6485(手跋)

7171_7　巨

27　巨　峰　6764(輯)
31　巨　源　686(參訂)
　　　　　3457(校)
　　　　　5628(閲)
　　　　　5628(序)
　　　　　5772(著)
32　巨兆文　3053(較)
　　　　　3053(跋)
34　巨　濤　2270(參訂)
40　巨　來　5670(定)

77 巨 卿 4247(註解)

臣

21 臣 虎 427(增)
5415(校)
71 臣 厗 421(校)

7173_2 長

00 長 庚 4611(述)
長 玄 3584(著)
10 長 靈 6545(閱)
11 長 孺 1035(訂)
4451(著)
5423(序)
5535(著)
17 長 豫 2164(監)
21 長 穎 1677(著)
22 長 山 787(校)
26 長白秃道人 3742(題識)
36 長澤規矩也 2541(說)
43 長 哉 183(輯述)
47 長 穀 3691(校)
50 長 青 6222(著)
77 長 卿 962(訂正)
2319(評)
2807(閱)
4037(纂輯)
5578(著)
5584(譔)
6444(撰)
6527(編次)
6541(校)
長 輿 4237(撰)
6440(校正)
80 長 人 5755(著)
長 益 6802(校閱)
長 善 847(手輯)
長谷真逸 4404(撰)
長 公 196(參)
4062(輯)
5437(選)

7178_6 頣

21 頣貞楙窔 4675(續編)
22 頣 仙 6353(序)
44 頣 菴 298(自序)

7210_0 劉

00 劉亮采 5109(校)
劉 鷹 1510(編)
劉應龍 611(序)
2496(叙)
4001(裁定)
劉應麒 5319(訂)

	劉應峯	4856(訂正)
		4856(序)
	劉應李	4183(撰)
	劉應泰	3112(編)
	劉應舉	2800(重修)
	劉應節	2999(序)
	劉應棠	3052(撰)
	劉康祉	5141(序)
	劉　庚	586(校刻)
	劉文玉	1436(校刊)
	劉文進	1919(撰)
	劉文斗	6607(識語)
	劉文徽	1596(編)
	劉文逵	6545(閱)
	劉文達	6545(閱)
	劉文壽	1092(梓)
	劉文顯	6545(閱)
	劉文卿	3608(序)
		5543(撰)
	劉文兼	6545(閱)
	劉文煥	2257(識語)
	劉文燦	5043(校)
	劉言謹	2803(校正)
	劉　讓	2986(序)
	劉襄祚	1322(較閱)
		1322(序略)
02	劉端仁	628(校正)
04	劉　謨	4856(編次)
08	劉謙吉	3450(訂)
		3450(序)
		5840(序)
09	劉　麟	4235(序)
10	劉一翼	5043(訂)
		5043(記)
	劉一相	2246(閱)
		6457(編)
		6457(叙)
		6457(識語)
	劉一爌	3968(序)
	劉一焜	2358(序)
		5363(序)
	劉三吾	961(序)
		4856(撰)
	劉正宗	5706(序)
		5707(序)
		5904(鑒定)
	劉正忠	5357(較)
	劉　玉	3702(記)
	劉玉成	4921(跋)
	劉　璽	2486(撰)
	劉　璋	3348(撰)
	劉元龍	231(撰)
		231(自序)
		231(補序)

劉元訒 2803(校)
劉元琬 196(序)
196(鑒定)
劉元侑 254(較)
3183(較字)
劉元佶 254(較)
3183(較字)
劉元俶 254(較)
劉元芳 3833(挍正)
劉元素 3115(撰)
劉元慧 5837(行狀)
劉元卿 57(撰)
822(撰)
1676(撰)
1676(後序)
2800(撰)
2800(自序)
3985(撰)
5367(序)
5469(撰)
5479(選)
5479(序)
劉元燮 6183(撰)
劉 丙 4996(序)
劉而鉉 16(輯編)
4226(補註)
4920(補註)
劉爾憚 5992(撰)
劉 震 6261(序)
劉震孫 2576(跋)
劉天和 1455(撰)
1455(序)
2072(撰)
劉天真 309(撰)
劉天植 622(序)
劉天民 5019(序)
5109(撰)
5125(後序)
劉石潭 15(撰)
劉可大 3675(較梓)
劉醇驥 902(撰)
5755(閱)
5756(撰)
劉醇駿 5059(撰)
5059(傳)
5756(校)
劉云份 6582(輯)
6582(序)
6605(編)
6605(序)
6643(輯)
劉 雲 5707(挍)
5707(序)
劉雲峰 6206(撰)

11　劉　珏　4921(撰)
劉　班　4185(撰)
劉　琴　895(撰)
12　劉瑞遠　2167(較)
劉　璣　2485(修)
劉弘毅　1092(校正)
1858(序後)
劉弘振　2831(校梓)
劉　剸　2987(跋)
劉廷謨　1653(訂)
1653(跋)
2621(序)
劉廷元　5515(序)
劉廷璣　1569(跋)
3877(撰)
3877(自序)
6066(撰)
6066(自序)
6067(撰)
6067(自序)
劉廷佐　558(序)
劉孔敦　6414(批點)
劉孔中　4192(編次)
4192(跋)
劉孔昭　3227(撰)
劉孫茂　5805(纂輯)
13　劉　琬　4948(序)
劉　瑊　5322(序)
5323(序)
劉　瑄　250(撰)
250(自序)
250(自跋)
14　劉　瑾　3088(補輯)
劉　琦　73(校)
劉　珙　5302(序)
劉　琳　1318(著)
16　劉　聰　1043(序)
17　劉孟雷　1670(校)
劉孟保　2372(撰)
劉　珝　3517(序)
4912(序)
4931(撰)
4941(後序)
劉　瑤　2005(序)
2005(監修)
劉乃大　3450(校)
3450(跋)
劉乃英　5944(説)
劉承幹　2862(跋)
4471(跋)
劉子高　4850(著)
劉子玄　2572(自序)
2572(傳)
劉子壯　5805(撰)

劉子伯 5227(評點)
5227(後序)
劉子魯 3790(閱次)
劉子威 4250(撰)
劉君賢 3516(撰)
劉 碌 5854(訂次)
18 劉 珍 4926(校正)
劉聆善 5854(訂次)
劉 璈 1615(跋)
19 劉 琰 2469(序)
20 劉位坦 2551(手跋)
3633(題記)
劉季鵬 1862(序)
劉禹錫 6700(撰)
劉 采 3698(參校)
劉秉忠 3244(撰)
劉秉周 1927(校)
劉秉鈴 5059(撰)
劉統勳 6065(序)
劉維謙 1075(撰)
1075(自序)
21 劉 止 2019(纂輯)
劉能立 16(梓)
劉能亭 16(梓)
劉能亮 16(梓)
劉能齊 16(梓)
劉能高 16(梓)
劉能育 16(梓)
劉能衮 16(梓)
劉能永 16(梓)
16(跋)
劉能鏡 16(梓)
劉行秉 2931(跋)
2931(刊)
劉處元(玄) 4598(撰)
劉處靜 4660(撰)
劉師朱 5629(撰)
劉師恕 5890(序)
劉 穎 5574(編)
5574(識語)
22 劉胤芳 4301(校)
劉胤昌 2795(序)
4301(撰)
4301(自序)
4301(識語)
劉 鼎 3833(挍正)
劉 嵩 6472(跋)
劉 崙 2521(序)
劉岸先 1642(分校)
劉鸞翔 3162(校)
劉崇基 5715(校刊)
劉 紃 928(較閱)
劉 崧 4850(撰)
劉 穩 5009(序)

劉　綬　5001(序)
劉　稱　4226(註釋)
4920(註釋)
23　劉傅巖　3711(序)
劉　然　1773(跋)
5865(序)
5979(撰)
劉　稼　4226(註釋)
4920(註釋)
24　劉　魁　1027(序)
5062(撰)
劉德輿　2474(校字)
劉德釁　2474(校字)
劉偉沛　5757(校)
劉　佑　5748(選)
劉儲秀　5029(叙)
劉　勳　2605(叙)
2606(序)
4944(序)
劉　峙　5892(跋)
25　劉　甡　932(序)
劉仲達　4306(編)
4306(自識)
劉　伸　1440(校正)
1440(序)
劉　健　4224(序)
劉　傳　5059(梓)
5059(跋)
劉　純　3081(撰)
3082(撰)
劉　績　906(撰)
1863(撰)
26　劉自潔　1328(跋)
劉自復　4921(重刊)
劉伯誠　471(校)
劉伯靈　5473(校)
劉伯順　471(校)
劉伯仁　471(校)
劉伯熊　2(編)
劉伯生　3980(序)
劉伯魯　471(校)
劉伯安　2567(編)
劉伯梁　471(校)
6202(校)
劉伯温　3310(著)
劉伯潮　6472(輯)
劉伯吉　471(校)
2567(編)
劉伯壥　895(梓)
劉伯敬　471(校)
劉伯陽　471(校)
6202(校)
劉伯朋　471(校)
6202(校)

劉　佃　1737(跋)
5082(彙選)
劉　侃　1127(校正)
劉　泉　5826(序)
劉　儼　4899(序)
4922(撰)
劉吳龍　891(序)
4626(撰)
27　劉　向　3026(序)
劉　侗　2288(撰)
2288(序)
2557(略述)
4322(撰)
4322(題辭)
劉　御　3385(序)
劉名芳　2204(纂)
2219(著)
劉　魯　5043(録)
劉　絢　624(撰)
劉紹武　16(梓)
劉紹鶚　16(梓)
劉紹攽　251(撰)
251(自序)
724(撰)
724(自序)
725(撰)
725(小序)
879(訂)
879(序)
3726(校)
6674(編)
6674(自序)
劉紹恤　1127(後序)
3804(序)
5639(序)
28　劉以貴　6038(撰)
劉復初　5354(傳略)
劉　牧　5854(訂次)
劉　綸　6040(序)
6180(序)
6230(序)
劉　繪　5261(撰)
29　劉鱗長　1708(撰)
1708(自序)
30　劉　宣　327(序)
劉宣化　6471(注)
劉濟民　1436(校刊)
劉　濂　32(撰)
32(序)
911(撰)
911(自序)
6378(撰)
6378(自序)
劉完庵　4921(著)

劉永澄　5574(撰)
劉永沁　5574(輯録)
劉永祚　4017(校刊)
劉永基　2027(協修)
劉永孝　5357(較)
劉永昌　3623(參閲)
　3623(序)
劉永錫　4896(序)
劉之瑞　3712(校)
　4320(較)
劉之待　4272(序)
劉之份　6605(編)
劉之泗　1582(手跋)
　1659(手跋)
　4794(觀)
劉之祥　3366(校)
　3918(重校)
劉守復　1820(校正)
劉　宇　3085(編)
劉　宏　4756(集註)
　4756(序)
劉良弼　5300(校刊)
　5300(序)
劉良璧　5357(序)
劉定之　16(撰)
　16(自序)
　1234(撰)
　2587(撰)
　4226(撰)
　4890(序)
　4920(撰)
劉寅之　2587(後序)
劉　賔　5088(編輯)
劉賓和　5760(輯)
劉賓友　5760(輯)
劉賓孝　5760(輯)
劉　實　4207(撰)
劉寶楠　5892(批)
劉宗魏　2474(撰)
　2474(自序)
劉宗周　93(撰)
　93(小引)
　2824(撰)
31　劉馮信　2931(刊)
劉　濬　1449(編)
　1449(序)
劉　涵　2545(序)
劉源渌　2929(撰)
　2930(撰)
　2931(撰)
劉源長　3450(撰)
32　劉兆繩　471(校)
劉　澄　3522(序)
劉　遜　4918(序)

33	劉心忠	5357(蒐輯)
	劉必位	5357(較)
	劉必逵	1684(校)
	劉必達	4452(校)
	劉必超	5357(較)
	劉　泌	3702(記)
	劉　溥	4909(撰)
	劉梁嵩	5930(序)
34	劉　斗	1759(鑒定)
	劉汝飛	2931(跋)
	劉汝浹	3995(訂訛)
		5488(銓次)
	劉汝潔	5997(梓)
	劉汝大	3974(校)
	劉汝桂	6723(校)
	劉汝昭	659(引)
	劉　濤	2831(校梓)
	劉浡然	3568(訂)
	劉洪謨	4278(序)
	劉　祜	6418(選)
		6418(序)
	劉　祐	6418(編)
	劉達可	4182(編)
35	劉　溱	5191(刊)
36	劉　湘	5826(識)
	劉　昶	4062(訂)
	劉温舒	3054(圖式)

37	劉　洞	2259(編)
	劉鴻訓	4193(編)
		6457(參閱)
	劉鴻采	4192(編次)
		6457(參閱)
	劉　鴻	4975(撰)
	劉鴻英	4250(校刻)
	劉鴻範	6457(參閱)
	劉淑賢	2615(點校)
	劉　澤	372(識語)
	劉　凝	591(撰)
		1004(撰)
		1005(撰)
		1005(自序)
	劉次簫	4769(手跋)
	劉深源	1093(校定)
	劉祖顏	3840(序)
	劉祖拼	2831(校梓)
	劉逢源	5887(撰)
	劉逢禄	5578(跋)
38	劉祚遠	2051(序)
	劉　祥	642(校刻)
	劉肇虞	4826(輯)
		5817(批註)
		5817(序)
	劉肇國	3393(跋)
	劉啟明	3257(撰)

40 劉大千 4222(訂)
劉大杰 5552(校編)
劉大彬 2140(撰)
2140(自序)
劉大用 4653(序)
劉友誠 5255(後序)
劉友光 5077(序)
6136(序)
劉士傑 2180(修纂)
劉士林 5993(序)
劉士忠 1612(校)
1612(序)
2090(叙)
2090(編輯)
2092(序)
2092(校)
5262(序)
劉士驥 5583(撰)
劉士鏻 6548(編)
6548(序)
劉 坊 5910(後序)
劉 塙 5507(校梓)
劉堯誨 5357(撰)
劉克平 955(輯)
劉克莊 6779(撰)
劉有容 4272(校)
劉希孟 2020(序)
劉希杜 5031(校)
劉希周 799(序)
劉 存 3685(撰)
劉存義 5174(校)
5174(序)
劉志德 5877(序)
劉熹唐 5756(輯)
劉喜海 2520(校注)
2537(跋)
3301(題記)
4829(跋)
5164(手批)
6263(跋)
劉 奇 642(校刻)
劉真人 3070(撰)
41 劉 楷 3433(序)
42 劉 壥 4810(撰)
劉斯科 5043(校)
劉斯組 254(撰)
3183(撰)
3183(序)
劉斯源 836(編)
劉斯來 5043(輯)
5043(記)
劉斯原 836(撰)
43 劉 城 678(撰)
678(序)

849(序)
1322(序)
1742(序)
劉戡之　5644(校梓)
5644(序)
44 劉　基　1219(撰)
3220(著)
3220(序)
3221(撰)
3222(註)
3222(序)
3244(註)
3245(撰)
3271(增補)
3290(撰)
3310(撰)
3518(撰)
3904(撰)
6781(撰)
劉　藻　5043(校)
劉夢震　4062(輯)
4062(序)
4293(序)
劉夢鵬　732(撰)
4711(撰)
4711(自序)
劉　芳　2048(撰)
2048(序)
3053(序)
劉芳喆　5702(序)
劉芳躅　1470(序)
劉芳譽　2130(輯)
2130(跋)
劉蔭樞　197(撰)
696(撰)
劉茂實　4207(註)
劉茂溶　6655(序)
劉孝韙　1860(序)
劉　懋　1411(撰)
劉孝標　4445(注)
劉萬春　2043(撰)
2043(序)
劉　芙　2773(校)
劉　英　1960(纂)
劉　薔　576(說)
1557(說)
4313(說)
4582(說)
5262(說)
5757(說)
5919(說)
劉若宰　4256(閱)
劉世珩　4060(跋)
劉世衢　3194(撰)

	劉世偉	3790(撰)
		6726(撰)
	劉世進	16(梓)
		4226(輯編)
		4920(編輯)
	劉世遠	16(梓)
		4226(輯編)
		4920(編輯)
	劉世達	16(梓)
		4226(輯編)
		4920(編輯)
	劉世載	1995(纂輯)
	劉世昌	1653(後序)
	劉　贄	2772(序)
		5991(參訂)
		5991(凡例)
		5991(評)
	劉　葉	4330(撰)
	劉　林	1575(刊)
45	劉　榛	5845(序)
46	劉覲文	5643(序)
	劉　恕	1092(撰)
		1858(外紀)
47	劉朝箴	4239(序)
		4329(校閱)
	劉好德	5043(校字)
	劉起發	1067(校)
	劉超崢	5059(梓)
	劉起漢	3840(跋)
48	劉　乾	5283(撰)
		5283(自序)
	劉　教	3761(撰)
	劉敬純	447(撰)
	劉敬祖	2831(校梓)
	劉松年	3421(寫圖)
	劉　梅	895(參)
50	劉　泰	4890(刊)
	劉青震	2567(閱)
		2567(序)
	劉青霞	869(序)
		6202(撰)
	劉青夕	6643(選)
	劉青藜	2567(撰)
	劉青麓	1067(校)
	劉青蓮	471(鑒)
		572(撰)
		6202(事略)
	劉青芝	471(撰)
		471(識語)
		516(撰)
		516(自序)
		572(訂)
		572(識語)
		2062(序)

6202(編)
劉　忠 1513(後序)
劉東山 2746(校)
劉東星 1141(序)
51 劉　振 1157(撰)
劉　據 3517(跋)
53 劉咸炘 6094(批點)
54 劉　勅 2676(注)
57 劉邦靖 3651(校)
劉邦胤 1679(重閱補梓)
58 劉　整 2995(記)
60 劉日孚 4248(校)
劉日升 2394(撰)
4450(跋)
5475(編)
劉日相 2678(訂)
劉日曦 118(撰)
劉曰寧 58(序)
1435(補遺)
1435(敘)
5176(删訂)
5176(序)
5451(序)
5475(輯)
5543(校)
劉曰淑 492(校)
1478(校)
1478(後序)
劉思温 6433(撰)
劉　愚 5854(訂次)
劉　昌 1963(序)
劉昌榮 5805(訂)
劉　昆 1980(理工)
劉　果 6280(序)
劉景韶 1373(編)
劉景清 2186(校)
64 劉　睦 5543(輯)
劉時舉 2721(跋)
67 劉明陽 1399(跋)
3816(跋)
劉鳴珂 303(撰)
2969(撰)
劉　昭 1250(撰)
劉嗣昌 4301(撰)
劉鶡化 5059(撰)
71 劉　辰 1228(撰)
劉辰生 2931(刊)
劉辰翁 1086(評)
4445(批)
4720(評)
4735(註)
4800(撰)
4807(序)
6508(評)

劉　斆　6502(訂)
劉臣敬　1018(撰)
　　1018(自序)
72 劉　髦　15(撰)
　　4891(撰)
　　4920(撰)
劉氏翠巖家塾
　　4208(識)
74 劉尉文　807(輯)
75 劉體元　3651(跋)
　　4926(編輯)
　　4926(序)
劉體仁　5792(序)
　　5854(撰)
76 劉　陽　2753(撰)
劉　隅　2079(纂輯)
劉　駟　4855(撰)
77 劉　堅　3719(撰)
　　3719(自序)
劉　凡　5854(訂次)
劉風起　2670(撰)
劉　鳳　826(序)
　　1647(補遺)
　　1649(撰)
　　1649(序)
　　4250(撰)
　　4250(自序)
　　5331(撰)
　　5331(自序)
　　5403(序)
　　6546(序)
劉鳳池　5066(序)
劉用章　812(輯)
　　812(識語)
劉同慶　5760(輯)
劉同占　5760(輯)
劉同延　5760(輯)
劉同升　4866(序)
　　4930(序)
　　4992(閱選)
　　5087(選)
　　5563(序)
　　6552(點定)
劉履芬　1194(跋)
　　2140(題記)
　　4794(題記)
劉學愉　5469(序)
劉　賢　979(序)
80 劉人傑　6205(刊安)
劉入孝　5357(較)
劉益安　1332(校點)
劉　鏞　4967(觀款)
劉　鉉　4941(序)
劉　兑　6469(編)

劉介齡 541(閱)
劉　斧 4495(撰)
劉　兼 1874(校)
劉令孝 5357(較)
劉念臺 3756(鑒定)
5574(輯)
劉午亭 4669(録校)
劉義慶 4445(撰)
劉　善 2645(撰)
劉善志 4536(序)
劉曾輝 516(跋)
劉會孟 1086(評)
劉命清 5760(撰)
劉養度 5059(校)
劉養微 5059(撰)
劉養吉 5059(著)
81 劉　鈺 4921(撰)
83 劉　鉞 14(序)
86 劉錦文 4819(跋)
6703(輯)
6703(跋)
劉錫玄 5655(序)
劉錫元(玄) 5591(撰)
劉知幾 2572(撰)
2574(序録)
2574(傳)
劉　智 3675(撰)
3675(序)
88 劉　鑑 4126(序)
劉　筠 3030(撰)
劉　攽 4176(撰)
6715(撰)
劉　節 955(書後)
1612(撰)
4212(校補)
4410(叙)
5042(撰)
5043(撰)
6363(編)
6363(序)
劉餘祐 5702(撰)
5702(自序)
劉策孝 5357(較)
5357(跋)
90 劉惟謙 2528(撰)
劉惟志 3342(撰)
劉懷志 372(撰)
劉懷恕 1169(校)
1169(序)
1876(校正)
1876(序)
4132(參校)
5385(訂)
5385(序)

劉惇福　2575(跋)
劉光晉　899(鐫)
劉光鑾　4711(校)
劉光得　1322(序)
劉光漢　917(編輯)
劉光銘　4711(校)
劉光鑑　4711(校)
劉光鎮　4711(校)
劉尚文　6670(跋)
　　6779(校補)
劉尚朴　2035(撰)
劉尚質　2063(跋)
劉半農　1081(題簽)
91 劉　炳　807(述記)
92 劉　剡　812(撰)
　　1092(識語)
　　1092(纂輯)
94 劉　煒　3187(跋)
95 劉　性　1492(序)
96 劉　爔　2931(刊)
劉　煜　895(梓)
97 劉恪孝　5357(較)
劉　煥　895(梓)
劉　輝　676(較閲)
劉　熠　5285(撰)
98 劉　悌　917(筭正)
劉　敞　4645(著)
　　4745(撰)
劉　爚　807(述記)

7210_1　丘

00 丘方遠　4628(校定)
丘龐塏　5775(序)
丘應和　5141(序)
11 丘　璿　4547(撰)
20 丘禾實　5473(序)
30 丘　汴　4956(校正)
丘宗聖　5783(序)
31 丘　濬　607(輯)
　　607(序)
　　609(序)
　　1099(序)
　　2594(定)
　　2594(叙)
　　2701(序)
　　2737(序)
　　4885(編)
　　4885(序)
　　4923(序)
32 丘兆麟　63(校評)
40 丘九仞　1612(序)
　　4982(後叙)
丘　吉　6328(校正)
44 丘　葵　483(學)

483(自序)
50　丘東昌　1438(校刊)
60　丘　晟　2220(序)
77　丘民瞻　6419(序)

7222_1　所

40　所　南　4806(撰)
51　所　軒　5257(輯録)
　　　　　5257(識語)
80　所　養　3992(校)
　　　　　3992(序)

7223_7　隱

44　隱　菴　3132(訂正)
50　隱夫玉簡　4642(撰)
52　隱拙齋　794(序)

7226_1　后

22　后　崗　5204(著)

7255_2　鬅

32　鬅　淵　6591(選)

7260_1　髻

22　髻　山　850(評定)

7277_2　岳

10　岳　正　3524(撰)
　　岳元聲　2815(撰)
11　岳　珂　4789(撰)
12　岳　飛　1526(著)
13　岳　武　877(參訂)
21　岳虞巒　170(述)
　　　　　3640(序)
22　岳　嵐　170(述)
24　岳儲精　2484(督刊)
26　岳和聲　2766(校閲)
　　　　　2766(序)
28　岳　倫　5197(撰)
30　岳宏勳　2958(校集)
　　岳宏譽　231(序)
　　　　　6009(序)
40　岳　木　3830(校正)
44　岳萬階　1931(題詞)
　　岳世瞻　1247(考訂)
50　岳東升　5099(序)
58　岳鰲圖　934(參訂)
64　岳　暎　5703(序)
73　岳駿聲　2783(校)
77　岳熙載　3159(撰並集註)

7280_6　質

00　質　廬　5805(纂輯)
10　質　可　5986(著)
50　質　夫　624(撰)
709(校)
53　質　甫　5254(著)
72　質　所　5207(編次)
80　質　人　5909(著)

7334_7　駿

47　駿　聲　844(參閲)
53　駿　甫　4036(輯)
80　駿　公　2209(纂修)

7370_0　卧

00　卧庵老人　6321(識語)
17　卧　子　418(較)

7412_7　助

53　助　甫　5358(著)

7421_4　陸

00　陸　離　1045(正字)
陸競烈　6027(序)
陸應暘　1953(纂)
陸應陽　1953(纂)
4317(訂正)
5396(序)
陸慶臻　6614(序)
陸唐老　1094(編)
陸廣明　3436(題後)
5572(序)
陸　讓　1354(刊)
01　陸龍其　4093(序)
03　陸詒孫　3977(編)
08　陸　謙　97(校正)
09　陸麟書　721(校輯)
10　陸正夫　5838(校閲)
陸元通　319(題識)
陸元聲　1920(删潤)
陸　平　196(跋)
196(較)
陸西星　4611(撰)
4611(序)
陸可求　224(序)
陸雲龍　5579(輯)
6559(編)
6559(序)
12　陸弘祚　6283(評)
陸廷珪　5819(跋)
陸廷機　97(校)
陸廷燦　2226(參照)
2226(序)

3474(撰)
3888(撰)
3888(自序)
陸延枝 3977(撰)
15 陸翀之 1112(校閲)
1867(識)
6443(輯)
16 陸 理 1960(纂)
17 陸 羽 3445(撰)
陸君弼 2025(撰)
20 陸位時 145(序)
174(撰)
陸 秀 6325(校正)
陸 舜 4192(較閲)
4192(序)
5721(序)
陸秉笏 6221(序)
6221(題詩)
6221(行略)
陸 采 4511(撰)
21 陸 師 2905(跋)
2931(定)
2931(序)
陸師道 5075(序)
5129(序)
5184(序)
22 陸 稃 3553(編)
4126(録)
23 陸稼書 1170(評點)
24 陸化淳 2602(訂)
4232(訂正)
陸化熙 425(撰)
425(自序)
1947(撰)
1947(自引)
4958(序)
陸德明 571(音義)
721(音釋)
陸休徵 425(編録)
陸 勳 4491(撰)
25 陸 律 4611(校)
4611(序)
陸 俸 5093(撰)
26 陸伯元 4273(次)
陸伯生 2266(輯)
陸 佃 4561(撰)
陸 偲 721(參評)
27 陸龜蒙 3045(撰)
4546(撰)
陸 僎 3904(手記)
陸甸源 97(校)
陸 粲 642(撰)
642(自序)
642(跋)

3780(序)
陸紹琦 513(序)
陸紹衡 3888(較字)
陸紹良 3888(較字)
28 陸從平 985(挍正)
3009(跋)
3788(序)
4461(序)
陸 綸 388(校)
575(校)
4126(序)
6224(校)
30 陸 瀛 5051(序)
5051(刊)
陸寛徵 857(較訂)
陸宸徵 857(較訂)
857(跋)
陸 進 3279(序)
6803(定)
6803(序)
陸之祺 4321(序)
陸之選 5552(緣起)
陸之裘 6365(撰)
陸之箕 3522(序)
6365(撰)
陸 宰 4561(序)
陸 容 4059(撰)
陸 寅 4098(序)
5864(序)
陸宗淵 1062(序)
陸宗觀 6800(參訂)
31 陸 沅 5738(題詩)
陸濬源 1734(輯)
陸 禎 2034(分閱)
32 陸淵之 4962(撰)
陸澄原 1715(閱)
1715(序)
33 陸心源 2537(手跋)
2543(批注)
4770(輯)
34 陸 浩 721(編)
721(評輯)
721(跋)
陸 遠 5377(校)
35 陸禮徵 857(較訂)
857(跋)
36 陸渭璜 97(閱)
37 陸鴻業 97(序)
陸次雲 2300(撰)
2362(撰)
2363(撰)
2364(撰)
3876(撰)
3876(引言)

5919(撰)
5920(撰)
6622(序)
6787(撰)
陸　深　1256(撰)
1805(撰)
1806(撰)
1976(撰)
2276(撰)
2436(撰)
2571(撰)
2748(撰)
3347(撰)
3418(撰)
3763(撰)
3764(撰)
3765(撰)
3766(撰)
3962(撰)
4423(撰)
4424(撰)
4425(撰)
4426(撰)
4427(撰)
4428(撰)
4861(删定)
4861(序)
5051(撰)
陸運昌　4313(序)
38 陸　淞　2584(序)
陸　游　3468(撰)
3702(撰)
陸祚蕃　1837(撰)
5834(序)
陸祥旭　341(序)
陸肇鼎　97(跋)
97(校正)
97(閲)
40 陸九淵　2760(著)
4783(撰)
陸士渭　4538(閲訂)
陸奎章　4566(撰)
4566(自序)
陸奎勳　241(撰)
241(自序)
380(撰)
380(自序)
465(撰)
465(序)
570(撰)
723(撰)
723(自序)
5738(跋)
6065(序)

6137(撰)
6137(自序)
6192(序)
6626(編次)
6677(序)
陸　培　3380(参)
6151(序)
陸有繩　145(序)
陸志孝　5467(校正)
陸悳丞　319(題識)
陸嘉穎　1212(跋)
1726(撰)
4799(跋)
陸嘉淑　565(序)
5847(序)
5889(序)
6027(序)
陸樵書　5737(跋)
陸　森　3264(撰)
3264(序)
41　陸　堦　5838(序)
42　陸　圻　3656(撰)
4346(序)
4534(撰)
5689(序)
6756(序)
43　陸求可　3450(訂)
3450(序)
5840(撰)
6682(序)
44　陸夢龍　101(撰)
145(序)
1313(撰)
陸懋龍　5135(跋)
陸世儀　2105(序)
陸世楷　5737(序)
陸樹聲　2604(序)
3349(撰)
3443(撰)
3443(小序)
3564(撰)
3565(撰)
3566(撰)
3569(序)
3702(撰)
3779(撰)
3996(序)
4128(撰)
4129(撰)
5159(序)
5163(引)
5163(墓表)
5272(序)
5340(序)

5454(序)
陸　菉　5794(跋)
6617(編)
6617(自序)
陸藴崑　5738(跋)
46 陸　相　1515(撰)
47 陸　埘　3776(撰)
5189(撰)
陸聲鐘　3380(編次)
陸起龍　104(撰)
5051(編)
5051(跋)
陸起鯨　1717(序)
陸　楣　373(序)
48 陸　檄　4212(序)
陸　梅　6427(圈評並跋)
50 陸　表　4939(校刊)
陸　東　6683(序)
6683(跋)
陸　柬　5216(後序)
51 陸振奇　96(撰)
陸振芬　1337(跋)
53 陸輔之　6808(撰)
55 陸　典　2795(跋)
陸費墀　6243(校閲)
6733(校)
57 陸邦烈　867(編)
58 陸　鏊　5339(序)
陸　鰲　965(後序)
60 陸思勄　2855(跋)
61 陸　顥　1062(授梓)
63 陸貽孫　3977(編)
陸貽典　5801(序)
6304(箋)
6304(序)
6780(校)
6797(校並跋)
64 陸時雍　145(序)
陸時化　5230(跋)
陸時泰　5000(編集)
67 陸明徵　425(編録)
陸鳴勳　101(序)
陸鳴鼇　2898(撰)
71 陸隴其　370(撰)
852(鑒定)
856(編)
856(自序)
857(撰)
1170(編)
1170(自序)
2903(撰)
2904(撰)
2906(撰)
2906(序)

4344(参)
陸　頎　1062(授梓)
77 陸鳳儀　1964(編)
陸鳳池　6181(撰)
陸卿燊　2041(修)
79 陸勝宗　4131(對讀)
80 陸　鎬　4611(校)
陸公鏐　857(編次)
81 陸　鉌　4976(識語)
82 陸鍾輝　2564(跋)
83 陸　釴　1994(撰)
1994(自序)
4432(撰)
4433(撰)
5135(撰)
84 陸　銑　3405(序)
85 陸　鍵　351(撰)
2164(校)
86 陸錫熊　6221(手録)
6733(校)
陸錫明　928(序)
陸　錦　1160(訂)
88 陸　簡　4960(撰)
陸繁弨　1052(後序)
6043(撰)
90 陸光宅　489(跋)
1110(跋)
4126(跋)
陸光祖　1436(校刊)
3569(跋)
5448(校選)
5448(序)
91 陸　烜　1209(跋)
4469(訂)
4469(跋)
4517(訂)
94 陸慎修　5006(序)
97 陸　燿　5729(序)
99 陸　榮　4998(刻)

7422_7　勵

44 勵杜訥　5987(序)

7423_2　隨

00 隨　庵　6814(增輯)
27 隨緣居士　5798(評)
5798(題辭)
44 隨　村　6153(著)

肱

30 肱　良　4618(参校)
44 肱　枕　4532(著)

7431_2 馳

44 馳　黄 1057(著)
5766(著)
5767(著)
5768(著)
5769(著)
5770(著)
6811(著並注)

7521_8 體

27 體物子 3503(註)
50 體　中 1664(校正)
1711(編纂)
60 體　國 70(閲)
94 體　忱 3971(正)

7529_6 陳

00 陳鹿苹 1669(批評)
陳　亮 2577(撰)
陳亮采 3635(序)
5634(序)
陳應麐 4377(撰)
4377(自序)
陳應行 6692(編)
6695(編)
陳應賓 4888(序)
陳應選 3323(撰)
陳應芳 3002(梓)
陳應翔 4487(刊)
陳康伯 4773(撰)
陳文烈 4508(刊)
4508(序)
陳文絧 2575(跋)
陳文述 4844(跋並題詩)
陳文濤 5697(撰)
陳文在 2220(撰)
陳文藻 6673(編)
陳文剛 2675(校)
陳文燭 674(序)
1371(序)
2444(序)
3988(序)
4177(序)
4281(序)
4445(序)
5157(序)
5296(序)
5297(序)
5343(後序)
5376(序)
5390(序)
5393(序)
5394(撰)

5453(序)
6443(序)
陳文焕　6456(編)
6456(序)
6472(序)
陳奕禧　2556(序)
2565(撰)
陳　言　54(撰)
陳　音　4902(序)
陳　讓　2004(撰)
陳玄胤　3702(校)
陳　襄　224(序)
陳　褒　4796(序)
01　陳龍正　2509(撰)
2509(自序)
2694(編)
2694(序)
4055(小引)
5020(輯)
5020(序)
陳龍墀　5580(較)
陳龍光　4006(訂正)
陳　訏　3178(撰)
3178(自叙)
6042(撰)
6658(編)
6658(序)
陳訏謨　3414(授鋟)
03　陳　斌　3113(較閲)
陳　誠　1799(撰)
4866(撰)
04　陳　詵　195(撰)
859(撰)
2656(撰)
6202(序)
陳　詩　1436(校刊)
陳詩教　3413(校)
3489(撰)
3489(自序)
4574(校訂)
陳詩雅　5426(後序)
05　陳　講　2072(序)
2521(撰)
2521(自序)
07　陳　毅　1850(批校)
08　陳　旂　2011(採集)
陳　效　3009(序)
陳敦豫　5123(編)
陳敦履　5123(編)
陳許廷　665(撰)
665(自序)
10　陳一元　5557(選)
陳一德　5073(跋)
陳一路　1566(後序)

陳一夔　2010(後序)
5863(訂)
陳三畏　2034(閱)
陳正綗　2575(跋)
陳玉誥　555(訂)
陳玉璂　2300(評)
3868(批)
4731(序)
5794(序)
5809(序)
5867(序)
5946(撰)
5947(撰)
陳玉琪　5732(序)
陳玉陛　5096(輯)
陳玉父　6291(跋)
6292(序)
陳玉輝　5580(撰)
6491(序)
陳王道　1376(序)
陳至言　4365(序)
6079(撰)
陳五昌　3822(序)
陳五器　5780(跋)
陳元亮　445(撰)
陳元龍　2222(序)
5965(序)
6017(撰)
6048(序)
6099(序)
陳元珂　5081(叙)
陳元允　3702(輯)
陳元素　3017(著)
3017(序)
3399(序)
3486(序)
5569(校刻)
5569(跋)
6371(校)
6371(序)
6372(序)
陳元勛　4248(序)
陳于廷　5199(校梓)
5199(序)
5434(小引)
陳于鼎　669(撰)
陳于朝　2048(修)
陳于陛　3591(撰)
陳　霆　1909(撰)
1909(序)
1909(跋)
3695(撰)
3695(跋)
3760(撰)

5035(撰)
6719(撰)
陳天麟 1492(撰)
1492(序)
陳天璣 2952(序)
陳天保 3049(校)
3362(校)
3627(校)
3959(校)
4589(校)
陳石堂 2934(編)
陳吾德 5392(撰)
陳　晉 1008(序)
陳可升 6272(較)
陳可則 2721(對讀)
陳雲武 6747(著)
陳雲式 6747(撰)
陳震生 441(校)
陳函輝(煇) 6563(序)
6552(序)
11 陳　珏 555(習)
陳　璿 2216(撰)
陳張翼 2225(參補)
陳張陳 466(輯)
陳張曾 466(輯)
陳　斐 4747(校勘刊謬)
陳　棐 4126(序)
5266(撰)
12 陳登雲 1119(序)
5266(序)
陳　瑞 1373(序)
陳聯捷 31(編次)
陳　瑫 1092(校)
陳弘謀 610(序)
895(序)
1121(增訂)
1781(序)
2706(校刊)
2706(序)
2722(撰)
2722(自序)
2804(編)
2804(序)
6167(傳)
6224(序)
陳弘緒 5704(序)
陳弘祖 5699(輯)
陳廷慶 5738(題詩)
陳廷璡 6355(編)
陳廷概 2831(校梓)
陳廷敬 2660(序)
2661(序)
3022(序)
3870(序)

5594(序)
5784(序)
5862(撰)
6003(序)
6035(序)
6629(序)
陳廷閶 1078(校)
陳廷會 4346(序)
6043(序)
陳孔頊 2575(重校)
陳孔淦 3198(督梓)
13 陳 瓛 4270(挍)
6285(考訂)
陳 武 2119(撰)
陳 璸 6070(撰)
陳 琮 555(習)
14 陳 珪 555(習)
陳 瓘 2575(撰)
2575(自序)
2575(自跋)
陳 琦 1977(修)
陳 瑛 1448(序)
陳 璜 4161(撰)
6560(序)
陳 瓚 645(序)
5370(撰)
陳 琳 1983(序)
4976(序)
15 陳 翀 5035(跋)
陳 璉 4871(序)
4887(序)
陳 瓚 4232(訂正)
陳 建 2787(撰)
2787(自序)
2787(自跋)
16 陳聖謨 1001(訂)
陳聖俞 115(授梓)
陳 環 2721(校正)
17 陳 珮 6232(撰)
陳 瑚 2105(序)
2862(撰)
5953(序)
陳 珣 555(習)
陳 聰 1481(看詳)
陳 琛 31(撰)
2764(撰)
5123(撰)
陳鼒美 5580(編)
陳乃乾 4856(題記)
5878(校補)
5878(跋)
陳承翁 5115(編)
陳子龍 357(序)
418(較)

418(序)
443(撰)
443(自序)
450(撰)
1951(序)
2629(著)
2635(序)
3021(序)
3050(删補)
3050(凡例)
4057(序)
4883(序)
陳子壯　4294(編)
4294(序)
6551(序)
陳子和　4182(序)
陳子式　6778(序)
陳子性　3323(著)
陳翼飛　4276(序)
5598(撰)
6499(編)
6499(跋)
陳翼子　3415(序)
18 陳　珍　2721(對讀)
陳致虚　4659(撰)
20 陳重光　402(撰)
陳秀民　6709(編)
6710(編)
陳舜錫　2929(小引)
陳舜道　2040(校正)
陳　鱣　2543(校並跋)
2572(跋)
3098(跋)
3215(跋)
3718(跋)
3826(題記)
3900(手跋)
4370(跋)
4764(校並跋)
5742(題記)
陳受采　4370(跋)
陳　孚　4812(撰)
陳禹謨　825(撰)
825(自叙)
826(撰)
826(自序)
827(撰)
1169(序)
1252(撰)
3013(撰)
3013(題辭)
3827(撰)
3827(自叙)
4571(編)

5308(選次)
5614(參校)
6568(序)
陳禹郊 4727(輯)
陳 采 4660(撰)
4660(序)
陳秉仁 335(說)
陳秉之 511(訂)
陳秉浩 2791(校)
陳維崧 1057(序)
1902(撰)
3870(序)
4521(題記)
5745(序)
5794(較)
5794(序)
5796(序)
5798(閲)
5831(序)
5847(序)
5946(序)
5947(序)
5959(序)
6000(撰)
6752(撰)
6806(序)
21 陳上年 954(序)
陳 衍 3323(參訂)
4806(題記)
陳仁子 4802(撰)
陳仁錫 116(撰)
117(撰)
498(撰)
498(序)
841(增定)
841(撰)
841(自序)
1025(序)
1106(評閲)
1108(評閲)
1108(序)
1109(評閲)
1109(序)
1142(評正)
1704(序)
1890(編)
1890(自序)
2841(訂正)
2841(序)
2842(編)
3814(序)
3814(閲)
4327(序)
4753(編)

4753(序)
5145(序)
5426(編)
6529(鑒定)
6529(序)
6534(編)
6534(自序)
6535(編)
6544(序)
陳虞岳　1522(撰)
陳　倬　5798(題詩)
陳　衡　4897(撰)
陳睿謨　1669(評梓)
1669(序)
陳　師　3123(校)
3787(撰)
3788(撰)
3788(自序)
3788(自跋)
陳師道　4762(撰)
6715(撰)
6769(撰)
陳師泰　3400(序)
陳經翰　611(跋)
陳經邦　2623(序)
陳經國　5182(刊)
陳　綽　242(撰)
886(撰)
22 陳　鑾　3445(訂)
陳　鼎　1763(撰)
2333(撰)
3497(撰)
陳鼎新　4294(訂)
4294(序)
陳　嵩　89(校)
陳　循　2484(序)
4894(撰)
4895(撰)
4895(自序)
陳　山　4862(序)
陳利用　4780(編)
陳繼儒　768(校讐)
984(序)
1028(序)
1151(参校)
1298(序)
1320(撰)
1538(叙)
1539(序)
1554(編)
1683(序)
1702(叙)
1714(序)
1719(編)

1870(敘)
1949(定)
1949(序)
2125(序)
2324(訂)
2339(校)
2623(選)
2633(撰)
2633(自序)
2635(選)
2640(閱)
3344(校)
3359(校)
3362(校)
3366(撰)
3446(序)
3446(補)
3484(校)
3485(較)
3487(序)
3494(撰)
3494(自序)
3546(校)
3571(訂)
3584(校)
3627(校)
3644(撰)
3645(撰)
3645(自序)
3691(校)
3795(序)
3796(序)
3828(序)
3831(序)
3843(撰)
3844(撰)
3845(撰)
3913(序)
3917(撰)
3917(自序)
3918(撰)
3957(校)
3959(校)
4013(序)
4022(序)
4044(撰)
4045(撰)
4046(撰)
4047(撰)
4048(撰)
4049(撰)
4050(撰)
4050(序)
4051(撰)

4059(撰)
4146(撰)
4255(序)
4272(序)
4272(校)
4276(校)
4317(撰)
4317(序)
4320(序)
4459(閲)
4461(校閲)
4461(序)
4463(撰)
4463(序)
4464(撰)
4464(自序)
4548(校)
4574(梓)
4576(訂)
4640(訂)
4681(撰)
4681(序)
4682(撰)
4754(序)
5401(閲)
5473(書)
5500(序)
5538(序)
5572(序)
5607(序)
5615(選)
5615(序)
5671(序)
5686(跋)
6414(訂)
6479(標旨)
6526(編)
6527(編)
6527(序)
6528(編)
6529(批點)
6529(序)
6539(序)
6740(撰)
6785(序)
6807(校)
23 陳允衡 1742(撰)
5669(序)
5772(評)
5831(選)
6615(編)
陳允培 4508(跋)
5569(校刻)
陳允朏 466(校)

陳允朠 466(校)
陳允錫 1901(撰)
1901(自序)
陳獻章 2742(著)
4929(撰)
4929(自序)
陳傅良 4785(撰)
陳俊卿 1354(序)
陳我弦 611(訂梓)
24 陳仕賢 3103(編)
陳德文 3792(撰)
3792(自序)
5077(叙)
陳德滋 3856(題記)
陳德大 5275(補目)
陳德士 1045(較)
1045(梓)
陳德鳴 4873(跋)
陳德厚 1782(校)
陳　佶 1560(較閱)
5721(跋)
5835(序)
陳　勳 5576(撰)
陳特言 4773(跋)
陳科捷 5123(序)
5634(序)
25 陳仲子 3501(撰)
陳仲微 1207(撰)
陳仲溱 5699(編)
26 陳伯璣 1742(輯)
陳伯友 1455(序)
3616(撰)
陳伯英 2819(詮)
陳　侃 1295(序)
陳　鯉 1988(校正)
陳臯謨 4512(校)
陳吳才 3702(著)
陳　崿 6192(序)
陳繹曾 6312(輯)
6312(序)
6707(撰)
6707(自序)
27 陳倜儀 2970(校)
陳象瀚 2575(重校)
陳象樞 748(序)
陳　殷 1133(序)
陳名夏 849(上書)
849(揭)
849(序)
1364(跋)
5703(序)
5728(撰)
5728(自序)
陳名標 31(編次)

陳　魯　4624(記)
　　　　4624(凡例)
陳組綬　441(纂)
　　　　441(自序)
陳　絳　3567(撰)
陳紹儒　5281(撰)
陳紹濂　1776(校)
陳紹祖　3888(較字)
　　　　5699(輯)
陳紹英　4328(序)
陳紹翔　71(跋)
28 陳以誠　354(序)
　　　　6558(序)
陳以蘊　422(撰)
陳以敬　3013(跋)
陳以躍　2791(校)
　　　　4894(序)
陳以剛　6181(序)
　　　　6231(序)
陳以聞　1399(校)
　　　　2502(校)
　　　　5552(閲)
陳以範　4773(編次)
陳作楫　4933(跋)
陳　儀　2590(序)
29 陳　倓　388(序)
30 陳　宜　4925(撰)

陳　鎏　5275(撰)
陳　濂　1155(引言)
陳　淳　5426(撰)
　　　　5556(序)
陳　完　5589(撰)
陳　永　3028(補)
陳適度　2879(校)
陳之伸　1461(補)
　　　　1461(序)
　　　　1538(參補)
　　　　1560(編)
　　　　1560(小叙)
　　　　3855(著)
　　　　4069(著)
　　　　6765(撰)
陳之淯　4036(序)
陳之遲　(較閲)
陳之遴　1560(較閲)
　　　　5712(撰)
　　　　5712(自序)
陳之蘧　5394(引)
　　　　5394(跋)
陳之美　6479(序)
陳　憲　5092(撰)
陳守愚　5044(序)
陳守默　4654(守)
陳安兆　313(序)

陳宏謨 5012(著)
陳宏謀 840(鑒定)
2063(監修)
2063(序)
2722(撰)
2722(自序)
2804(編)
4110(編)
4110(序)
陳宏己 5553(選)
陳宏(弘)緒 5736(撰)
陳良謨 1466(補)
4430(撰)
4508(撰)
4508(自序)
陳良珍 2024(撰)
陳良儒 3712(撰)
陳良貞 136(閱評)
陳良佑 558(序)
陳　寰 4929(序)
5096(撰)
陳　實 4586(編)
陳實原 4586(編)
陳寶晉 4495(跋)
陳寶琛 4747(識語)
陳宗虞 5333(序)
陳宗淮 5580(編)
陳宗禮 4758(序)
陳　察 5096(撰)
陳察原 5012(題)
31 陳　潭 4902(校正)
陳湏立 5699(輯)
陳湏震 5699(輯)
陳湏純 5699(輯)
陳湏約 5699(輯)
陳湏勛 5699(輯)
陳湏飭 5699(輯)
陳源遙 31(編次)
陳　祉 6171(編次)
陳福康 4806(校點)
陳　禎 4317(校)
陳遷鶴 5842(序)
32 陳　沂 1261(撰)
1362(序)
1628(撰)
1628(跋)
1989(撰)
1989(自序)
1990(撰)
1994(序)
1999(輯)
1999(序)
3541(撰)
3768(撰)

		5101(墓志銘)
	陳兆崙	6085(序)
		6212(詩)
	陳兆成	2683(撰)
		4624(撰)
	陳　遁	4896(序)
33	陳　治	3123(撰)
	陳治本	1310(刊)
34	陳　斗	6399(編)
	陳　澍	6801(編)
	陳汝元	2541(校)
		2541(序)
		5423(校)
	陳汝瑒	5437(撰)
	陳汝寶	4866(編輯)
	陳汝楫	4703(校字)
	陳汝咸	5976(輯)
	陳汝錡	3586(撰)
		3586(自序)
	陳　濤	1008(閲)
	陳　浩	6209(序)
	陳　澔	554(集説)
	陳洪謐	5579(叙)
	陳洪謨	1251(著)
		1252(著)
		1977(序)
		4022(較正)
		5012(撰)
	陳祺公	954(正字)
	陳　遠	1969(重修)
	陳達叟	3459(撰)
35	陳　潚	1008(閲)
	陳禮錫	841(参訂)
36	陳　洎	4746(撰)
	陳　淏	6505(輯)
		6505(大凡)
	陳澤霖	2294(校並跋)
	陳　昶	5699(輯)
	陳　遲	2491(後序)
		6435(編)
		6551(序)
37	陳　鴻	1328(序)
	陳鴻恩	555(撰)
		555(自序)
	陳　深	488(撰)
		488(序)
		763(撰)
		763(自序)
		1867(編)
		3028(序)
		3967(編)
		3967(序)
	陳祖謙	5553(跋)
	陳祖舜	2590(詳正)

陳祖法　2598(序)
陳祖范　2411(序)
　2568(序)
　3730(撰)
　3891(序)
　6167(序)
　6170(撰)
　6171(撰)
　6171(自序)
　6172(序)
　6666(編訂)
陳祖孝　3675(參訂)
陳祖念　5571(校)
　5571(序)
陳祖銘　2971(編)
陳　選　2190(序)
　2707(點)
　2707(序)
陳咨稷　1669(較)
38 陳　瀚　5250(撰)
陳　祚　1509(著)
陳祚明　5718(序)
　5889(撰)
　5933(序)
陳祥裔　2311(撰)
　4364(撰)
陳　道　1966(跋)
　6251(撰)
陳肇慶　5123(刊)
陳肇文　4223(閱梓)
陳肇英　119(較)
陳肇昌　5842(序)
40 陳九職　1988(對閱)
陳九川　5116(撰)
陳大章　5041(校刊)
陳大經　4439(校)
陳大綬　2036(撰)
　2807(閱)
　2807(序)
陳大科　955(註)
　955(序)
　955(輯)
　2029(修)
　5422(序)
　5477(撰)
陳大緯　4866(梓)
陳大紀　2984(刊)
陳大士　845(著)
陳大猷　5275(識語)
陳大錫　551(參閱)
陳大嘗　1566(後序)
陳士廉　6320(題詩)
陳士誠　799(序)
陳士謙　598(參訂)

陳士元 765(撰)
765(自序)
973(撰)
973(自序)
1031(註)
1031(序)
1140(撰)
1140(序)
3329(撰)
3329(小引)
4242(撰)
4242(序)
4243(撰)
4243(序)
4276(撰)
4564(序)
5028(序)
5257(撰)
陳士縯 3014(批點)
陳士選 4773(參訂)
陳士奇 4297(梓)
陳士芳 664(撰)
陳士槐 3202(撰)
陳士鑛 1838(識)
2109(撰)
3039(撰)
陳士鐸 3129(撰)
陳 奎 5393(序)
陳才子 3415(序)
陳 堯 2489(序)
陳堯道 1454(編)
陳 克 2120(撰)
陳克仕 1299(校)
陳克繩 3726(校)
陳克昌 2485(後序)
2485(修)
6394(編)
6394(跋)
陳有能 5699(輯)
陳有守 5337(序)
6426(編)
陳希昌 5441(傳)
陳志頤 2799(跋)
陳嘉言 2575(增正)
陳嘉訓 5354(行狀)
陳嘉謨 5312(撰)
陳嘉謀 5123(刊)
陳嘉夢 5123(刊)
陳古民 6627(批)
陳吉言 3198(序)
陳杏珍 4416(說)
4467(說)
陳奇禎 2846(纂)
陳去病 6808(訂)

6808(序)
陳真晟 4956(撰)
陳來揖 513(序)
陳　枋 6789(序)
陳　梓 2229(序)
4158(序)
6677(序)
陳　校 2014(輯)
41 陳　垣 2421(校)
3630(撰)
3630(序)
陳　堦 1931(撰)
1931(序)
陳　桱 6315(編)
陳　栢 5139(後序)
42 陳　塏 3954(叙)
6403(編)
6403(序)
陳彭年 2428(撰)
43 陳式基 3323(纂輯)
陳式猷 3323(纂輯)
陳載輿 2575(校正)
陳　栻 3123(校)
陳榕門 284(鑒定)
511(訂)
44 陳協榘 1332(校點)
陳藎謨 1046(撰)
1046(自序)
1047(撰)
2455(閱)
3203(輯)
陳夢徵 5815(校)
陳夢得 799(序)
陳夢斗 611(序)
陳夢根 4664(跋)
陳　芳 3675(點訂)
陳芳生 3044(撰)
3044(序)
陳薦夫 5557(撰)
6510(校訂)
6510(序)
陳茂卿 4108(序)
陳葆光 4646(撰)
陳恭尹 6628(著)
6655(序)
陳恭溥 2049(手跋)
陳恭階 6562(校)
陳　蕙 6363(編)
6363(校)
6363(後序)
陳懋仁 2284(撰)
2455(撰)
2455(自序)
2455(識語)

3710(撰)
4314(撰)
4314(自序)
6741(撰)
6741(自序)
陳懋德 2185(序)
2185(核)
2248(訂)
2248(序)
3621(序)
陳懋芳 5095(書後)
陳懋昭 5317(後序)
陳懋學 4290(撰)
陳萬言 3399(序)
6479(彙評)
陳萬善 4033(序)
陳萬策 4703(校字)
6129(撰)
陳　英 4895(跋)
陳荀會 5757(序)
陳世瑄 6268(序)
陳世璔 4344(訂)
陳世倕 6042(校)
陳世倌 278(序)
511(序)
605(序)
6106(序)
6224(序)
陳世佶 6042(校)
陳世偓 6042(校)
陳世份 6110(校)
陳世寶 1027(訂)
2793(序)
3522(撰)
4247(總訂)
4573(撰)
4573(序)
陳世濬 778(撰)
778(自序)
陳世彭 1938(題記)
陳世泉 5257(輯録)
陳其德 3643(撰)
4230(校正)
陳其永 4165(筆記)
陳其力 3976(撰)
陳其柱 4883(編輯)
陳其學 5266(校正)
陳其懐 6538(編)
6538(自序)
陳其榮 2543(題識)
陳黄中 2473(補遺)
2473(手録)
2473(序)
陳　贄 4867(編集)

4867(序)
陳　蕖　1031(序)
陳植槐　3773(校刻)
陳　楠　1655(跋)
2085(編)
4098(跋)
45 陳　坤　1931(閱)
陳棟如　1299(撰)
46 陳如升　184(序)
陳如綸　5233(撰)
5233(自序)
陳　相　1965(序)
3540(撰)
陳　柏　5342(撰)
5343(撰)
陳　槐　3750(序)
47 陳　均　3495(撰)
陳懿典　351(敘)
655(撰)
1881(序)
2619(撰)
3817(序)
4005(序)
4561(序)
4586(序)
4965(序)
陳翘卿　2253(撰)
陳　鶴　5182(撰)
6409(編)
陳鶴齡　797(撰)
陳朝輔　4695(引)
陳朝用　2159(撰)
陳起元　5437(選)
5437(後序)
陳起泰　4866(梓)
陳起榮　6551(校字)
陳　桷　3099(較正)
48 陳　增　6171(編次)
陳增新　6587(編)
陳增遠　418(序)
陳乾齋　231(鑒定)
陳乾確　555(習)
陳乾健　555(習)
陳乾清　555(習)
陳乾惕　555(習)
陳敬璋　5696(校)
陳敬宗　3291(後序)
4832(序)
4883(撰)
4893(序)
陳敬授　5123(刊)
50 陳中州　4567(撰)
陳泰交　5664(撰)
陳　本　3399(跋)

陳本禮　4716(校並録諸家批跋)
陳　書　6073(序)
陳　東　1181(撰)
1611(跋)
5204(撰)
53 陳　輔　2770(跋)
陳　軾　5726(撰)
陳　蓴　3046(撰)
55 陳　摶　3258(撰)
3321(著)
4644(撰)
陳　捷　2319(校)
57 陳邦彦　3500(撰)
3500(序)
6073(序)
陳邦偁　4993(序)
陳邦俊　4574(編)
陳邦科　5511(撰)
陳邦儀　5690(撰)
陳邦綸　5437(刻)
陳邦泰　1928(校梓)
陳邦瞻　1148(序)
1868(校)
1882(序)
1949(引)
2244(引)
3586(較)
陳邦懷　3899(手跋)
陳　撰　734(序)
6126(撰)
6773(跋)
60 陳日浴　1760(序)
陳日華　4551(撰)
6699(撰)
陳星南　3899(手跋)
陳　昱　2543(跋)
3567(録)
3567(序)
陳國仕　1787(批)
陳國紀　492(校)
1540(參閲)
2040(校正)
陳國華　2951(序)
陳見智　5877(序)
陳思育　5009(序)
陳　恩　1977(修)
陳曼年　5279(校)
陳　甲　6440(參閲)
陳昌應　54(訂)
陳昌言　5098(校)
陳昌積　5113(集)
5273(撰)
5274(撰)

陳昌憝 54(訂)
陳昌圖 54(訂)
陳昌明 54(訂)
陳　圖 188(撰)
陳　昂 4328(批校並跋)
5631(撰)
5631(自序)
5699(輯)
6171(較梓)
陳　杲 6171(較梓)
陳　景 6171(較梓)
陳景元 6262(撰)
陳景雲 2473(撰)
2473(序)
6304(評校)
陳景茂 2723(跋)
61 陳顯曾 323(跋)
63 陳貽範 1496(撰)
64 陳時務 3112(校)
陳　疇 6283(批)
66 陳　器 5115(撰)
67 陳　明 4720(輯)
陳明善 6043(校閱)
6043(識語)
陳鳴華 2156(序)
陳鳴坰 6136(序)
陳鳴鶴 1720(撰)
2244(序)
2285(撰)
5113(校)
5699(校)
陳昭祥 5218(校)
陳　盟 1722(撰)
4320(序)
陳躍文 3707(撰)
陳　煦 5431(校)
70 陳雅言 325(撰)
71 陳臚聲 5133(訂)
5133(序)
6757(參校)
陳阿平 6031(撰)
陳　頎 1969(編輯)
陳臣忠 6491(編)
陳長卿 4306(梓)
72 陳所蘊 5539(撰)
6539(序)
陳所見 54(校)
陳所學 54(校)
74 陳隨貞 6060(序)
77 陳鳳梧 2738(編)
陳　用 247(序)
陳鵬霄 844(續)
陳鵬年 248(序)
2213(序)

2218(序)
6063(撰)
6063(自序)
6064(撰)
6065(自序)
6088(序)
6092(序)
6120(序)
6181(序)
6291(序)
陳殿彦　2213(序)
陳履平　2062(校訂)
2062(跋)
陳履中　2062(撰)
2062(序)
陳眉公　2623(選)
3021(鑒定)
4051(識)
陳際泰　134(撰)
135(撰)
135(自序)
776(撰)
845(撰)
5647(序)
5671(序)
5742(序)
陳熙昌　1884(序)
陳　丹　4613(裒訂)
6802(撰)
陳丹衷　3400(序)
陳民性　3567(跋)
陳巽心　5792(選)
5792(序)
陳與郊　548(撰)
548(序)
951(撰)
1397(撰)
4270(撰)
4270(自叙)
4727(撰)
5947(撰)
6285(編)
6285(自序)
79　陳騰鳳　3626(序)
80　陳全子　3830(著)
陳全之　3830(撰)
3830(後語)
陳　益　4908(撰)
6633(參訂)
陳益祥　5699(撰)
陳　鎬　1448(撰)
1448(自跋)
1465(序)
6350(編)

6350(序)
陳　鑣　1947(序)
陳介祺　3217(校並跋)
陳俞侯　1838(跋)
陳無私　1561(參訂)
陳念先　1559(撰)
陳念本　6139(校刻)
陳義錫　820(校)
841(參訂)
陳　普　4796(撰)
陳　善　1653(序)
3735(撰)
3773(序)
陳　曾　466(撰)
466(序)
5354(編次)
5354(序)
陳曾壽　4747(題記)
陳曾藙　5702(序)
陳　會　3088(撰)
陳公珩　555(習)
陳公瑾　555(習)
陳公相　2045(序)
82　陳鍾祥　2616(補注)
陳鍾英　1591(校並跋)
83　陳　鉉　896(撰)
897(撰)
897(自序)
5743(訂)
84　陳　銑　5950(訂)
86　陳　錕　3322(輯)
陳　錫　3699(撰)
6422(跋)
陳錫馥　5123(藏本)
陳錫嘏　4165(筆記)
5976(撰)
陳智錫　841(參訂)
87　陳　録　3506(撰)
陳　銘　2070(續編)
陳　欽　2676(跋)
陳欽堯　5123(記)
陳　叙　6712(後序)
88　陳　鋭　820(參訂)
4165(筆記)
陳　鎰　3517(墓表)
4858(序)
陳　鑑　2140(序)
6612(序)
陳　第　112(撰)
112(自序)
112(跋)
5571(撰)
5571(自序)
陳　簡　1653(校)

1653(序)
2621(增補)
2621(序)
陳　箴　5885(撰)
陳敏政　6783(序)
陳　策　1008(撰)
1008(略言)
90 陳　憧　6285(参閲)
陳堂明　2225(序)
陳光綷　3826(序)
5903(箋)
5903(序)
5903(傳)
陳光裕　6677(序)
6677(輯)
陳光華　5436(序)
陳尚君　4174(説)
6393(説)
陳尚古　4545(撰)
陳尚明　4216(跋)
陳　省　3575(序)
3592(序)
5363(序)
91 陳　炳　5925(撰)
陳　焯　5833(序)
93 陳　悰　5662(撰)
5662(引)
陳　怡　1509(編)
陳　忱　4470(撰)
94 陳　燁　4940(撰)
95 陳性定　2141(撰)
2142(撰)
陳性學　1670(校)
2017(序)
3992(校)
3992(序)
6522(序)
陳　愫　163(撰)
97 陳　恂　3859(撰)
3881(傳)
5915(跋)
陳　恪　6478(編)
陳耀文　2489(後序)
3971(編)
3971(自序)
陳　燦　2378(撰)
98 陳　燧　6326(撰)
99 陳　鎣　6171(編次)
6285(考訂)
陳　燮　6670(校閲)

7621_4　臞

22 臞　仙　4216(製)
4216(自序)

4666(撰)
4666(自序)

7622_7 陽

26 陽和居士 2158(編)
38 陽海清 4136(説)
50 陽春園主人 4248(叙)
80 陽谷山人 6469(序)
90 陽堂主人 4971(著)

7630_0 駟

10 駟　可 6249(校字)

7710_0 且

11 且　碩 6121(著)
44 且　菴 6636(鑒定)

7710_4 堅

07 堅　毅 5779(著)

7710_7 疊

22 疊　山 537(評點)

7712_7 邱

00 邱賡熙 2113(序)
10 邱元復 562(撰)
邱雲騰 2164(序)
11 邱　璿 4547(撰)
12 邱延翰 3239(撰)
3240(正傳)
21 邱處機 4655(撰)
邱紫瀾 6060(校)
23 邱　峻 2235(撰)
2519(撰)
31 邱　濬 607(撰)
1099(撰)
1099(自序)
2480(撰)
2737(編)
2737(序)
4913(序)
32 邱兆麟 1824(序)
4579(跋)
6479(參補)
40 邱志廣 5884(撰)
5884(自序)
邱　燾 2062(校訂)
2062(序)
邱嘉穗 872(撰)
3879(撰)
4715(撰)
4715(自序)
6060(撰)
6060(自序)

邱　吉　6382(編)
44 邱　葵　483(撰)
64 邱時彬　2164(撰)
2164(跋)
80 邱鐘仁　698(撰)
82 邱鍾仁　698(撰)
95 邱性善　5884(撰)
5884(傳)

7721_0 凡

50 凡　夫　6524(輯録)

風

44 風　林　879(撰)
3726(稿)

鳳

12 鳳　引　3833(著)
20 鳳　雛　1537(編)
26 鳳皇山長　4455(批)
4455(識語)
27 鳳　峰　6392(序)
32 鳳　洲　5315(著)
5316(著)
40 鳳　臺　4067(撰)
鳳　來　2170(校)
41 鳳　梧　4207(註)
44 鳳　林　5174(著)
77 鳳　閣　553(著)

7721_4 屋

22 屋山居士　2139(較)

隆

30 隆　之　980(輯)
50 隆　夫　4611(校)
53 隆　甫　4790(參閲)

7721_6 覺

42 覺　斯　5904(鑒定)
44 覺　菴　5933(著)
77 覺　卿　3791(著)
91 覺　恒　1043(識語)

7721_7 肥

32 肥溪圃者　5762(評選)

7722_0 月

00 月　鹿　1022(編輯)
10 月　三　5779(評)
22 月　川　2261(編集)
5953(輯)
月　山　4345(校)
月山野史　6337(校正)

40　月　樵　1796(校梓)
6379(校梓)
41　月　梧　4207(撰)

用

00　用　享　2631(著)
用　亨　2543(校)
用　方　512(訂)
用　齊　3027(較)
用　齋　4265(選)
10　用　雨　4709(疏註)
26　用　和　895(參)
6328(編次)
27　用　修　537(附註)
1002(轉注)
5063(批點)
用　脩　6372(選)
30　用　之　4564(著)
6718(著)
用　賓　4885(著)
40　用　嘉　5152(選)
44　用　勤　407(補音)
47　用　均　5286(著)
50　用　中　857(較訂)
56　用　揚　3567(著)
68　用　晦　2315(校正)
5694(著)
77　用　卿　799(校)

同

23　同　俌　4802(輯)
52　同　揆　2361(撰)
2361(序)
67　同　野　1841(著)
80　同　人　705(撰輯)
4322(題辭)
6061(著)

周

00　周立勳　2635(序)
3021(序)
周亮工　203(參訂)
1000(序)
3330(撰)
3400(序)
3864(序)
4161(編)
4344(參)
4349(序)
4593(序)
4771(序)
5167(評)
5722(撰)
5815(序)

5837(序)
5867(序)
5892(序)
5947(序)
6013(序)
6289(序)
周亮輔　3017(增補)
周彦文　1133(説)
周　庯　6331(撰)
周裔登　541(閱)
周應賓　152(授意)
770(撰)
770(題辭)
2161(撰)
2161(叙)
2395(撰)
2395(自序)
2423(序)
5644(序)
6464(序)
周應治　3997(編)
6464(編)
6464(自序)
周應選　1904(註)
周應期　4918(訂)
4918(序)
周應鰲　3955(校梓)
3955(跋)
5471(序)
周　廣　1977(撰)
5046(撰)
周廣業　1446(手跋)
1446(眉批)
1921(校)
1996(題跋)
3137(參)
6529(手跋)
周文玘　4550(撰)
周文采　3083(編)
周文化　4249(校正)
周文儀　4961(刊)
周文華　3486(撰)
3486(自序)
周文光　5475(梓)
周文煒　4577(校鐫)
周玄暐　5237(刊)
5237(跋)
周　袞　849(咨文)
周　京　1557(序)
6058(序)
6058(題辭)
6197(撰)
6261(序)
01　周龍官　571(序)

周龍藻 6090(序)
04 周 詩 5393(小引)
周詩雅 1886(撰)
1886(自序)
4052(撰)
5624(序)
05 周 靖 2206(撰)
5853(挍字)
6609(箋注)
6609(跋)
07 周 望 2807(訂)
3567(閱)
5423(校)
周 詔 2239(撰)
2239(序)
2245(序)
08 周 旋 4918(撰)
09 周麟之 4766(撰)
10 周一濂 5469(編輯)
周一敬 129(撰)
周三俊 974(校)
周 正 6340(跋)
周正方 6331(撰)
周元孚 3997(較)
6464(重修)
6464(識語)
周元鼎 417(墨批)
1783(跋)
周元初 4668(輯)
周爾墉 1798(識語)
周于漆 3022(序)
周霆震 6331(著)
周天球 (校)
周天健 1010(授梓)
1010(序)
周天成 5315(序)
周天軸 4055(書後)
周天辰 1010(補校)
周天驥 1133(序)
4657(序)
周雲豸 1736(較訂)
周雲虯 1736(較訂)
11 周 彊 2257(序)
周碩勳 1414(刊)
1414(跋)
周 棐 6072(跋)
12 周 珽 6529(編)
6529(自序)
周 弘 368(序)
5784(序)
周弘祖 5207(序)
周廷珪 273(手跋)
周廷用 5097(撰)
周廷鏞 600(序)

	周延儒	2675(序)
		4276(序)
	周延光	146(序)
	周孔教	607(序)
		607(校)
		1399(撰)
		1927(校正)
		2091(撰)
		2502(撰)
		4017(序)
		4255(序)
13	周武功	4082(梓)
	周琮瑩	3657(題詞)
14	周　瑛	3346(著)
15	周建翀	135(較)
16	周聖楷	1736(撰)
17	周孟中	1993(序)
	周　瑯	1612(校)
		2485(序)
	周　弼	6307(選)
	周承惪	954(題籤)
		954(題記)
	周承芳	5382(編次)
	周承超	4898(刊)
	周子文	6734(編)
		6734(自序)
	周子良	4629(撰)
	周　召	2139(撰)
18	周致中	2339(著)
19	周　琰	6268(序)
20	周　采	920(序)
		920(奏疏)
	周維新	4924(序)
		5254(跋)
	周維德	6684(撰)
	周稚廉	5807(序)
21	周仁邦	300(校刊)
	周師旦	1931(序)
	周紫芝	6715(撰)
22	周　鼎	1455(訂)
	周鼎立	1848(書)
	周　崑	2258(序)
	周　山	5817(輯)
	周繼昌	353(題辭)
		5141(函)
23	周卜輔	5790(訂)
		5790(跋)
	周　傅	6320(編)
		6320(跋)
24	周　化	1931(閱)
	周　佐	33(編次)
		3130(録次)
	周德宣	3722(録)
	周德輔	4898(梓)

	周德光	4898(梓)
	周　升	974(謄槀)
	周　岐	6595(序)
25	周　生	5684(著)
	周健行	135(較)
	周傳誦	3836(校梓)
		5517(校)
	周朱耒	465(校)
26	周伯遜	52(校)
	周伯耕	3626(撰)
	周和邦	300(校刊)
27	周象明	784(撰)
		3722(撰)
		3722(自序)
	周　彝	4705(序)
		6080(撰)
		6092(序)
		6115(序)
	周　魯	4383(撰)
	周峋芝	1874(題識)
	周　綗	1977(修)
	周叔弢	1212(校)
		1212(跋)
		3338(校並跋)
		4802(跋)
		4829(校並跋)
		6712(跋)
	周紹元	3569(跋)
	周紹節	3569(事略)
28	周　倫	5026(撰)
	周復俊	1641(撰)
		1641(自序)
		5084(序)
		5237(撰)
		6370(序)
		6402(編)
		6402(題辭)
	周　綸	4362(撰)
		5931(撰)
30	周瀛邦	300(校)
	周濂邦	300(校)
	周宣武	6245(撰)
	周宣猷	6187(撰)
		6188(撰)
	周宣智	1848(編)
	周永年	2251(撰)
		2251(序)
		4590(撰)
		5676(跋)
		5749(較)
		6096(較)
		6225(編次)
	周永錫	6331(撰)
	周家棟	980(撰)

980(自序)
1927(校正)
4254(序)
周家賢　3626(註)
周之麟　1537(較)
1537(跋)
周之琦　3602(序)
周之鱗　6603(編)
6603(序)
周之道　5732(序)
周之士　3365(撰)
3365(自序)
周之楨　1556(輯)
1557(輯)
周之茂　3020(跋)
周之翰　1556(輯)
1557(編)
周之屏　1556(輯)
1557(輯)
周之夔　5642(較)
5642(序)
周守忠　3930(撰)
4181(撰)
4181(自序)
4553(撰)
周守全　4678(潤色)
周　宇　974(撰)
3836(撰)
3836(自序)
周　準　6207(序)
周安卲　300(校)
周安郡　300(校刊)
周安都　300(校刊)
周安邑　300(校刊)
周安郢　300(校刊)
周　宏　3093(撰)
周宏祖　3582(撰)
周宏禴　3597(撰)
周宏道　4197(輯)
周　寰　5798(較)
周　密　2287(輯)
3702(撰)
3744(撰)
3934(撰)
3934(自序)
周　官　983(校)
周　寅　4669(句讀注解)
周宗文　4926(校)
周宗正　5088(校正)
周宗孔　3995(校梓)
周宗建　2453(序)
6479(序)
周宗化　1978(續撰)
周宗濂　2950(撰)

4371(撰)
周宗智 1964(撰)
周　宩 2792(校閲)
2792(序)
6331(續編)
6331(撰)
32 周兆蘭 2264(重修)
2264(序)
周業孔 5082(覆校)
33 周心如 4759(校刊)
周必大 3466(撰)
6771(撰)
周治𪏭 541(督刊)
周治邦 300(校)
周溶邦 300(校)
周　述 4887(撰)
34 周沈珂 1556(編)
1557(編)
周　池 2671(撰)
3898(撰)
3898(自序)
4384(撰)
周汝礪 4265(選)
周汝登 1679(編)
2807(編)
2807(序)
2810(序)
5470(序)
5507(撰)
5508(撰)
5614(參校)
5644(校)
周汝德 1963(跋)
周汝達 4898(刊)
周汝啓 4898(梓)
周洪謨 760(撰)
760(自序)
1521(序)
3694(序)
3994(序)
周　達 4268(閲)
周達觀 3941(序)
35 周清原 835(序)
周　禮 4221(序)
5817(撰)
37 周　漁 185(撰)
周　鶂 4961(刊)
38 周　裕 3722(訂)
周裕度 3388(序)
周道仁 5691(撰)
5691(序)
周道隆 2040(校正)
周肇祥 2179(跋)
周啟嶲 5796(序)

		5947(序)
40	周大章	5350(撰)
	周大佐	1848(總理)
	周大禮	2540(序)
	周大樞	296(撰)
	周　奭	3185(撰)
	周友邦	300(校刊)
	周士章	140(訂)
		668(參)
		668(序)
	周士淹	972(序)
	周士彬	6076(撰)
	周士鰲	2041(修)
	周士顯	1042(引)
		2092(督刻)
	周在吾	974(校)
	周在延	808(編)
		808(序)
	周在浚	2561(撰)
		2561(跋)
		3379(撰)
		6443(删訂)
		6443(例言)
	周在都	4161(輯)
	周克開	1848(彙次)
	周有德	1335(序)
	周　南	1322(序)
		4956(序)
		5009(輯)
		5831(輯評)
	周南老	6320(撰)
	周希元	6331(序)
	周希孔	1463(參考)
	周希聖	2168(序)
	周希孟	6320(編)
	周希臯	1557(跋)
	周希哲	5120(書後)
	周希旦	6421(跋)
	周希夔	1557(跋)
		6320(編)
	周　志	5268(序)
	周嘉謨	4936(校)
	周嘉棟	980(撰)
	周　木	814(識語)
		4771(校)
		4771(序)
41	周　楷	5552(閱)
42	周　壎	1781(校)
		1781(跋)
	周斯盛	1328(序)
		5882(撰)
43	周　城	2271(撰)
44	周堪賡	1414(撰)
	周夢華	137(序)

周夢暘　2533(撰)
3703(撰)
3703(自序)
5008(序)
周夢棠　1939(校並跋)
周　莊　6331(著)
周芳頌　5738(跋)
周　蒙　4898(編輯)
周茂源　5814(撰)
5983(序)
6013(序)
周萬鵬　5817(較字)
周世玉　300(校)
周世甦　5805(序)
周世選　5382(撰)
周世樟　4363(編)
4363(自序)
周世匡　3651(閲)
周世金　300(撰)
300(自序)
周　模　935(撰)
935(序)
周枝楙　6609(輯)
46 周坦然　4161(撰)
周如砥　5540(撰)
周如泉　3150(輯)
周如春　5738(題詩)
47 周起渭　6009(序)
48 周　翰　628(注釋)
741(注)
4132(傳釋)
4862(校正)
5739(手跋)
周　敬　6529(序)
6529(編)
50 周　申　974(識語)
974(校書)
周　泰　6331(編)
周本厚　1848(書)
周忠邦　300(校刊)
周由廑　4496(序)
周　未　1258(跋)
周　東　4983(撰)
52 周　靜　6331(撰)
53 周盛邦　300(校刊)
54 周拱辰　5916(跋)
57 周邦禄　1557(搜輯)
60 周日藻　6190(校訂)
周曰校　1112(校刊)
1861(刊)
4216(督刊)
4273(勒)
周呈兆　1010(鑒定)
1010(序)

周星詒　1086(跋)
1193(跋)
1218(校注)
1218(跋)
1591(校)
2537(校並跋)
2543(校並跋)
2551(校並跋)
3910(手校)
4434(跋)
4526(批校並跋)
4835(題識)
5662(批注並跋)
6779(跋)
周　易　272(跋)
周思誠　2931(跋)
周思兼　3569(撰)
3569(小引)
5314(撰)
周是修　3955(撰)
3955(自序)
周　景　6197(撰)
周景濂　3623(序)
61 周顯宗　4126(序)
5202(撰)
62 周　暾　6677(撰)
63 周畹蘭　1569(增輯)
64 周時泰　1104(閱)
6480(校梓)
周勛初　4392(撰)
66 周　嬰　3330(跋)
67 周明瑛　6347(注)
70 周雅廉　6071(序)
周驤衢　5817(較字)
71 周　臣　2105(序)
周長發　251(序)
6176(撰)
6212(序)
6240(序)
6268(序)
77 周鳳池　243(校)
周鳳起　5026(壽梓)
5026(後述)
周鳳鳴　2238(跋)
5046(序)
5065(序)
周鳳翔　119(序)
6552(序)
周　用　5036(撰)
周履正　3298(校正)
6693(校正)
周履靖　2339(校)
2339(序)
3344(校)

3409(校)
3461(校)
3461(叙)
4140(編)
5615(撰)
6450(編)
周居岐　2746(序)
周居魯　2746(跋)
周聞孫　4827(撰)
周學健　6242(序)
6515(序)
周學江　3137(補參)
周學易　5266(後序)
周學熙　4093(選)
周與爵　1557(搜輯)
1557(跋)
80 周人驥　2369(序)
周益祥　5699(撰)
周金然　1840(序)
5798(序)
6013(撰)
周　鎬　5040(序)
5040(刊)
周　鑣　849(序)
1729(撰)
周　鉉　4284(序)
周　錞　4887(編)
周令樹　2027(序)
周毓崙　852(序)
6104(序)
周義邦　300(校刊)
周公贄　5853(跋)
5853(挍字)
5955(挍字識語)
6609(跋)
周公恕　4184(編類)
82 周　鍾　1896(序)
周　鐈　5895(撰)
86 周錫珪　2555(撰)
周錫瓚　4157(校)
4157(跋)
4392(校並跋)
周錫圭　5631(訂)
周智邦　300(校刊)
87 周　銘　1773(跋)
6805(撰)
6805(題詞)
周　叙　4898(撰)
88 周　鑑　3020(輯著)
3020(自序)
5185(行實)
5186(序)
90 周光德　135(編輯)
周光啟　5482(校刻)

周光鎬　623(撰)
　5639(閱雠)
周光燮　4725(跋)
周尚禮　6358(校閱)
　6358(序)
91 周炳謨　3633(引)
93 周　怡　5014(序)
　5082(校)
　5082(續編)
　5238(編輯)
96 周　煌　6070(序)
周　燝　5540(跋)
97 周　恪　1033(校正)
　1033(後序)
周　燦　5816(撰)
　5816(自序)

朋

40 朋九萬　1797(編)
朋　李　11(較正)
50 朋　夫　5604(著)

陶

00 陶慶淳　1392(跋)
01 陶　諧　5016(撰)
　5017(撰)
　5017(自引)
05 陶靖節　6508(撰)
07 陶望齡　65(批評)
　1679(訂正)
　1679(序)
　2612(序)
　2807(訂)
　3567(閱)
　3567(序)
　4610(撰)
　5363(序)
　5366(序)
　5423(校)
　5423(序)
　5423(傳)
　5475(序)
　5507(序)
　5508(序)
　6475(評)
10 陶元良　4274(續增)
陶元柱　4761(編)
陶爾穟　6062(撰)
陶晉英　2290(著)
陶晉模　2290(撰)
　2290(小序)
11 陶　甄　5693(校正)
12 陶　珽　2625(評)
　2625(序)

4008(編)
6501(編)
13 陶琬(琰) 5693(撰)
17 陶承慶 2403(校正)
陶承學 1033(序)
陶及申 6049(序)
6762(序)
19 陶　琰 5693(著)
20 陶　季 6052(撰)
陶季深 6052(撰)
陶孚尹 5893(撰)
22 陶崇道 3018(序)
5017(引)
23 陶允淳 5017(撰)
27 陶　凱 1503(撰)
3947(輯)
陶　魯 4867(校梓)
30 陶之典 2212(訂)
陶安軒 1392(鑒定)
陶宏(弘)景 4628(撰)
4628(序)
4629(撰)
陶　賓 4345(校)
4345(序)
陶宗儀 404(撰)
1591(編)
3702(撰)
4852(撰)
31 陶　潛 4716(撰)
陶濬宣 2541(跋)
陶涵中 4279(撰)
陶　福 4831(編集)
32 陶淵明 4168(撰)
6508(撰)
34 陶汝鼐 1897(序)
35 陶　潜 4346(著)
37 陶鴻儒 4272(序)
陶逸民 4337(題識)
陶朗先 4306(牋)
38 陶　滋 970(撰)
970(序)
陶　澂 1760(序)
6052(撰)
6053(序)
40 陶士偰 6231(序)
陶士銓 5893(跋)
陶南望 3375(編)
3375(自序)
陶嘉章 1670(校)
41 陶　楨 2925(訂)
42 陶　圻 2968(撰)
43 陶　越 1739(識語)
4370(跋)
4370(增訂)

4485(撰)
44 陶菴子 4563(題記)
陶其愫 6106(編次)
48 陶敬益 2221(撰)
50 陶素耜 4659(删訂)
53 陶　成 3193(撰)
6106(撰)
60 陶日發 319(題識)
陶思朏 5993(墓表)
陶景淳 5363(評閲)
61 陶顯功 4126(序)
64 陶時叙 1205(校勘)
71 陶原良 2676(詳解)
77 陶履卓 139(較訂)
80 陶　尊 6255(著)
86 陶　錕 3375(識語)
87 陶欽皐 5064(編刻)
94 陶　煒 4116(撰)
99 陶　燮 478(序)

岡

10 岡　西 3375(参論)

冏

60 冏　思 2626(訂)

卿

17 卿　子 163(撰)

7722_2　膠

10 膠西逸史 305(序)

7722_7　閒

17 閒　孟 1027(校閲)
77 閒閒園 6545(閲)

鵬

21 鵬　上 2800(重修)
30 鵬　客 4859(訂)

7723_2　展

40 展大器 1034(校)
53 展　成 4358(纂)

7724_1　屏

23 屏　獻 6115(編次)

7724_7　服

08 服　旃 6043(校閲)

履

08 履謙子 4492(跋)

21 履 貞 5838(校閲)
23 履 台 1699(校)
30 履 安 5902(較)
38 履 祥 4089(正字)
50 履 素 3116(撰)
90 履 常 2093(著)
6633(參訂)

殿

21 殿 虎 895(梓)
25 殿 傳 6225(著)
37 殿 選 1750(較訂)
76 殿 颺 459(彙輯)

7725_3 犀

22 犀 川 4109(輯)

7726_4 居

10 居 一 6479(彙評)

屠

00 屠應埈 2238(序)
5371(撰)
10 屠震光 5371(校刻)
20 屠維德 5371(校刻)
21 屠 衡 1115(校訂)
1115(序)
22 屠嶽光 5371(校刻)
24 屠 勳 4965(撰)
25 屠仲律 5371(刻)
27 屠叔方 1298(撰)
1298(自序)
屠繩德 5371(校刻)
30 屠安民 1612(刊)
1612(跋)
50 屠中孚 3605(校)
屠本畯 3447(撰)
3447(自序)
3624(撰)
3624(自序)
4697(撰)
4697(序)
4698(撰)
5485(序)
5613(序)
5613(行狀)
5613(傳)
5613(耒)
5637(選)
6522(撰)
6522(自序)
64 屠 勛 4965(著)
77 屠 隆 826(序)
962(訂正)

962(序)
2172(序)
2319(評)
2319(序)
3396(序)
3598(撰)
3911(撰)
3912(撰)
3918(閱)
3942(引)
4271(撰)
4271(叙)
4329(輯)
4504(批點)
4697(序)
5335(序)
5377(叙)
5410(序)
5414(序)
5440(序)
5442(序)
5478(序)
5553(序)
5553(閱)
5577(撰)
5578(撰)
5618(序)
6424(序)
6458(撰)
6459(撰)
6459(題詞)
6464(序)
90　屠粹忠　4351(撰)
4351(自序)
5821(序)
屠　熿　1760(序)

7726_6　層

27　層　峰　5984(著)

7726_7　眉

25　眉　生　6606(評選)
56　眉　揚　3837(著)
80　眉　介　3236(閱)
眉　公　2635(選)
3344(校)
3359(校)
3446(補)
4317(輯著)
6479(標指)
6529(批點)

7727_2　屈

28　屈　復　4710(撰)

4710(自序)
38　屈啓賢　4710(編)
40　屈大均　1831(序)
6628(著)
屈來泰　4710(録)
51　屈振鏞　1212(跋)

7729_1　際

12　際　飛　852(校訂)
6103(著)
26　際　和　6065(校)
67　際　明　4247(註解)
80　際　美　1010(鑒定)

7733_1　熙

00　熙　亮　1328(編)
43　熙　載　4247(參閲)
53　熙　甫　3979(蒐輯)
90　熙　堂　5257(手跋)

7736_4　駱

00　駱文盛　4566(序)
5254(撰)
10　駱天祐　3264(校纂)
21　駱仁埏　6611(參訂)
28　駱從宇　427(校定)
32　駱兆平　5662(説)
40　駱奎曙　5563(輯)
50　駱忠胤　5563(較)
駱忠懋　5563(較)
駱忠明　5563(較)
60　駱日升　5563(撰)
67　駱鳴鑾　5254(輯)
77　駱騠曾　4272(叙)
6484(編)
90　駱光啟　1194(跋)

7740_0　又

00　又　文　3141(校閲)
6049(撰)
又玄子　3057(校正)
08　又　許　3052(撰)
11　又　張　145(校梓)
14　又　劭　6290(參定)
27　又　鄒　2211(重輯)
又　魯　4618(點次)
又　嵋　5913(著)
5914(著)
60　又　皜　788(編録)
796(撰)
796(序)

閔

00　閔齊伋　412(校)

		412(書後)
		535(序)
		535(識)
		1003(撰)
		1003(序)
		6468(識語)
	閔齊華	6287(編)
	閔文山	5046(跋)
	閔文振	4277(撰)
		4277(序)
		4796(蒐輯)
	閔　章	1003(校)
09	閔麟嗣	2193(撰)
		2193(自序)
10	閔一范	4952(梓)
		4952(跋)
	閔一隺	1872(校)
	閔一鶴	4439(校)
	閔元京	1561(序)
		4036(編)
	閔元衢	1561(撰)
		1561(自序)
		3829(次)
		3829(序)
		3831(撰)
		4018(編)
		4036(跋)
		4508(校)
		4508(後語)
		6558(編)
	閔于忱	2982(集評)
		2982(小引)
		4054(編)
12	閔廷甲	135(閱)
		135(小引)
14	閔　珪	4952(撰)
17	閔及申	1561(序)
		1731(較定)
		1731(序)
21	閔師孔	1104(訂)
		1300(校)
23	閔　然	4376(編輯)
24	閔德美	5423(校訂)
25	閔仲侗	5675(著)
33	閔　邃	3972(小引)
34	閔遠慶	2503(撰)
	閔邁德	6491(校)
38	閔道孚	5232(輯刻)
40	閔南仲	1933(校)
		5936(序)
		6272(撰)
44	閔　孝	3014(參訂)
	閔世譽	5232(輯刻)
	閔其忠	3995(訂訛)

閔其哲 4167(撰)
46 閔如霖 5232(撰)
47 閔 聲 2125(跋)
50 閔 忠 4100(撰)
51 閔振業 1870(集評)
60 閔 杲 3972(跋)
閔景賢 4149(編)
4149(序)
4562(題辭)
64 閔暎張 2125(跋)
67 閔嗣同 861(撰)
81 閔 敍 2297(撰)

7740_1 聞

10 聞一貫 2819(詮)
17 聞 子 1062(纘著)
26 聞 伯 5836(撰)
27 聞 修 6498(撰)
38 聞啟祥 145(序)
1086(序)
2240(校梓)
4062(參)
46 聞旭初 5742(編)
60 聞思訥 6648(校)
聞 園 4352(纂輯)
80 聞人詮 1999(撰)
1999(序)
2122(輯)
5041(序)
聞人德行 544(增補)
95 聞性道 437(撰)
1562(編)
4530(撰)
聞性善 1562(編)

7740_7 學

00 學 亭 2106(纂)
27 學 絅 4238(著)
77 學 卿 3909(纂)
80 學 義 4877(印板)
87 學 舒 4486(校訂)

7743_2 閎

24 閎 緒 2265(補述)

7744_0 丹

10 丹元子 3155(撰)
22 丹 崖 1165(校刊)
1784(校)
6809(增輯)
丹 巖 3675(參訂)
27 丹 壑 6003(撰)
37 丹湖 5334(著)
40 丹 九 5950(訂)

44 丹　麓　4163(著)
4479(撰)
67 丹　鳴　5936(著)

7744_1 開

00 開　雍　6513(参訂)
10 開　一　2664(增續)
開　平　3183(較)
17 開　子　4055(書後)
24 開　先　5352(編輯)
30 開　之　2448(著)
3439(輯)
3625(閱)
4517(撰)
5506(著)
53 開　甫　1194(跋)
80 開　美　5423(校)
5696(著)
90 開　少　1001(纂)
4062(輯)

7744_7 段

00 段文彬　846(較録)
10 段元一　4683(撰)
段天祐　3078(序)
18 段　瑜　4777(後序)
30 段永孝　1080(序)
6231(序)
33 段　黼　5623(撰)
34 段汝霖　2369(撰)
2369(自序)
段　邁　2030(序)
41 段極生　1345(序)
44 段　藻　1393(序)
60 段　炅　1978(序)
94 段　烓　3112(校正)

7748_2 闕

53 闕成章　1653(後序)
60 闕里外史　4402(著)

7750_3 舉

30 舉　之　2190(編輯)
34 舉　遠　679(参閱)

7760_1 礜

26 礜　伯　4430(校)

闇

25 闇　仲　2184(纂)
46 闇　如　6511(輯)
80 闇　公　3021(評閱)

7760_2 留

44 留 菴 4861(手跋)

7772_0 卬

21 卬須子 2643(評)

印

10 印 可 3995(訂訛)
80 印 會 1580(跋)
90 印光任 2065(撰)
2065(序)
2065(跋)

即

30 即空居士 4754(輯增)

7772_7 鷗

00 鷗 亭 5777(輯)

7773_2 艮

00 艮 齋 15(著)

閬

77 閬 風 3132(輯著)

7774_7 民

96 民 懌 4958(著)

7777_2 關

12 關廷訪 5305(序)
22 關 畿 5067(校)
24 關 德 1133(標註)
37 關 朗 1(撰)
40 關直方 19(跋)
85 關 鍵 4346(序)

7777_7 門

80 門無子 3028(評)
3028(序)

閻

02 閻新恩 6726(序)
12 閻廷謨 2103(撰)
2103(自序)
閻廷玠 5973(序)
20 閻秀卿 1617(撰)
閻禹錫 4901(校正)
4901(序)
22 閻循霦 6259(序)
閻循觀 394(撰)
735(撰)

2964(撰)
6259(撰)
30 閻宛容 5624(校閲)
40 閻士選 4752(編)
44 閻茂溶 243(校)
474(校)
474(跋)
閻若璩 468(撰)
1472(撰)
2646(識語)
2920(題辭)
3718(撰)
57 閻　擢 6618(參閲)
77 閻興邦 2057(總裁)
80 閻　鎬 6059(序)
86 閻錫爵 1010(序)

7778_2　歐

40 歐大任 1543(序)
4504(序)
4691(傳)
5639(序)
6376(後序)
歐大相 5630(序)
76 歐陽文忠公 6700(撰)
歐陽玄 606(序)
歐陽元(玄) 2476(撰)
歐陽正煥 2063(監修)
歐陽天璹 4659(序)
歐陽雲 1598(題後)
歐陽雋 6655(序)
歐陽德 5161(撰)
5162(撰)
歐陽德 5259(序)
歐陽保極 2604(書)
歐陽修 623(編)
3731(撰)
4747(撰)
6700(撰)
6715(撰)
歐陽兆熊 3063(序)
歐陽士秀 1444(撰)
歐陽起鳴 4831(撰)
歐陽東鳳 1712(編)
歐陽易 748(纂次)
歐陽鳳翔 5817(批註)
5817(序)
歐陽鉉 5680(撰)
5680(自序)
歐陽鐸 3908(序)
5074(撰)

7780_1　巽

25 巽　倩 132(著)

26　巽　皋　721(參評)

具

44　具　茨　4769(撰)

與

08　與　謙　5006(著)
10　與　三　5995(著)
26　與　白　3141(校梓)
30　與　之　6648(校)
44　與　權　5517(校)
77　與　同　1562(攷訂)

興

20　興　雒　2366(較訂)
24　興　化　2259(緒)
26　興　伯　3568(訂)
30　興　宗　1062(草創)
44　興　桂　2259(編)
80　興　公　432(編)
3447(序)
4933(序)
6455(輯)
6511(較)

輿

53　輿　成　3793(閱)

7780$_6$　賢

17　賢　予　5482(校刻)

貫

10　貫　玉　3727(校)

7780$_7$　閃

00　閃應霨　2024(校刊)
25　閃仲儼　4037(閱)
4037(序)
閃仲侗　5675(撰)

7790$_4$　桑

07　桑調元　889(撰)
2944(編)
2944(序)
2955(撰)
4107(著)
4108(著)
5292(序)
6085(序)
6093(序)
6186(撰)
6186(自序)
6236(序)
10　桑正衍　1048(跋後)

18　桑　瑜　1982(跋)
20　桑　喬　2151(撰)
2151(自序)
4691(引)
4691(撰)
4691(後序)
27　桑紹良　1048(撰)
1048(引)
44　桑　蔓　2485(修)
桑孝成　4958(次)
54　桑拱陽　846(撰)
846(序)
77　桑學夔　1048(校刊)
2396(撰)
桑開運　1124(訂)
1124(序)
98　桑　悦　1027(序)
3526(撰)
4958(撰)

7810_7　鹽

71　鹽　臣　4377(校閲)

7823_1　陰

50　陰中夫　4221(注)
64　陰時夫　4221(輯)

7870_0　臥

17　臥　子　2629(鑒)
38　臥遊道人　1949(叙)

7876_6　臨

00　臨高臺　6545(閲)
29　臨　秋　143(疏)

7922_7　勝

40　勝　吉　5742(較刻)

7923_2　滕

10　滕　霄　957(序)
14　滕　珙　2713(編)
34　滕　浩　4843(序)

7928_6　賸

80　賸　翁　1194(跋)

8000_0　八

20　八千卷樓主人
5489(手跋)
60　八景山人　4295(編正)

人

00　人　齋　2960(校)

　　　　2960(識語)
07　人　望　4037(閲)
20　人　季　407(考補)
34　人　遠　4816(訂)
50　人　中　443(説)

入

77　入　同　2259(編)

8010_4　全

10　全　五　5724(著)
　　全元起　3054(訓解)
　　全天叙　69(訂)
　　　　5134(序)
　　全　吾　2602(訂正)
30　全　之　1039(編輯)
　　　　1122(纂輯)
37　全祖望　338(批校)
　　　　5742(選)
　　　　6767(題辭)
40　全　古　551(參較)
44　全　菴　3386(選輯)
　　　　4170(校)
80　全　美　4632(編)

8010_7　益

00　益　齋　6319(跋)
23　益　然　2193(閲定)
40　益　友　4183(編)
50　益　中　2620(輯評)
53　益　甫　43(閲)
　　　　1927(閲)

8010_9　金

00　金應毛　4223(閲梓)
　　金應宿　5625(校)
　　金應兆　2805(閲梓)
　　金　庠　6326(編)
　　金文明　1439(督梓)
03　金　誠　278(撰)
　　金贇仁　2442(撰)
07　金　詢　378(考定)
10　金一龍　2129(纂)
　　金一所　1615(著)
　　金三枝　6285(繕寫)
　　金玉鉉　438(序)
　　金可綬　2040(纂修)
　　金　粟　5715(校刊)
11　金　珏　5924(校字)
　　金　張　6021(撰)
　　金　孺　466(編)
　　金碩評　378(校訂)
12　金　珽　5703(校閲)
　　金廷對　248(序)

金廷璧　5292(閱)
15 金建中　5626(撰)
17 金　瑤　53(撰)
491(撰)
491(自序)
5435(撰)
金　璵　4619(參訂)
19 金耿庵　1212(校)
20 金　儁　2202(序)
金　集　4719(補註)
金秉樸　203(參訂)
金維寧　2655(撰)
4480(撰)
金維嘉　3684(撰)
金維城　6548(序)
22 金鼎錫　97(序)
金　鸞　1990(增訂)
金　彩　2614(參)
2614(序)
金　綎　275(撰)
6204(撰)
23 金獻可　2485(修)
金俊明　4799(識語)
金鶩山人　1717(引)
24 金德玹　811(校正)
6339(撰)
金德瑛　264(序)
6163(序)
金德生　3132(輯著)
金德純　5987(序)
金德嘉　2212(序)
5755(序)
5805(較閱)
5805(序)
5862(序)
5944(序)
6009(撰)
6009(自序)
金德輿　5924(校字)
金德鋐　378(校訂)
金幼孜　1229(撰)
1259(撰)
25 金　律　1750(編梓)
6305(梓)
26 金　堡　2208(序)
金　侃　4535(撰)
4818(手跋)
28 金以謀　3129(訂定)
金以成　6268(序)
30 金　鎏　6384(撰)
金永昌　6065(校)
6065(傳)
金之俊　2209(鑒定)
2864(序)

5703(撰)
5703(自序)
5798(序)
金憲孫 5733(跋)
金定禮 5582(序)
31 金　江 1645(撰)
1645(引)
金　潛 6563(序)
32 金兆登 2040(校正)
金兆燕 6212(序)
金兆蕃 4824(題詩)
33 金　心 5535(訂)
34 金漢鼎 5703(序)
金汝諧 1355(校)
1699(撰)
1699(自序)
金汝和 2027(考輯)
金汝達 1699(校)
金　達 5284(序)
37 金　潮 2655(序)
金　鴻 897(序)
金祖彭 5703(鐫)
金祖靜 6204(編)
40 金九臯 5254(序)
金友瑄 2113(校)
金友理 2113(撰)
2113(序)
金士衡 5361(校)
金在衡 1990(校讐)
金有華 3505(校)
3505(跋)
金志章 3380(序)
6168(撰)
6168(自序)
金嘉謨 1141(訂)
金壽彭 5924(校字)
金賁亨 1615(撰)
1615(自序)
1737(著)
1737(自序)
金　榜 6675(參閲)
金　樟 5284(序)
43 金　城 3274(序)
44 金協仍 1933(校)
金蘭臣 2555(校)
金孝章 1212(手校)
金蓉鏡 4370(手跋)
金其相 835(序)
45 金　楝 558(梓)
47 金鶴翀 6205(跋)
金　聲 442(序)
4843(序)
50 金泰階 4521(跋)
金本陶 1436(校刊)

金忠士　5555(撰)
53 金成棟　6805(挍)
55 金　農　6257(撰)
6257(自序)
58 金　鰲　478(撰)
60 金　晬　1133(跋)
金日升　962(鑒定)
金旦評　6290(參定)
金　泉　5703(跋)
金　昇　6648(校)
67 金　照　5655(序)
70 金雅衍　4538(閱訂)
71 金階升　1904(註)
金　甌　686(撰)
686(自序)
74 金　勵　2803(閱)
77 金　鳳　642(校刻)
金鳳沼　2520(校並跋)
金鳳翔　4703(校字)
金尼閣　1044(撰)
1044(自序)
金門詔　1412(序)
金履祥　577(註)
6305(編)
金居敬　5847(序)
5850(序)
5966(序)
金學曾　4439(校)
4926(序)
5467(校梓)
金學舒　3675(參訂)
80 金　鏡　5535(序)
5535(訂)
金　鉉　2557(序)
金介復　6120(序)
金毓黻　674(題記)
1332(題記)
6261(著)
83 金　鋐　5774(序)
5944(序)
84 金　鉷　570(序)
87 金　紐　4719(跋)
88 金　鑑　6230(跋)
金　節　3992(校)
90 金光房　2419(序)
金尚濂　530(參校)
金尚柬　6608(校)
98 金　敞　6146(撰)

8011_6　鏡

20 鏡秉鑑　4807(刊)
34 鏡　遠　6523(參閱)

8012_7 翁

00 翁方綱 212(籤注)
1798(手跋)
2344(校並跋)
2557(校補並跋)
2560(題識)
3338(跋)
4760(校)
4809(評)
5676(跋)
5676(序)
5891(序)
5891(贊)
5891(年譜)
6175(跋)
6548(手跋)
6598(批並跋)
翁應祥 4958(校)
5308(序)
5634(序)
03 翁斌孫 2341(校)
5849(跋)
10 翁正春 901(序)
4003(參閲)
5550(序)
5641(撰)
翁覃溪 212(簽註)
翁　晉 5612(著)
12 翁延壽 2043(序)
30 翁憲祥 1286(序)
4958(選)
4958(叙)
4958(跋)
33 翁心存 1850(手跋)
2543(校跋)
4769(跋)
4770(校並跋)
翁　溥 5122(序)
5214(撰)
34 翁漢麐 690(撰)
翁　澍 2102(撰)
2102(自序)
37 翁鴻業 3647(序)
翁逢春 2401(撰)
44 翁　荃 605(校正)
翁萬達 5015(序)
翁世資 6306(序)
翁樹培 3422(校)
翁　桂 820(後序)
67 翁　照 6272(較)
77 翁同書 745(手跋)
760(題識)
810(手跋)

1850(手跋)
2108(批注並跋)
4760(跋)
4769(跋)
5631(跋)
6778(校並跋)
翁同龢　1180(録)
1194(手跋)
1212(轉録)
1212(跋)
1235(校)
1606(手跋)
1828(跋)
2341(跋)
2348(跋)
2543(校跋)
2604(批注)
3398(跋)
3415(跋)
3758(跋)
4029(跋)
4166(批)
4502(題記)
5662(跋)
5849(跋)
6575(跋)
6706(跋)
80　翁曾源　1850(手跋)
1850(校並跋)
2108(校並跋)
4760(跋)
90　翁　卷　5641(撰)

翕

00　翕　庵　4089(校正)

8018_2　羑

32　羑　溪　304(輯)
71　羑　長　5415(著)
6525(彙編)
77　羑　門　1920(訂正)

8020_0　个

71　个　臣　6618(録)

丫

27　丫角道人　3411(撰)

8020_7　今

25　今　生　552(閲)
26　今　釋　6027(序)
6583(序)
55　今井匡之　1133(標註)
1133(校訂)

8021_3 兊

27 兊 峰 3698(参校)

8022_0 介

00 介 廉 3675(纂述)
15 介 融 1473(訂正)
21 介 儒 5501(著)
22 介 山 6021(著)
27 介 侯 2984(編輯)
31 介 祉 3450(著)
38 介 遵 5923(著)
6786(著)
44 介 菴 1359(撰)
50 介 夫 1612(編)
5436(著)
53 介 甫 2613(纂)
5389(著)
77 介 眉 5976(著)
80 介 人 2299(撰述)
5739(著)
86 介 錫 4247(總訂)
4573(總訂)
88 介 繁 5871(編輯)

8022_1 俞

00 俞 彦 3389(序)
6523(序)
俞文龍 1898(自序)
俞文豹 3742(撰)
3742(自序)
3933(撰)
4397(撰)
4890(書後)
俞文源 3248(閱)
俞文漪 2230(序)
12 俞廷翀 917(編輯)
俞廷楝 847(校)
俞廷舉 4993(重編)
13 俞琬(琰) 3747(撰)
4597(撰)
4651(撰)
4652(撰)
4652(自序)
4808(撰)
14 俞 琳 66(序)
17 俞子容 4064(自序)
20 俞維宇 2090(校閱)
21 俞貞木 4875(序)
23 俞允文 4900(編次)
5337(序)
5400(撰)
5486(校)
5486(序)

6427(編)
6427(序)
6428(編)
俞允諧　6417(閱)
俞允中　4747(序)
俞　弁　4064(撰)
4064(自序)
5152(手跋)
25 俞仲蔚　6428(著)
26 俞　鯤　342(撰)
27 俞向葵　2168(輯)
2168(序)
俞約齋　4494(題記)
29 俞　嶙　5023(編)
30 俞　憲　4833(序)
5199(叙)
5240(叙)
6408(編)
6408(序)
俞安期　4298(編)
4299(撰)
4300(編)
4390(叙)
5415(撰)
5519(定)
6525(編)
6553(題詩)
俞安國　3264(校正)
俞　寰　6408(序)
俞　寅　4165(筆記)
31 俞　淖　3029(序)
俞　灝　551(訂)
32 俞　淵　6408(序)
6408(撰)
6451(校)
俞兆胤　1898(校)
俞　沂　6408(撰)
34 俞汝礪　4769(序)
俞汝楫　2086(校)
4272(校)
37 俞鴻馨　1473(鑒定)
俞鴻圖　750(序)
40 俞大猷　1272(撰)
俞士彪　5689(較)
俞　肅　714(編訂)
俞　森　4098(序)
41 俞　楷　3675(點訂)
6123(題詞)
43 俞　樾　5849(跋)
44 俞　藎　4856(校刊)
4856(序)
俞　堪　3982(校正)
53 俞　成　3739(撰)
57 俞邦時　2798(撰)

60 俞思謙 1446(手跋)
俞思冲 1684(校)
俞恩華 4257(序)
俞恩燁 1542(序)
4577(校)
4577(序)
61 俞顯謨 6440(參閲)
6440(凡例)
俞顯卿 5168(跋)
6440(補訂)
6440(序)
71 俞長城 4101(序)
75 俞陳琛 2878(序)
77 俞 卿 227(裁定)
227(序)
80 俞益謨 1342(撰)
俞介禧 6607(手跋)
俞 夔 4125(撰)
84 俞 鎮 3748(撰)
86 俞錫齡 6137(校)
88 俞 策 2189(撰)
91 俞炳然 2041(彙集)
俞 焯 4829(序)
97 俞煥章 1153(撰)

前

60 前田安宅 3125(訂)
3125(序)
3128(訂)

8022_7 分

21 分 虎 5999(著)

8023_7 兼

22 兼 山 1160(訂)

8024_7 夔

10 夔 震 4716(較)
76 夔 颷 6141(著)
87 夔 舒 2063(序)

8025_3 羲

80 羲 人 4019(訂)

8030_7 令

27 令 侯 202(參訂)
37 令 鴻 1337(纂)
42 令狐亦岱 4119(撰)
令狐鎴 2676(書後)
77 令 民 475(纂述)
80 令 人 1762(較)
90 令 掌 1337(纂)

8033_1　無

00　無　文　1809(録)
　　無　妄　3381(校梓)
　　無　言　5798(較)
04　無　謀　147(識)
10　無　憂　2252(編次)
14　無　功　2284(著)
　　　　　　2284(小引)
　　　　　　2613(閲)
　　　　　　2805(訂)
　　　　　　3710(著)
　　　　　　4314(著)
　　　　　　5218(著)
　　　　　　5389(著)
　　　　　　6741(著)
17　無　瑕　6529(集註)
22　無　崖　6249(著)
　　無　山　5876(編)
24　無　休　5742(批點)
27　無　象　5684(較)
31　無　涯　5552(校)
34　無　爲　6311(輯)
37　無　逸　1725(訂)
　　　　　　5755(輯)
40　無　奇　5548(撰)
　　　　　　6521(校正)
44　無夢閣　4050(序)
46　無　相　6500(編)
　　無　如　6523(編輯)
47　無怒軒　2936(序)
50　無　盡　2172(撰)
　　　　　　2172(序)
　　　　　　2173(撰)
54　無　撓　3219(校)
　　無　蛙　600(纂述)
60　無　回　420(簒)
　　　　　　838(輯)
　　無　異　5552(閲)
70　無　雅　5552(校)
　　無　障　65(批評)
72　無　所　6739(較訂)
77　無　膠　5079(小叙)
　　無　悶　189(撰)
80　無　美　5624(校閲)
90　無懷山人　3455(編次)

8033_2　念

00　念　齋　203(参訂)
　　念　庭　5915(著)
03　念　詒　721(校輯)
10　念　平　5720(著)
27　念　修　6051(著)
　　念　伊　6613(參)

念　魯　5993(著)
37 念　祖　3849(校)
44 念　芝　4158(纂)
念　菴　2545(較字)
50 念　東　5794(序)
5904(鑒定)

愈

90 愈　光　5063(著)

8033_3 慈

22 慈山草廬　2963(例説)
慈山居士　3923(著)

8034_6 尊

25 尊　生　3571(校)

8040_0 午

40 午　塘　4232(著)
42 午　橋　6114(著)
午橋釣叟　3455(撰)
44 午　葵　4097(參訂)

8040_4 姜

00 姜文燦　482(撰)
姜　京　702(校)
01 姜　龍　1912(序)
10 姜一洪　130(序)
姜天樞　5752(序)
姜雲龍　4017(校刊)
姜震陽　63(撰)
17 姜承宗　5352(編輯)
21 姜順龍　247(序)
22 姜崑麓　686(鑒定)
姜繼曾　1438(序)
23 姜允重　210(序)
702(校)
2673(校)
2674(校)
姜允遠　2673(校)
2674(校)
姜我英　482(彙輯)
27 姜紹書　3372(撰)
3372(序)
30 姜安節　5672(撰)
姜宏範　2091(撰)
姜宸英　2137(撰)
2216(鑒定)
5807(序)
5862(序)
5900(序)
5909(序)
5944(序)
5947(序)

5956(序)
6003(序)
6032(序)
6041(序)
6077(撰)
6078(撰)
6598(序)
姜　寶　48(撰)
646(序)
5228(序)
5253(序)
5293(序)
5356(撰)
5434(序)
姜實節　5672(撰)
32　姜兆熊　4446(撰)
姜兆錫　210(撰)
210(自序)
211(撰)
389(撰)
389(參義)
389(序)
458(撰)
458(自序)
517(撰)
517(識語)
568(撰)
568(識語)
578(撰)
604(撰)
604(序)
701(撰)
702(撰)
702(識語)
703(撰)
703(自序)
757(撰)
757(自序)
946(撰)
946(識語)
2673(撰)
2674(撰)
2674(序)
34　姜　洪　4917(撰)
35　姜　清　1258(撰)
37　姜逢元　352(序)
40　姜　垚　93(校刊)
姜　南　1613(續增)
2265(訂)
姜希轍　682(撰)
682(自序)
1423(序)
1566(序)
姜志禮　5542(撰)

姜奇方 3009(跋)
6463(校)
42 姜 埰 5672(撰)
5672(自序)
44 姜 埴 733(校)
姜其垓 5856(序)
姜 植 5391(序)
45 姜 埭 733(校)
姜 橚 686(序)
47 姜朝烈 482(閱)
50 姜中貞 4693(撰)
52 姜虬緑 2231(撰)
2231(自序)
60 姜日章 1014(撰)
姜曰廣 849(序)
6384(撰)
姜思吾 3124(校)
70 姜 璧 1027(參閱)
80 姜 夔 6773(撰)
6774(撰)
86 姜錫輸 1432(序)
91 姜炳璋 478(序)
733(撰)
733(序)

8043_0 美

26 美 和 1862(編輯)
4217(編集)
4218(編輯)
50 美 中 4297(梓)
77 美 周 124(撰)
80 美 含 2233(撰)

龔

37 龔 湖 5935(選)
48 龔 梅 6205(訂)

8044_2 弇

31 弇 江 6556(鑒定)

8050_0 年

40 年希堯 1074(增補)
1074(序)

8050_1 羊

26 羊和奏 1010(序)
27 羊角山叟 3032(序)

8055_3 義

27 義 叔 5473(校)
60 義 果 2270(參訂)
77 義 門 2853(校刻)

8060$_1$ 合

00 合　亭 5443(校)

8060$_2$ 含

00 含　章 3486(補次)
28 含　徵 3142(著)
40 含　真 231(跋)
1003(校)
44 含　華 5079(跋)
97 含　輝 5838(校閲)

8060$_5$ 善

30 善　良 4583(校)
33 善　述 4877(印板)
71 善　長 5471(校)
77 善　同 3088(撰)

8060$_6$ 曾

00 曾文饒 124(序)
1731(訂正)
1731(序)
3621(較)
5651(序)
10 曾王孫 6804(輯)
6804(序)
曾元邁 2933(序)
曾于拱 5303(序)
曾可前 3651(序)
5552(序)
12 曾廷試 5527(輯梓)
5527(序)
曾廷賢 5527(跋)
曾孔化 5151(序)
17 曾　璵 2531(撰)
5002(叙)
5063(序)
5071(撰)
曾承業 2675(編)
曾　鞏 1170(序)
4174(序)
20 曾維綸 5527(撰)
21 曾　衍 4842(批點)
4842(序)
曾衍緒 1164(校梓)
22 曾繼武 4784(編)
24 曾先之 1133(撰)
1139(編次)
曾偉芳 3611(撰)
26 曾自明 4784(輯)
27 曾　佩 6410(編)
曾　魯 4747(考異)
30 曾安世 4864(校定)
4864(序)

32　曾　洲　4019(校刻)
4019(序)
曾淵子　2697(跋)
34　曾汝檀　4814(序)
37　曾　選　5009(校刊)
38　曾　桬　4886(撰)
40　曾大奇　3621(撰)
曾士理　5718(閱)
41　曾　梧　5138(撰)
42　曾　橋　384(訂)
44　曾懋爵　1143(校)
曾楚卿　1311(跋)
46　曾如春　1653(校)
47　曾鶴齡　4896(序)
4900(撰)
曾朝節　69(撰)
69(自序)
48　曾　梅　4900(梓)
50　曾　丰　4784(撰)
60　曾星垞　4764(跋)
曾昂夫　4719(撰)
63　曾貽芬　1850(校點)
72　曾剛甫　1212(校)
1212(跋)
77　曾鳳儀　1036(序)
2791(校)
曾同亨　4065(序)
4898(校)
4898(序)
曾興烈　2470(序)
80　曾　鏞　1237(録)
曾　益　3018(撰)
81　曾　棐　5720(序)
82　曾　釗　1026(手跋)
1194(硃批)
1194(手跋)
1543(手跋)
2352(跋)
84　曾　銑　1371(撰)
88　曾　敏　2986(序)
90　曾　忭　1374(撰)
曾光國　6802(述)
曾省吾　1127(序)
94　曾　慥　4673(撰)

會

27　會　候　5784(訂)
40　會　嘉　4309(纂)
80　會　公　6009(著)

8060_8　谷

00　谷應泰　1333(撰)
2328(補編)
2598(序)

4725(輯定)
谷　音　231(跋)
10 谷霖蒼　2598(鑒定)
22 谷　嶠　2023(叙)
谷繼宗　5069(輯解)
5069(題辭)
40 谷九鼎　2023(編輯)
2023(書後)
50 谷　泰　3919(撰)
80 谷　年　3878(録)

8073_2　公

00 公　立　2994(集)
公　亮　4009(閲)
4010(閲)
04 公　謹　2287(輯)
3711(校訂)
3934(輯)
公　謨　6545(閲)
07 公　望　3461(編次)
4836(著)
5463(著)
10 公　玉　3358(校)
3359(校)
13 公　武　6545(閲)
14 公　瓚　5090(輯)
17 公　孟　6489(撰)
公　鼒　2398(訂正)
5540(較)
5540(序)
5562(序)
公　弼　1755(彙輯)
公　勇　5854(著)
20 公　垂　2652(閲)
公　位　3236(閲)
公　信　1035(編著)
22 公　胤　5535(訂)
公　鼎　5038(序)
24 公　他　5779(鑒定)
26 公　和　5790(訂)
27 公　彝　5715(閲)
30 公　寧　353(著)
公　寥　4062(參)
公　永　434(纂著)
公　良　5075(著)
6737(訂)
公　寅　353(編)
34 公　湛　1595(訂)
37 公　溟　5481(輯)
公　選　3598(訂)
公　朗　6545(閲)
50 公　泰　2063(序)
53 公　輔　35(校)
60 公是先生　4645(撰)

77 公 履 6455(輯)
78 公 臨 2189(撰)
88 公 敏 5444(校)
99 公 瑩 555(習)

養

00 養 庵 2602(訂)
21 養 貞 5510(著)
34 養浩遁叟 2762(訂定)
35 養 冲 2602(訂)
44 養 菴 3592(仝稿)
4265(輯)
48 養 敬 1842(撰)
80 養 善 2960(序)
90 養 粹 5646(跋)
92 養 恬 6572(編輯)

8090_1 佘

00 佘彦焱 2543(説)
10 佘一元 5797(著)
30 佘永寧 3599(撰)
3599(序)
44 佘夢鯉 2426(略説)
佘世亨 5153(撰)

8090_4 余

00 余彦掞 3858(挍字)
3858(跋)
余應虬 427(補)
427(序)
3840(訂)
3840(序)
4360(校閲)
4360(序)
余文龍 1885(編)
1885(自序)
2027(序)
3224(識語)
5600(序)
6570(序)
10 余一元 5797(撰)
余一鼇 4006(跋)
余元熹 6556(編)
余元長 2994(訂)
余 丙 1788(撰)
余丙捷 1788(撰)
12 余延熹 6556(序)
余廷柱 3803(檢刻)
16 余 璟 662(參)
17 余 珊 1984(跋)
余承業 5030(校正)
20 余 集 4500(序)
21 余步梅 3172(校)
余肯堂 4248(校刻)

余　縉　1422(撰)
22 余胤緒　2380(撰)
余　恁　4802(序)
余繼登　1303(撰)
23 余允緒　2380(著)
27 余　甸　6058(序)
余紹宋　5409(跋)
6077(跋)
余紹堂　4248(校刻)
30 余永麟　4436(撰)
余永寧　3793(閱)
余　進　1133(通考)
余之梅　4853(輯刊)
余良樞　6463(校)
余　寅　1305(撰)
5331(序)
5348(序)
5523(撰)
6444(撰)
6453(輯並評)
余　寀　1841(撰)
32 余兆胤　1885(校)
1885(跋)
34 余　祐　2743(編)
2743(序)
余　祐　2743(編)
2743(序)
37 余　潮　1369(評閱)
1369(序)
38 余祚徵　5681(撰)
40 余大茂　4039(較梓)
余有丁　5270(校正)
余　嘉　396(纂輯)
余　吉　4351(序)
44 余蕭客　6290(撰)
6290(自序)
余懋衡　2246(撰)
2246(序)
5547(撰)
余懋學　3803(撰)
3803(自序)
5514(序)
余懋孳　1679(序)
2807(校梓)
5588(撰)
5588(自序)
45 余　棟　939(序)
6222(序)
46 余如鐸　4248(校刻)
50 余中元　6424(輯)
余中恬　3858(編輯)
余中怡　3858(跋)
53 余成教　2264(記)
58 余敷中　658(撰)

658(自序)
60 余日登 134(序)
余曰德 5338(撰)
余國禎 3858(撰)
3858(自叙)
余國柱 3022(序)
4089(參閲)
余國楨 3858(撰)
余見龍 1078(校)
余昌祚 3803(檢核)
余昌年 2676(訂)
77 余覺華 4658(撰)
余　熙 3176(撰)
余　學 2721(校正)
余學申 4131(對讀)
4665(對讀)
80 余美英 1343(撰)
余養元 979(書後)
余養蒙 1672(撰)
86 余　鐸 2590(序)
90 余　懷 3450(撰)
3875(序)
4358(撰)
4358(序)
4581(撰)
4581(序)
余光耿 5923(撰)
6786(撰)
余光璧 5043(序)
96 余　煌 3114(閲梓)
4057(序)
99 余　鑙 4222(訂)

8172_7 鐳

18 鐳　珍 6106(參訂)

8174_7 飯

77 飯尾千尋 1133(略解)

8178_6 頌

31 頌酒齋 6545(閲)

8211_4 鍾

00 鍾文烝 5696(校)
06 鍾　諤 5800(序)
10 鍾　靈 2470(跋)
鍾天墀 632(輯註)
12 鍾瑞雲 4949(叙)
17 鍾羽正 5521(撰)
20 鍾禾士 2629(挍)
22 鍾　鼎 2190(序)
鍾嶽秀 3427(撰)
23 鍾允謙 5078(後序)
鍾　台 4434(校)

24　鍾化民　6418(序)
26　鍾吳來　6123(序)
27　鍾　紹　2830(編)
28　鍾　佺　6060(校)
鍾　復　4916(撰)
29　鍾　嶸　6695(撰)
34　鍾　斗　152(訂)
37　鍾祖保　3120(序)
6553(跋)
鍾祖述　6553(編)
鍾　過　3184(撰)
43　鍾　越　632(輯註)
44　鍾　芳　639(撰)
5013(序)
5078(撰)
鍾攀龍　5133(校)
47　鍾　穀　4260(校閱)
54　鍾　轅　6160(題詩)
60　鍾國璽　2660(誌)
鍾　昌　4260(閱)
鍾景星　2749(注)
67　鍾鳴道　3397(梓)
74　鍾　陵　4806(校)
5806(著)
77　鍾　同　4916(撰)
80　鍾人傑　1148(序)
2849(撰)
2849(序)
4504(校閱)
4504(序)
5423(引)
鍾令聞　6553(較)
96　鍾　惺　423(撰)
424(撰)
424(叙)
433(撰)
628(重訂)
632(評)
672(評)
773(纂註)
1151(評)
2405(鑒定)
2166(序)
2625(撰)
4139(編)
4322(題辭)
4330(校閱)
4445(批點)
5552(定)
5631(傳)
5650(序)
5652(序)
6414(評註)
6502(編)

6502(序)
6503(編)
6504(編)
6504(自序)
6505(編)
6506(編)
6508(評)

8242_7　矯

00　矯　亭　1364(跋)

8280_0　劍

27　劍　峰　6635(校)

8315_0　鐵

00　鐵　庵　3742(題識)
17　鐵　珊　6137(校)
鐵　君　6261(著)
22　鐵　崖　396(鑒定)
33　鐵　心　6531(校)
42　鐵橋散人　2634(録)
44　鐵　芝　1164(纂輯)
77　鐵脚道人　4672(撰)

8315_3　錢

00　錢裔美　3835(跋)
錢應充　4303(撰)
4303(自序)
錢應金　3400(序)
5615(序)
錢玄錫　768(較)
錢　襄　3375(參論)
01　錢龍錫　1813(校)
2594(叙)
4272(序)
6494(删訂)
6540(序)
02　錢端禮　1860(撰)
錢端喚　5235(序)
08　錢謙益　684(函)
927(序)
994(序)
1025(序)
1211(跋)
1591(識語)
1601(序)
1896(參閲)
2254(序)
2287(訂閲)
2513(序)
3016(序)
4328(閲)
4350(序)
4391(點校)

4474(序)
4799(跋)
4799(輯)
4942(序)
4958(叙)
5497(序)
5614(傳)
5669(序)
5703(序)
5706(序)
5708(序)
5724(序)
5801(序)
5846(序)
5846(贈詩)
6283(批校)
6287(序)
6304(序)
6579(序)
6595(序)
6606(序)
6628(著)
6723(序)
10　錢一本　74(撰)
74(自序)
75(撰)
1399(跋)
2814(撰)
2814(自序)
3199(撰)
3199(序)
4000(撰)
錢二白　5984(序)
錢正振　2262(增修)
錢王臣　247(序)
錢天祐　2583(撰)
錢天樹　2676(手跋)
錢天錫　434(撰)
434(序)
錢晉揚　4087(校訂)
11　錢孺穀　6553(編)
6553(小傳)
12　錢廷楷　4165(筆記)
14　錢　琦　3539(撰)
3965(撰)
3965(小序)
5057(撰)
6670(序)
錢　璜　434(編)
17　錢承德　4958(序)
19　錢　琰　6279(序)
20　錢千秋　4314(序)
6553(較)
錢受圯　2970(校)

錢受益 145(序)
827(補)
827(序)
5637(序)
錢維喬 5849(跋)
21 錢順德 2179(跋)
3785(跋)
錢經國 5507(校梓)
22 錢　嶫 5101(行狀)
錢繼章 3795(傳敁)
5076(跋)
錢繼登 4028(撰)
4028(自序)
23 錢允治 3111(訂正)
3111(序)
3504(題款)
4505(序)
5426(校)
5426(序)
5569(序)
5569(校刻)
6320(序)
錢俊民 483(重刊)
483(序)
錢　岱 4232(訂正)
24 錢德洪 1917(序)
2775(撰)
5094(序)
25 錢仲益 3517(序)
26 錢伯誠 5552(箋校)
錢　偲 261(撰)
27 錢象坤 2398(訂正)
28 錢以塏 2223(撰)
2223(自序)
2313(撰)
2313(自序)
錢儀吉 3224(題記)
4370(跋)
4789(跋)
4809(題記)
5578(跋)
錢谿埜人 4184(序)
錢牧齋 4328(閱)
30 錢濟世 75(校梓)
錢之選 5329(輯)
錢良擇 5801(校並跋)
錢寶琛 5798(題詩)
錢寶樹 1712(識語)
錢實璵 1180(跋)
錢　察 6562(校)
31 錢　江 2652(序)
錢源敁 787(校)
錢　福 5006(撰)
32 錢　澄 5732(序)

錢澄之　4157(撰)
4157(自序)
5672(序)
5672(墓志)
6077(序)
錢　泓　146(録刊)
33 錢　泳　6441(輯)
錢　溥　327(序)
1800(撰)
2536(撰)
2536(序)
4835(序)
34 錢　法　4217(跋)
4218(閱)
4234(序)
38 錢裕國　2052(修補)
錢　遵　1135(題款)
錢遵王　2543(撰)
2544(撰)
6770(校)
錢啓忠　130(序)
3573(訂)
錢啟忠　130(序)
3573(訂)
40 錢大復　5340(校對)
錢大昕　736(序)
1214(硃批)
1952(跋)
2232(序)
2421(跋)
2676(觀款)
3718(校)
3919(題記)
5152(手記)
5845(題詩)
6257(跋)
錢大鏞　6653(序)
6653(凡例)
錢士升　109(撰)
127(傳)
1150(撰)
1318(編)
1318(序)
1706(撰)
1706(自序)
4314(序)
錢士完　1555(校)
錢士昌　3802(校)
錢　鼒　6311(後序)
6319(序)
錢有威　1030(序)
1827(撰)
錢南揚　5579(校點)
錢希言　3414(撰)

3499(序)
3709(撰)
3709(自序)
4521(撰)
4521(自序)
5582(校)
5582(序)
錢嘉徵 5235(撰)
錢古訓 2341(撰)
41 錢栢齡 6123(序)
6267(序)
錢　櫃 4247(編次)
42 錢彭曾 151(撰)
44 錢　芹 5276(撰)
錢芳標 1470(跋)
錢　薔 5075(跋)
錢　蓘 4032(撰)
4032(跋)
錢蔚起 2397(較定)
4282(較定)
錢　薇 5235(撰)
錢萬國 1142(訂)
錢　菜 109(小引)
142(撰)
4474(序)
6590(序)
46 錢如京 2595(序)
錢柏齡 6123(序)
6267(序)
47 錢朝鼒 6304(注)
48 錢　栴 5651(序)
50 錢泰吉 1702(手跋)
錢青選 434(校)
錢肅潤 368(撰)
368(自序)
1768(撰)
5215(序)
5865(序)
錢　春 1410(撰)
1703(序)
3318(撰)
3318(序)
6552(序)
錢春沂 2040(參閲)
錢　貴 1911(撰)
1911(識語)
54 錢拱宸 3002(梓)
57 錢邦寅 1955(撰)
錢邦芑 1001(撰)
1001(序)
1891(序)
4062(輯)
4062(序)
60 錢昌齡 5738(題詩)

64　錢　曉　3585(訂定)
3585(跋)
錢　時　607(刊)
607(序)
錢時雨　5207(校正)
73　錢駿祥　4789(跋)
74　錢陸燦　1022(批注)
4748(批點並跋)
錢　陞　1707(撰)
1707(序)
75　錢陳群　6129(序)
6140(序)
77　錢熙祚　529(跋)
2069(校梓)
4392(校勘記)
80　錢人麟　1070(撰)
錢　普　1612(校閱)
2494(後序)
錢　曾　2543(撰)
2544(撰)
2544(自序)
2544(後序)
2572(校)
6770(識語)
錢養廉　3981(序)
4453(撰)
錢養庶　1555(校)
4006(訂)
82　錢鍾義　6562(序)
84　錢　鎮　4126(序)
88　錢　筠　6441(編)
錢　篩　6441(編)
90　錢惟善　6319(校正)
6319(序)
錢光繡　3406(序)
5740(較閱)
錢尚衡　1790(撰)
97　錢　恂　4824(題詞)

8363_4　猷

44　猷　菴　3017(增補)

8376_0　飴

22　飴　山　6205(鑒定)

8414_1　鑄

44　鑄　萬　3673(著)

8471_1　饒

00　饒慶霖　4844(編次)
10　饒一辛　257(撰)
20　饒秉鑑　635(撰)
21　饒仁卿　3698(梓)
40　饒有政　2840(評閱)

54 鐃拱辰 850(挍)
60 鐃星曜 586(序)
586(校刻)
鐃景暐 4065(序)
鐃景暉 4304(序)

8511_7 鈍

00 鈍　庵 3224(識語)
鈍　齋 6339(訂正)
44 鈍　菴 203(參訂)
50 鈍　夫 6682(輯)
6682(凡例)
53 鈍　甫 6161(撰)

8612_7 錫

00 錫　玄 825(輯)
826(纂)
827(輯)
3013(輯)
3827(著)
4571(輯)
5308(選次)
22 錫　鬯 5981(著)
28 錫　徵 5856(著)
53 錫　甫 2069(校梓)
80 錫　公 714(著)

錦

10 錦　震 4377(校閲)
22 錦　川 6603(選)
77 錦屏山人 2756(校勘)

8614_1 鐸

27 鐸　峰 313(著)

8640_0 知

26 知　白 2835(批點)

8660_0 智

20 智　舷 3465(撰)
22 智　旹 5778(跋)
44 智　藏 2260(撰)
64 智　時 5778(較訂)
5778(序)

8711_5 鈕

12 鈕　琇 4538(撰)
4538(序)
5961(撰)
5961(自序)

8712_0 銅

22 銅　川 5875(著)

釣

30　釣瀛子　1293(撰)
40　釣　臺　890(著)

8716_0　銘

02　銘　新　3002(梓)
41　銘　栢　3405(集)

8716_2　鎦

00　鎦應遇　994(效刊)
鎦文顯　6545(閱)
34　鎦　洪　3075(編)
3115(編)

8718_2　欽

27　欽叔陽　1307(序)
30　欽　之　3802(校)
欽　宗　1862(校閱)
60　欽　昊　5762(校訂)

8732_7　鄦

94　鄦　慎　994(撰)

8742_0　朔

67　朔野山人　2999(著)

8742_7　鄭

00　鄭　雍　5499(重修)
5499(跋)
鄭雍言　4862(編次)
4862(跋)
鄭　齋　2635(手跋)
鄭方坤　5831(小傳)
6163(撰)
6165(序)
鄭應産　6657(彙)
鄭應旂　1657(撰)
鄭應瑞　6645(編)
鄭應齡　4926(編輯)
鄭應友　6657(閱)
鄭應星　6657(彙)
鄭應昌　4293(序)
鄭應煥　6657(彙)
鄭　廉　6202(序)
鄭慶先　1427(序)
鄭文熊　2831(校梓)
鄭文茂　1127(校正)
鄭文昂　6570(編)
鄭文炳　6667(編)
鄭　玄　424(撰)
439(序)
826(注)

	鄭賡唐	168(撰)
		168(自序)
		2632(撰)
	鄭　京	1858(序)
02	鄭　端	2417(撰)
		2891(編)
		2891(自序)
		2983(撰)
		2983(序)
		5872(撰)
	鄭端胤	3577(閱)
	鄭端允	335(校)
		4034(編)
	鄭端濟	335(校)
		3577(閱)
07	鄭　郊	3171(序)
09	鄭麟趾	1908(撰)
		1908(箋)
10	鄭一讃	3793(閱)
	鄭二陽	5352(評)
	鄭三俊	2186(序)
		2247(後序)
		2828(叙)
	鄭三極	2768(輯)
		2768(序)
	鄭　璽	6316(序)
	鄭王臣	6670(編)
	鄭元(玄)	2676(注)
	鄭元佐	4794(注)
	鄭元祐	1504(序)
	鄭元昭	6539(會訂)
	鄭元善	1589(刊)
	鄭爾垣	6656(編)
		6657(編)
		6657(凡例)
	鄭　震	4806(撰)
	鄭天錦	3726(序)
12	鄭登石	5736(序)
	鄭　瑗	3755(撰)
		4777(序)
	鄭廷英	4278(閱)
13	鄭　琬	1548(撰)
	鄭　瑄	4055(序)
		4057(撰)
		4057(自序)
16	鄭　環	4946(撰)
17	鄭　珞	1861(序)
	鄭孕唐	833(録測)
18	鄭　珍	6649(批)
19	鄭　琰	1548(撰)
20	鄭　重	2655(序)
		5747(序)
		5868(撰)
	鄭重光	3141(撰)

3141(序)
鄭舜民　1827(撰)
鄭維桓　3186(跋)
鄭維翰　2227(督刻)
21　鄭　虎　6247(墓志銘)
鄭肯堂　5871(閱)
鄭處誨　6700(撰)
22　鄭胤驥　1027(校閱)
2040(纂修)
鄭任鑰　806(校訂)
806(序)
鄭鼎和　3310(閱)
鄭鼎臣　4770(抄録)
鄭仙梓　5284(跋)
鄭崇弘　4903(彙輯)
23　鄭允端　4834(撰)
4834(自序)
鄭允宣　6656(輯)
24　鄭　化　4054(序)
鄭先慶　934(纂集)
鄭德徵　3445(閱)
25　鄭仲夔　4466(撰)
4522(撰)
4522(自序)
27　鄭　紀　4950(撰)
6472(叙)
鄭　絅　27(序)
28　鄭以誠　4260(註)
鄭以偉　130(序)
145(序)
820(註評)
1357(序)
2326(序)
2398(訂正)
2835(序)
3635(序)
5218(序)
5395(序)
6544(序)
鄭以厚　4132(識)
鄭　復　102(著)
鄭復言　4862(編)
29　鄭　嶸　6394(跋)
30　鄭　宣　6354(撰)
鄭宣慶　5871(閱)
鄭　濂　2257(序)
鄭永言　4862(編)
鄭之亮　1820(序)
鄭之玄　2031(序)
鄭之璞　121(參)
鄭之僑　2272(撰)
鄭之洪　4108(較閱)
鄭之惠　97(序)
鄭守誥　6657(閱)

	鄭良弼	659(撰)
		659(自序)
	鄭官應	1194(跋)
	鄭　寅	6457(校次)
	鄭宗孔	3726(校)
	鄭宗岱	606(序)
	鄭宗圭	5727(撰)
	鄭宗周	1354(祭文)
31	鄭　江	6189(序)
33	鄭心材	335(輯)
		1530(校)
		2830(校)
		2830(叙)
		3577(校)
		5180(訂訛)
		5477(撰)
		6429(續編)
		6429(後叙)
	鄭　泳	606(撰)
		606(序)
	鄭　梁	5007(輯)
		5742(序)
		5976(選)
		5976(序)
		6036(撰)
		6037(選)
34	鄭　滿	5007(撰)
	鄭汝翼	2524(撰)
	鄭汝舟	1999(分輯)
	鄭汝璧	1146(撰)
		2389(撰)
		2443(撰)
	鄭　濤	1589(撰)
		6316(序)
36	鄭　澤	2040(校)
37	鄭洛書	5132(撰)
	鄭　冠	5736(訂)
		5736(序)
38	鄭滁孫	10(撰)
	鄭道明	3682(撰)
	鄭啟秀	2951(序)
	鄭　棨	6700(撰)
40	鄭大璟	5128(訂閱)
	鄭大經	3626(梓)
	鄭大節	5742(較)
	鄭太和	6316(編)
	鄭太原	6473(編)
	鄭友元	123(撰)
	鄭　圭	102(撰)
		2240(紀事)
	鄭存仁	5418(序)
	鄭志昌	293(校録)
	鄭　杰	1214(校正)
		4669(跋)

5553(題識)
鄭　雄　231(跋)
鄭　真　3954(序)
鄭　樵　580(撰)
鄭　梓　4127(編)
4127(序)
41 鄭　楷　1589(輯)
4903(著)
4906(撰)
43 鄭　域　4181(序)
鄭載飏　168(校)
44 鄭　莊　4719(序)
鄭芳慶　5871(編輯)
鄭孝胥　4806(題詩)
鄭若庸　3101(傳)
4262(撰)
5419(撰)
5420(撰)
鄭若曾　2087(撰)
2125(撰)
2126(撰)
2127(撰)
2131(編)
2131(引)
2348(撰)
2349(撰)
2350(撰)
2498(撰)
2499(撰)
鄭其儲　6142(序)
鄭　賁　4531(撰)
鄭　材　4611(跋)
5213(序)
46 鄭如英　5624(校閱)
鄭　柏　1593(撰)
48 鄭乾禮　35(校)
鄭　梅　2253(編次)
50 鄭本立　5262(序)
鄭本忠　4862(撰)
51 鄭振鐸　3372(跋)
3436(手跋)
3438(跋)
3459(跋)
4042(跋)
4229(跋)
4496(題記)
4735(跋)
4942(跋)
5043(跋)
5557(跋)
6613(跋)
53 鄭　威　5085(後序)
54 鄭持正　4557(撰)
57 鄭邦福　3599(序)

	鄭邦相	136(序)
58	鄭　鏊	542(跋)
	鄭敷教	131(撰)
		203(參訂)
60	鄭日奎	5871(撰)
	鄭日璧	5871(較)
	鄭日箕	5871(較)
	鄭曰章	6677(識語)
	鄭昱方	5760(序)
	鄭國器	311(撰)
	鄭　晃	2222(序)
	鄭　昺	6656(輯)
	鄭圃居士	3635(較梓)
		3636(序)
	鄭思肖	4806(撰)
	鄭昌齡	4050(序)
	鄭景望	3733(撰)
64	鄭　曉	335(撰)
		336(撰)
		818(撰)
		1138(撰)
		1267(撰)
		1267(自序)
		1623(校正)
		1623(跋)
		3577(撰)
		3577(自序)
		5180(撰)
67	鄭明選	3705(撰)
	鄭　鄤	600(序)
		774(撰)
		831(序)
		1038(序)
		1478(評點)
		1478(序)
		6488(序)
70	鄭　璧	1593(訂梓)
71	鄭長慶	5871(閱)
	鄭長瑞	5736(訂)
		5736(序)
72	鄭剛中	1796(撰)
		1796(序)
	鄭　氏	2677(撰)
	鄭　岳	1609(編)
		1609(序)
76	鄭陽奎	6682(序)
77	鄭　風	6037(序)
	鄭履淳	335(序)
		1138(序)
		1530(撰)
		5180(輯)
		6429(編)
		6429(序)
	鄭履準	336(校)

鄭履洵　1530(校梓)
鄭際唐　1521(題識)
鄭際泰　2222(參訂)
　　2222(序)
鄭際熙　6253(撰)
鄭闈慶　5871(編輯)
鄭與僑　4473(撰)
鄭　賢　2623(撰)
　　2623(序)
80　鄭　普　5383(撰)
鄭善夫　3535(撰)
鄭公先　35(校)
82　鄭鍾蔚　3141(校閲)
83　鄭　錸　660(撰)
86　鄭知芳　5872(跋)
87　鄭　銘　6225(寫)
　　6225(題詩)
88　鄭　鋭　6472(序)
90　鄭惟吉　2354(序)
鄭惟飈　168(校)
鄭懷魁　6390(序)
鄭光羲　2880(撰)
鄭尚經　5011(後跋)
鄭尚宗　4903(訂)
鄭尚友　833(序)
鄭尚藎　6657(閲)
鄭　棠　4903(撰)
　　4906(著)
　　6656(序)
95　鄭　性　2853(校刻)
　　2853(序)
　　5742(訂)
　　5742(序)
　　6037(閲)
96　鄭　煜　917(校録)
鄭　燭　1646(編)
　　1646(跋)
鄭　煾　1647(校)
鄭　熜　1593(序)

8752_0　翔

53　翔　甫　4499(編)
77　翔　卿　5279(編)

8762_2　舒

11　舒　瑮　485(録)
　　1809(輯)
　　2685(録)
12　舒弘諤　147(撰)
　　147(序)
17　舒　琛　485(輯)
　　1809(輯)
　　2685(輯)
20　舒　位　5845(跋)

23 舒俊鯤 3208(撰)
3208(自序)
24 舒 化 1527(序)
25 舒仲函 5796(序)
26 舒 纓 4569(撰)
27 舒 梟 190(撰)
30 舒宏諤 147(撰)
37 舒 逸 190(撰)
40 舒大剛 4764(校注)
舒士津 1579(謄校)
舒有章 1809(録)
41 舒 栢 5016(序)
5017(序)
44 舒 芬 28(撰)
485(撰)
485(自序)
485(自跋)
1809(撰)
1809(自序)
2685(撰)
6366(編)
6366(校)
6366(序)
6696(序)
舒世忠 4523(繡梓)
舒其錦 3208(後序)
舒 林 160(輯)
48 舒敬亭 1579(撰)
1579(序)
50 舒春芳 1737(序)
57 舒邦佐 4765(撰)
60 舒日敬 3567(序)
4765(輯)
4765(序)
舒曰敬 561(序)
6420(序)
舒圖南 6106(參訂)
67 舒 瞻 6197(序)
6256(序)
77 舒學孟 4765(輯)

8768_2 欲

22 欲 仙 5552(閱)
52 欲 括 3172(校)

8778_2 飲

90 飲 光 4157(著)

8794_0 敘

90 敘堂氏 1194(跋)

8810_6 笪

20 笪重光 5913(序)

8810_8　笠

22　笠　山　4619(鈔閱)

8811_7　鑑

46　鑑　如　223(校閱)
80　鑑　鉉　2011(校訂)

8812_7　筠

00　筠　亭　2670(訂)
5565(訂)
28　筠　谿　6145(訂)
6676(校訛)
60　筠　圃　1474(校)

篛

44　篛　林　378(考定)

8814_7　筬

90　筬　堂　6022(跋)

8822_0　竹

00　竹　亭　4702(批語)
30　竹　窗　6631(選)
31　竹　潭　3995(校梓)
40　竹　友　5077(編)
43　竹　垞　6626(選)
45　竹　樓　6676(訂)
72　竹　隱　5819(著)
竹隱懶翁　6778(序)
77　竹岡居士　4717(輯)

8822_7　笏

22　笏　山　6225(編次)
44　笏　菴　4959(題記)

簡

00　簡　齋　2224(校鍥)
22　簡繼芳　1965(序)
44　簡　菴　3675(較梓)
4371(編)
50　簡　夫　6106(編次)
71　簡　臣　3236(閱)

8824_3　符

04　符　詩　6645(編)
32　符兆昌　6123(序)
40　符希孔　1034(校)
78　符　驗　1279(撰)
2383(撰)
2383(序)
80　符　曾　6126(序)

8829_4 篠

17 篠　珊 2403(手跋)

8832_7 篤

80 篤　父 6552(集選)

8850_7 筆

22 筆　山 4972(校)
6037(著)

8851_2 範

24 範　先 1580(修刻)
77 範　卿 4724(撰)
5666(著)

8854_0 敏

00 敏　膺 6213(撰)
44 敏　菴 2520(著)
50 敏事齋 1804(跋)

8872_7 節

30 節　之 4461(撰)

8877_7 管

00 管庭芬 2354(手跋)
2543(輯)
2543(跋)
5712(跋)
管慶祺 5798(題款)
06 管竭忠 369(序)
2892(序)
10 管一駿 1153(删正)
管天衢 351(閱)
18 管　珍 823(識語)
22 管　樂 470(校)
6175(編)
27 管紹寧 5033(序)
32 管　淵 6128(序)
40 管大武 2034(分閱)
管志道 823(編)
823(自序)
1653(纂輯)
3594(撰)
3594(自序)
3595(撰)
3595(自序)
4587(撰)
4587(自叙)
5478(序)
5514(序)
44 管葛山人 1332(撰)
46 管　楫 5086(撰)
47 管聲揚 2052(修補)

48　管　棆　2059(撰)
2059(序)
6128(撰)
77　管覺僊　5643(跋)

8880_1　箕

25　箕　生　5715(著)
箕　仲　5422(選)

8880_6　簣

22　簣　山　3671(著)
5859(著)
5877(著)

8890_2　策

87　策　銘　6080(著)

9000_0　小

10　小雲巢主人　2555(跋)
22　小山蘿　3728(纂集)
27　小　修　4023(批評)
40　小　有　3020(較訂)
4062(輯)
4062(識語)
44　小　范　2653(校)
71　小　厓　4705(著)
6184(著)
小　匡　4108(参訂)
80　小　谷　2543(跋)
88　小　篘　6602(編輯)

9001_4　惟

00　惟　康　6657(閲)
惟　度　5077(選)
5688(選評)
6613(輯選)
惟　玄　4006(訂正)
02　惟　訓　2090(撰)
17　惟　弼　2805(校)
4223(参訂)
21　惟　衡　2246(閲)
24　惟　魁　2805(輯)
4223(参訂)
30　惟　宜　3099(較正)
惟　守　4223(参訂)
惟　宗　2799(抄)
40　惟　克　6802(輯)
6802(序)
惟　南　1931(閲)
44　惟　蕃　2805(輯)
4223(参訂)
47　惟　馨　202(較)
50　惟　中　4958(校)
52　惟　靜　5126(選)

5204(選次)
53 惟　成 6734(校次)
67 惟　明 3092(校正)
88 惟　節 1891(輯)
90 惟　光 2247(跋)

9003_2 懷

00 懷應聘 6069(撰)
懷　庭 394(撰)
735(撰)
2694(撰)
10 懷　玉 6232(纂)
20 懷　季 234(較閱)
25 懷倩子 3654(參訂)
3654(序)
27 懷紹中 6069(鈔)
30 懷　宇 924(閱)
41 懷標中 6069(鈔)
44 懷蔚山房 6728(引)
懷　菴 5792(定)
70 懷　雅 388(校)
575(校)
6224(校)
77 懷　月 6189(校)
懷用中 6069(鈔)
80 懷　公 5079(輯刻)
90 懷　堂 3455(序)
98 懷　悦 6328(編)

9004_7 惇

10 惇　吾 5527(著)
30 惇　之 4006(增輯)
50 惇　夫 6225(校對)

9020_0 少

00 少　文 63(校評)
2659(著)
少玄山人 1647(撰)
08 少　説 4439(校)
10 少元山人 1647(撰)
12 少　水 2411(鑒定)
21 少　拜 3711(序)
22 少　川 4260(閲)
5315(集)
少　嵩 4793(撰)
少　山 4071(凡例)
26 少　伯 4033(序)
少　穆 6197(著)
27 少　魯 5170(輯)
少　岷 5002(叙)
28 少　儀 2574(訂)
37 少　逸 5218(訂)
38 少　汾 5104(校)
40 少　樵 4357(跋)

少　櫰　3172(訂)
67 少　明　5218(校)
77 少　聞　5790(訂)

9021_1 光

00 光　衷　4058(編輯)
25 光　生　5790(訂)
53 光　甫　4929(參閱)

9021_6 党

20 党維世　6645(序)
36 党還醇　2833(序)
40 党士伸　372(跋)

9022_7 肖

25 肖　生　3711(序)
53 肖　甫　5335(著)
77 肖　與　4765(輯)

尚

24 尚　德　4796(撰)
26 尚　白　4344(參)
27 尚絅畸人　3642(序)
35 尚　禮　6529(編)
40 尚　志　1527(編)
尚　木　3021(論)
47 尚朝柱　4099(校梓)
63 尚　默　485(校)
1809(較)
2685(校)
77 尚　賢　2774(校)
80 尚　畲　887(校)
81 尚　矩　2345(著)

常

00 常　序　5113(序)
常文魁　2052(續纂)
11 常　璩　2336(撰)
12 常　珽　6294(編)
15 常　醴　3091(參訂)
24 常　德　3074(編)
3115(編)
28 常　倫　5098(撰)
30 常守信　586(校刻)
常　安　5830(序)
40 常　在　2484(刊)
常　吉　3722(録)
76 常　陽　3940(序)
80 常　普　3460(編集)
90 常　棠　1988(輯)

9050_0 半

30 半完圃老人　5999(序)
46 半恕道人　6712(手跋)

60　半園外史　5803(自序)

9050_2　掌

10　掌　雷　5790(著)
21　掌　衡　787(編次)
28　掌　綸　4618(參校)
80　掌　公　4352(校)

9060_2　省

21　省　貞　135(編輯)
30　省　之　3056(續註)
3056(序)
3099(編輯)
3100(編輯)
60　省　愚　3248(閱)

9060_6　當

44　當　世　2799(校)
64　當　時　96(閱)

9080_0　火

31　火源潔　961(撰)
45　火　坤　4233(校刊)

9080_9　炎

13　炎　武　954(正字)

9090_4　米

40　米希顔　2068(撰)
米嘉績　4880(序)
米壽都　5721(序)
44　米　芾　1539(譔)
3732(録)
米萬鍾　2423(序)
5562(序)
6482(撰)

棠

22　棠　山　40(序)

9094_8　粹

50　粹　中　2115(著)

9101_6　恒

00　恒　齋　510(參閱)
24　恒德老人　3092(編集)
27　恒　叔　2319(著)
40　恒　友　3128(校訂)
50　恒　夫　1755(纂輯)
4087(輯)
5821(著)

9201_8 愷

28 愷　似　6033(著)

9306_0 怡

51 怡軒居士　4114(序)

9400_0 憪

10 憪　霔　3501(校)

9402_7 惰

00 惰率齋主人　4341(録)

9406_1 惜

78 惜　陰　4808(題記)

9408_1 慎

07 慎　調　6646(參閲)
08 慎　旃　953(纂)
23 慎　峨　2316(重較)
2316(引文)
27 慎　修　4376(參閲)
28 慎　儀　6189(校)
44 慎　蒙　2316(撰)
2316(叙)
2328(續編)
慎懋官　3916(撰)
3916(自序)
60 慎　旦　2162(撰)
慎思永　2316(小引)
77 慎　周　6648(校)
慎　卿　3014(批點)
80 慎　人　6670(輯選)
88 慎　餘　6648(校)

9501_0 性

00 性　齋　4647(編校)
10 性　磊　4592(補輯)
20 性　統　2216(校訂)
22 性　制　2203(撰)
24 性　德　1043(編)
30 性　宇　152(訂)
44 性其情齋　6212(序)
80 性　父　4929(定)

9502_7 情

55 情　耕　5817(序)

9503_0 怏

60 怏　圃　5829(著)

9601_4 惺

50 惺　夫　734(校)
80 惺　全　3995(訂訛)

9602_7 惕

00 惕 齋 292(序)
01 惕 龍 2509(識)
4055(小引)

9680_0 烟

10 烟霞隱者 5821(序)

9682_7 煬

26 煬和真人 3501(序)

9705_6 惲

24 惲德柄 231(跋)
27 惲紹龍 6283(參訂)
47 惲鶴生 231(跋)
惲 格 5767(序)
60 惲日初 2825(撰)
80 惲毓鼎 2881(題記)

9706_1 儈

34 儈 漪 3132(箋釋)
3132(序)
6611(評箋)

9706_4 恪

40 恪 存 6465(編)

9708_6 懶

25 懶生袁子 1273(撰)
1273(序)
48 懶散道人 4073(序)

9721_4 耀

28 耀 微 1759(鑒定)

9722_7 鄰

36 鄰 湘 2362(訂)
2363(訂)
37 鄰 初 6633(參訂)

9725_6 輝

00 輝 六 4352(增著)
21 輝 止 5363(編次)
22 輝 山 3313(通書)
34 輝 斗 799(輯)

9782_0 灼

77 灼 卿 799(校)

9801_6 悦

25 悦 生 4050(序)

9805_7 悔

00 悔　廬　2265(参校)
2943(著)
6133(著)
悔　庭　31(較訂)
44 悔　菴　6787(評)

9910_3 瑩

57 瑩蟾子　4656(撰)

9940_7 燮

80 燮　公　788(挍閲)

9942_7 勞

21 勞　巘　6028(撰)
6663(編)
24 勞佑鑌　6279(跋)
30 勞之辨　206(序)
5983(序)
6006(序)
40 勞大與　3669(撰)
4091(撰)
勞大與　2296(撰)
3669(撰)
3669(自叙)
4091(撰)
4091(自序)
44 勞　堪　6423(編)
6423(自序)
勞孝與　6764(撰)
勞　權　1212(校)
1212(跋)
1850(校並跋)
2543(批注)
6306(手跋)
6817(校)
47 勞　格　1212(跋)
1798(校録)
50 勞　史　2944(撰)
勞本和　3669(凡例)
勞本敬　3669(識語)
3669(凡例)
83 勞　鉞　1969(序)
4776(序)

9990_4 榮

77 榮　譽　3975(校)